Beck-Rechtsberater

Recht und Förderung für mein behindertes Kind

dtv

Beck-Rechtsberater

Recht und Förderung für mein behindertes Kind

Elternratgeber für alle Lebensphasen – Sozialleistungen, Betreuung und Behindertentestament

Von Jürgen Greß,
Rechtsanwalt und Fachanwalt für Sozialrecht und Verwaltungsrecht in München

3. Auflage

dtv

www.dtv.de
www.beck.de

Originalausgabe

dtv Verlagsgesellschaft mbH & Co. KG,
Tumblingerstraße 21, 80337 München

Druck und Bindung: Druckerei C.H. Beck, Nördlingen
(Adresse der Druckerei: Wilhelmstraße 9, 80801 München)
Satz: ottomedien, Darmstadt
Umschlaggestaltung: Design Concept Krön, Puchheim,
unter Verwendung eines Fotos von © Vitalinka-fotolia.com
ISBN 978-3-423-51232-9 (dtv)
ISBN 978-3-406-72533-3 (C. H. Beck)
9 783406 725333

Vorwort

Seit gut zwanzig Jahren berate ich in meiner Kanzlei überwiegend Menschen mit Behinderungen, deren Eltern/Angehörige und gesetzliche Betreuer.

Meine Erfahrung ist, dass viele Eltern mit behinderten Kindern nicht ausreichend über ihre Rechte informiert sind. Sie verzichten häufig auf Sozialleistungen, auf die sie oder ihre Kinder eigentlich Anspruch hätten. Teilweise werden ihnen auch Sozialleistungen aufgrund fehlender oder mangelhafter Beratung seitens der staatlichen Stellen vorenthalten.

Die Leistungen und Rechte, die Menschen mit Behinderung und ihren Familien zustehen, sind nicht in einem einzigen übersichtlichen Gesetz, sondern in Rechtsnormen geregelt, die sich über die unterschiedlichsten Rechtsgebiete verteilen und miteinander verzahnt sind. Die Rechtsmaterie des Sozial- und Behindertenrechts ist unübersichtlich und schwer verständlich.

Das Anliegen dieses Elternratgebers ist es daher, Hilfestellung zu geben, damit Menschen mit Behinderung und ihre Eltern und Angehörigen wissen, welche Leistungen ihnen zustehen. Nicht zuletzt soll er ihnen Mut machen, diese Sozialleistungen einzufordern und ihr Recht auch gegen Widerstände durchzusetzen. Der Elternratgeber bietet hierzu einen Querschnitt durch die verschiedenen Lebensphasen und Lebensbereiche.

Im ersten Kapitel des Ratgebers werden in kurzer und prägnanter Form die wichtigsten Fragen zu ausgewählten Lebenssituationen beantwortet, wie z. B. die Geburt eines behinderten Kindes, der Besuch der Schule, der Beginn einer Ausbildung, das Erreichen der Volljährigkeit oder der Auszug in ein Wohnheim. In den anschließenden Kapiteln werden die einzelnen Sozialleistungen, deren Voraussetzungen und die Möglichkeiten zur effektiven Durchsetzung ausführlich dargestellt. Des Weiteren werden die Einzelheiten der gesetzlichen Betreuung besprochen und die Möglichkeiten aufgezeigt, die das deutsche Erbrecht über das sog. „Behindertentestament" bietet, um Kinder über das Versterben der Eltern hinaus abzusichern.

Seit Erscheinen der 2. Auflage hat sich eine Vielzahl von gesetzlichen Änderungen und Rechtsstreitigkeiten insbesondere in den Bereichen Grundsicherung, Eingliederungshilfe, Hilfsmittel und Pflegeversicherung ergeben. Das stufenweise Inkrafttreten des Bundesteilhabegesetzes (BTHG) ab 2017 führt zudem zu erheblichen Änderungen im Rehabilitations- und Teilhaberecht, insbesondere im Recht der Eingliederungshilfe. Die Neuauflage berücksichtigt aktuelle sozial- und verwaltungsgerichtliche Entscheidungen und den Rechtsstand, der am 1. Juni 2018 vor der Drucklegung Gültigkeit hatte.

München, im Juni 2018 *Jürgen Greß*

Inhaltsübersicht

Inhaltsverzeichnis

Abkürzungsverzeichnis

§	Paragraph
Abs.	Absatz
AGG	Allgemeines Gleichbehandlungsgesetz
Alg II	Arbeitslosengeld II
ARGE	Arbeitsgemeinschaft
Art.	Artikel
ASD	Allgemeiner Sozialer Dienst
Az.	Aktenzeichen
BAG	Bundesarbeitsgericht
BayEUG	Bayerisches Erziehungs- und Unterrichtsgesetz
BayKiBiG	Bayerisches Kinderbildungs- und -betreuungsgesetz
BBB	Berufsbildungsbereich
BBiG	Berufsbildungsgesetz
BBW	Berufsbildungswerk
BeurkG	Beurkundungsgesetz
BfA	Bundesversicherungsanstalt für Angestellte
BGB	Bürgerliches Gesetzbuch
BGG	Behindertengleichstellungsgesetz
BGH	Bundesgerichtshof
BRK	Behindertenrechtskonvention
BSG	Bundessozialgericht
BSHG	Bundessozialhilfegesetz
bspw.	beispielsweise
BTHG	Bundesteilhabegesetz
BvB	Berufsvorbereitende Bildungsmaßnahme
BVG	Bundesversorgungsgesetz
bzw.	beziehungsweise
EStDV	Einkommensteuer-Durchführungsverordnung
EStG	Einkommensteuergesetz
EStH	Einkommensteuer-Hinweise
EU	Europäische Union
EUTB	Ergänzende unabhängige Teilberatung

f.	folgende (Seite)
FamFG	Gesetz über das Verfahren in Familiensachen und in den Angelegenheiten der freiwilligen Gerichtsbarkeit
FED	Familienentlastende Dienste
ff.	fortfolgende (Seiten)
FrühV	Frühförderungsverordnung
GdB	Grad der Behinderung
GG	Grundgesetz
ggf.	gegebenenfalls
GKV-WSG	Gesetz zur Stärkung des Wettbewerbs in der gesetzlichen Krankenversicherung
GNotKG	Gerichts- und Notarkostengesetz
HeimG	Heimgesetz
HPT	Heilpädagogische Tagesstätte
KfzHV	Kraftfahrzeughilfe-Verordnung
LAG	Landesarbeitsgericht
LSG	Landessozialgericht
LVA	Landesversicherungsanstalt
MDK	Medizinischer Dienst der Krankenversicherung
MSD	Mobiler sonderpädagogischer Dienst
NBA	Begutachtungsassessment
NJW	Neue Juristische Wochenschrift
OBA	Offene Behindertenarbeit
OLG	Oberlandesgericht
PfleWoqG	Pflege- und Wohnqualitätsgesetz
PflegeZG	Pflegezeitgesetz
RVG	Rechtsanwaltsvergütungsgesetz
S.	Seite
SG	Sozialgericht
SGB I	Sozialgesetzbuch, Erstes Buch – Allgemeiner Teil
SGB II	Sozialgesetzbuch, Zweites Buch – Grundsicherung für Arbeitssuchende
SGB III	Sozialgesetzbuch, Drittes Buch – Arbeitsförderung

SGB IV	Sozialgesetzbuch, Viertes Buch – Gemeinsame Vorschriften für die Sozialversicherung
SGB V	Sozialgesetzbuch, Fünftes Buch – Gesetzliche Krankenversicherung
SGB VI	Sozialgesetzbuch, Sechstes Buch – Gesetzliche Rentenversicherung
SGB VII	Sozialgesetzbuch, Siebtes Buch – Gesetzliche Unfallversicherung
SGB VIII	Sozialgesetzbuch, Achtes Buch – Kinder- und Jugendhilfe
SGB IX	Sozialgesetzbuch, Neuntes Buch – Rehabilitation und Teilhabe behinderter Menschen
SGB X	Sozialgesetzbuch, Zehntes Buch – Verwaltungsverfahren
SGB XI	Sozialgesetzbuch, Elftes Buch – Soziale Pflegeversicherung
SGB XII	Sozialgesetzbuch, Zwölftes Buch – Sozialhilfe
SGG	Sozialgerichtsgesetz
sog.	sogenannte/s/r
SVE	Schulvorbereitende Einrichtung
u. a.	unter anderem
usw.	und so weiter
vgl.	vergleiche
WBVG	Wohn- und Betreuungsvertragsgesetz
WfbM	Werkstatt für behinderte Menschen
WVO	Werkstättenverordnung
z. B.	zum Beispiel
zzgl.	zuzüglich

Literaturhinweise

Zum Behinderten- und Sozialrecht gibt es eine Vielzahl von Gesetzeskommentaren, Fachzeitschriften, Lehrbüchern und Ratgebern. Interessierte Eltern können sich im einschlägigen Buchhandel über das Angebot informieren. Es ist jedoch festzustellen, dass sich gerade die Gesetzeskommentare und angebotenen Lehrbücher weitgehend an Juristen oder juristisch vorgebildete Personen wenden. Ein „Normalsterblicher" ist mit diesen Fachbüchern in der Regel überfordert und kann wenig damit anfangen.

Für den interessierten Laien gibt es daher verschiedene Rechtsratgeber, u. a. auch die Reihe Beck-Rechtsberater im dtv. Hinzu kommen noch zahlreiche kostenlose Informationsschriften und Broschüren, die von den einzelnen Bundesministerien herausgegeben werden und dort bezogen werden können. Diese Ratgeber und Broschüren richten sich jedoch weitgehend an schwerbehinderte Menschen, die zumindest teilweise noch im Berufsleben stehen und körperbehindert sind. Häufig finden sich die für Eltern von behinderten Kindern erforderlichen Informationen in diesen Ratgebern nur an versteckter Stelle bzw. diese fehlen gänzlich. Für Eltern von behinderten Kindern und deren spezielle rechtliche Schwierigkeiten können diese Ratgeber nur bedingt empfohlen werden.

Für Eltern von behinderten Kindern finden sich jedoch im Internet einige Internetseiten, die ein spezielles Beratungsangebot für diesen Personenkreis bieten.

Im Folgenden wird eine Auswahl empfehlenswerter Publikationen zum Behinderten- und Sozialrecht sowie informativer Internetseiten vorgestellt.

Publikationen/Ratgeber

Kostenlos gibt es vom Bundesministerium für Arbeit und Soziales (www.bmas.de) die Broschüre „Ratgeber für behinderte Menschen" sowie zahlreiche andere Rechtsratgeber.

Vom Bundesministerium für Familie, Senioren, Frauen und Jugend (www.bmfsfj.de) können Merkblätter z. B. zum Kindergeld, zum Eltern- und Erziehungsgeld, zum Kinder- und Jugendhilferecht, zu Hilfen für Familien und zu Hilfen für ältere Menschen bezogen werden.

Das Bundesministerium der Justiz (www.bmvj.de) bietet verschiedene Rechtsratgeber z. B. zum Betreuungsrecht und zur Patientenverfügung an.

Vor allem zum Schwerbehindertenrecht gibt es zahlreiche Broschüren bei den Integrationsämtern (www.integrationsaemter.de).

Darüber hinaus gibt es eine Vielzahl von kostenlosem Informationsmaterial von den Sozialversicherungsträgern wie den Krankenkassen und den Rentenversicherungsträgern.

Viele Informationen gerade im Zusammenhang mit dem Schwerbehindertenausweis können über die Versorgungsämter bzw. Arbeitsagenturen bezogen werden. Hier finden sich auch im Internet umfangreiche Informationen. Empfehlenswert ist die Internetseite des Zentrum Bayern Familie und Soziales (www.zbsfs.bayern.de).

Internetseiten

www.gesetzte-im-internet.de: Hier wird nahezu das gesamte aktuelle Bundesrecht kostenlos im Internet bereitgestellt. Die Gesetze und Rechtsverordnungen können in ihrer jeweils geltenden Fassung abgerufen werden.

Auf **www.sozialgerichtsbarkeit.de** können u. a. die Urteile des Bundessozialgerichts und der Landessozialgerichte kostenlos abgerufen werden.

Die sehr empfehlenswerte Internetseite des Bundesverbandes für Körper- und Mehrfachbehinderte e. V. bietet Merkblätter und Rechtsratgeber, wichtige Gerichtsurteile und sogar Musterwidersprüche zu aktuellen Streitfragen: **www.bvkm.de**

Die Internetseite der Bundesvereinigung Lebenshilfe e. V. bietet ebenfalls rechtliche Empfehlungen, Praxishilfen und aktuelle Gerichtsurteile: **www.lebenshilfe.de**

Außerdem:

Forum selbstbestimmter Assistenz behinderter Menschen e. V. (ForseA): **www.forsea.de**

Bundesverband autismus Deutschland e. V.: **www.autismus.de**

Sozialverband VdK Deutschland e. V.: **www.vdk.de**

Aktion Mensch: **www.aktion-mensch.de**

Kooperation Behinderter im Internet e. V. (Kobinet): **www.kobinet-nachrichten.org**

Intakt, Internetplattform für Eltern von Kindern mit Behinderung: **www.intakt.info**

Landesarbeitsgemeinschaft (LAG) Bayern, Gemeinsam Leben – Gemeinsam Lernen e. V.: **www.lag-selbsthilfe-bayern.de**

Rechtsanwaltskanzlei Hoffmann & Greß, mit aktuellen Fachinformationen für Eltern: **www.hoffmann-gress.de**

Buchempfehlungen

Holthaus/Pollmächer, Wie geht es weiter? Jugendliche mit einer Behinderung werden erwachsen, Elternratgeber, 2. Auflage 2016

Dieser Ratgeber – geschrieben von Eltern für Eltern – beschreibt die Schwierigkeiten und beantwortet die Fragen, die sich im Zusammenhang mit dem Erwachsenwerden eines Kindes mit Behinderung und dessen Ablösung vom Elternhaus und Einstieg in sein Arbeitsleben stellen.

Pollmächer/Holthaus, Wenn Menschen mit geistiger Behinderung älter werden. Ein Ratgeber für Angehörige, 2013

Der Ratgeber beantwortet einfühlsam und kompetent die Fragen, die sich im Laufe des Älterwerdens von Menschen mit geistiger Behinderung stellen.

1. Kapitel

Ausgewählte Fragestellungen für bestimmte Lebenssituationen

- Was ist zu tun?
- Was ist zu beachten?
- Welche staatlichen Leistungen gibt es?

Aufgrund meiner langjährigen Beratungstätigkeit weiß ich, dass Menschen mit Behinderung und deren Eltern mit einer systematischen Darstellung der Rechtsgrundlagen und der für sie hieraus entstehenden Ansprüche wenig anfangen können. Vielmehr geht es hauptsächlich um die Beantwortung konkreter Fragen, insbesondere, wenn ein neuer Lebensabschnitt des behinderten Kindes ansteht.

Zum Beispiel stellen sich mit dem Eintritt der Volljährigkeit des behinderten Kindes für seine Eltern die Fragen, ob sie für ihr Kind ein Betreuungsverfahren durchführen lassen müssen oder ob die Bestellung eines gesetzlichen Betreuers durch das Betreuungsgericht erforderlich ist und welche Folgen das mit sich bringt. Große Unsicherheit besteht auch, inwieweit der Sozialhilfeträger ab dem 18. Lebensjahr des Kindes auf Einkommen und Vermögen, sowohl des Kindes, als auch der Eltern zugreifen kann.

Ein weiterer wichtiger neuer Lebensabschnitt, der wesentliche Veränderungen mit sich bringt, beginnt mit dem Auszug aus dem Elternhaus und dem Einzug in eine Behinderteneinrichtung. Es kommen immer wieder Eltern in meine Beratung, deren Kind in eine Behinderteneinrichtung umziehen möchte und die Eltern daher wissen möchten, was sich für das Kind bzw. für sie als Eltern in finanzieller und rechtlicher Hinsicht ändert. Ähnliches gilt beim Schuleintritt, dem Beginn einer Berufsausbildung oder dem Eintritt in eine Werkstatt für behinderte Menschen.

Das nachfolgende Kapitel soll Menschen mit Behinderung und deren Eltern in kurzer und prägnanter Form wichtige Antworten und Hinweise zu ausgewählten Lebenssituationen liefern, ohne dass sie gleich tief in die jeweilige Rechtsmaterie einsteigen müssen. Ich möchte den Eltern damit helfen, die üblicherweise anstehenden Veränderungen ihrer Lebenssituation zu bewältigen und eventuell erforderliche Schritte zur Absicherung und Versorgung ihres Kindes rechtzeitig angehen zu können.

Für eine ausführliche Beantwortung der aufgeworfenen Fragen wird dann jeweils auf die Darstellung in den übrigen Kapiteln des Ratgebers verwiesen.

A. Unser Kind wurde mit einer Behinderung geboren

Wird ein Kind mit einer Behinderung geboren, ist dies ein besonderer Einschnitt in das Leben der Eltern und der übrigen Familienmitglieder. Die Eltern stehen vor der schwierigen Aufgabe, ihren Lebensplan neu zu überdenken und das Leben mit ihrem behinderten Kind aufzunehmen und anzunehmen.

Aber sie sind nicht auf sich allein gestellt. Es gibt viele Hilfen und Unterstützungen für Familien mit behinderten Kindern. Im Folgenden wird ein Überblick zu den verschiedenen Angeboten gegeben.

I. Frühförderung als erstrangige Hilfe für die Familie

Frühförderung ist der Oberbegriff für die verschiedenen Hilfeangebote. Die Frühförderung wendet sich an Eltern mit Kindern von deren Geburt bis zum Schulalter. Vor allem soll die Frühförderung Unterstützung gewähren, wenn kleine Kinder für ihre Entwicklung Hilfe benötigen. Eltern von behinderten Kindern sollten die Angebote der Frühförderung möglichst frühzeitig für das Kind und die gesamte Familie nutzen.

Bei der Frühförderung handelt es sich um ein ganzheitliches Hilfekonzept, in das neben medizinischen, psychologischen, pädagogischen und sozialen Hilfen auch die Familie des Kindes mit einbezogen wird.

Anlauf- und Koordinationsstellen für die Frühförderung sind die Frühförderstellen. In Zusammenarbeit mit Ärzten, Therapeuten und sozialen Diensten wird gemeinsam mit den Eltern ein Gesamtkonzept entwickelt, das auf die individuellen Möglichkeiten des Kindes und seiner Familie abgestimmt ist. Medizinische Therapieangebote in der Frühförderung sind z. B. Krankengymnastik (Physiotherapie), Beschäftigungstherapie (Ergotherapie), Mototherapie und Sprach- und Stimmtherapie (Logopädie). Häufig bieten Frühförderstellen auch Eltern-Kind-Kurse oder Eltern-Kind-Wochenenden an.

II. Allgemeiner Papierkram

Wenn ein Kind mit Behinderung geboren wird, haben die Eltern zunächst den üblichen Papierkram zu erledigen, der auf alle Eltern von Neugeborenen zukommt.

So sind beispielsweise Anträge auf Mutterschaftsgeld, Kindergeld und Elterngeld zu stellen. Des Weiteren ist das Kind beim Standesamt, bei der Krankenkasse, bei der Arbeitsstelle und beim Finanzamt zu melden.

Hinsichtlich der Krankenversicherung des Neugeborenen ist zu beachten, dass bei privaten Krankenversicherungen Kinder des versicherten Elternteils nach deren Geburt einen Anspruch darauf haben, unabhängig von ihrem Gesundheitszustand mitversichert zu werden. Voraussetzung ist jedoch, dass die Anmeldung zur Krankenversicherung innerhalb von zwei Monaten nach der Geburt rückwirkend erfolgt. Anderenfalls kann eine Gesundheitsprüfung des Kindes erforderlich werden. Empfehlenswert ist es auch, das neugeborene Kind zunächst in der privaten Krankenversicherung anzumelden und mitzuversichern, wenn nur ein Elternteil privat oder im öffentlichen Dienst über die Beihilfe versichert und der andere Elternteil gesetzlich versichert ist. Anschließend kann in Ruhe geprüft und überlegt werden, ob das Neugeborene günstiger über die Familienversicherung der gesetzlichen Krankenversicherung (§ 10 SGB V) mitversichert kann und die private Versicherung gegebenenfalls wieder beendet wird.

III. Besonders wichtige und sinnvolle Anträge

1. Anträge auf Leistungen der Pflegeversicherung

Wichtig ist ein frühzeitiger Antrag auf Leistungen der Pflegeversicherung (SGB XI), da Leistungen erst ab dem Zeitpunkt der Antragstellung zustehen.

Über die Pflegeversicherung können die Eltern entsprechend dem jeweiligen Pflege- und Betreuungsaufwand ihres Kindes Pflegegeld erhalten. Hinzu kommt, dass die Pflegeversicherung unter bestimmten Voraussetzungen Rentenversicherungsbeiträge für die Pflegeperson abführt, wodurch eine Aufstockung der Altersrente der Pflegeperson erreicht werden kann. Das Pflegegeld beträgt derzeit zwischen monatlich 316 € und 901 €, je nach Einstufung in einen Pflegegrad. Allerdings können im Kleinkindalter noch besondere Schwierigkeiten bei der Zuerkennung der Pflegebedürftigkeit bestehen, da nur der Pflegemehrbedarf im Vergleich zu einem gleichaltrigen nicht behinderten Kind berücksichtigt wird.

Die Pflegeversicherung gewährt darüber hinaus ab dem Pflegegrad 2 noch weitere Leistungen wie beispielsweise die Verhinderungspflege (Ersatzpflege) zur Abdeckung von Verhinderungs- und Urlaubszeiten der Pflegeperson und Leistungen der Kurzzeitpflege bis zu einem jährlichen Höchstbetrag von jeweils 1.612 €. Wird die Kurzzeitpflege nicht in vollem Umfang genutzt, so kann der Restbetrag bis zu einem Maximalbetrag von 806 € zusätzlich für die Verhinderungspflege genutzt werden. Ab dem Pflegegrad 1 kann zusätzlich ein Entlastungsbetrag von monatlich 125 € zur Unterstützung des Pflegebedürftigen und der pflegenden Angehörigen beansprucht werden, z. B. um eine Betreuung im Alltag sicherzustellen oder zur Unterstützung bei der hauswirtschaftlichen Versorgung oder der Organisation des Pflegealltags.

Nähere Informationen zur Pflegeversicherung finden sich nachstehend im 2. Kapitel unter B VI, S. 139 ff.

2. Schwerbehindertenausweis

Sinnvoll ist auch die Beantragung eines Schwerbehindertenausweises für das behinderte Kind. Der Antrag auf Ausstellung eines Schwerbehindertenausweises ist bei dem zuständigen Versorgungsamt zu stellen. Sofern das Versorgungsamt einen Grad der Behinderung von mindestens 50 feststellt, erhält das Kind einen Schwerbehindertenausweis, in dem sog. Merkzeichen aufgeführt werden. Bei angeborenen Behinderungen sollte die Feststellung der Schwerbehinderung rückwirkend ab Geburt des Kindes beantragt werden, um keine Steuervorteile zu verschenken.

Entsprechend dem festgestellten Grad der Behinderung (GdB) können die Eltern erhebliche steuerliche Freibeträge (z. B. den Behinderten-Pauschbetrag) bei ihrer Veranlagung zur Einkommensteuer geltend machen. Darüber hinaus eröffnen die Merkzeichen (beispielsweise „H", „B", „G", „aG") weitere wichtige Vergünstigungen, wie die kostenlose Benutzung von öffentlichen Verkehrsmitteln, Parkerleichterungen und weitere steuerliche Vorteile (u. a. den Pflege-Pauschbetrag). Menschen mit einem Schwerbehindertenausweis haben als Arbeitnehmer einen erhöhten Kündigungsschutz. Nachteile des Schwerbehindertenausweises bzw. der Zuerkennung der Schwerbehinderteneigenschaft sind dagegen nicht zu befürchten. Nähere Informationen zum Schwerbehindertenausweis finden sich im 2. Kapitel unter D, S. 174 ff.

Die Eltern sollten auch dem Finanzamt die Schwerbehinderung ihres Kindes mitteilen, damit entsprechende Freibeträge bereits in der Lohnsteuerkarte eingetragen und im Voraus bei der Steuerfestsetzung berücksichtigt werden können (siehe 2. Kapitel D IV 1, S. 182 ff.).

IV. Was ist nicht sinnvoll und sollte unterlassen werden?

Sofern bereits absehbar ist oder die Möglichkeit nicht ausgeschlossen werden kann, dass das behinderte Kind einmal von Sozialhilfeleistungen abhängig sein könnte, sollten Eltern sehr genau überlegen, ob und welche Versicherungen sie zugunsten des Kindes abschließen. Denn im Falle des späteren Bezuges von Sozialhilfeleistungen könnten eventuelle Versicherungsleistungen wie eine Ausbildungs- oder Lebensversicherung auf in Anspruch genommene Sozialhilfeleistungen angerechnet werden, so dass das Kind von diesen Versicherungsleistungen im Endeffekt keinen oder nur einen geringen Vorteil hätte.

Aus demselben Grund sollte auch vermieden werden, ein größeres Vermögen auf den Namen des Kindes bzw. auf einem eigenen Konto des Kindes anzusparen. Problematisch ist in diesem Zusammenhang, wenn Eltern Vermögen auf das Kind überschreiben, um auf diese Weise hinsichtlich der anfallenden Zinsen den auch dem Kind zustehenden Sparerfreibetrag bei der Einkommensteuer auszunutzen.

B. Unser Kind kommt in den Kindergarten

I. Frühzeitige Suche nach einem geeigneten, eventuell auch einem integrativen Kindergartenplatz

Bei der Suche nach einem geeigneten, eventuell auch integrativen Kindergartenplatz können Eltern die Hilfe der Frühförderstellen in Anspruch nehmen.

In Betracht kommen die Einzelintegration in Regelkindergärten oder Kindertagesstätten (KITA), inklusive Gruppen in Regelkindergärten, integrative Kindergärten und Förderkindergärten (heilpädagogische Kindergärten), schulvorbereitende Einrichtungen (SVE).

Aufgrund der regelmäßig hohen Nachfrage nach Plätzen in integrativen und heilpädagogischen Kindertageseinrichtungen sollten sich Eltern persönlich und möglichst frühzeitig mit der ins Auge gefassten Einrichtung in Verbindung setzen. Es empfiehlt sich, ein fachärztliches Gutachten vorzulegen, das belegt, dass das Kind behindert ist und daher den Platz benötigt. Sobald ein Platz zugesagt ist, sollten entsprechende Anträge auf Eingliederungshilfe beim Jugendamt bzw. beim Sozialamt gestellt werden.

Die Einzelintegration in einer Kinderkrippe oder einem Kindergarten ist die am schwierigsten umzusetzende Möglichkeit. Es muss eine Einrichtung gefunden werden, die geeignet und deren Personal bereit ist, ein behindertes Kind aufzunehmen und zu integrieren. Weiter muss die erforderliche heilpädagogische Betreuung sichergestellt werden. Mangels Alternativen kann dieser Weg jedoch der einzig mögliche sein, wenn das Kind integrativ untergebracht werden soll.

II. Sinnvolle Anträge – sofern noch nicht gestellt

- Antrag auf Feststellung der Schwerbehinderung an das Versorgungsamt (siehe 2. Kapitel D II 1, S. 175 ff.).
- Sollten noch keine Leistungen der Pflegeversicherung beantragt bzw. bewilligt worden sein, wäre jetzt ein geeigneter Zeitpunkt, entsprechende Anträge oder erneute Anträge bei der Pflegekasse zu stellen. Je älter das Kind wird, desto mehr reduziert sich der allgemeine Pflege- und Betreuungsaufwand für ein gleichaltriges Kind ohne Behinderung, so dass die Chancen für die Zuerkennung eines Pflegegrades steigen (siehe 2. Kapitel B VI 3, S. 144).
- Eltern sollten auch nicht vergessen, dass sie als Pflegepersonen neben dem Pflegegeld Anspruch auf unterstützende Leistungen der Pflegekasse haben. In Betracht kommen Leistungen in Form der Verhinderungspflege, der Kurzzeitpflege oder des Entlastungsbetrages.
- Darüber hinaus besteht die Möglichkeit der Inanspruchnahme von Mutter-Kind- bzw. Vater-Kind-Kuren, die über die gesetz-

liche Krankenversicherung finanziert werden (siehe 2. Kapitel B V 2 h, S. 137 f.).

- Weiter können die Hilfen der offenen Behindertenarbeit (OBA) sowie familienentlastende Dienste (FED) genutzt werden, die neben den Leistungen der Pflegekasse auch über die Eingliederungshilfe des Sozialhilfeträgers finanziert werden könnten (siehe 2. Kapitel B II 3 e aa, bb, S. 70 ff.).

C. Unser Kind kommt in die Schule

I. Einschulung

Sofern das Kind aufgrund seiner Behinderung sonderpädagogischen Förderbedarf besitzt, stellt sich die Problematik, ob das Kind noch im Rahmen der schulischen Integration eine Regelschule besuchen kann oder der Besuch einer sog. Sonder- oder Förderschule erforderlich ist.

Empfehlenswert ist es, sich zur Vorbereitung auf den Schuleintritt des Kindes rechtzeitig bei der Frühförderstelle über dessen sonderpädagogischen Förderbedarf und die Möglichkeiten einer schulischen Förderung im Kindergarten bzw. der schulvorbereitenden Einrichtung zu informieren und beraten zu lassen.

Eltern sollten auch bereits einige Monate vor dem Einschulungstermin Kontakt mit der zuständigen Sprengelgrundschule, der staatlichen Schulberatungsstelle oder dem Schulamt aufnehmen und besprechen, welche Schulen in Betracht kommen und geeignet wären. Durch die Umsetzung der UN-Behindertenrechtskonvention in Deutschland haben Schüler mit Behinderung seit dem Jahr 2012 regelmäßig Anspruch auf eine inklusive Beschulung an einer Regelschule zusammen mit nichtbehinderten Schülern. Die Eltern können jedoch entscheiden, ob ihr Kind eine Regelschule oder eine Förderschule besuchen soll (siehe 2. Kapitel B II 3 d, S. 58 ff.).

II. Hilfeangebote beim Schulbesuch

Ein besonders wichtiges Hilfeangebot beim Schulbesuch ist die sog. Integrationsassistenz bzw. Schulbegleitung, die dem Kind trotz seiner Behinderung den Schulbesuch ermöglichen soll. Die Kosten für eine Integrationsassistenz können vom Sozialhilfeträger als Leistung der Eingliederungshilfe beansprucht werden (siehe 2. Kapitel B II 3 d ee, S. 63 ff.).

Darüber hinaus gibt es den mobilen sonderpädagogischen Dienst (MSD), der Kinder mit sonderpädagogischem Förderbedarf zusätzlich zu den Lehrkräfte unterstützt, damit sie erfolgreich integriert werden können und auch bleiben (siehe 2. Kapitel B II 3 d dd, S. 62).

Weiter gibt es Hilfen zur Betreuung am Nachmittag wie integrative Horte, heilpädagogische Tagesstätten (HPT) oder Horte für Kinder in Förderschulen sowie die Einzelintegration im Hort bzw. Tagesheim. Diese Leistungen sind beim Sozialhilfeträger als Leistungen der Eingliederungshilfe oder beim Jugendamt zu beantragen (siehe 2. Kapitel B II 3 d gg, S. 68).

Beim Jugendamt können auch weitere Fördermaßnahmen wie beispielsweise die Kostenübernahme für Therapien, Sozialtraining, Hilfen zur Erziehung oder für eine heilpädagogische Tagesstätte beantragt werden (siehe 2. Kapitel B II 3 e ff, S. 74).

III. Sinnvolle Anträge – sofern noch nicht gestellt

- Antrag an das Versorgungsamt auf Feststellung der Schwerbehinderteneigenschaft und die Geltendmachung eventueller Steuererleichterungen,
- (Erneute) Anträge auf Leistungen der Pflegekasse wie Pflegegeld, Verhinderungs- und Kurzzeitpflege sowie den Entlastungsbetrag.
- Inanspruchnahme von Hilfen der offenen Behindertenarbeit (OBA) sowie von familienentlastenden Diensten (FED) (siehe 2. Kapitel B II 3 e aa, bb, S. 70 f.).

D. Das Ende der Schulzeit steht bevor – Möglichkeiten der beruflichen Ausbildung

In den letzten Schuljahren werden die Menschen mit Behinderung auf ein Berufsleben vorbereitet. In der Regel sind daher bei den Schulen für die letzten ein bis zwei Schuljahre sog. Werkstufen eingeführt worden, die die Aufgabe haben, die Menschen mit Behinderung an eine berufliche Tätigkeit heranzuführen. Im Unterricht der Werkstufen wird daher mehr Gewicht auf die berufspraktischen Tätigkeiten, wie die handwerkliche, kaufmännische oder auch lebenspraktische Schulung gelegt.

Der Eintritt in die Werkstufe ist damit der Zeitpunkt, sich ganz konkret mit den Möglichkeiten einer Berufsausbildung bzw. dem Einstieg in das Arbeitsleben zu beschäftigen und zu informieren. Für eine Berufsausbildung bieten sich grundsätzlich die folgenden Möglichkeiten an:

- Ausbildungsplatz auf dem freien Arbeitsmarkt oder in einem Inklusionsbetrieb,
- berufsvorbereitende Bildungsmaßnahmen (BVB), z. B. in einem Berufsbildungswerk,
- eine Ausbildung in einem Berufsbildungswerk (BBW) oder
- eine Ausbildung im Berufsbildungsbereich einer WfbM oder bei anderen Leistungsanbietern.

Die Details der in Frage kommenden Ausbildungsmöglichkeiten sind im 2. Kapitel unter B II 3 h aa, S. 78 ff. ausführlich dargestellt.

Es sollte auch daran gedacht werden, bereits während oder gegen Ende der Schulzeit über verschiedene Schnupper-Praktika oder sonstige Angebote die in Frage kommenden Ausbildungsmöglichkeiten kennen zu lernen. Eine erste und wichtige Anlaufstelle für Informationen im Zusammenhang mit einer Berufsausbildung ist dabei die örtliche Bundesagentur für Arbeit (Arbeitsamt).

Die für die berufliche Eingliederung anfallenden Kosten übernehmen im Rahmen der Leistungen zur Förderung der Teilhabe am Arbeitsleben die Arbeitsämter (§ 112 SGB III).

Neben den allgemeinen Leistungen, die auch Menschen ohne eine Behinderung zustehen, sind zusätzlich besondere Leistungen für Menschen mit Behinderung vorgesehen. Diese Leistungen beinhalten etwa die Berufsvorbereitung einschließlich einer etwa wegen der Behinderung erforderlichen Grundausbildung oder die Vermittlung eines geeigneten Arbeitsplatzes. Die in Frage kommenden Leistungen sind detailliert im 2. Kapitel unter B II 3 h bb, S. 81 ff. dargestellt und beschrieben.

E. Unser Kind wird volljährig

Der Eintritt der Volljährigkeit des Menschen mit Behinderung ist sowohl für ihn selbst als auch für seine Eltern ein wichtiger Zeitpunkt. Mit der Volljährigkeit beginnt ein neuer Lebensabschnitt des Menschen mit Behinderung. Die folgenden Veränderungen kommen auf das Kind und seine Eltern zu:

I. Eltern sind nicht mehr gesetzliche Vertreter ihres Kindes

Konnten bisher die Eltern aufgrund ihrer elterlichen Sorge als gesetzliche Vertreter dem Menschen mit Behinderung sämtliche Entscheidungen abnehmen und über seinen Lebensweg bestimmen, so fallen sie mit Eintritt der Volljährigkeit erst einmal automatisch als gesetzliche Vertreter weg. In rechtlicher Hinsicht haben die Eltern damit keine Möglichkeit mehr, Entscheidungen für ihr Kind zu treffen.

Grundsätzlich wird jeder Mensch mit Eintritt der Volljährigkeit geschäftsfähig und kann und muss Entscheidungen, die seine Person betreffen, selbständig vornehmen. Sofern jedoch eine Behinderung, insbesondere eine geistige oder seelische Behinderung vorliegt, kann es sein, dass mit Eintritt der Volljährigkeit zwar die Eltern als bisherige gesetzliche Vertreter wegfallen, der Mensch mit Behinderung jedoch nur eingeschränkt oder unter Umständen gar nicht geschäftsfähig wird.

Sofern Zweifel an der Geschäftsfähigkeit bestehen, kann es sinnvoll sein, beim zuständigen Betreuungsgericht, das regelmäßig beim zuständigen Amtsgericht angesiedelt ist, eine Betreuung für den Menschen mit Behinderung anzuregen.

Eine Pflicht für die Eltern, eine solche Betreuung anzuregen bzw. zu beantragen, besteht nicht. Den Eltern muss jedoch bewusst sein, dass sie ohne ihre Einsetzung als Betreuer durch das Betreuungsgericht ab Eintritt der Volljährigkeit keine verantwortlichen Entscheidungen mehr über ihr Kind oder dessen Vermögen treffen können. So kann es passieren, dass der behandelnde Arzt unter Hinweis auf seine ärztliche Schweigepflicht Eltern, die nicht als Betreuer eingesetzt sind, Auskünfte zum Gesundheitszustand ihres Kindes verweigert. Streng genommen müssten auch Banken Verfügungen der Eltern über eventuelle Bankkonten von volljährigen, nicht geschäftsfähigen Kindern mangels Vertretungsbefugnis zurückweisen. Weitere Informationen zur Frage, ob und unter welchen Voraussetzungen eine Betreuung notwendig und sinnvoll ist, finden sich im 3. Kapitel unter B, S. 239 f.

Eltern, die als gesetzliche Betreuer für ihr Kind eingesetzt sind, sollten nicht vergessen, am Ende jeden Jahres bis spätestens zum 31.3. des folgenden Jahres die ihnen zustehende pauschale Aufwandsentschädigung für ihre Tätigkeit als Betreuer in Höhe von 399 € beim Betreuungsgericht zu beantragen.

II. Anspruch auf Leistungen der Grundsicherung im Alter und bei Erwerbsminderung

Mit Eintritt der Volljährigkeit kann das behinderte Kind regelmäßig Leistungen der Grundsicherung im Alter und bei Erwerbsminderung nach dem SGB XII beanspruchen. Hierbei handelt es sich um Leistungen zur Sicherstellung des Lebensunterhaltes einschließlich der Übernahme der Kosten der Unterkunft und Heizung.

Voraussetzung hierfür ist, dass der Mensch mit Behinderung aufgrund seiner Behinderung dauerhaft voll erwerbsgemindert ist, also nicht in der Lage ist, unter den üblichen Bedingungen auf dem allgemeinen Arbeitsmarkt mindestens drei Stunden täglich zu arbeiten. Das Vorliegen dieser Voraussetzung muss das zuständige Sozialamt bei Antragstellung überprüfen. Unbeachtlich ist dabei, ob das Kind noch die Schule oder den Berufsbildungsbereich einer WfbM besucht.

Weitere Voraussetzung für den Bezug von Leistungen der Grundsicherung ist, dass der Mensch mit Behinderung kein eigenes Einkommen oder Vermögen über dem Vermögensfreibetrag in Höhe von 5.000 € besitzt. Keinen Anspruch auf Leistungen der Grundsicherung besitzt der Mensch mit Behinderung, wenn einer seiner Eltern jährliche Einkünfte von brutto über 100.000 € hat. Auf das Vermögen der Eltern kommt es dabei nicht an.

Einzelheiten zur Grundsicherung finden sich im 2. Kapitel unter B I 1, S. 33 ff.

III. Leistungen zur Teilhabe am Leben in der Gesellschaft oder Eingliederungshilfe

Aufgrund des fortgeschrittenen Alters des Kindes können möglicherweise die Freizeitangebote von Hilfen der offenen Behindertenarbeit (OBA) oder familienentlastende Dienste (FED) intensiver genutzt werden. Die Finanzierung erfolgt regelmäßig über Leistungen der Verhinderungspflege und den Entlastungsbetrag der Pflegekasse.

Wenn die Leistungen der Pflegekasse nicht ausreichen, könnten zusätzlich Leistungen der Eingliederungshilfe für eine Freizeitassistenz beim Sozialhilfeträger beantragt werden. Viele Städte und Landkreise geben auch als sog. Mobilitätshilfe beispielsweise Taxischeine aus.

Zu berücksichtigen ist dabei jedoch, dass Leistungen der Eingliederungshilfe im Gegensatz zu Leistungen der Pflegekasse nur einkommens- bzw. vermögensabhängig gewährt werden. Darüber hinaus werden solche Leistungen der Eingliederungshilfe in der Regel auch sehr zurückhaltend bewilligt, so dass mit einem größeren Begründungsaufwand zu rechnen ist.

IV. Stärkerer Zugriff des Sozialhilfeträgers auf das Einkommen und das Vermögen des Kindes

Mit Eintritt der Volljährigkeit des Menschen mit Behinderung ergeben sich erhebliche Änderungen im Zusammenhang mit der Inanspruchnahme von Sozialhilfeleistungen (siehe 2. Kapitel B II 4 b, S. 93 ff.). Zu beachten ist, dass der Mensch mit Behinderung mit Eintritt der Volljährigkeit bei bestimmten Sozialhilfeleistungen sein Einkommen und insbesondere sein Vermögen vorrangig einzusetzen hat.

Für Leistungen zur Deckung des Lebensunterhaltes wie Grundsicherung im Alter und bei Erwerbsminderung gilt ein Vermögensfreibetrag von 5.000 €. Nur für Leistungen der Eingliederungshilfe wie Assistenzleistungen (z. B. Freizeitassistenz oder Studienassistenz) gilt aufgrund der Änderungen durch das Bundesteilhabegesetz (BTHG) seit 1.1.2017 ein zusätzlicher Vermögensfreibetrag von 25.000 € und damit von insgesamt 30.000 €; ab 2020 von insgesamt ca. 54.800 €.

Diese unterschiedlichen Freibeträge wirken sich auch aus, wenn der Mensch mit Behinderung vollstationär in einer Behinderteneinrichtung lebt. Denn auch der Lebensunterhalt in der Behinderteneinrichtung wird vom Sozialhilfeträger finanziert, da der Bewohner in der Regel keine ausreichenden eigenen Einkünfte hat. Ein Vermögen oberhalb von 5.000 € muss dann zur Deckung des Lebensunterhaltes vorrangig eingesetzt werden. Liegt das Vermögen über dem Freibetrag von 5.000 € und dem zusätzlichen Freibetrag von 25.000 € für die Eingliederungshilfe, also insgesamt über 30.000 €, ist der übersteigende Teil für die Gesamtkosten der Einrichtung vorrangig einzusetzen. Die Gesamtkosten einer Behinderteneinrichtung belaufen sich häufig auf monatliche Beträge von über 4.000 €, so dass auch ein größeres Vermögen in kurzer Zeit bis auf die Vermögensfreibeträge aufgebraucht wäre.

Für die Kosten einer WfbM oder Förderstätte wird jedoch kein Vermögenseinsatz gefordert.

Es macht daher keinen Sinn, wenn Eltern bis zum Eintritt der Volljährigkeit ihres Kindes Vermögen auf seinen Namen zu seiner späteren Absicherung und Versorgung ansparen. Das Kind sollte im Hinblick auf einen späteren Bezug von Sozialhilfeleistungen möglichst kein Vermögen besitzen. Vorhandenes Vermögen des Kindes sollte frühzeitig vor Eintritt der Volljährigkeit verbraucht werden.

Eltern sollten in diesem Zusammenhang besonders darauf achten, dass keine Ausbildungsversicherungen oder sonstigen Versicherungen zugunsten des Kindes abgeschlossen werden bzw. bestehen. Besitzen die Eltern Lebensversicherungen, sollten sie auch prüfen, dass sie das behinderte Kind nicht als Bezugsberechtigten oder Begünstigten der Lebensversicherung benannt haben. Denn im Falle des späteren Bezuges von Sozialhilfeleistungen würden eventuelle Versicherungsleistungen weitgehend angerechnet, so dass der Mensch mit Behinderung von diesen Versicherungsleistungen kaum profitieren würde.

V. Kostenbeiträge der Eltern für Sozialhilfeleistungen ihres Kindes

Mit Eintritt der Volljährigkeit verändern sich die Zuzahlungspflichten der Eltern für die von ihrem Kind beanspruchten Sozialhilfeleistungen.

Mussten die Eltern für ihr minderjähriges Kind für Leistungen der Eingliederungshilfe nach dem SGB XII, wie die Kosten eines Internatsaufenthaltes, in der Regel noch einen Kostenbeitrag in Höhe der sog. „häuslichen Ersparnis“ bezahlen, so reduziert sich ihre Zuzahlungspflicht mit Eintritt der Volljährigkeit des Kindes auf einen monatlichen Pauschalbetrag in Höhe von 32,75 € für ambulante Maßnahmen bzw. auf 57,94 € im Falle des Aufenthaltes ihres Kindes in einer Behinderteneinrichtung (siehe 2. Kapitel B II 4 c, S. 97 ff.).

Zu beachten ist, dass diese geringen Kostenbeiträge nicht gelten, wenn es sich um Leistungen für Kinder mit einer seelischen oder psychischen Behinderung nach dem SGB VIII handelt und das Jugendamt der zuständige Kostenträger ist. Das Jugendamt fordert deutlich höhere Kostenbeiträge (siehe 2. Kapitel B II 5 c, S. 109 ff.).

VI. Kindergeld

Hinsichtlich des Bezuges von Kindergeld ergeben sich für die Eltern keine Besonderheiten bei Eintritt der Volljährigkeit des Kindes. Soweit das Kind aufgrund seiner Behinderung nicht in der Lage ist, sich selbst zu unterhalten, kann den Eltern das Kindergeld grundsätzlich in voller Höhe von monatlich 194 € lebenslang zustehen (siehe 2. Kapitel G I, S. 230 ff.).

VII. Vereinzelte rechtliche Schwierigkeiten bei Eintritt der Volljährigkeit

Die Versorgungsämter überprüfen in der Regel bei Kindern mit einer geistigen Behinderung oder mit tiefgreifenden Entwicklungsstörungen wie autistischen Syndromen mit Eintritt der Volljährigkeit das Vorliegen der Voraussetzung für das Merkzeichen „H“ (für hilflos). Denn erst ab Vollendung des 18. Lebensjahres gelten in diesen Fällen die strengen Voraussetzungen für die Zuerkennung des Merkzeichens „H“. Die Versorgungsämter überprüfen dann, ob die Kinder infolge ihrer Behinderung im Alltag ständige Überwachung benötigen und damit als hilflos gelten. Bei Zweifeln an der Aberkennung des Merkzeichens „H“ sollten sich Betroffene mit einem Widerspruch oder auch einer Klage zur Wehr setzen.

VIII. Zeit des „Loslassens"

Für nicht behinderte Menschen beginnt spätestens mit Eintritt der Volljährigkeit die Lebensphase, in der sie sich von ihrem Elternhaus zu lösen beginnen und eigenständig über ihr Leben entscheiden können. Auch wenn dies für Menschen mit Behinderung nicht ohne weiteres möglich ist, sollte sich die Familie dennoch mit diesen Fragen beschäftigen. Der Eintritt der Volljährigkeit bzw. auch das Ende der Schulzeit sind daher Zeitpunkte, zu denen sich die Familie mit den Möglichkeiten eines selbständigen Lebens und Wohnens des behinderten Familienmitgliedes, unter Umständen auch in einer Behinderteneinrichtung, beschäftigen sollte. Angesichts der langen Wartezeiten bzw. Wartelisten ist es empfehlenswert, frühzeitig zu beginnen, sich einen Überblick über die in Frage kommenden Wohnmöglichkeiten zu verschaffen, und das Kind ggf. auch auf Wartelisten von geeigneten Einrichtungen vormerken zu lassen.

F. Unser Kind kommt in eine Werkstatt für behinderte Menschen (WfbM)

Wenn klar ist, dass eine Tätigkeit auf dem allgemeinen Arbeitsmarkt bzw. eine weitere Förderung über ein Berufsbildungswerk oder eine sonstige Berufsförderung nicht mehr in Betracht kommen bzw. keine Aussicht auf Erfolg haben, bietet sich die Aufnahme in eine Werkstatt für behinderte Menschen an (siehe 2. Kapitel B II 3 h aa, S. 78 ff.).

Seit dem 1.1.2017 gibt es als Alternative zur WfbM auch eine Ausbildung oder Beschäftigung bei einem sog. anderen Leistungsanbieter. Weiter gibt es jetzt auch die Möglichkeit einer Beschäftigung auf dem allgemeinen Arbeitsmarkt über das Budget für Arbeit (Einzelheiten im 2. Kapitel unter B II 3 h ee, ff, S. 89 f.)

I. Die Aufnahme in die WfbM

Vor dem Eintritt in eine Werkstatt für behinderte Menschen durchläuft der Beschäftigte das Eingangsverfahren, das in der Regel drei Monate dauert. Anschließend erfolgt im Berufsbildungsbereich die Vorbereitung auf den Arbeitsbereich der Werkstatt. Dieser Berufsbildungsbereich dauert maximal zwei Jahre. Die anfallenden Kosten übernimmt das Arbeitsamt.

Anschließend erfolgt die Übernahme in den Arbeitsbereich der Werkstatt. Sofern die Voraussetzungen gegeben sind, übernimmt ab diesem Zeitpunkt der Sozialhilfeträger die Werkstattkosten im Rahmen der Eingliederungshilfe.

II. Besondere Ansprüche des Kindes in der WfbM

- Menschen mit Behinderung, die in einer Werkstatt für behinderte Menschen arbeiten, erfüllen regelmäßig die Voraussetzungen für den Bezug von Leistungen der Grundsicherung im Alter und bei Erwerbsminderung. Spätestens mit Eintritt in eine Werkstatt für behinderte Menschen sollte daher ein entsprechender Antrag auf Leistungen der Grundsicherung gestellt werden. Mit den Leistungen der Grundsicherung kann der Mensch mit Behinderung, der zu Hause bei seinen Eltern lebt, die dort entstehenden Kosten für seinen Lebensunterhalt wie Verpflegung und Unterkunft bezahlen.
- Beschäftigte einer Werkstatt für behinderte Menschen sind in der gesetzlichen Kranken-, Pflege- und Rentenversicherung pflichtversichert und erhalten die entsprechenden Leistungen.
- Daneben erhält der Beschäftigte entsprechend seiner Leistungsfähigkeit einen Werkstattlohn , der allerdings teilweise auf die Leistungen der Grundsicherung angerechnet wird.
- Im Rahmen der Eingliederungshilfe übernimmt der Sozialhilfeträger die erforderlichen Fahrtkosten (Fahrdienst) zur WfbM.
- Die Eltern erhalten weiterhin das volle Kindergeld in Höhe von monatlich 194 €.
- Die Eltern erhalten auch weiterhin das volle Pflegegeld entsprechend dem Pflegegrad des Kindes.

III. Heranziehung zu den Kosten der WfbM

- An den vom Sozialhilfeträger getragenen Kosten des Lebensunterhaltes in der WfbM (regelmäßig nur die Verpflegungskosten) hat sich der Mensch mit Behinderung nur zu beteiligen, wenn seine Einkünfte einen monatlichen Betrag von 832 € (= zweifacher Eckregelsatz von 416 €) übersteigen. Aus seinem Vermögen wird kein Kostenbeitrag gefordert.
- Die Eltern müssen für die WfbM keinen Kostenbeitrag bezahlen.

G. Unser Kind zieht in eine Behinderteneinrichtung

I. Kostenübernahme durch den Sozialhilfeträger

Die in einer Behinderteneinrichtung anfallenden Kosten werden vom Sozialhilfeträger übernommen. Voraussetzung ist jedoch, dass der Mensch mit Behinderung kein einzusetzendes Einkommen und Vermögen besitzt. Vermögen, das über dem Freibetrag von 5.000 € liegt, hat er für die Kosten des Lebensunterhalts in der Einrichtung aufzubrauchen. Vermögen über einem Freibetrag von insgesamt 30.000 € (ab 2020 in Höhe von ca. 54.800 €) ist für die übrigen Kosten der Einrichtung, die als Leistungen der Eingliederungshilfe übernommen werden, aufzubrauchen.

Die Bewohner vollstationärer Behinderteneinrichtungen erhalten vom Sozialhilfeträger einen monatlichen Barbetrag (Taschengeld) von derzeit 112 € (27% des Eckregelsatzes von 416 €) zur freien Verfügung sowie einen Bekleidungszuschuss von monatlich 28,50 €.

Der Sozialhilfeträger übernimmt die Fahrtkosten für Besuche zu Hause bei den Eltern. Ist die Benutzung öffentlicher Verkehrsmittel nicht möglich, können Fahrdienste in Anspruch genommen werden oder es kommt eine Erstattung der den Eltern entstehenden Fahrtkosten für das Abholen und das Bringen des Kindes in Betracht (siehe 2. Kapitel B II 3 g, S. 76).

II. Finanzielle Auswirkungen auf die Eltern

Die Eltern haben unabhängig von ihren Einkommens- und Vermögensverhältnissen einen monatlichen Kostenbeitrag in Höhe von maximal 57,94 € für die Heimkosten an den Sozialhilfeträger zu bezahlen (siehe 2. Kapitel B II 4 c, S. 97 ff.).

Sofern die Eltern bisher Pflegegeld für die Pflege ihres Kindes von der Pflegeversicherung erhalten haben, so entfällt das Pflegegeld weitgehend. Nur für die Tage, die das Kind noch nachweislich zu

Hause verbringt, also regelmäßig an den Wochenenden und in den Ferienzeiten, können die Eltern noch anteiliges Pflegegeld erhalten.

Sofern das Kind Leistungen der Grundsicherung im Alter und bei Erwerbsminderung bezieht, stehen diese Leistungen ab dem Zeitpunkt des Heimeinzuges dem zuständigen Sozialhilfeträger für die Heimkosten zu.

Sind die Eltern Bezieher von Arbeitslosengeld II, entfallen mit dem Heimeinzug zusätzliche Leistungen für das Kind.

Sofern die Eltern jedoch noch weitere Aufwendungen in Höhe von monatlich mindestens 194 € für ihr Kind haben, auch wenn dieses in der Behinderteneinrichtung lebt, können sie weiterhin das volle Kindergeld beanspruchen (siehe 2. Kapitel G I, S. 230 ff.).

H. Können wir uns zur Wehr setzen, wenn Anträge auf Sozialhilfeleistungen oder auf sonstige Ansprüche unseres Kindes von staatlicher Seite abgelehnt werden?

Menschen mit Behinderung sind häufig auf Sozialleistungen wie z. B. Grundsicherung, Eingliederungshilfe, Pflegegeld, Hilfsmittel oder auf bestimmte Merkzeichen im Schwerbehindertenausweis angewiesen.

Die Praxis zeigt leider, dass Anträge auf Sozialleistungen immer häufiger erst einmal abgelehnt werden. Dies gilt insbesondere, wenn es sich um kostenintensive Leistungen handelt. Dabei spielt es häufig nur eine untergeordnete Rolle, ob es eine tatsächliche Rechtsgrundlage für die Ablehnung gibt oder nicht. Obwohl eigentlich rechtswidrig, erscheint ein solcher amtlicher Ablehnungsbescheid für den Antragsteller jedoch häufig korrekt und verbindlich. Er denkt daher nicht daran, dass er erfolgsversprechend Widerspruch einlegen bzw. Klage erheben könnte. Getreu nach dem Motto: „Die Behörde wird schon wissen, was rechtens ist."

Leider werden daher viele eigentlich erfolgversprechende Widersprüche erst gar nicht eingelegt. Klagen vor den Gerichten unterbleiben häufig, weil viele Betroffene Angst vor den vermeintlichen Konsequenzen einer Klage haben: „Aber ich kann doch nicht gegen das Sozialamt klagen. Ich will mich doch nicht unbeliebt machen. Was passiert, wenn ich wieder etwas beantragen muss?“

Wer jedoch den Mut findet, Widerspruch einzulegen oder zu klagen, stellt nicht selten überrascht fest, wie leicht es spätestens vor Gericht ist, die beantragten Leistungen zu erhalten.

Betroffene Personen können nicht nachvollziehen, warum sie oft um die ihnen zustehenden Leistungen so mühsam und langwierig kämpfen müssen. Dies liegt neben der kaum mehr durchschaubaren, äußerst komplexen Rechtsmaterie unter anderem daran, dass die Sachbearbeiter in den Behörden mit der Vorgabe arbeiten müssen, wirtschaftlich und sparsam mit öffentlichen Mitteln umzugehen. Erst wenn ein Gerichtsurteil gegen sie vorliegt, können sie unter Umständen gegenüber Vorgesetzten und der Rechnungsprüfung belegen, nicht anders handeln zu können und das Möglichste zur Kosteneinsparung getan zu haben.

Mein Appell an Sie lautet daher:

Scheuen Sie sich nicht, Ihre Ansprüche einzuklagen, wenn Sie dazu von der Behörde gezwungen werden. Nur auf diese Weise können Sie für sich und Ihr Kind langfristig die Ihnen zustehenden Sozialleistungen sichern. Und nehmen Sie möglichst bereits im Vorfeld fachkundige Hilfe in Anspruch, um Anträge entsprechend begründen zu können. Lassen Sie sich nicht entmutigen und einschüchtern. Sie fallen dem Staat nicht zur Last, sondern beanspruchen nur das, was Ihnen von Rechts wegen zusteht!

I. Wie können wir unser Kind für den Fall unseres Todes absichern und versorgen?

Eine Absicherung und Versorgung des Menschen mit Behinderung über die Leistungen der Sozialhilfe hinaus ist über die Regelung eines sog. Behindertentestament es möglich. Vermögen, das über ein sog. Behindertentestament an einen Menschen mit Behinderung vererbt wird, kann vor dem Zugriff des Sozialhilfeträgers geschützt werden, so dass der Mensch mit Behinderung zusätzlich zu den ihm zustehenden Leistungen der Sozialhilfe sein Erbe bzw. die Erträge aus seinem Erbe für seine persönlichen Bedürfnisse verwenden kann.

Ein solches Behindertentestament ist eine sehr sichere und empfehlenswerte Möglichkeit, einen Menschen mit Behinderung über den Tod der Eltern hinaus abzusichern und zu versorgen (siehe 4. Kapitel B, S. 285 ff.).

Ein „normales" Erbe oder ein Pflichtteilsanspruch des Menschen mit Behinderung werden vom Sozialhilfeträger im Falle des Bezuges von Sozialhilfeleistungen eingefordert, sofern die niedrigen Vermögensfreigrenzen überschritten werden. Auch Schenkungen an den Menschen mit Behinderung sind vor dem Zugriff des Sozialhilfeträgers nicht geschützt.

Daher kann Eltern zur Absicherung und Versorgung ihres behinderten Kindes nur dringend die Errichtung eines solchen Behindertentestamentes empfohlen werden – vorausgesetzt, es ist zu vererbendes Vermögen vorhanden. Interessierte Eltern sollten jedoch nicht allein ein solches Testament erstellen, sondern sich unbedingt von einem sowohl im Behinderten- und Sozialhilferecht, als auch im Erbrecht einschlägig fachkundigen und erfahrenen Rechtsanwalt oder Notar beraten lassen. Ansonsten besteht die Gefahr, dass die gewünschten Regelungen einer gerichtlichen Überprüfung nicht standhalten und der Sozialhilfeträger auf das Erbe zugreifen kann.

J. Unser Kind hat geerbt (ohne „Behindertentestament") bzw. ist vermögend geworden. Wie können wir sein Vermögen vor dem Zugriff des Sozialhilfeträgers schützen?

Sofern ein Mensch mit Behinderung Sozialhilfeleistungen bezieht, sind immer die jeweils geltenden Vermögensfreigrenzen zu berücksichtigen. Er bzw. sein gesetzlicher Betreuer müssen dem Sozialhilfeträger unverzüglich den neuen Vermögensstand mitteilen, sobald Veränderungen bei den Vermögensverhältnissen eintreten.

Kommt der Mensch mit Behinderung aufgrund Erbschaft, aufgrund Pflichtteilsansprüchen oder durch Schenkungen zu eigenem Vermögen, wird der zuständige Sozialhilfeträger regelmäßig die Sozialhilfeleistungen einstellen und der Mensch mit Behinderung wird so lange zum Selbstzahler, bis er sein Vermögen bis auf die geltenden Vermögensfreibeträge verbraucht hat.

Nur in Ausnahmefällen bestehen Möglichkeiten, das erworbene Vermögen vor dem Zugriff des Sozialhilfeträgers zu schützen. So kann versucht werden, das Vermögen in sozialhilferechtlich geschütztes Vermögen umzuschichten, wie bspw. eine selbst genutzte Immobilie anzuschaffen. Ein solches Vorgehen erfordert jedoch in der Regel eine auf den Einzelfall bezogene, fundierte rechtliche Beratung.

Lässt sich ein Schutz des Vermögens nicht bewerkstelligen, kann noch versucht werden, das Vermögen sinnvoll für den Menschen mit Behinderung zu verbrauchen, so dass er zumindest für einen gewissen Zeitraum noch Vorteile aus seinem Vermögenszuwachs hat.

2. Kapitel

Rechte und Rechtsansprüche von Menschen mit Behinderung und ihren Eltern

In dem nachfolgenden Kapitel werden umfassend die wesentlichen Rechte und Ansprüche, die regelmäßig von Menschen mit Behinderung beansprucht werden können, abgehandelt:

> „Nur wer seine Rechte kennt, kann sie auch wahrnehmen."

Nach einer kurzen Einführung in die Rechtsgrundlagen des Behinderten- und Sozialrechts (vgl. unten Ziffer A) werden die Sozialleistungen, die Menschen mit Behinderung beanspruchen können, ausführlich dargestellt (vgl. unten Ziffer B).

Unter Ziffer C erfolgt ein Überblick über die für Menschen mit Behinderung in Frage kommenden Wohnformen und die Möglichkeiten der Finanzierung.

Ziffer D beschäftigt sich mit dem Schwerbehindertenausweise und den Ansprüchen auf Nachteilsausgleich für Menschen mit Behinderung.

Unter Ziffer E wird detailliert erläutert, wie man seine Rechte und Ansprüche gegenüber den staatlichen Stellen durchsetzen kann, insbesondere wenn diese verweigert werden.

Während die Ziffern A bis einschließlich Ziffer E Ansprüche gegenüber staatlichen Stellen behandeln, geht es in Ziffer F um die zivilrechtlichen Rechte von Menschen mit Behinderung wie die Geschäftsfähigkeit, die Möglichkeit der Eheschließung, arbeitsrechtliche Fragen und um das Heimrecht.

Weitere Ansprüche und Rechte von Eltern als Pflege- und Betreuungspersonen ihrer behinderten Kinder wie z. B. der Anspruch auf Kindergeld werden schließlich in Ziffer G dargestellt.

A. Einführung in die Rechtsgrundlagen des Sozial- und Behindertenrechtes

I. Was ist „Sozialrecht"? Wie funktioniert das System der sozialen Absicherung? – Überblick über die Sozialgesetzbücher 1. Buch (SGB I) bis 12. Buch (SGB XII)

Im Folgenden wird ein Überblick und Einblick in die vorhandenen Rechtsgrundlagen gegeben, insbesondere in die 12 Sozialgesetzbücher (SGB I bis SGB XII), die das rechtliche Gerüst der sozialen Absicherung von hilfebedürftigen Menschen bilden.

Die Rechtsmaterie des Sozial- und Behindertenrechtes ist nicht einheitlich in einem übersichtlichen Gesetz geregelt. Vielmehr ergeben sich die einem Menschen mit Behinderung zustehenden Rechte und Ansprüche aus ganz verschiedenen Gesetzen. Daher hängen diese Leistungen auch von ganz unterschiedlichen Anforderungen und Voraussetzungen ab.

So werden teilweise Leistungen unabhängig von Einkommen und Vermögen der hilfebedürftigen Person erbracht. In anderen Fällen ist jedoch eine Grundvoraussetzung, dass die hilfebedürftige Person die begehrten Leistungen nicht aus ihrem eigenen Einkommen und Vermögen selbst bezahlen kann.

Es ist wichtig, zumindest einen groben Überblick über die gesetzlichen Regelungen zu haben, um seine Ansprüche zu kennen und durchzusetzen, und um zu wissen, welche Behörde oder Stelle überhaupt für die begehrte Leistung zuständig ist.

Die nachfolgenden Ausführungen zu den vorhandenen gesetzlichen Grundlagen dienen dazu, das „Schubladendenken" zu fördern, damit Betroffene im vorhandenen „Rechts-Wirrwarr" nicht völlig den Überblick verlieren. Das soziale Sicherungssystem (soziale Netz) wird durch verschiedene Sozialleistungsträger gewährleistet. Das System der sozialen Absicherung lässt sich vereinfacht in die folgenden Bereiche aufgliedern:

- die fünf Zweige der Sozialversicherung,
- das System der sozialen Fürsorge (Sicherung des Lebensunterhaltes), insbesondere Sozialhilfe,
- Leistungen der sozialen Förderung (Teilhabe und Eingliederung) und
- Leistungen der sozialen Versorgung zum Ausgleich besonderer Opfer.

II. Die fünf Zweige der Sozialversicherung

Die fünf Zweige der Sozialversicherung sind die Arbeitslosenversicherung, die Krankenversicherung, die Rentenversicherung, die Unfallversicherung und die Pflegeversicherung.

Voraussetzung für Leistungen aus der Sozialversicherung ist, dass ein Versicherungsverhältnis besteht. Es gilt das Versicherungsprinzip, d. h. dass die persönlichen Verhältnisse des Versicherten in der Regel unerheblich sind. Bei Leistungen der gesetzlichen Krankenversicherung, Pflegeversicherung, Rentenversicherung und Leistungen der Agentur für Arbeit spielt das Einkommen und Vermögen des Antragstellers grundsätzlich keine Rolle.

Jeder einzelne der fünf Zweige der Sozialversicherung ist in einem eigenen Sozialgesetzbuch geregelt. Es handelt sich um die folgenden Sozialgesetzbücher:

1. Sozialgesetzbuch Nr. 3 (SGB III) – Gesetzliche Arbeitslosenversicherung

Leistungen der Arbeitslosenversicherung sind das Arbeitslosengeld und die Arbeitsförderung. Zuständig für die Arbeitslosenversicherung sind die Bundesagentur für Arbeit und die örtlichen Arbeitsagenturen.

2. Sozialgesetzbuch Nr. 5 (SGB V) – Gesetzliche Krankenversicherung

Leistungen der Krankenversicherung sind z. B. die medizinische Behandlung, Heilmittel, Hilfsmittel, medizinische Rehabilitation und Krankengeld.

Krankenversicherungsträger sind die gesetzlichen Krankenversicherungen, wie z. B. AOK, DAK, Barmer Ersatzkasse, Techniker Krankenkasse, Betriebskrankenkassen oder andere Ersatzkassen.

3. Sozialgesetzbuch Nr. 6 (SGB VI) – Gesetzliche Rentenversicherung

In diesem Gesetzbuch sind die Anforderungen und Voraussetzungen für den Bezug von Alters-, Berufsunfähigkeitsrenten oder Renten wegen Erwerbsminderung geregelt.

Rentenversicherungsträger ist die Deutsche Rentenversicherung.

4. Sozialgesetzbuch Nr. 7 (SGB VII) – Gesetzliche Unfallversicherung

Die Unfallversicherung sichert beruflich bedingte Gesundheitsschäden, z. B. aufgrund von Berufsunfällen, ab. Träger der Unfallversicherung sind die Berufsgenossenschaften. Familien mit behinderten Kindern haben in der Regel mit der gesetzlichen Unfallversicherung wenig zu tun.

5. Sozialgesetzbuch Nr. 11 (SGB XI) – Soziale Pflegeversicherung

Die Pflegeversicherung gewährt Leistungen für pflegebedürftige Menschen wie Pflegegeld. Träger der Pflegeversicherung sind die bei den Krankenkassen angegliederten Pflegekassen.

III. Leistungen der sozialen Fürsorge (Leistungen zum Lebensunterhalt)

Die soziale Fürsorge wurde früher als „Armenhilfe" bezeichnet. Die typischen Merkmale dieser Leistungen sind die Finanzierung über Steuern sowie eine strenge Bedürftigkeitsprüfung, d. h. Hilfebedürftige müssen grundsätzlich ihr Einkommen und Vermögen vorrangig verbrauchen. Es wird daher genau geprüft, ob der Antragsteller aufgrund seiner finanziellen Situation überhaupt bedürftig ist. Es gelten sehr niedrige Einkommens- und Vermögensfreigrenzen.

Leistungen der sozialen Fürsorge sind in den folgenden Sozialgesetzbüchern geregelt:

1. Sozialgesetzbuch Nr. 2 (SGB II) – Grundsicherung für Arbeitsuchende

Es handelt sich um Leistungen zur Sicherung des Lebensunterhaltes für Arbeitsuchende bzw. Arbeitslose (sog. Alg II oder „Harz IV"). Träger sind die sog. Jobcenter .

2. Sozialgesetzbuch Nr. 12 (SGB XII) – Sozialhilfe

Das SGB XII enthält zur Sicherung des Lebensunterhaltes die Leistungen der Grundsicherung im Alter und bei Erwerbsminderung. Zuständig sind regelmäßig die örtlichen Sozialämter.

IV. Leistungen der sozialen Förderung (Teilhabe und Eingliederung)

Leistungen der sozialen Förderung werden über Steuern finanziert. Typische Leistungen sind die Eingliederungshilfe für behinderte Menschen und die Hilfe für pflegebedürftige Menschen.

Im Gegensatz zu den Leistungen der sozialen Fürsorge erfolgt bei Leistungen der sozialen Förderung wie Eingliederungshilfe und Hilfe zur Pflege nur eine eingeschränkte Bedürftigkeitsprüfung. Die zugestandenen Einkommens- und Vermögensfreibeträge sind daher im Vergleich zu Leistungen der Grundsicherung deutlich angehoben oder es werden Leistungen unabhängig von der finanziellen Situation erbracht.

Leistungen der sozialen Förderung sind u. a. in den folgenden Sozialgesetzbüchern geregelt:

1. Sozialgesetzbuch Nr. 8 (SGB VIII) – Kinder- und Jugendhilfe

Das SGB VIII beinhaltet die Leistungen der Jugendhilfe, wie Kinder- und Jugendschutz, Hilfe zur Erziehung, Eingliederungshilfe für seelisch behinderte Kinder und Jugendliche, Hilfe für junge Volljährige, Beistandschaft, Pflegschaft und Vormundschaft für Kinder und Jugendliche.

2. Sozialgesetzbuch Nr. 9 (SGB IX) – Rehabilitation und Teilhabe behinderter Menschen

Das SGB IX beinhaltet das Gesamtleistungssystem für Menschen mit Behinderung mit den Teilbereichen medizinische Rehabilitation, Teilhabe am Arbeitsleben, unterhaltssichernde und andere ergänzende Leistungen sowie Leistungen zur Teilhabe am Leben in der Gemeinschaft. Das SGB IX stellt jedoch noch kein eigenes oder einheitliches Rehabilitationsgesetz dar. Einen echten Anspruch auf eine bestimmte Leistung gewährt das SGB IX nicht. Die Zuständigkeiten und die Voraussetzungen für die einzelnen Leistungen richten sich allein nach den für den jeweiligen Rehabilitationsträger geltenden Leistungsgesetzen wie dem SGB II, SGB V, SGB XI und SGB XII. Darüber hinaus enthält das SGB IX in seinem Teil 3 das Schwerbehindertenrecht. Geregelt werden u. a. das Verfahren zur Feststellung der Schwerbehinderteneigenschaft sowie die besonderen Rechte schwerbehinderter Beschäftigter im Arbeitsleben.

Das SGB IX erhält durch das stufenweise Inkrafttreten des Bundesteilhabegesetzes (BTHG) von 2017 an bis 2023 eine neue Struktur und neue Inhalte. Der Allgemeine Teil (Teil 1) des SGB IX enthält überarbeitete Regelungen zur Bedarfserkennung und -ermittlung, zur Zuständigkeitsklärung und zur Koordinierung der Leistungen verschiedener Rehabilitationsträger sowie die Teilhabeplanung.

In den neuen Teil 2 des SGB IX wird ab 2020 das Recht der Eingliederungshilfe aufgenommen, das bisher noch im SGB XII enthalten ist. Der neue Teil 2 des SGB IX wird dann als echtes Leistungsgesetz die möglichen Ansprüche auf Eingliederungshilfe sowie die verbesserten Regelungen zur Berücksichtigung von Einkommen und Vermögen beim Bezug von Eingliederungshilfe enthalten. Der Leistungsumfang der Eingliederungshilfe wird jedoch im Wesentlichen nicht erweitert.

3. Sozialgesetzbuch Nr. 12 (SGB XII) – Eingliederungshilfe, Hilfe zur Pflege

Das SGB XII regelt die Anforderungen und Voraussetzungen für Leistungen der Eingliederungshilfe und der Hilfe zur Pflege für Menschen mit Behinderung.

Es enthält beispielsweise die Voraussetzungen für die Übernahme der Kosten einer WfbM oder einer Behinderteneinrichtung sowie die Einkommens- und Vermögensfreigrenzen von Menschen mit Behinderung und ihren Angehörigen.

Durch das Bundesteilhabegesetz (BTHG) wird jedoch ab dem 1.1.2020 das Recht der Eingliederungshilfe vollständig aus dem SGB XII herausgenommen und als neuer Teil 2 in das SGB IX aufgenommen.

V. Leistungen der sozialen Versorgung (Bundesversorgungsgesetz)

Leistungen der sozialen Versorgung dienen zum Ausgleich besonderer Opfer, die der Einzelne für die Gemeinschaft erbracht hat. Die Einzelheiten sind im Bundesversorgungsgesetz (BVG) geregelt. Regelungsbereich ist bspw. die Kriegsopferversorgung sowie die Opferentschädigung. Für Familien mit behinderten Kindern haben diese Gesetze in der Regel nur geringe Relevanz.

VI. Weitere Gesetzbücher

Im Folgenden werden die übrigen Sozialgesetzbücher sowie das Sozialgerichtsgesetz kurz vorgestellt.

1. Sozialgesetzbuch Nr. 1 (SGB I)

Das SGB I enthält die allgemeinen Vorschriften für die übrigen Sozialgesetzbücher wie allgemeine Grundsätze des Leistungsrechtes, Ausgestaltung des Sozialgeheimnisses, Mitwirkungsrechte und Pflichten von Antragstellern und Behörden.

2. Sozialgesetzbuch Nr. 4 (SGB IV)

Das SGB IV enthält Regelungen zur Berechnung der Sozialversicherungsbeiträge und zur internen Organisation der einzelnen Sozialversicherungsträger.

3. Sozialgesetzbuch Nr. 10 (SGB X)

Das SGB X enthält die einzelnen Regelungen zum Sozial-Verwaltungsverfahren und zum Sozial-Datenschutz. Es werden die förmlichen Anforderungen an Bescheide der Behörden festgelegt.

4. Sozialgerichtsgesetz (SGG)

Das SGG enthält die Vorschriften für das Widerspruchsverfahren und die Gerichtsverfahren vor den Sozialgerichten.

B. Einzelne Rechtsansprüche – Welche konkreten Sozialleistungen stehen Menschen mit Behinderung zu?

Im Folgenden werden die Menschen mit Behinderung zustehenden Sozialleistungen ausführlich dargestellt.

Die Darstellung beginnt mit den Leistungen der Sozialhilfe zur Sicherung des Lebensunterhaltes, wie Grundsicherung und Arbeitslosengeld II.

Anschließend werden die speziell Menschen mit Behinderung zustehenden Rechtsansprüche auf Leistungen zur Teilhabe, wie Leistungen zur Teilhabe am Arbeitsleben, Leistungen zur Teilhabe an Bildung und Leistungen zur sozialen Teilhabe, dargestellt. Dabei werden insbesondere die Leistungen der Eingliederungshilfe im Detail beschrieben.

Anschließend folgen Leistungen der Hilfe zur Pflege, ein Überblick über das persönliche Budget, Leistungen der Krankenversicherung, Leistungen der Pflegeversicherung sowie Leistungen der Rentenversicherung.

I. Sozialhilfeleistungen zur Sicherung des Lebensunterhaltes

1. Grundsicherung im Alter und bei Erwerbsminderung

a) Was ist Grundsicherung? Die „Grundsicherung im Alter und bei Erwerbsminderung“ gibt es seit dem 1.1.2003. Sie trat an die Stelle der früheren „Hilfe zum Lebensunterhalt“. Voraussetzungen und Umfang der Leistungen sind seit dem 1.1.2005 im Sozialgesetzbuch XII geregelt. Die Grundsicherung im Alter und bei Erwerbsminderung gilt für dauerhaft voll erwerbsgeminderte Personen.

Daneben gibt es auch noch die sog. „Grundsicherung für Arbeitsuchende“ nach dem SGB II (auch „Arbeitslosengeld II“ genannt). Diese gilt jedoch ausschließlich für erwerbsfähige Personen (vgl. 2. Kapitel B I 2, S. 43 ff.).

Wenn im Folgenden von „Grundsicherung“ gesprochen wird, ist stets die Grundsicherung im Alter und bei Erwerbsminderung gemeint.

b) Wer erhält Grundsicherung? Behinderte Menschen haben einen Anspruch auf Grundsicherung (vgl. §§ 41 ff. SGB XII), wenn sie das 18. Lebensjahr vollendet haben und unabhängig von der jeweiligen Arbeitsmarktlage dauerhaft voll erwerbsgemindert sind. Das sind Personen, die wegen Krankheit oder Behinderung auf nicht absehbare Zeit außer Stande sind, **mindestens drei Stunden** täglich unter den üblichen Bedingungen des allgemeinen Arbeitsmarktes zu arbeiten.

c) Wo beantrage ich die Grundsicherung und wie wird die volle Erwerbsminderung festgestellt? Der Antrag auf Leistungen der Grundsicherung ist beim zuständigen Sozialamt, also beim örtlichen Träger der Sozialhilfe, zu stellen. Anschließend beauftragt das Sozialamt den zuständigen Rentenversicherungsträger – falls erforderlich – mit der Prüfung, ob der Antragsteller dauerhaft voll erwerbsgemindert ist.

Ist der Antragsteller in einer Werkstatt für behinderte Menschen (WfbM) beschäftigt, entfällt die Überprüfung, da er während seiner Tätigkeit in der WfbM regelmäßig als voll erwerbsgemindert gilt (§ 45 SGB XII). Dies gilt auch für Menschen mit Behinderung, die eine Tagesförderstätte oder eine Fördergruppe einer WfbM besuchen.

In den Fragebögen zur Grundsicherung werden Angaben zu den persönlichen Verhältnissen sowie zur Einkommens- und Vermögenssituation verlangt. In der Regel wird die Grundsicherung nur für ein Jahr bewilligt. Bei einem erstmaligen Antrag beginnen die Leistungen bereits am ersten Tag des Monats, in dem der Antrag gestellt worden ist. Vor Ablauf des Bewilligungszeitraums sollte daher vorsorglich ein neuer Antrag bzw. Verlängerungsantrag gestellt werden.

d) Erhalte ich bereits Grundsicherung, wenn ich noch in die Schule gehe, eine Berufsausbildung mache oder den Berufsbildungsbereich einer WfbM besuche? Ein noch andauernder Schulbesuch schließt Leistungen der Grundsicherung nicht aus. Entscheidend ist die Feststellung, dass der Schüler dauerhaft voll erwerbsgemindert ist, also nicht in der Lage ist, mindestens drei Stunden täglich unter den üblichen Bedingungen des allgemeinen Arbeitsmarktes zu arbeiten.

Bei der Beantragung von Leistungen der Grundsicherung wird die dauerhafte Erwerbsunfähigkeit des Kindes geprüft und gegebenenfalls festgestellt.

Nur sofern absehbar ist, dass das Kind einmal aufgrund seiner Behinderung in einer Werkstatt für behinderte Menschen arbeiten wird, ist diese Feststellung unbedenklich. Ansonsten könnte diese Feststellung spätere Arbeitsförderungsmaßnahmen bzw. einen möglichen Weg auf den allgemeinen Arbeitsmarkt erheblich erschweren.

Schließlich ist gerade die Aussicht, dass der Mensch mit Behinderung aufgrund der Arbeitsförderung einmal in der Lage sein wird, unter den üblichen Bedingungen des allgemeinen Arbeitsmarktes zu arbeiten, die Grundvoraussetzung für eine Förderung durch das Arbeitsamt.

Während einer Berufsausbildung (z. B. in einem Berufsbildungswerk) ist ein Antrag auf Grundsicherung wenig erfolgversprechend, da die Voraussetzungen der dauerhaften vollen Erwerbsminderung in dieser Zeit gerade nicht vorliegen.

Aktuell bestehen wieder einmal Schwierigkeiten für Beschäftigte im **Berufsbildungsbereich einer WfbM, Grundsicherung zu erhalten.** Sozialämter lehnen regelmäßig Anträge von Beschäftigten im Eingangsbereich oder Berufsbildungsbereich einer anerkannten Werkstatt für behinderte Menschen (WfbM) mit der (auch vom Bundesministerium für Arbeit und Soziales vertretenen) Begründung ab, dass diese zwar voll erwerbsgemindert seien, jedoch noch keine Dauerhaftigkeit der vollen Erwerbsminderung vorliege. Erst bei Übertritt in den Arbeitsbereich einer WfbM könne von einer dauerhaften Erwerbsminderung ausgegangen werden. Danach könnten Beschäftigte im Eingangsbereich oder Berufsbildungsbereich einer WfbM noch gar keine Grundsicherung beanspruchen. Zur Begründung wird auf die Neuregelung in § 45 Satz 3 Nr. 3 SGB XII verwiesen. Diese Argumentation ist jedoch rechtlich nicht überzeugend und als unzutreffend zu beurteilen. Entscheidend ist vielmehr, ob der Beschäftigte wegen seiner Behinderung auf nicht absehbare Zeit außer Stande ist, mindestens drei Stunden täglich unter den üblichen Bedingungen des allgemeinen Arbeitsmarktes zu arbeiten. Dies muss auch, wenn jemand in einer WfbM den Eingangs- und Berufsbildungsbereich durchläuft, konkret festgestellt und geprüft werden. Betroffene sollten daher unbedingt Widerspruch oder Klage gegen ablehnende Bescheide einlegen, bis die Rechtslage endgültig gerichtlich geklärt ist.

e) Erhalte ich auch Grundsicherung, wenn ich in einer Behinderteneinrichtung lebe? Menschen mit Behinderung, die in Behinderteneinrichtungen leben und dort Eingliederungshilfe oder Hilfe zur Pflege nach dem SGB XII erhalten, können ebenfalls einen Anspruch auf

Grundsicherung haben. Allerdings ist die Grundsicherung dann als Eigenanteil zur Finanzierung der Einrichtungskosten im Rahmen der Sozialhilfe einzusetzen, so dass der Bewohner nicht mehr Geld zur Verfügung hat. Ein Antrag auf Grundsicherung lohnt sich daher für Heimbewohner nicht. Allerdings wird in diesen Fällen der Sozialhilfeträger, der die Einrichtungskosten tragen muss, auf die Stellung eines Antrages auf Grundsicherung bestehen, um sich hierdurch eigene Ausgaben zu ersparen.

f) Welche Leistungen beinhaltet die Grundsicherung? Die Grundsicherung umfasst hauptsächlich die folgenden Leistungen (§ 42 SGB XII):

- den für den Antragsteller maßgebenden sozialhilferechtlichen Regelsatz zur Abdeckung des notwendigen Lebensunterhaltes (aktuell gilt die Regelbedarfsstufe 1 in Höhe von 416 €); der notwendige Lebensunterhalt umfasst Ernährung, Kleidung, Körperpflege, Hausrat und persönliche Bedürfnisse des täglichen Lebens,
- angemessene tatsächliche Aufwendungen für Unterkunft und Heizung und zentrale Warmwasserversorgung (ohne Stromkosten, die bereits im Regelsatz enthalten sind), (Einzelheiten zu den Unterkunftskosten vgl. unten),
- Mehrbedarf von 2,3% des maßgebenden Regelsatzes, bei Regelbedarfsstufe 1 also von 9,41 € monatlich pro Person, soweit Warmwasser durch in der Unterkunft installierte Elektroboiler/Durchlauferhitzer erzeugt wird (dezentrale Warmwassererzeugung),
- Kranken- und Pflegeversicherungsbeiträge, soweit diese nicht anderweitig abgedeckt werden,
- einen Mehrbedarf von 17% des maßgebenden Regelsatzes bei Besitz eines Schwerbehindertenausweises mit dem Merkzeichen „G“ oder „aG“ (§ 30 Abs. 1 SGB XII),
- einen Mehrbedarf in angemessener Höhe, wenn aus medizinischen Gründen eine kostenaufwendige Ernährung benötigt wird (§ 30 Abs. 5 SGB XII),
- werdende Mütter und allein erziehende Personen erhalten ebenfalls einen Mehrbedarf (§ 30 Abs. 2 und 3 SGB XII),

- Leistungen für einen einmaligen Bedarf wie die Erstausstattung für die Wohnung einschließlich Haushaltsgeräten, Erstausstattungen für Bekleidung und Erstausstattungen bei Schwangerschaft und Geburt sowie Anschaffung und Reparaturen von orthopädischen Schuhen, Reparaturen von therapeutischen Geräten und Ausrüstungen sowie die Miete von therapeutischen Geräten (§ 31 SGB XII).

Einzelheiten zum Anspruch auf Unterkunftskosten:

Zu den Leistungen der Grundsicherung gehören die tatsächlichen angemessenen Aufwendungen für Unterkunft und Heizung. Mit Urteil vom 14.4.2011, Az. B 8 SO 18/09 R, hat das Bundessozialgericht entschieden, dass eine Übernahme der Unterkunftskosten durch das Sozialamt nur dann noch möglich ist, wenn ein Mietvertrag vorliegt. Eltern müssen demnach mit ihrem Kind mit Behinderung einen Mietvertrag abschließen, damit sie zusätzlich zum Regelsatz auch noch Unterkunftskosten als Teil der Leistungen der Grundsicherung vom Sozialamt verlangen können. Eltern haben im Zusammenhang mit dem Abschluss eines Mietvertrages Folgendes zu beachten:

Ist das Kind nicht voll geschäftsfähig und sind die Eltern daher als gesetzliche Betreuer eingesetzt, muss beim Betreuungsgericht die Einsetzung eines Ergänzungsbetreuers zum Abschluss des Mietvertrages beantragt werden. Denn die Eltern können als gesetzliche Betreuer ihres Kindes nicht wirksam mit sich selbst einen Mietvertrag abschließen. Die Betreuungsgerichte setzen in der Regel einen Rechtsanwalt als Ergänzungsbetreuer ein mit der Aufgabe, den Mietvertrag mit den Eltern abzuschließen. Häufig unterstützt der Ergänzungsbetreuer die Eltern bei der Ausarbeitung des Mietvertrages.

Ausreichend ist ein Standardmietvertrag für Wohnräume. Wenn die Wohnung zusammen mit den Eltern genutzt wird, sollte im Mietvertrag festgelegt werden, welche Räume durch das Kind alleine und welche Räume gemeinsam mit den Eltern genutzt werden. Bei der Bestimmung der Miethöhe empfiehlt sich die Orientierung an der ortsüblichen Miete. Zu beachten ist auch, dass Eltern die Mieteinnahmen bei ihrer Einkommensteuererklärung als Einkünfte angeben und gegebenenfalls versteuern müssen.

Seit dem 1.7.2017 gibt es eine weitere Möglichkeit, einen Zuschuss zu den Unterkunftskosten zu erhalten, ohne dass die Eltern mit ihrem Kind einen Mietvertrag abschließen müssen. Der Zuschuss zu den Unterkunftskosten berechnet sich nach der sogenannten Differenzmethode (§ 42a Abs. 3 SGB XII). Die Höhe des Zuschusses errechnet sich aus der Differenz der angemessenen Aufwendungen für einen Mehrpersonenhaushalt entsprechend der Anzahl der in der Wohnung lebenden Personen und für einen Mehrpersonenhaushalt mit einer um eins verringerten Personenzahl. Lebt das Kind mit Behinderung beispielsweise mit beiden Elternteilen in einer gemeinsamen Wohnung, wird zuerst ermittelt, welche Aufwendungen für die Unterkunft eines Dreipersonenhaushalts angemessen sind. Von dem sich ergebenden Betrag werden in einem zweiten Schritt die angemessenen Aufwendungen für einen Zweipersonenhaushalt abgezogen. Den Differenzbetrag erhält der Leistungsberechtigte als Wohnkostenzuschuss, ohne nachweisen zu müssen, dass er diese auch tatsächlich zahlt. Entsprechend des prozentualen Anteils an den Unterkunftskosten können zusätzlich anteilige Heizkosten beansprucht werden. In dem Berechnungsbeispiel unter nachfolgendem Punkt k) wird die Berechnung des Unterkunftszuschusses noch einmal verdeutlicht.

Lebt der Mensch mit Behinderung zusammen mit anderen Personen in einer Wohngemeinschaft oder lebt er zusammen mit seinen Eltern und ist jeweils Mitmieter der Wohnung, erhält er die anteiligen Unterkunftskosten (§ 42a Abs. 4 SGB XII). Lebt er zusammen mit zwei anderen Personen in einer Wohnung, erhält er somit 1/3-Anteil der Miete.

g) Müssen Grundsicherungsberechtigte Zuzahlungen für Leistungen der Krankenkasse leisten? Krankenversicherte müssen ab Volljährigkeit für Leistungen der Krankenversicherung Zuzahlungen leisten. Die Berechnung der jeweiligen Zuzahlungen richtet sich nach dem Jahresbruttoeinkommen des Versicherten. Bei Personen, die Grundsicherung erhalten, wird als maßgebliches Bruttoeinkommen der jährliche Regelsatz eines Haushaltsvorstandes von 4.992 € (12 × 416 €) angesetzt.

Grundsicherungsberechtigte müssen demnach maximal 99,84 € (entspricht 2% der Bruttoeinnahmen) bzw. maximal 49,92 € (entspricht 1% der Bruttoeinnahmen, wenn der Versicherte an einer schwerwiegenden chronischen Erkrankung leidet) zuzahlen.

h) Einkommens- und Vermögensgrenzen. Grundsicherungsleistungen erhalten nur bedürftige Personen, also Personen, die ihren Lebensunterhalt nicht aus eigenem Einkommen und Vermögen bestreiten können. Dabei gelten die im Folgenden dargestellten Einkommens- und Vermögensfreigrenzen.

aa) Vermögen: Vermögensfreigrenze: Alleinstehende 5.000 €; Verheiratete oder Lebenspartner zusätzlich 5.000 €.

Zum einzusetzenden Vermögen gehören z. B. Sparguthaben, Rückkaufswerte von Lebensversicherungen und vermietete Immobilien. Sozialhilferechtlich geschütztes Vermögen wie eine selbstgenutzte angemessene Immobilie wird nicht als einzusetzendes Vermögen berücksichtigt (vgl. hierzu 2. Kapitel B II 4 g, S. 103 f.).

bb) Einkommen: Das einzusetzende Einkommen ergibt sich aus den Gesamteinkünften des Antragstellers. Abzusetzen sind Steuern, Sozialversicherungsbeiträge, Beiträge zu Versicherungen, soweit diese gesetzlich vorgeschrieben oder angemessen sind, sowie geförderte Altersvorsorgebeiträge und Werbungskosten wie Fahrtkosten, Arbeitsmittel usw.

Unterhaltszahlungen eines Elternteils, wenn die Eltern getrennt leben oder geschieden sind, sind als Einkommen anzurechnen. Allerdings ist nach der Rechtsprechung der unterhaltspflichtige Elternteil berechtigt, seine Unterhaltszahlungen einzustellen und das Kind darauf zu verweisen, Leistungen der Grundsicherung zu beanspruchen (vgl. OLG Hamm, Urteil vom 10.9.2015, Az. II-4 UF 13/15).

Nicht zum einzusetzenden Einkommen zählen die folgenden Einkünfte:

- Ein Betrag in Höhe von 30% des Einkommens aus selbständiger und nichtselbständiger Tätigkeit, höchstens jedoch 50% der Regelbedarfsstufe 1 (§ 82 Abs. 3 Satz 1 SGB XII).

- Werkstattbeschäftigte müssen ihr Einkommen nicht in voller Höhe einsetzen. Vom **Werkstatteinkommen** verbleibt ein Freibetrag, der sich wie folgt berechnet: 1/8 des Regelsatzes von monatlich 416 € (ergibt 52 €) zzgl. 50% des diesen Betrag übersteigenden Werkstatteinkommens (§ 82 Abs. 3 Satz 2 SGB XII). Bei einem Einkommen von monatlich 150 € errechnet sich der Freibetrag wie folgt: 52 € zzgl. 49 € (= 50% von (150 € – 52 €)) ergibt einen Freibetrag von 101 €.
- Ein Betrag von 100 € monatlich aus einer zusätzlichen Altersvorsorge zuzüglich 30% des diesen Betrag übersteigenden Einkommens aus einer zusätzlichen Altersvorsorge, höchstens jedoch 50% der Regelbedarfsstufe 1, also 50% aus 416 € (§ 82 Abs. 4 SGB XII). In § 82 Abs. 4 SGB XII ist festgelegt, für welche Einkünfte aus einer Altersvorsorge diese Regelung gilt.
- Das Arbeitsförderungsgeld von 52 € für Werkstattbeschäftigte (§ 59 Abs. 1 SBG IX).
- An die Eltern ausbezahltes **Kindergeld** zählt nach der höchstrichterlichen Rechtsprechung (BSG, Urteile vom 8.2.2007, Az. B 9b SO 5/06 R und Az. B 9b SO 6/06 R) **nicht** zum Einkommen des Antragstellers. Kindergeld sei Einkommen der Eltern und nicht des Kindes, da es an die Eltern ausgezahlt werde. Es könne lediglich dadurch zu Einkommen des Kindes werden, wenn die Eltern es diesem durch einen Zuwendungsakt (z. B. Überweisung auf das Konto des Kindes) zukommen lassen, so das BSG.
- Das von der Bundesanstalt für Arbeit aufgrund des Besuchs des Berufsbildungsbereichs einer Werkstatt für behinderte Menschen (WfbM) gezahlte **Ausbildungsgeld** darf ebenfalls nicht bedarfsmindernd auf die Leistungen der Grundsicherung angerechnet werden (OVG Nordrhein-Westfalen, Urteil vom 22.2.2006, Az. 16 A 176.05). Das Ausbildungsgeld beträgt im ersten Jahr 67 € und im zweiten Jahr 80 € (§ 125 SGB III).
- Pflegegeld von der Pflegeversicherung.

cc) Einkommen und Vermögen der Eltern: Bei der Einkommens- und Vermögensermittlung bleiben Unterhaltsansprüche gegenüber den Eltern bzw. den eigenen Kindern gemäß § 43 Abs. 3 S. 1 SGB

XII unberücksichtigt, sofern beide Elternteile jeweils ein jährliches Gesamteinkommen (brutto abzüglich Werbungskosten) von unter 100.000 € haben (BSG, Urteil vom 25.4.2013, Az. B 8 SO 21/11 R). Entscheidend ist das Einkommen jedes einzelnen Elternteils. Das Einkommen der Eltern wird damit nicht zusammengerechnet.

i) Sonderproblem: Angriff auf das Kindergeld der Eltern – Abzweigung durch Sozialhilfeträger. Die Sozialämter versuchen immer wieder, das an die Eltern ausbezahlte Kindergeld auf Leistungen der Grundsicherung, die volljährige Menschen mit Behinderung zur Deckung ihres Lebensunterhaltes vom Sozialamt erhalten können, anzurechnen. Das an die Eltern ausbezahlte Kindergeld zählt nach der höchstrichterlichen Rechtsprechung jedoch eindeutig nicht zum Einkommen des Kindes, so dass eine Anrechnung grundsätzlich nicht möglich ist. Kindergeld kann lediglich dadurch zum Einkommen des Kindes werden, wenn die Eltern es ihm zukommen lassen, z. B. durch Überweisung auf das Konto des Kindes. Hierzu besteht jedoch keine Verpflichtung der Eltern. Das Kindergeld steht den Eltern zu.

Teilweise treten Sozialämter noch an Eltern von volljährigen Kindern mit Behinderung, die Grundsicherung beziehen, heran und drohen ihnen mit einer sog. Abzweigung des Kindergeldes nach § 74 EStG. Dabei wird behauptet, dass der Lebensunterhalt des Kindes mit Behinderung über die bezogenen Grundsicherungsleistungen voll finanziert werde. Die Eltern hätten daher angeblich keine finanziellen Belastungen mehr und müssten nach der Rechtsprechung der Finanzgerichte das Kindergeld an das Sozialamt abgeben.

Urteil des Bundesfinanzhofes vom 18.4.2013, Az. V R 48/11:

Das Urteil des Bundesfinanzhofes vom 18.4.2013 hat den Streit über die Kindergeldabzweigung bei im Haushalt der Eltern lebenden Kindern entschärft. Denn dann ist davon auszugehen, dass die Eltern aus dem ihnen zur Verfügung stehenden Einkommen Aufwendungen in erheblichem Umfang für das Kind mit Behinderung erbringen, mit der Folge, dass eine Abzweigung des Kindergeldes nicht in Betracht kommt. Die Anwendung dieses Urteils ist nur dann ausgeschlossen, wenn die Eltern selbst bedürftigkeitsabhängige Sozialleistungen wie Alg II oder Grundsicherung beziehen.

j) Kostenloses Mittagessen in der WfbM als Einkommen. Der im Rahmen der Grundsicherung gewährte Regelsatz ist abweichend festzulegen, wenn die Kosten für Ernährung, die mit dem Regelsatz pauschal abgegolten sind, teilweise anderweitig gedeckt werden. Dies ist der Fall, wenn in einer Werkstatt für behinderte Menschen (WfbM) im Rahmen der geleisteten Eingliederungshilfe ein kostenloses Mittagessen gewährt wird.

Der Regelsatz der Grundsicherung verringert sich dann um den Betrag, der prozentual darin für das tägliche Mittagessen vorgesehen ist, so das Bundessozialgericht in seinem Urteil vom 11.12.2007, Az. B 8/9b SO 21/06 R. Für jedes in Anspruch genommene kostenlose Mittagessen kann bedarfsmindernd ein Betrag von täglich jeweils um die 2 € angesetzt werden.

Die Anrechnung eines kostenlosen Mittagessens ist jedoch nicht zulässig bei Grundsicherungsberechtigten, die sich im Eingangsverfahren oder Berufsbildungsbereich einer WfbM befinden (BSG, Urteil vom 23.3.2010, Az. B 8 SO 17/09).

k) Berechnungsbeispiel. Der Grundsicherungsberechtigte lebt mit seinen beiden Eltern zu dritt in einem Haushalt und arbeitet in einer WfbM. Die Eltern haben mit dem Kind keinen Mietvertrag abgeschlossen. Die monatlichen Heizkosten betragen 120 €. Das Werkstatteinkommen beträgt monatlich 150 €.

Beispiel: Der monatliche Grundsicherungsbedarf errechnet sich wie folgt:

416,00 €	Regelsatz
+ 84,74 €	Zuschuss zu den Unterkunftskosten nach der Differenzmethode
+ 70,72 €	Mehrbedarfszuschlag von 17% wegen Merkzeichen „G"
571,46 €	Gesamt

Nebenrechnung des Zuschusses zu den Unterkunftskosten nach der Differenzmethode in Höhe von 84,74 €:
Da kein Mietvertrag besteht, kann ein Zuschuss zu den Unterkunftskosten, berechnet nach der Differenzmethode, beansprucht werden.
Angemessene Wohnkosten mit Nebenkosten für einen 3-Personen-Haushalt am Ort gemäß örtlicher Mietobergrenze (richtet sich nach dem örtlichen Mietspiegel): z. B. 570 €
abzüglich angemessene Wohnkosten 2-Personen-Haushalt: z. B. 500 €
Differenzbetrag: 70 €
Zusätzlich kann ein Heizkostenzuschuss in Höhe von 14,74 € (12,28% aus den Heizkosten von 120 €) beansprucht werden.
Von dem Gesamtbedarf von 571,46 € ist das anrechenbare Werkstatteinkommen abzuziehen, das sich wie folgt errechnet:
150 € abzüglich Freibetrag von 101 € (= 52 € + 50% von (150 € – 52 €))
Es ergibt sich ein anrechenbares Werkstatteinkommen von 49 €.
Die Differenz zwischen dem Grundsicherungsbedarf und dem anrechenbaren Einkommen ergibt die Grundsicherungsleistung:

571,46 €	Grundsicherungsbedarf
– 49,00 €	anrechenbares Einkommen
522,46 €	**Grundsicherungsleistung**

2. Leistungen der Grundsicherung für Arbeitsuchende, Arbeitslosengeld II

Die Grundsicherung für Arbeitsuchende nach dem SGB II, das Arbeitslosengeld II (sog. Alg II), entstand aus der Zusammenfassung der früheren Arbeitslosenhilfe und der Sozialhilfe zu einer neuen Sozialleistung. Zuständig sind die Jobcenter (§§ 6, 6d SGB II).

a) Wer kann Alg II beanspruchen? Anspruch auf Arbeitslosengeld II haben alle erwerbsfähigen Personen, die das 15. Lebensjahr vollendet und das 65. Lebensjahr noch nicht vollendet haben, wenn sie hilfebedürftig sind. Erwerbsfähig sind Personen, die in der Lage sind, **mindestens drei Stunden** täglich unter den üblichen Bedingungen des allgemeinen Arbeitsmarktes zu arbeiten. Andernfalls sind sie erwerbsunfähig und können Leistungen der Grundsicherung im Alter und bei Erwerbsminderung nach dem SGB XII beanspruchen. Nachfolgend wird ein Überblick über mögliche Leistungen des Alg II gegeben.

b) Leistungen der Grundsicherung für Arbeitsuchende. Die Leistungen der Grundsicherung für Arbeitsuchende entsprechen weitgehend den Leistungen der Grundsicherung im Alter und bei Erwerbsminderung. Neben der Regelleistung zur Sicherung des Lebensunterhaltes in Höhe von derzeit 416 € (§ 20 Abs. 2 SGB II) werden die tatsächlichen angemessenen Kosten für Unterkunft und Heizung sowie Leistungen für Mehrbedarf (§ 21 SGB II) und einmaligen Bedarf (§ 24 SGB II) gewährt.

Die folgenden Ansprüche auf Mehrbedarf gibt es:

- Werdende Mütter, die erwerbsfähig und hilfebedürftig sind, erhalten nach der 12. Schwangerschaftswoche einen Mehrbedarf von 17% der maßgebenden Regelleistung.
- Allein erziehende Personen erhalten einen Mehrbedarf:
  - von 36% der maßgebenden Regelleistung, wenn sie mit einem Kind unter sieben Jahren oder mit zwei oder drei Kindern unter sechzehn Jahren zusammenleben, oder
  - von 12% der maßgebenden Regelleistung für jedes Kind, wenn sich dadurch ein höherer Vomhundertsatz als nach der Nr. 1 ergibt, höchstens jedoch in Höhe von 60 vom Hundert der nach § 20 Abs. 2 SGB II maßgebenden Regelleistung.
- Erwerbsfähige behinderte Hilfebedürftige, die Leistungen zur Teilhabe am Arbeitsleben nach § 49 SGB IX sowie sonstige Hilfen zur Erlangung eines geeigneten Platzes im Arbeitsleben oder Eingliederungshilfen nach § 54 Abs. 1 S. 1 Nr. 1 bis 3 SGB XII bekommen, erhalten einen Mehrbedarf von 35% der maßgebenden Regelleistung. Diese Mehrleistung kann auch nach Beendigung der Maßnahme während einer angemessenen Übergangszeit, vor allem einer Einarbeitungszeit, bezogen werden.
- Erwerbsfähige Hilfebedürftige, die aus medizinischen Gründen einer kostenaufwändigen Ernährung bedürfen, erhalten einen Mehrbedarf in angemessener Höhe.

Die Summe des insgesamt gezahlten Mehrbedarfs darf die Höhe der für erwerbsfähige Hilfebedürftige maßgebenden Regelleistung nicht übersteigen.

Zusätzlich zum Regelsatz bestehen Ansprüche auf folgende einmalige Leistungen (§ 24 Abs. 3 Nr. 1 bis 3 SGB II):

- Erstausstattungen für die Wohnung einschließlich Haushaltsgeräten;
- Erstausstattungen für Bekleidung einschließlich Erstausstattungen bei Schwangerschaft und Geburt;
- Anschaffung und Reparaturen von orthopädischen Schuhen, Reparaturen von therapeutischen Geräten und Ausrüstungen sowie die Miete von therapeutischen Geräten.

Sozialgeld erhalten nicht erwerbsfähige Angehörige, die mit dem erwerbsfähigen Hilfebedürftigen in einer Bedarfsgemeinschaft leben (§ 28 Abs. 1 SGB II). Für Kinder bis zur Vollendung des 14. Lebensjahres beträgt das Sozialgeld 60%, ab Beginn des 15. Lebensjahres 80% der Regelleistung.

Behinderte Menschen, die Eingliederungshilfe nach § 54 Abs. 1 Nr. 1 und 2 SGB XII beziehen und die das 15. Lebensjahr vollendet haben, erhalten einen Mehrbedarf von 35% der maßgebenden Regelleistung.

Nichterwerbsfähige Personen erhalten einen Mehrbedarf von 17% der maßgebenden Regelleistung, wenn sie Inhaber eines Schwerbehindertenausweises mit dem Merkzeichen „G“ sind und kein Anspruch auf einen Mehrbedarf von 35% wegen Behinderung besteht.

Zusätzlich zum Regelbedarf können Kinder und Jugendliche längstens bis zur Vollendung des 25. Lebensjahres Leistungen für Bildung und Teilhabe, das sog. „Bildungspaket“, beanspruchen (§ 28 SGB II). Dies Leistungen umfassen Kosten für eintägige Schulausflüge und mehrtägige Klassenfahrten, persönlichen Schulbedarf, Schülerbeförderung, Lernförderung, Teilnahme an gemeinschaftlicher Mittagsverpflegung und Teilhabe am sozialen und kulturellen Leben in der Gemeinschaft.

c) Unterschiede zur Grundsicherung im Alter und bei Erwerbsminderung nach dem SGB XII. Beim Alg II sind der Vermögenseinsatz und die Inanspruchnahme der Eltern des Hilfebedürftigen abweichend geregelt.

Die Vermögensfreibeträge sind deutlich höher als bei der Grundsicherung im Alter und bei Erwerbsminderung. Neben einem Grundfreibetrag von bis zu 10.050 € (150 € je vollendetem Lebensjahr) ist ein Vermögen bis zu 50.250 € (750 € je vollendetem Lebensjahr), das der Altersvorsorge dient, geschützt. Eltern bilden jedoch in der Regel zusammen mit ihren hilfebedürftigen Kindern, die bei ihnen wohnen, eine Bedarfsgemeinschaft. Bei der Prüfung der Hilfebedürftigkeit des Kindes wird daher das Einkommen und Vermögen der Eltern mit einbezogen. Darüber hinaus wird von den Eltern Unterhalt für deren hilfebedürftigen Kinder gefordert, solange die Kinder ihre Erstausbildung noch nicht abgeschlossen haben, längstens jedoch bis zu deren 25. Lebensjahr.

Zu beachten ist darüber hinaus, dass ein Empfänger von Alg II im Gegensatz zu einem Empfänger von Grundsicherung nach dem SGB XII verpflichtet ist, zumindest zu versuchen, seinen Lebensunterhalt durch die Aufnahme einer zumutbaren Arbeit selbst sicherzustellen. Um diese Verpflichtung durchzusetzen, gibt es ein umfangreiches Sanktionssystem. So muss eine Eingliederungsvereinbarung abgeschlossen werden, in der die vorgeschriebenen Eigenbemühungen um einen Arbeitsplatz festgeschrieben werden. Bei Verstößen drohen erhebliche Leistungskürzungen.

Insgesamt erscheint daher für einen Menschen mit Behinderung der Bezug von Leistungen der Grundsicherung im Alter und bei Erwerbsminderung günstiger. Davon ist eine wichtige Ausnahme zu machen, wenn die Aussicht besteht, dass der Mensch mit Behinderung aufgrund seiner Fähigkeiten und seines Leistungsvermögens in der Lage ist, auf dem allgemeinen Arbeitsmarkt zu arbeiten und dies auch möchte.

II. Leistungen zur Teilhabe, insbesondere Eingliederungshilfe

1. Bundesteilhabegesetz (BTHG) im Überblick

a) Was ist das BTHG? Am 16.12.2016 wurde im Bundestag das Gesetz zur Stärkung der Teilhabe und Selbstbestimmung von Menschen mit Behinderung – das Bundesteilhabegesetz (BTHG) verabschiedet. Das BTHG soll die Grundlagen für ein modernes und leistungsfähiges Rehabilitations- und Teilhaberecht schaffen, um damit die Lebenssituation von Menschen mit Behinderung durch mehr Selbstbestimmung und mehr Teilhabe zu verbessern.

Das BTHG ist ein stufenweise in Kraft tretendes Gesetzgebungsverfahren (sog. Artikelgesetz), durch das Regelungen in verschiedenen bestehenden Sozialgesetzbüchern und weiteren Gesetzen geändert werden. Der Schwerpunkt liegt bei der Neufassung des Neunten Sozialgesetzbuches (SGB IX) und bei Änderungen des Rechts der Eingliederungshilfe.

Die Ziele des BTHG sind in der Neufassung des § 1 SGB IX aufgeführt:

> „Menschen mit Behinderungen oder von Behinderung bedrohte Menschen erhalten Leistungen nach diesem Buch und den für die Rehabilitationsträger geltenden Leistungsgesetzen, um ihre Selbstbestimmung und ihre volle, wirksame und gleichberechtigte Teilhabe am Leben in der Gesellschaft zu fördern, Benachteiligungen zu vermeiden oder ihnen entgegenzuwirken. Dabei wird den besonderen Bedürfnissen von Frauen und Kindern mit Behinderungen und von Behinderung bedrohter Frauen und Kinder sowie Menschen mit seelischen Behinderungen oder von einer solchen Behinderung bedrohter Menschen Rechnung getragen."

b) Änderungen bei Zuständigkeiten und Verfahren. Das SGB IX erhält durch das Bundesteilhabegesetzes (BTHG) eine neue Struktur und neue Inhalte. Der bereits zum 1.1.2018 geänderte Allgemeine Teil (Teil 1) des SGB IX enthält jetzt überarbeitete Regelungen zur Bedarfserkennung und -ermittlung, zur Zuständigkeitsklärung und zur Koordinierung der Leistungen verschiedener Rehabilitationsträger sowie zur Teilhabeplanung. Ziel der Neuregelungen ist es, die Zusammenarbeit der einzelnen Rehabilitationsträger zu stärken. Künftig soll ein einziger Antrag ausreichen, um alle benötigten Leistungen von verschiedenen Rehabilitationsträgern zu erhalten.

Zum 1.1.2018 wurde durch das BTHG gemäß § 14 SGB IX der sogenannte „leistende Rehabilitationsträger", der für die Koordination der Leistungen gegenüber dem Antragsteller verantwortlich ist, eingeführt. Wenn auch weitere Reha-Träger (z. B. Krankenkasse, Agentur für Arbeit, Rentenversicherung) zum Teil zuständig sind, muss der leistende Rehabilitationsträger sie nun einbeziehen und ein verbindliches Teilhabeplanverfahren (§§ 19 bis 23 SGB IX) durchführen. Soweit auch Leistungen der Eingliederungshilfe beansprucht werden, ist ab dem 1.1.2018 immer ein Gesamtplanverfahren (vgl. §§ 141 bis 145 SGB XII; ab 1.1.2020: §§ 117 bis 122 SGB IX) durchzuführen, in dem die Bedarfe aus dem Zuständigkeitsbereich der Eingliederungshilfe erhoben werden (zu den Einzelheiten vgl. hierzu die Ausführungen unter Ziffer E I 1 c bb, S. 195 f.).

Mit § 18 Abs. 1 bis 5 SGB IX wurde zum 1.1.2018 eine Regelung in das SGB IX neu aufgenommen, nach der eine fiktive Genehmigung einer beantragten Leistung zur Teilhabe angenommen wird, wenn nicht innerhalb von zwei Monaten seit Antragstellung über die Leistung entschieden wird (vgl. hierzu die Ausführungen unter Ziffer E I 1 c gg, S. 199).

c) Änderungen bei den Leistungen der Eingliederungshilfe. Zum 1.1. 2020 treten weitere wesentliche Änderungen im Bereich der Leistungen der Eingliederungshilfe in Kraft. Das Recht der Eingliederungshilfe wird bis zum Jahr 2020 vollständig aus dem Sozialhilferecht, dem SGB XII, herausgelöst und in das SGB IX als dessen neuer Teil 2 integriert. Der neue Teil 2 des SGB IX wird dann als echtes Leistungsgesetz die möglichen Ansprüche auf Eingliederungshilfe sowie die verbesserten Regelungen zur Berücksichtigung von Einkommen und Vermögen beim Bezug von Eingliederungshilfe enthalten. Der Leistungsumfang der Eingliederungshilfe wird jedoch im Wesentlichen nicht erweitert.

Im Folgenden werden bereits zum 1.1.2018 in Kraft getretene Änderungen durch das BTHG berücksichtigt.

2. Einführung und Überblick über Leistungen zur Teilhabe und Leistungen der Eingliederungshilfe

Unter dem Oberbegriff „Leistungen zur Teilhabe“ sind in § 4 SGB IX die notwendigen Sozialleistungen zusammengefasst, um unabhängig von der Ursache der Behinderung

1. die Behinderung abzuwenden, zu beseitigen, zu mindern, ihre Verschlimmerung zu verhüten oder ihre Folgen zu mildern,
2. Einschränkungen der Erwerbsfähigkeit oder Pflegebedürftigkeit zu vermeiden, zu überwinden, zu mindern oder eine Verschlimmerung zu verhüten sowie den vorzeitigen Bezug anderer Sozialleistungen zu vermeiden oder laufende Sozialleistungen zu mindern,
3. die Teilhabe am Arbeitsleben entsprechend den Neigungen und Fähigkeiten dauerhaft zu sichern oder
4. die persönliche Entwicklung ganzheitlich zu fördern und die Teilhabe am Leben in der Gesellschaft sowie eine möglichst selbständige und selbstbestimmte Lebensführung zu ermöglichen oder zu erleichtern.

Zuständige Träger der Teilhabeleistungen sind u. a. die Krankenkassen, die Bundesagentur für Arbeit, die Rentenversicherungsträger, die Jugendhilfeträger und die Träger der Eingliederungshilfe. Diese Träger werden auch als Rehabilitationsträger bezeichnet.

Eine wichtige, wenn nicht die wichtigste Teilhabeleistung, ist die Eingliederungshilfe. Ihre Aufgabe ist es, Leistungsberechtigten eine individuelle Lebensführung zu ermöglichen, die der Würde des Menschen entspricht, und die volle, wirksame und gleichberechtigte Teilhabe am Leben in der Gesellschaft zu fördern. Die Eingliederungshilfe soll sie befähigen, ihre Lebensplanung und Lebensführung möglichst selbstbestimmt und eigenverantwortlich wahrnehmen zu können (vgl. § 90 Abs. 1 SGB IX).

Anspruch auf Eingliederungshilfe haben gemäß § 53 SGB XII

> „Personen, die durch eine Behinderung im Sinne von § 2 Abs. 1 S. 1 SGB IX wesentlich in ihrer Fähigkeit, an der Gesellschaft teilzuhaben, eingeschränkt oder von einer solchen wesentlichen Behinderung bedroht sind, wenn und solange nach der Besonderheit des Einzelfalles, insbesondere nach Art oder Schwere der Behinderung, Aussicht besteht, dass die Aufgabe der Eingliederungshilfe erfüllt werden kann."

Nach § 2 Abs. 1 S. 1 SGB IX sind Menschen mit Behinderung,

> „Menschen, die körperliche, seelische, geistige oder Sinnesbeeinträchtigungen haben, die sie in Wechselwirkung mit einstellungs- und umweltbedingten Barrieren an der gleichberechtigten Teilhabe an der Gesellschaft mit hoher Wahrscheinlichkeit länger als sechs Monate hindern können."

Eine solche Beeinträchtigung liegt vor,

> „wenn der Körper- und Gesundheitszustand von dem für das Lebensalter typischen Zustand abweicht."

Personen mit einer schwerwiegenden körperlichen, geistigen oder seelischen Behinderung können daher regelmäßig Leistungen der Eingliederungshilfe beanspruchen.

Die Einzelheiten der verschiedenen Leistungen der Eingliederungshilfe sind noch bis 31.12.2019 in den §§ 54 ff. SGB XII in Verbindung mit §§ 42 bis 84 SGB IX geregelt. Ab dem 1.1.2020 finden sich die einzelnen Leistungen der Eingliederungshilfe in §§ 90 bis 122 SGB IX.

Zu den Leistungen der Eingliederungshilfe zählen insbesondere

- Leistungen zur medizinischen Rehabilitation, wie die Früherkennung und Frühförderung (§§ 42 bis 48 SGB IX).
- Leistungen zur Teilhabe am Arbeitsleben (§§ 49 bis 63 SGB IX), um die Aufnahme, Ausübung und Sicherung einer der Eignung und Neigung der Leistungsberechtigten entsprechenden Beschäftigung sowie die Weiterentwicklung ihrer Leistungsfähigkeit und Persönlichkeit zu fördern; darunter fallen auch Leistungen im Arbeitsbereich einer anerkannten WfbM (§ 56 SGB IX).
- Leistungen zur Teilhabe an Bildung (§ 75 SGB IX).
  Durch das BTHG wurden zum 1.1.2018 die Leistungen zur Teilhabe an Bildung als eine neue eigene Leistungsgruppe eingefügt (§ 75 SGB IX). Leistungen zur Teilhabe an Bildung sollen Menschen mit Behinderung einen gleichberechtigten Zugang zum allgemeinen Bildungssystem gewährleisten. Die Leistungen umfassen insbesondere Hilfen zur Schulbildung, Hilfen zur schulischen

Berufsausbildung, Hilfen zur Hochschulbildung und Hilfen zur schulischen und hochschulischen beruflichen Weiterbildung.

- Leistungen zur sozialen Teilhabe (§§ 76 bis 83 SGB IX) werden erbracht, um eine gleichberechtigte Teilhabe am Leben in der Gemeinschaft zu ermöglichen oder zu erleichtern. Hierzu gehört, Leistungsberechtigte zu einer möglichst selbstbestimmten und eigenverantwortlichen Lebensführung im eigenen Wohnraum sowie in ihrem Sozialraum zu befähigen oder sie hierbei zu unterstützen. Die bisherige Leistungsgruppe Teilhabe am Leben in der Gemeinschaft wurde zum 1.1.2018 in Leistungen zur sozialen Teilhabe umbenannt. Dadurch wird der Leistungskatalog nicht verändert, sondern nur neu formuliert, z. B. sind jetzt Assistenzleistungen und Leistungen zur Mobilität ausdrücklich genannt.

Die Zuständigkeiten für die Gewährung von Leistungen der Eingliederungshilfe ändern sich im Rahmen der Umsetzung des BTHG. Die Bundesländer bereiten entsprechende Ausführungsgesetzte zum BTHG vor (zum Stand der Gesetzgebung vgl. https://umsetzungsbegleitung-bthg.de/gesetz/umsetzung-laender/).

In Bayern trat bereits zum 17.1.2018 das Bayerische Teilhabegesetz in Kraft. Die Bezirke bleiben danach als überörtliche Träger der Sozialhilfe auch Träger der Eingliederungshilfe. Darüber hinaus wird auch die bislang geteilte Zuständigkeit für ambulante und (teil-)stationäre Leistungen der Hilfe zur Pflege bei den Bezirken gebündelt. Sie sind zudem grundsätzlich auch für ergänzende existenzsichernde Leistungen zuständig.

In Baden-Württemberg werden Träger der Eingliederungshilfe die Stadt- und Landkreise. Zugleich wird die Möglichkeit geschaffen, Aufgaben der Eingliederungshilfe von den Landkreisen auf kreisangehörige Gemeinden zu delegieren.

In Hessen bleibt es zunächst bei den bisherigen Zuständigkeiten in der Eingliederungshilfe bis zur Verabschiedung eines Hessischen Ausführungsgesetzes zum SGB IX. Damit sind die örtlichen und überörtlichen Träger der Sozialhilfe übergangsweise auch für die Eingliederungshilfe zuständig.

Zu beachten ist, dass für Leistungen der Eingliederungshilfe für seelisch behinderte Kinder und Jugendliche gemäß § 35a SGB VIII unverändert die Jugendämter zuständig bleiben.

3. Einzelne ausgewählte Leistungen der Eingliederungshilfe sowie anderer Teilhabeleistungen im Altersverlauf

a) Frühförderung

aa) Was versteht man unter Frühförderung? Frühförderung ist der Oberbegriff für verschiedene Hilfsangebote, die Eltern in Anspruch nehmen können, wenn sie sich hinsichtlich der Entwicklung ihres Kindes Sorgen machen oder bereits eine Entwicklungsbeeinträchtigung oder Behinderung des Kindes vorliegt. Die Frühförderung richtet sich an Eltern mit Kindern im Säuglings- bis Schulalter die hinsichtlich ihrer körperlichen, geistigen und seelischen Entwicklung Unterstützung benötigen.

Bei der Frühförderung handelt es sich um ein ganzheitliches Hilfekonzept, in das neben medizinischen, psychologischen, pädagogischen und sozialen Hilfen auch die Familie des Kindes mit einbezogen wird.

Die Einzelheiten der Frühförderung sind in der Frühförderungsverordnung (FrühV) gesetzlich geregelt.

bb) Frühförderstellen: Erste Anlauf- und Koordinationsstellen für die Frühförderung sind die interdisziplinären Frühförderstellen oder nach Landesrecht zugelassene Einrichtungen mit vergleichbarem interdisziplinärem Förder-, Behandlungs- und Beratungsspektrum (§ 3 FrühV).

Sie bieten ein wohnortnahes System medizinischer, pädagogischer, psychologischer und sozialer Hilfen an. In Zusammenarbeit mit Ärzten, Therapeuten und sozialen Diensten wird gemeinsam mit den Eltern ein Gesamtkonzept entwickelt, das auf die individuellen Möglichkeiten des Kindes und seiner Familie abgestimmt wird.

Medizinische Therapieangebote in der Frühförderung sind z. B.:

- Krankengymnastik (Physiotherapie),
- Beschäftigungstherapie (Ergotherapie),
- Mototherapie und Sprach- und Stimmtherapie (Logopädie).

Häufig bieten Frühförderstellen auch Eltern-Kind-Kurse oder Eltern-Kind-Wochenenden an.

cc) **Sozialpädiatrische Zentren:** Neben den Frühförderstellen kann Hilfe von den sog. sozialpädiatrischen Zentren in Anspruch genommen werden (§ 4 FrühV). Sozialpädiatrische Zentren sind ärztlich geleitete Einrichtungen, die Aufgaben der Diagnostik und Therapie wahrnehmen, die von den Frühförderstellen nicht übernommen werden können. Im Gegensatz zu den Frühförderstellen, die hauptsächlich pädagogisch und psychologisch betreuen, liegt bei den sozialpädiatrischen Zentren der Schwerpunkt auf der medizinisch-therapeutischen Betreuung.

Der Zugang zu den sozialpädiatrischen Zentren erfolgt durch eine ärztliche Überweisung. Aufgabe der sozialpädiatrischen Zentren sind Diagnostik und Behandlung von Kindern und Jugendlichen bis zum 18. Lebensjahr einschließlich der Beratung und Anleitung der Bezugspersonen.

dd) Wie erfolgen die Maßnahmen der Frühförderung? Die Frühförderstelle bzw. das sozialpädiatrische Zentrum erstellt unter Berücksichtigung des individuellen Bedarfs des Kindes in Zusammenarbeit mit den Eltern zunächst einen Förder- und Behandlungsplan.

Dieser Förder- und Behandlungsplan wird anschließend dem zuständigen Leistungsträger zur Genehmigung bzw. zur Entscheidung über die Kostenübernahme vorgelegt. Im Falle der Genehmigung werden die Maßnahmen dann durchgeführt.

Die mobile Frühförderung kommt nach Hause und berät dort die Eltern und fördert das Kind in seiner vertrauten Umgebung. Die ambulante Frühförderung findet in den Räumlichkeiten der Frühförderstelle statt. Die Eltern können auf diese Weise Kontakt zu anderen Eltern aufnehmen, die in gleicher Weise betroffen sind.

Ist die Frühfördermaßnahme medizinisch veranlasst und begleitet (z. B. in Form von Krankengymnastik, Sprachtherapie, Ergotherapie), ist die Krankenkasse Kostenträger. Erfolgt die Frühförderung außerhalb medizinischer Begleitung als ergänzende heilpädagogische Hilfe, ist der Sozialhilfeträger oder Jugendhilfeträger im Rahmen der Eingliederungshilfe zuständig. Für die Eltern ist diese Unterscheidung jedoch in der Regel ohne Bedeutung, da die Frühförderung insgesamt als sog. Komplexleistung durchgeführt wird und die beteiligten Kostenträger sich untereinander über die Aufteilung der Kosten abstimmen müssen.

Eine Kostenbeteiligung der Eltern sieht das Gesetz weder für die Maßnahmen der Früherkennung und der medizinisch-therapeutischen Leistungen noch für die im Rahmen der Eingliederungshilfe zu erbringenden heilpädagogischen Maßnahmen vor.

In den einzelnen Bundesländern ist sehr unterschiedlich geregelt, bei welchem Sozialhilfeträger Anträge auf Leistungen zur Früherkennung und Frühförderung zu stellen sind. Nähere Informationen hierzu sollten bei den örtlichen Frühförderstellen erfragt werden.

b) Betreuungsangebote für Kinder vor Besuch des Kindergartens (0 bis 3 Jahre). Kinder haben ab Vollendung des ersten Lebensjahres bis zur Vollendung des dritten Lebensjahres Anspruch auf frühkindliche Förderung in einer Tageseinrichtung oder in Kindertagespflege entsprechend ihrem individuellen Bedarf (§ 24 Abs. 2 SGB VIII). Es besteht daher eine Verpflichtung der Kommunen, ein entsprechendes Angebot an Betreuungsplätzen in Kindertageseinrichtungen bereit zu stellen oder die Betreuung durch Tagespflegepersonen zu ermöglichen. Nach § 24 Abs. 1 SGB VIII ist auch ein Kind, das das erste Lebensjahr noch nicht vollendet hat, in einer Einrichtung oder in Kindertagespflege zu fördern, wenn es für seine Entwicklung zu einer eigenverantwortlichen und gemeinschaftsfähigen Persönlichkeit einen besonderen Bedarf an Betreuung hat. Neben berufstätigen Eltern sollen auch arbeitsuchende Eltern einen Betreuungsplatz zur Verfügung gestellt bekommen. Ein Rechtsanspruch besteht jedoch nicht.

Die Finanzierung von Tagesangeboten für Kinder unter drei Jahren ist bundesweit nicht einheitlich geregelt. Sofern in einem Bundesland integrative Tagesangebote für Kinder unter drei Jahren vorgesehen sind, erfolgt in der Regel eine Mischfinanzierung aus Mitteln der Jugendhilfe (SGB VIII) und der Sozialhilfe (SGB XII). Aktuelle länderspezifische Informationen sind über die Kultusministerien der einzelnen Länder zu erhalten.

Eltern bieten sich die folgenden Betreuungsmöglichkeiten und Angebote:

- Es gibt Krabbelgruppen, die Eltern behinderter und nichtbehinderter Kinder selbst gründen und organisieren. Häufig gibt es eine kommunale Unterstützung dieser Privatinitiativen.
- Es können Tagesmütter und Tagesväter, die im eigenen Haushalt die stundenweise Betreuung von Kleinkindern übernehmen, in Anspruch genommen werden. Zum Teil werden sie von den Kommunen vermittelt. Die Finanzierung kann unter Umständen über das Jugendamt als sozialpädagogische Familienhilfe (§§ 27 ff. SGB VIII) erfolgen.
- Kinderkrippen sind Kindertageseinrichtungen, deren Angebot sich überwiegend an Kinder mit und ohne eine Behinderung unter drei Jahren richtet. Sie stehen in der Regel als Ganztagesangebot zur Verfügung.

c) Kindergarten (3 bis 6 Jahre)

aa) Überblick: In den einzelnen Bundesländern finden sich keine einheitlichen Angebotstypen und Bezeichnungen. Es handelt sich dabei oft um länderspezifische Angebote und Begriffe. Im Wesentlichen gibt es die folgenden Betreuungsangebote für Kinder im Kindergartenalter:

- Einzelintegration in Regelkindergarten oder Kindertagesstätte (KITA) durch Einzelförderung;
- Inklusive Gruppen in Regelkindergärten: Mehrere Kinder mit Behinderungen werden in einem Regelkindergarten mit nicht behinderten Kindern zusammen betreut,
- Inklusive oder integrative Kindergärten mit gemeinsamer Förderung von Kindern mit und ohne Behinderung,
- In Förderkindergärten, auch als heilpädagogische Kindergärten bezeichnet, oder sog. schulvorbereitenden Einrichtungen (SVE) werden ausschließlich Kinder mit sonderpädagogischem Förderbedarf betreut.

bb) Einzelintegration im Kindergarten: In Betracht kommt die Bereitstellung und Finanzierung einer Individualbegleitung bzw. einer Integrationsassistenz, vergleichbar einer Schulbegleitung.

In der Rechtsprechung ist eine Einzelintegration im Kindergarten als Leistung der Eingliederungshilfe anerkannt (LSG Baden-Württemberg, Urteil vom 10.12.2014, Az. L 2 SO 4519/12), wenn ein besonderer Unterstützungsbedarf vorliegt. In dem vom LSG BWB entschiedenen Fall hatte das Kindergartenkind Defizite in den Bereichen Kommunikation und soziale Interaktion, in der Selbst- und häuslichen Versorgung sowie bei kognitiven Leistungen, die zu einem besonderen Unterstützungsbedarf im Kindergarten führten.

Das LSG Niedersachsen-Bremen hat mit Beschluss vom 27.8.2015, Az. L 8 SO 177/15 B ER, einen Anspruch auf persönliche Assistenz als Leistung der Eingliederungshilfe für den Besuch des Kindergartens bei schwerer Nahrungsmittelallergie bejaht.

cc) **Der inklusive oder integrative Kindergarten:** Kinder mit Behinderung und solche, die von einer Behinderung bedroht sind, sollen in Kindertageseinrichtungen nach Möglichkeit gemeinsam mit Kindern ohne Behinderung betreut und gefördert werden, um ihnen eine gleichberechtigte Teilhabe am gesellschaftlichen Leben zu ermöglichen (so festgelegt z. B. in Bayern: Art. 12 Abs. 1 BayKiBiG). In inklusiven Kindergärten werden die Erzieher häufig durch Therapeuten unterstützt, z. B. durch Physio- und Ergotherapeuten. Diese können einzelne Kinder nach Bedarf fördern

Zuständiger Kostenträger für die Versorgung mit Kindertagesstätten ist der Träger der öffentlichen Jugendhilfe (§ 24 SGB VIII).

Ergänzende Assistenzen und Hilfen für die Integration von behinderten Kindern sind jedoch als Leistung der Eingliederungshilfe zu beantragen. Sinnvoll ist es, sämtliche vorhandenen Gutachten über das Kind (z. B. Gutachten der Frühförderstellen, Kinderarzt etc.) mit vorzulegen. In Betracht kommt dabei Eingliederungshilfe nach §§ 54, 55 SGB XII für geistig und körperlich behinderte Kinder (zuständig Sozialhilfeträger bzw. Träger der Eingliederungshilfe) und Eingliederungshilfe für seelisch behinderte Kinder gemäß § 35a SGB VIII (zuständig Jugendamt).

Leistungen zur medizinischen Rehabilitation, wie Logopädie, Ergotherapie oder Physiotherapie, können über die Verschreibung durch den Hausarzt von der Krankenkasse beansprucht werden.

dd) Schulkindergärten: Schulkindergärten sind Vorschuleinrichtungen für Kinder, die von der Schule zurückgestellt sind. Sie dienen dazu, schulpflichtige, aber noch nicht schulreife Kinder auf die Schule vorzubereiten. Über den Besuch eines Schulkindergartens wird in der Regel bei der Untersuchung zur Einschulung entschieden. Die Kinder gehen zunächst für ein Jahr in den Schulkindergarten (auch Vorklasse genannt). Danach wird ihre Schulreife nochmals untersucht.

In Baden-Württemberg sind Schulkindergärten vorschulische Einrichtungen für Kinder mit Behinderungen, bei denen erhöhter sonderpädagogischer Förderbedarf festgestellt wurde (§ 20 Schulgesetz Baden-Württemberg). Sie sind den Sonderschulen zugeordnete Einrichtungen, die wesentlich über den Etat des Kultusministeriums finanziert und von den Schulen durch Personal betreut werden.

ee) Förderkindergärten: In Förderkindergärten oder heilpädagogischen Kindergärten werden nur Kinder mit pädagogischem Förderbedarf z. B. mit einer Lernbehinderung oder einer Körperbehinderung betreut. Die Gruppenstärke liegt meist zwischen acht und zwölf Kindern. Die therapeutische Förderung ist Bestandteil der Betreuung.

ff) Schulvorbereitende Einrichtung: Schulvorbereitende Einrichtungen (SVE) gibt es nur in Bayern. Diese Einrichtungen sind bestimmt für noch nicht schulpflichtige Kinder mit sonderpädagogischem Förderbedarf (Art. 22 Abs. 1 BayEUG). Ziel ist es, das Kind bestmöglich in seiner Entwicklung zu fördern und auf den Schuleintritt vorzubereiten. Im Mittelpunkt steht hierbei die Entwicklung der Bereiche Wahrnehmung, Motorik, Denken, Sprache, Emotionalität, Motivation und Sozialverhalten.

Schulvorbereitende Einrichtungen sind Förderschulen angegliedert. Die Förderschwerpunkte entsprechen denen der Förderschule, der sie angehören. Vor der Aufnahme in eine SVE wird ein sonderpädagogisches Gutachten zur Feststellung eines erhöhten Förderbedarfs von den Psychologen oder Förderschullehrern der aufnehmenden Förderschule erstellt. Über die Aufnahme entscheidet der Schulleiter (bei staatlichen Einrichtungen) bzw. der Träger (bei privaten Einrichtungen). Aufnahmezeitpunkt ist immer der Beginn eines Schuljahres.

gg) Mobile sonderpädagogische Hilfe: Hilfe für noch nicht schulpflichtige Kinder mit sonderpädagogischem Förderbedarf, die zur Entwicklung ihrer Fähigkeiten, ihrer Gesamtpersönlichkeit und für ein selbständiges Lernen und Handeln auch im Hinblick auf die Schulreife spezielle sonderpädagogische Anleitung und Unterstützung benötigen, leistet in Bayern die mobile sonderpädagogische Hilfe (Art. 22 Abs. 2 BayEUG).

Die Unterstützung kann in der Familie, im Kindergarten und im Rahmen der interdisziplinären Frühförderung (z. B. bei Frühförderstellen) erfolgen. Die mobile sonderpädagogische Hilfe fördert die Entwicklung der Kinder und berät die Eltern und Erzieher. Ziel der Förderung ist, den Kindern einen guten Start in ihre schulische Laufbahn zu ermöglichen.

Erforderlich ist das Einverständnis der Eltern und bei der sonderpädagogischen Hilfe im Kindergarten die Absprache mit der Leitung des Kindergartens.

d) Schule

aa) Allgemeines zum Schulsystem: Für Kinder mit Behinderung gilt wie für nichtbehinderte Kinder auch die allgemeinbildende Schulpflicht und sie haben ebenfalls einen Anspruch auf Schulbildung.

Das Bildungswesen unterliegt den einzelnen Bundesländern, so dass in diesem Bereich die jeweiligen Regelungen und Vorschriften der Bundesländer entscheidend sind. Es gibt daher kein einheitliches und übersichtliches Schulsystem in Deutschland. Insbesondere in Bezug auf die Einführung und Umsetzung der sog. „inklusiven Beschulung“ von Schülern mit und ohne Behinderung gibt es noch Unterschiede in den einzelnen Bundesländern. Mit dem Inkrafttreten der UN-Behindertenrechtskonvention im Jahre 2009 waren die Bundesländer dazu aufgefordert, das Recht auf inklusive Bildung in ihren Schulgesetzen zu verankern.

Auch wenn die meisten Bundesländer zwar entgegen den Vorgaben der UN-Behindertenrechtskonvention keinen ausdrücklichen Rechtsanspruch auf inklusive Beschulung gewähren, räumen viele Bundesländer der Beschulung von Schülern mit sonderpädagogischem Förderbedarf an der allgemeinen Schule Vorrang vor einer Beschulung an der Förderschule ein. Die übrigen Bundesländer bieten zumindest die Möglichkeit der Beschulung an einer Regelschule.

Die folgende Darstellung beschränkt sich im Wesentlichen auf die aktuelle rechtliche Situation in Bayern.

bb) Integration in der Regelschule: Mit dem neuen Bayerischen Gesetz über das Erziehungs- und Unterrichtswesen (BayEUG) vom 20.7.2011 wurden in Bayern neue Zugangsvoraussetzungen für den Besuch einer Allgemeinen Schule (Regelschule) bzw. einer „Inklusionsschule" geschaffen. Der Schwerpunkt der Gesetzesänderung ist die Entwicklung und Einführung des neuen Schulprofils „Inklusion". In Art. 30b BayEUG wurde ausdrücklich die Inklusionsschule als Ziel der Schulentwicklung aller Schulen im Bayern festgeschrieben. Schulen mit dem Profil „Inklusion" (Inklusionsschulen) sind Regelschulen, die sich besonders auf die Inklusion von Menschen mit Behinderung eingestellt haben. Hierzu werden an ausgewählten Regelschulen für eine inklusive Beschulung Inklusionsklassen eingeführt, in denen einzelne Schüler mit sonderpädagogischem Förderbedarf unter Beachtung ihres Förderbedarfs unterrichtet werden. In diesen Klassen sollen künftig zwei Lehrkräfte unterrichten (jeweils eine Lehrkraft der allgemeinen Schule und der Sonderpädagogik) und durch Pflegekräfte unterstützt werden.

Die Inklusion ist jedoch nicht allein Aufgabe dieser Inklusionsschulen, sondern aller Schulen in Bayern. Alle Regelschulen sind jetzt regelmäßig verpflichtet, Kinder mit besonderem Förderbedarf oder mit Behinderung aufzunehmen, sofern die Eltern das wünschen (Art. 41 Abs. 1 BayEUG).

Nur ausnahmsweise kann der Schüler auf den Besuch einer Förderschule verwiesen werden. Dann müssen jedoch die folgenden Voraussetzungen vorliegen (Art. 41 Abs. 5 BayEUG):

- Der individuelle sonderpädagogische Förderbedarf an der allgemeinen Schule kann auch unter Berücksichtigung des Gedankens der sozialen Teilhabe nach Ausschöpfung der an der Schule vorhandenen Unterstützungsmöglichkeiten sowie der Möglichkeit des Besuchs einer Schule mit dem Schulprofil „Inklusion" nicht hinreichend gedeckt werden und der Schüler ist dadurch in der Entwicklung gefährdet,

- oder der Schüler beeinträchtigt die Rechte von Mitgliedern der Schulgemeinschaft erheblich.

Die Aufnahme in die allgemeine Schule kann somit nur noch in Ausnahmefällen aufgrund erheblicher zusätzlicher Kosten für den Schulaufwandsträger oder aus Gründen des Kindeswohls versagt werden. Wenn die gewünschte Schule die Aufnahme des Kindes ablehnt und die Eltern damit nicht einverstanden sind, entscheidet nach Art. 41 Abs. 6 BayEUG die zuständige Schulaufsichtsbehörde.

Neben dem gemeinsamen Unterricht einzelner Schüler mit sonderpädagogischem Förderbedarf in einer allgemeinen Schule sind gesetzlich folgende weitere Formen des kooperativen Lernens in Bayern vorgesehen (Art. 30a BayEUG):

- Kooperationsklassen: Eine Gruppe von Schülern mit sonderpädagogischem Förderbedarf wird zusammen mit Schülern ohne sonderpädagogischen Förderbedarf gemeinsam unterrichtet; mit stundenweiser Unterstützung durch die Mobilen Sonderpädagogischen Dienste (MSD).
- Partnerklassen der Förderschule oder der allgemeinen Schule kooperieren mit einer Partnerklasse der jeweils anderen Schulart.
- Offene Klassen der Förderschule, in denen auf Grundlage der Lehrpläne der allgemeinen Schule unterrichtet wird; Schüler ohne sonderpädagogischen Förderbedarf können mit unterrichtet werden.

Eine Förderschule kann jedoch auch weiterhin auf Wunsch der Eltern besucht werden, sofern eine besondere sonderpädagogische Förderung erforderlich ist.

Aktuell ist immer noch festzustellen, dass die Umsetzung der inklusiven Beschulung in Bayern viele Mängel offenbart. Die Schulen sind personell nicht ausreichend ausgestattet, es fehlt an entsprechend ausgebildeten Lehrkräften und an passendem Unterrichtsmaterial.

Trotzdem ist positiv zu verzeichnen, dass Kinder mit Behinderung mittlerweile in der Regel ein Recht auf Besuch der Regelschule und auf eine inklusive Beschulung besitzen. Eine Verweisung auf eine

Förderschule gegen den Willen der Eltern und des Kindes ist nur noch in Ausnahmefällen möglich.

Sinnvoll ist es, sich frühzeitig über den sonderpädagogischen Förderbedarf des Kindes und über die Möglichkeiten einer den Fähigkeiten des Kindes angemessenen Beschulung zu informieren und beraten zu lassen. Hilfe bei der Auswahl der geeigneten Schule bietet das staatliche Schulamt oder die staatliche Schulberatungsstelle. Empfehlenswert ist es auch, diese Fragen mit der schulvorbereitenden Einrichtung, dem zuständigen Mobilen Sonderpädagogischen Dienst oder auch der Sprengelgrundschule zu besprechen.

Für die zusätzliche Förderung und Unterstützung des Kindes in der Regelschule ist der Mobile Sonderpädagogische Dienst (MSD) zuständig. In Betracht kommt auch die Inanspruchnahme von Leistungen der Eingliederungshilfe wie beispielsweise eine Schulbegleitung (Integrationsassistenz) (vgl. hierzu nachfolgend Ziffer ee).

cc) Sonder- und Förderschule: Schülerinnen und Schüler, die wegen einer Behinderung eine sonderpädagogische Förderung benötigen, können eine Sonderschule bzw. Förderschule besuchen, wenn dies von den Eltern gewünscht wird.

Vor der Einschulung wird ein sonderpädagogisches Gutachten zum individuellen sonderpädagogischen Förderbedarf des Kindes erstellt. Es wird ein Förderschwerpunkt festgelegt, verbunden mit einer Empfehlung, welche Schulen die geeignete Förderung bieten.

Sonderschulen sind je nach ihrer Ausrichtung auf unterschiedliche Schwerpunkte im Förderbedarf ihrer Schüler ausgerichtet. Es gibt daher u. a. Schulen für blinde und sehbehinderte, gehörlose und schwerhörige, körperbehinderte, mehrfachbehinderte, lernbehinderte oder geistig behinderte Kinder.

Von Förderschulen spricht man bei Schulen für lernbehinderte und geistig behinderte Kinder. In Bayern heißen sie „Förderzentren für den Förderschwerpunkt geistige Entwicklung“ und „Schulen zur Lernförderung“ sowie „Sonderpädagogische Förderzentren“.

Die Erziehungs- und Unterrichtsarbeit der Sonderschulen – mit Ausnahme der Förderschulen – orientiert sich in der Regel an den Richtlinien und Lehrplänen der allgemeinen Schulen. In diesen

Sonderschulen können daher prinzipiell auch Abschlüsse der allgemeinen Schulen – Hauptschulabschluss und Realschulabschluss – gemacht werden.

Der Lehrplan an Förderschulen ist jeweils auf die Schüler und deren jeweilige intellektuelle Leistungsfähigkeit ausgerichtet.

An Förderschulen mit Schwerpunkt geistige Entwicklung beispielsweise liegt in den ersten Jahren der pädagogische Schwerpunkt auf dem Sozialverhalten. Das Einhalten bestimmter Regeln, z. B. Waschen der Hände vor dem Essen, Aufräumen des eigenen Arbeitsplatzes wird erlernt. Neben der Förderung der sprachlichen Kompetenz steht das Näherbringen der Schriftsprache und mathematischer Grundlagen. Im weiteren Verlauf der Schulzeit ist das wesentliche Ziel des Unterrichts die Förderung der Selbständigkeit und der Handlungsfähigkeit sowie die Schaffung der Grundlagen für eine spätere berufliche Tätigkeit. In manchen Schulen sind hierzu Trainingswohnungen, Werkstätten, Gärtnereien, Bäckereien u. a. eingerichtet.

Schüler an Förderschulen werden meistens mit Bussen oder Taxen zur Schule und wieder nach Hause gebracht. Die Kosten für die Fahrt zur nächstgelegenen Förderschule übernimmt der Schulträger.

dd) Mobiler sonderpädagogischer Dienst (MSD): Der mobile sonderpädagogische Dienst unterstützt die Unterrichtung von Schülerinnen und Schülern mit sonderpädagogischem Förderbedarf an einer Regelschule.

In Mobilen Sonderpädagogischen Diensten (MSD) arbeiten Lehrkräfte der Förderschule. Der MSD der zuständigen Förderschule kann über die Schulleitung der allgemeinen Schule angefordert werden.

Der MSD wird erfüllt durch den stundenweisen Einsatz eines Sonderschullehrers, der von der zuständigen Förderschule aus die allgemeine Schule besucht, um dort die Lehrer zu beraten und ggf. auch das Kind zu unterstützen. Die Finanzierung des MSD erfolgt über die Schulämter oder den Staat.

ee) Integrationsassistenz/Schulbegleiter

(1) Was macht eine Integrationsassistenz? Eine Integrationsassistenz (früher genannt: Schulbegleiter oder auch Integrationshelfer), ist eine Person, die während eines Teiles oder auch während der gesamten Schulzeit (einschließlich des Schulweges) den Schüler begleitet, um dessen behinderungsbedingte Defizite zu kompensieren und Hilfestellungen zu geben.

Die Integrationsassistenz soll Kindern und Jugendlichen mit Behinderungen den Besuch der für sie geeigneten Schulform ermöglichen. Sie richtet sich an Kinder und Jugendliche, die aufgrund ihrer Behinderung zum Schulbesuch auf individuelle Unterstützung angewiesen sind. Die Integrationsassistenz stellt für den Betroffenen ein Hilfs- und Kommunikationsmittel dar und unterstützt ihn, die klassenbezogenen Angebote des Lehrers anzunehmen und zu verarbeiten. Sie hilft bei lebenspraktischen Verrichtungen, erledigt die anfallenden Pflegetätigkeiten während der Schulzeit und unterstützt ganz allgemein bei der Orientierung im Schulalltag.

Die konkreten Aufgaben der Integrationsassistenz bestimmen sich nach den jeweiligen persönlichen Erfordernissen des Schülers. Bei körperbehinderten Kindern besteht die Aufgabe der Integrationsassistenz häufig darin, einfache Handreichungen während des Unterrichtes vorzunehmen, und in der persönlichen Betreuung, wie z. B. den Rollstuhl zu schieben oder beim Besuch der Toilette oder beim Essen und Trinken behilflich zu sein. Bei Kindern und Jugendlichen mit Autismus kann die Integrationsassistenz die autistischen Verhaltensweisen verbessern und insbesondere über die sog. gestützte Kommunikation die Teilnahme am Unterricht überhaupt erst ermöglichen.

(2) Welche Stelle finanziert eine Integrationsassistenz? Die rechtlichen Grundlagen für die Integrationsassistenz als Teilbereich der Eingliederungshilfe sind in §§ 53, 54 SGB XII geregelt. In § 54 Abs. 1 S. 1 Nr. 1 SGB XII ist bestimmt, dass zu den Leistungen der Eingliederungshilfe auch „Hilfen zu einer angemessenen Schulbildung, vor allem im Rahmen der allgemeinen Schulpflicht" zählen. Nach ständiger Rechtsprechung ist auch die Finanzierung einer Integrationsassistenz eine mögliche Hilfe, dem behinderten Menschen den

Schulbesuch zu ermöglichen und zu erleichtern. Die Hilfe umfasst „Heilpädagogische sowie sonstige Maßnahmen zugunsten behinderter Kinder und Jugendlicher, wenn die Maßnahmen erforderlich und geeignet sind, dem Behinderten den Schulbesuch im Rahmen der allgemeinen Schulpflicht zu ermöglichen oder zu erleichtern“ (gem. § 12 der Eingliederungshilfe-Verordnung).

Zuständig für die Übernahme der Kosten der Integrationsassistenz sind die Sozialhilfeträger bzw. die Träger der Eingliederungshilfe oder die Jugendämter. Für Kinder und Jugendliche, die körperlich oder geistig bzw. mehrfachbehindert sind, sind die Sozialhilfeträger bzw. Träger der Eingliederungshilfe (in Bayern die Bezirke als überörtliche Sozialhilfeträger) nach dem SGB XII zuständig. Sofern es sich um seelisch behinderte Kinder und Jugendliche (häufig bei Kindern mit Autismus, einer Lernbehinderung oder Aufmerksamkeitsstörung) handelt, ist das örtliche Jugendamt gemäß § 35a SGB VIII zuständig.

Leistungen der Eingliederungshilfe (für seelische behinderte Kinder und Jugendliche) nach dem SGB VIII und (für körperlich, geistig und mehrfachbehinderte Kinder) nach dem SGB XII unterscheiden sich nicht. Es sind nur unterschiedliche Stellen zuständig.

Die Sozialhilfeträger bzw. Träger der Eingliederungshilfe stellen in der Regel selbst keine Integrationsassistenz bereit. Schulbegleiter werden von verschiedenen caritativen Einrichtungen oder privaten Trägerorganisationen zur Verfügung gestellt, deren Adressen den Sozialhilfeträgern in der Regel bekannt sind.

(3) Unterlagen für die Antragstellung: Empfehlenswert ist es, den Antrag auf Kostenübernahme möglichst frühzeitig vor der Einschulung bzw. vor Beginn des Schuljahres zu stellen und bereits im Antragsschreiben den besonderen Hilfebedarf und die von der Integrationsassistenz konkret zu übernehmenden Aufgaben darzulegen. Der Antrag auf Kostenübernahme sollte dabei wie folgt begründet werden, um die Erforderlichkeit der Integrationsassistenz zu belegen:

- Vorlage medizinischer Gutachten und ärztlicher Berichte zur Erforderlichkeit der Integrationsassistenz

- Der im Verlauf einer Schulwoche konkret entstehende Bedarf an Integrationsassistenz sollte ausführlich dargestellt werden; z. B.
  - Begleitung auf dem Schulweg
  - Abholen vom bzw. Bringen zum Schulbus
  - Assistenz während der Unterrichtszeit
  - beim Klassenzimmerwechsel, Unterrichtspausen
  - in der Mittagspause, Mittagsbetreuung, beim Hortbesuch
  - bei zusätzlichen Schulveranstaltungen etc.
- Ausführliche Tätigkeitsbeschreibung der Integrationsassistenz
- Begründung der erforderlichen Qualifikation der Integrationsassistenz; wichtig, wenn eine qualifizierte Fachkraft benötigt wird
- Stellungnahme der Schule bzw. der Klassenleitung zur Erforderlichkeit der Integrationsassistenz

(4) Rechtliche Voraussetzungen für die Bewilligung einer Integrationsassistenz: Für die Frage, ob die Kosten einer Integrationsassistenz im Rahmen der Eingliederungshilfe übernommen werden können, kommt es nach der Rechtsprechung darauf an, dass die Integrationsassistenz keine Aufgaben des Lehrers wahrnimmt. Die Integrationsassistenz darf nicht Aufgaben übernehmen, die in weitem Umfang in den Kernbereich der pädagogischen Arbeit des Lehrers gehören wie die Anpassung und Modifizierung des Unterrichtsstoffes, die Wiederholung und Vertiefung des Unterrichtsstoffes oder das Herstellen der Klassenordnung. Dagegen können die Kosten einer Integrationsassistenz für Maßnahmen übernommen werden, die für den Betroffenen ein Hilfs- oder Kommunikationsmittel darstellen und dabei unterstützen, die klassenbezogenen Angebote des Lehrers anzunehmen und zu verarbeiten, z. B. durch Beruhigen oder Motivieren oder z. B. nochmaliges Wiederholen der Aufgabenstellung, wenn der Schüler sie akustisch oder wegen der verzögerten Auffassungsgabe nicht verstanden hat.

Über die Kostenübernahme entscheidet die zuständige Stelle mit förmlichem Bescheid. Es besteht die Möglichkeit, gegen einen ablehnenden Bescheid mit Widerspruch bzw. Klage vorzugehen. Die Integrationsassistenz sollte meist bereits zum Einschulungstermin bzw. bei Beginn des Schuljahres zur Verfügung stehen. Wegen der hieraus in der Regel resultierenden Eilbedürftigkeit der Kostenübernahme empfiehlt es sich im Falle der Ablehnung, unverzüglich einen entsprechenden Antrag auf Erlass einer einstweiligen Anordnung beim Sozialgericht bzw. Verwaltungsgericht, wenn das Jugendamt zuständig sein sollte, zu stellen.

Seit einigen Jahren werden vermehrt Anträge auf Integrationsassistenz rechtswidrig, ohne stichhaltige Begründung, abgelehnt. Davon sollten sich Betroffene jedoch nicht abschrecken lassen. Im Widerspruchsverfahren und vor den Gerichten bestehen häufig gute Aussichten, die Kostenübernahme doch noch durchzusetzen.

(5) **Aktuelle Streitfälle:**

- Teilweise wird eine Integrationsassistenz pauschal ohne nähere Begründung nur für einzelne wenige Stunden während des Unterrichts bewilligt oder es wird nur ein „halber" Schulbegleiter bewilligt, da dieser mit einem anderen Kind aus der Klasse geteilt werden könne. Dieses Vorgehen ist häufig rechtswidrig. Es kommt immer auf den konkreten, individuellen Hilfebedarf des einzelnen Kindes an, da der Bedarfsdeckungsgrundsatz und Individualisierungsgrundsatz des § 9 Abs. 1 SGB XII gilt.
- Nur Laienhelfer werden anerkannt. Es besteht aber Anspruch auf eine Fachkraft, wenn erforderlich (Bedarfsdeckungsgrundsatz und Individualisierungsgrundsatz des § 9 Abs. 1 SGB XII).
- Der Anspruch auf eine Integrationsassistenz in der offenen Ganztagsschule (OGS) ist in der Rechtsprechung noch umstritten. Das Landessozialgericht NRW hat mit Beschluss vom 15.1.2014, Az. L 20 SO 477/13 B ER, einen Anspruch abgelehnt, da die OGS nicht zum verpflichtenden Umfang des Schulbesuchs gehöre, sondern ein schulisches Angebot sei, welches freiwillig wahrgenommen werden könne. Dagegen hat das Sozialgericht Duisburg mit Urteil vom 23.6.2015, Az. S 48 SO 589/12 (ähnlich auch SG Gießen, Beschluss vom 2.9.2015, Az. S 18 SO 131/15 ER und LSG Hessen, Beschluss vom 25.4.2016, Az. L 4 SO 227/15 B ER) den Anspruch bejaht. Erforderlich für den Schulbesuch können auch außerunterrichtliche Angebote sein. Entscheidend sei, ob die OGS nach dem pädagogischen Gesamtkonzept objektiv auf das Bildungsziel der Schule ausgerichtet sei.

- Schwierigkeiten können sich auch bei der Beantragung einer Integrationsassistenz zum Besuch einer Förderschule ergeben. Ein Anspruch besteht dann, wenn eine zusätzliche Betreuung des behinderten Schülers erforderlich ist, die die Förderschule selbst nicht leisten kann.
- Im Streit ist häufig die Höhe des Stundensatzes der Integrationsassistenz. Verbindliche Regelungen hierzu fehlen. Das VG Würzburg hat mit Urteil vom 28.7.2011, Az. W 3 K 11.76, diesbezüglich entschieden, dass der Anspruch auf Schulbegleitung zwangsläufig auch die Gewährung einer angemessenen Vergütungshöhe mitumfasse. Im zu entscheidenden Fall beurteilte das Verwaltungsgericht einen Stundensatz von 18,47 € pro Zeitstunde als angemessen.
- In der Praxis bestehen häufig für Eltern von Kindern mit Autismus Schwierigkeiten, eine geeignete und ausreichend qualifizierte Integrationsassistenz zu finden. Von den zuständigen Stellen werden in der Regel nur die Kosten für einen „ungelernten“ Integrationshelfer übernommen. Die besondere Situation von autistischen Kindern, die geprägt ist von Interaktions- und Kommunikationsstörungen oder auch von aggressiven Verhaltensweisen, erfordert jedoch unter Umständen die Integrationsassistenz durch eine pädagogisch ausgebildete Fachkraft. Ein solcher Anspruch auf eine (teurere) Fachkraft wurde auch bereits im Einzelfall von der Rechtsprechung anerkannt.
- Schulbegleitung kann auch eine Leistung der Krankenversicherung sein, wenn die Schulbegleitung aus medizinischen Gründen erforderlich ist. Dann kann ein vorrangiger Anspruch gegen die Krankenversicherung auf häusliche Krankenpflege gemäß § 37 SGB V bestehen (LSG Thüringen, Beschluss vom 16.5.2017, Az. L 6 KR 1571/15 B ER). Im vom LSG entschiedenen Fall benötigte die Schülerin während des Schulbesuches die Begleitung in Form kontinuierlicher Beobachtung und Intervention beim Blutzuckerverlauf und zur Vermeidung sowie zur Behandlung von Hypoglykämien.

(6) **Gibt es eine Eigenbeteiligung an den Kosten?** Der Sozialhilfeträger kann weder vom Kind noch von den Eltern eine Eigenbeteiligung an den Kosten der Integrationsassistenz verlangen.

ff) Schulweghilfen: Wenn Kinder mit Behinderung ihren Schulweg nicht allein zurücklegen und deren Eltern die erforderliche Begleitung nicht sicherstellen können, können Ansprüche auf Hilfen zur Bewältigung des Schulweges gegenüber der staatlichen Schulbehörde bestehen.

Dem Schulamt sollte eine Stellungnahme der Schule und eventuell eine ärztliche Begutachtung zur Notwendigkeit der Schulweghilfe vorgelegt werden. Die finanzielle Unterstützung beim Schülertransport beschränkt sich jedoch auf den Besuch der zum Wohnort nächstgelegenen geeigneten Schule. Unter Umständen ist auch eine Kostenübernahme durch das Sozialamt im Rahmen der Eingliederungshilfe möglich.

gg) Weitere Leistungen der Eingliederungshilfe zu einer angemessenen Schulbildung:

- **Hort und Heilpädagogische Tagesstätte:** Die Hilfe zu einer angemessenen Schulbildung (gemäß § 54 Abs. 1 S. 1 Nr. 1 SGB XII) beinhaltet auch heilpädagogische sowie sonstige Maßnahmen, wenn die Maßnahmen erforderlich und geeignet sind, dem behinderten Menschen den Schulbesuch im Rahmen der allgemeinen Schulpflicht zu ermöglichen oder zu erleichtern. Die Kosten für den Besuch eines schulergänzenden Horts bzw. einer heilpädagogischen Tagesstätte (HPT) im Anschluss an den Schulbesuch werden bei Bedarf im Rahmen der Eingliederungshilfe übernommen. Zum Nachweis, dass der Besuch des Horts oder der Tagesstätte erforderlich und geeignet ist, sollte ein Attest des Hausarztes, der Frühförderstelle oder der Schule vorgelegt werden. Der Sozialhilfeträger kann weder vom Kind noch von den Eltern eine Kostenbeteiligung verlangen. Allenfalls müssen die Kosten des Mittagessens selbst getragen werden.
- **Kosten für den Besuch einer Privatschule** können in der Regel keine Hilfe mehr zu einer angemessenen Schulbildung im Rahmen der Eingliederungshilfe sein. Das Bundessozialgericht hat in

seinem Urteil vom 15.11.2012, Az. B 8 SO 10/11 R, entschieden, dass kein Anspruch auf die Zahlung des Schulgeldes als Leistung der Eingliederungshilfe besteht. Vielmehr sei das Schulgeld dem Kernbereich der Schule zuzuordnen, da es den von der Schule zu leistenden Unterricht finanziere. Die Finanzierung der Schulbildung obliege jedoch allein den Schulträgern, also der staatlichen Schulverwaltung. Die verwaltungsgerichtliche Rechtsprechung hat sich dieser Entscheidung des Bundessozialgerichts noch nicht angeschlossen. Für seelische behinderte Kinder besteht daher aktuell noch die Möglichkeit, von den Jugendhilfeträgern das Schulgeld für den Besuch einer Privatschule im Rahmen des § 35a SGB VIII zu beanspruchen. Voraussetzung ist jedoch, dass die Beschulung behinderungsbedingt zwingend erforderlich ist, da das Kind im öffentlichen Schulsystem keine angemessene Schulbildung erlangen, es also dort nicht seinen Fähigkeiten und seiner Eignung entsprechend beschult werden kann.

- **Fahrtkosten zu einer Privatschule** können eine Leistung der Eingliederungshilfe sein (LSG Baden-Württemberg, Urteil vom 29.6.2017, Az. L 7 SO 5382/14). Wenn es dem Schüler nicht zumutbar ist, öffentliche Verkehrsmittel zur Schule zu nutzen, und die Fahrt mit dem Auto der Eltern erforderlich ist, können die Fahrtkosten der Eltern erstattet werden.
- **Internatsunterbringung:** Hilfe zu einer angemessenen Schulbildung kann auch die Unterbringung in dem einer Schule angegliederten Internat sein. Allerdings ist von den Eltern ein erheblicher Kostenbeitrag in Höhe der häuslichen Ersparnis zu bezahlen.
- Autismustherapie
- ABA-Therapie (Applied Behavior Analysis-Therapie)
- Eine **Montessori-Therapie** zum Aufbau der auditiven Wahrnehmungsleistung kann im Einzelfall eine geeignete und erforderliche Maßnahme der Eingliederungshilfe sein, um einem geistig behinderten Kind die Schulausbildung zu ermöglichen oder zu erleichtern (BSG v. 22.3.2012, Az. B 8 SO 30/10 R). Die Montessori-Therapie gehöre nicht zum Kernbereich der pädagogischen Arbeit in der Schule. Die Sozialhilfeträger müssten deshalb nach-

rangig gegenüber den Leistungen der Schule Eingliederungshilfe gewähren, wenn dies erforderlich sei, so das BSG in seiner Entscheidung.

- Eine **Legasthenie-Therapie** kann ebenfalls im Einzelfall eine geeignete und erforderliche Maßnahme der Eingliederungshilfe gemäß § 35a SGB VIII sein, um einem Kind die Schulausbildung zu ermöglichen oder zu erleichtern. Ein Anspruch auf Kostenübernahme kommt jedoch nur dann in Betracht, wenn in Folge der Legasthenie eine seelische Störung auftritt oder droht, so dass dadurch die Fähigkeit zur Eingliederung in die Gesellschaft beeinträchtigt ist oder eine solche Beeinträchtigung zu erwarten ist. Bloße Schulprobleme und Schulängste genügen hierfür nicht (VGH München, 15.5.2013, Az. 12 B 13.129 und OVG Koblenz, 26.3.2007, Az. 7 E 10212/07).
- **Konduktive Förderung nach Petö**: Das Bundessozialgericht hat mit Urteil vom 29.2.2009, Az. B 8 SO 19/08 R, entschieden, dass die konduktive Förderung nach Petö eine im Einzelfall für Menschen mit Behinderungen geeignete und erforderliche Maßnahme der Eingliederungshilfe gemäß § 54 Abs. 1 S. 2 SGB XII sein kann. Dem steht auch nicht entgegen, dass eine Kostenübernahme als Heilmittel durch die gesetzliche Krankenversicherung ausscheidet. Eine Kostenübernahme der konduktiven Förderung kann dabei insbesondere in Form von heilpädagogischen Leistungen für Kinder, die noch nicht eingeschult sind, sowie als Hilfe zur angemessenen Schulbildung in Betracht kommen.
- **Kosten für einen Laptop** können eine Leistung der Eingliederungshilfe (Hilfe zur angemessenen Schulbildung) sein, wenn der Schüler in der Schule den Laptop aufgrund der Behinderung benötigt (LSG Baden-Württemberg, Urteil vom 8.11.2017, Az. L 2 SO 4546/16, für einen hochgradig sehbehinderten Schüler).

e) Sonstige Hilfsangebote und Sozialleistungen für die Familie

aa) Offene Behindertenarbeit (OBA): Der Begriff „Offene Behindertenarbeit“ oder „Offene Hilfen“ wird als Sammelbezeichnung für alle dezentralen Hilfsangebote für Menschen mit Behinderung und ihre Angehörigen außerhalb stationärer Hilfsangebote wie beispielsweise Behinderteneinrichtungen oder WfbM verwendet.

Es handelt sich dabei um Hilfen, die Menschen mit Behinderung das Leben und Lernen in der Gesellschaft ermöglichen sollen. Die Familien entscheiden weitgehend selbst über Art und Umfang der Hilfe.

Ziel der Förderung durch die OBA ist besonders eine selbstbestimmte Lebensführung und soziale Integration (Teilhabe). Daher werden die OBA wohnortnah angeboten oder im Umfeld des Menschen mit Behinderung erbracht.

In Frage kommen Betreuungsleistungen (Assistenzen und Integrationshilfen) im Freizeitbereich wie die Begleitung bei Ferienfreizeiten, Kinobesuchen, Konzerten, Sportveranstaltungen etc.

Die Hilfeangebote der Offenen Behindertenarbeit werden häufig über Leistungen der Pflegeversicherung (z. B. Verhinderungspflege, Entlastungsbetrag) finanziert. Die Kosten können jedoch auch vom Sozialhilfeträger im Rahmen der Eingliederungshilfe z. B. als Freizeitassistenz beansprucht werden.

Für Leistungen der Eingliederungshilfe wird jedoch im Gegensatz zu Leistungen der Pflegeversicherung eine Eigenbeteiligung gefordert.

bb) Familienentlastende Dienste (FED): Familienentlastende Dienste (FED) helfen und unterstützen Familien mit behinderten Angehörigen im Alltag. Sie werden häufig von freigemeinnützigen Organisationen und Vereinen, wie die Ortsverbände der Lebenshilfe für Menschen mit geistiger Behinderung, angeboten.

Als Dienstleistungen kommen z. B. pflegerische Leistungen, die Begleitung des behinderten Menschen zu Arzt- und Therapieterminen, zu kulturellen Veranstaltungen sowie bei sonstigen Freizeitaktivitäten in Betracht. FED schaffen den Eltern Freiräume, damit sie sich auch einmal ihren eigenen Interessen widmen und sich erholen und regenerieren können.

Die Betreuungs- und Pflegehilfen können stundenweise, tageweise oder auch mehrtägig innerhalb und außerhalb der Familie erfolgen.

Die Finanzierung erfolgt je nach Art der Unterstützung über die Leistungen der Pflegeversicherung (z. B. Verhinderungspflege, Entlastungsbetrag) oder im Rahmen der Eingliederungshilfe. In der Regel kennen sich die jeweiligen Anbieter gut mit den verschiedenen Möglichkeiten der Kostenübernahme aus und geben entsprechende Hilfestellung bei der Finanzierung.

Eine Eigenbeteiligung kommt nur in Betracht, wenn Eingliederungshilfe zur Finanzierung beansprucht wird.

cc) **Hilfe zur Pflege (§§ 61 bis 66a SGB XII):** Die Hilfe zur Pflege nach dem SGB XII ist eine Sozialhilfeleistung des Sozialhilfeträgers. Sie umfasst auch die Leistungen der Pflegeversicherung (SGB XI) wie Pflegesachleistungen (Pflegedienste) und Pflegegeld. In der Praxis scheiden Leistungen der Hilfe zur Pflege jedoch häufig aus, da die Leistungen der Pflegeversicherung vorrangig in Anspruch zu nehmen sind.

Wenn es jedoch um die Kostenübernahme für Assistenzkräfte (persönliche Assistenz, Pflegeassistenz) geht, z. B. bei einer erforderlichen 24-Stunden-rund-um-die-Uhr-Versorgung, ist man auf Leistungen der Hilfe zur Pflege nach dem SGB XII angewiesen. Denn der Umfang der möglichen Leistungen nach § 61 SGB XII ist insoweit weiter als die Leistungen der Pflegeversicherung, da deren Leistungen durch Höchstbeträge gedeckelt sind. Vor allem für Menschen mit Behinderung, die in einer eigenen Wohnung eigenständig leben, sind die Leistungen der Hilfe zur Pflege nach dem SGB XII zur Deckung der Kosten von Assistenzkräften oder einer Pflegebereitschaft lebenswichtig. In § 64 f Abs. 3 SGB XII ist ausdrücklich das Arbeitgebermodell als mögliche Organisationsform der häuslichen Pflege angeführt. Soweit die Sicherstellung der häuslichen Pflege für Pflegebedürftige der Pflegegrade 2, 3, 4 oder 5 im Rahmen des Arbeitgebermodells erfolgt, sollen die angemessenen Kosten übernommen werden. Hilfe zur Pflege wird jedoch einkommens- und vermögensabhängig geleistet.

dd) Hilfe zur Weiterführung des Haushaltes (§ 70 SGB XII): Die Hilfe zur Aufrechterhaltung und Weiterführung des Haushaltes während des vorübergehenden Ausfalls der haushaltsführenden Person ist eine ergänzende Leistung des Sozialhilfeträgers, wenn Leistungen der Krankenkasse zur Haushaltshilfe gemäß § 38 SGB V oder

Leistungen der Jugendhilfe (z. B. nach § 20 SGB VIII, Betreuung und Versorgung des Kindes in Notsituationen) bereits ausgeschöpft sind.

Sie umfasst die persönliche Betreuung von Haushaltsangehörigen sowie die sonstigen zur Haushaltsführung erforderlichen Tätigkeiten wie Einkaufen, Kochen, Reinigen der Wohnung, Wäsche waschen etc. Zur persönlichen Betreuung von Kindern gehört die Körperpflege, Sorge für regelmäßige Mahlzeiten, Beaufsichtigung und Hilfe bei den Schularbeiten.

Diese Leistungen werden häufig von familienentlastenden Diensten (FED) erbracht.

ee) Blindenhilfe (§ 72 SGB XII): Blinde Menschen erhalten zum Ausgleich der durch die Blindheit bedingten Mehraufwendungen Blindenhilfe als ergänzende Hilfeleistung vom Sozialhilfeträger nach § 72 SGB XII, soweit sie keine gleichartigen Leistungen nach anderen Rechtsvorschriften erhalten. Blindenhilfe wird in Form einer Geldleistung einkommens- und vermögensabhängig gewährt.

Die Blindenhilfe beträgt mit Stand 1.7.2018 für volljährige Blinde derzeit monatlich 717,07 € und für minderjährige Blinde monatlich 359,15 €. Sie verändert sich jeweils zu dem Zeitpunkt und in dem Umfang, wie sich der aktuelle Rentenwert in der gesetzlichen Rentenversicherung verändert.

Auf die Blindenhilfe sind jedoch Leistungen bei häuslicher Pflege nach dem SGB XI, auch soweit es sich um Sachleistungen handelt, anzurechnen. Bei Pflegebedürftigen des Pflegegrades 2 erfolgt eine Anrechnung in Höhe von 50% des Pflegegeldes des Pflegegrades 2 und bei Pflegebedürftigen der Pflegegrade 3, 4 oder 5 in Höhe von 40% des Pflegegeldes des Pflegegrades 3, höchstens jedoch in Höhe von 50% des Betrages der Blindenhilfe (§ 72 Abs. 1 S. 2 SGB XII). Landesblindengeld ist vollständig anzurechnen.

Lebt ein blinder Mensch in einer stationären Einrichtung und werden die Kosten des Aufenthaltes ganz oder teilweise über Sozialhilfeleistungen getragen, verringert sich die Höhe der Blindenhilfe um die gezahlten Sozialhilfeleistungen, höchstens jedoch um 50%.

Neben der Blindenhilfe besteht außerhalb von stationären Einrichtungen kein Anspruch auf Hilfe zur Pflege wegen Blindheit gemäß § 63 SGB XII und auch kein Anspruch mehr auf den Barbetrag in Höhe von 112 € (Barbetrag bzw. Taschengeld) nach § 27b Abs. 2 SGB XII.

ff) Ergänzende Leistungen der Kinder- und Jugendhilfe (SGB VIII): Das Jugendamt gewährt betroffenen Familien Hilfen zur Erziehung (§§ 27 ff. SGB VIII). Eltern haben bei der Erziehung ihres Kindes Anspruch auf entsprechende Hilfe, wenn eine dem Wohl des Kindes entsprechende Erziehung nicht gewährleistet ist und die Hilfe für seine Entwicklung geeignet und notwendig ist.

Hilfe wird u. a. in Form von Erziehungsberatung, Erziehungsbeistand, sozialpädagogischer Familienhilfe, Heimerziehung, sonstigen betreuten Wohnformen und intensiver sozialpädagogischer Einzelbetreuung gewährt.

Der Allgemeine Soziale Dienst (ASD) des Jugendamtes prüft, welche Beratung, Hilfe und Unterstützung im Rahmen der Jugendhilfe erforderlich, notwendig und geeignet ist. Weitere Anbieter dieser Hilfen sind neben dem Jugendamt die Verbände der freien Wohlfahrtspflege oder auch familienentlastende Dienste (FED).

Neben den Hilfen zur Erziehung haben Kinder oder Jugendliche Anspruch auf Eingliederungshilfe nach dem SGB VIII, wenn sie seelisch behindert oder von einer seelischen Behinderung bedroht sind (§ 35a SGB VIII). Die Leistungen und möglichen Hilfen entsprechen den Leistungen der Eingliederungshilfe nach den §§ 53, 54 SGB XII (vgl. hierzu im Einzelnen 2. Kapitel B II 5, S. 108).

gg) Mobilitätshilfe zur Teilhabe am gemeinschaftlichen und kulturellen Leben – Gewährung von Taxischeinen: In zahlreichen Städten und Landkreisen werden sog. Mobilitätshilfen als Leistung zur Sozialen Teilhabe (nach §§ 53, 54 SGB XII in Verbindung mit § 83 SGB IX). Ziel dieser Hilfen ist es, die Nutzung eines Beförderungsunternehmens oder eines Behindertenfahrdienstes zu ermöglichen und damit die Teilnahme am Leben in der Gemeinschaft zu erleichtern. Die Kosten für Fahrten zu ärztlichen oder sonstigen therapeutischen Maßnahmen, zum Arbeitsplatz, zur Ausbildungsstätte, zu teilstationären Einrichtungen (z. B. Tagespflege), Familienheimfahrten etc. werden jedoch im Rahmen dieser Hilfeleistung häufig nicht übernommen.

Einige Kommunen zahlen monatliche Pauschalbeträge (z. B. monatlich 50 € bis 100 €), andere erstatten Kosten nur gegen Nachweis der entstanden Kosten. Häufig erfolgt die Hilfe auch in Form von Taxischeinen. Die Kriterien und die Höhe der Beihilfe sind jedoch von Kommune zu Kommune unterschiedlich. Teilweise wird ein Schwerbehindertenausweis mit dem Merkzeichen „aG" für außergewöhnliche Gehbehinderung gefordert. Mobilitätshilfen werden in der Regel nur einkommens- und vermögensabhängig gewährt.

f) Hilfen im Studium und für die berufliche Weiterbildung. Die Hochschulen haben nach dem Hochschulrahmengesetz dafür zu sorgen, dass Studierende mit Behinderung in ihrem Studium nicht benachteiligt werden und die Angebote der Hochschule möglichst ohne fremde Hilfe in Anspruch nehmen können. Die Prüfungsordnungen müssen die besonderen Belange behinderter Studierender zur Wahrung ihrer Chancengleichheit berücksichtigen.

Benötigt der Studierende während des Studiums persönliche Assistenz bzw. einen Studienbegleiter, können die Kosten vom zuständigen Träger der Eingliederungshilfe übernommen werden. Voraussetzung ist jedoch, dass es sich um einen behinderungsbedingten Studienmehrbedarf handelt.

Ab 1.1.2020 werden gemäß § 112 Abs. 2 und Abs. 3 SGB IX auch ausdrücklich Leistungen der Eingliederungshilfe und damit auch Assistenzleistungen für die schulische oder hochschulische berufliche Weiterbildung (z. B. für ein Masterstudium) und Hilfen für Fernunterricht, zur Ableistung eines Praktikums, das für den Schul- oder Hochschulbesuch oder für die Berufszulassung erforderlich ist, und Hilfen zur Vorbereitung auf Ausbildung oder Weiterbildung gewährt.

g) Eingliederungshilfe in vollstationären Einrichtungen. Die erforderlichen Betreuungs- und Pflegeleistungen für Menschen mit Behinderung in vollstationären Einrichtungen übernimmt der zuständige Sozialhilfeträger bzw. Träger der Eingliederungshilfe im Rahmen der Eingliederungshilfe (§ 55 SGB XII).

Der Bewohner erhält ein monatliches Taschengeld (Barbetrag) von derzeit 112 € (27% des Eckregelsatzes gemäß § 27b Abs. 2 SGB XII). Zusätzlich erhält er einen Bekleidungszuschuss von monatlich 28,50 €.

Als Teilhabeleistungen werden die Fahrtkosten für Besuche des Bewohners zu Hause bei den Eltern übernommen werden. Ist die Benutzung öffentlicher Verkehrsmittel nicht möglich, können Fahrdienste in Anspruch genommen werden. Häufig umstritten ist jedoch die Höhe der zu übernehmenden Kosten. Entscheidend sind dabei die persönlichen Bedürfnisse des Bewohners. In der Regel werden von den Trägern der Eingliederungshilfe die Kosten von monatlich ein bis zwei Besuchsfahrten nach Hause übernommen.

Nach dem derzeit noch geltenden Recht erhalten Bewohner stationärer Einrichtungen eine Gesamtleistung. Durch diese Gesamtleistung werden alle Leistungen der Eingliederungshilfe und des Lebensunterhalts nach dem SGB XII einheitlich vom Träger der Eingliederungshilfe finanziert. Zum 1.1.2020 erfolgt jedoch durch die Neuregelungen des BTHG eine Trennung der Fachleistungen der Eingliederungshilfe von den existenzsichernden Leistungen. In der Eingliederungshilfe entfällt der Begriff „stationäre Einrichtung". Es wird dann nur noch von gemeinschaftlichen Wohnformen gesprochen.

Die existenzsichernden Leistungen (Regelsatz zur Deckung des Lebensunterhaltes und Unterkunftskosten) übernimmt dann der Sozialhilfeträger im Rahmen der Grundsicherung nach dem SGB XII. Der bisherige Barbetrag von aktuell 112 € und der Bekleidungszuschuss von aktuell 28,50 € entfallen. Ab 2020 ist im Rahmen des Gesamtplanverfahrens mit den Leistungsberechtigten, also den Bewohnern, darüber zu beraten, welche Barmittel ihnen zur selbstbestimmten Verwendung aus dem Regelsatz verbleiben (§ 119 Abs. 2 Satz 2 SGB IX). Es bleibt abzuwarten, ob den Bewohnern bei Umsetzung dieser Neuregelung noch ein Betrag in Höhe des jetzigen Barbetrages verbleiben wird. Der Träger der Eingliederungshilfe trägt ab 2020 nur noch die Fachleistungen wie z. B. Assistenz- und Betreuungsleistungen und Leistungen zur Mobilität.

h) Leistungen zur Teilhabe am Arbeitsleben. Menschen mit Behinderung haben Anspruch auf Leistungen zur Förderung der Teilhabe am Arbeitsleben, die wegen Art oder Schwere der Behinderung erforderlich sind, um ihre Erwerbsfähigkeit entsprechend ihrer Leistungsfähigkeit zu erhalten, zu verbessern, herzustellen oder wiederherzustellen und ihre Teilhabe am Arbeitsleben möglichst auf Dauer zu sichern (§§ 112 SGB III, 49 SGB IX). Bei der Auswahl der Leistungen sollen Eignung, Neigung, bisherige Tätigkeit sowie Lage und Entwicklung auf dem Arbeitsmarkt angemessen berücksichtigt werden. Soweit erforderlich, wird auch die berufliche Eignung abgeklärt oder eine Arbeitserprobung durchgeführt.

Die Leistungen zur Teilhabe am Arbeitsleben umfassen gemäß § 49 Abs. 3 SGB IX insbesondere:

- Hilfen zur Erhaltung oder Erlangung eines Arbeitsplatzes einschließlich Leistungen zur Aktivierung und beruflichen Eingliederung,
- Berufsvorbereitung einschließlich einer wegen der Behinderung erforderlichen Grundausbildung,
- individuelle betriebliche Qualifizierung im Rahmen Unterstützter Beschäftigung,
- berufliche Anpassung und Weiterbildung, auch soweit die Leistungen einen zur Teilnahme erforderlichen schulischen Abschluss einschließen,
- berufliche Ausbildung, auch soweit die Leistungen in einem zeitlich nicht überwiegenden Abschnitt schulisch durchgeführt werden,
- Gründungszuschuss entsprechend § 93 SGB III bei Aufnahme einer selbständigen, hauptberuflichen Tätigkeit,
- sonstige Hilfen zur Förderung der Teilhabe am Arbeitsleben, um behinderten Menschen eine angemessene und geeignete Beschäftigung oder eine selbständige Tätigkeit zu ermöglichen und zu erhalten.

Im Folgenden werden die einzelnen Fördermöglichkeiten von der Berufsausbildung bis zum Eintritt in das Arbeitsleben dargestellt.

aa) Hilfen bei der Berufsausbildung für Menschen mit Behinderung: In den letzten Schulklassen werden die Menschen mit Behinderung in der Werkstufe auf die Berufsausbildung und das Arbeitsleben vorbereitet. Die Berufsberatung der Arbeitsagentur führt für die Schüler und Schülerinnen und deren Eltern allgemeine Beratungs- und Informationsstunden zur Berufsorientierung durch.

Eine Förderung durch das Arbeitsamt erfolgt regelmäßig nur dann, wenn die Maßnahme zur Vorbereitung auf eine Berufsausbildung oder zur beruflichen Eingliederung erforderlich ist und die Fähigkeiten des Menschen mit Behinderung erwarten lassen, dass er das Ziel der Maßnahme auch erreicht. Eine Förderung muss erforderlich und erfolgsversprechend sein. Dies kann zweifelhaft sein, wenn der Mensch mit Behinderung bereits Grundsicherung im Alter und bei Erwerbsminderung nach dem SGB XII erhält. Denn dann ist festgestellt worden, dass er dauerhaft erwerbsunfähig ist. Damit würden die Voraussetzungen für eine weitere Förderung nicht mehr vorliegen. Solange Fördermaßnahmen vom Arbeitsamt beansprucht werden, sollte daher ein Antrag auf Grundsicherungsleistungen nach dem SGB XII zurückgestellt werden.

Im Folgenden werden die verschiedenen Bildungsmaßnahmen und Möglichkeiten zur Ausbildung außerhalb des allgemeinen Arbeitsmarktes dargestellt, die vom Arbeitsamt nach dem SGB III angeboten werden.

(1) Berufsvorbereitende Bildungsmaßnahmen (BVB) – Vorbereitung zur Ausbildung: Berufsvorbereitende Bildungsmaßnahmen gemäß § 51 SGB III sind gedacht für förderungsbedürftige junge Menschen, die noch keine klaren beruflichen Vorstellungen haben wie es nach der Schule weitergehen soll, die ihre praktischen Fähigkeiten nicht kennen oder noch nicht richtig einschätzen können, oder deren schulische Leistungen für den Beginn einer Ausbildung noch nicht genügend entwickelt sind.

Diese Maßnahmen werden häufig in den Berufsbildungs- und Berufsförderungswerken angeboten. Die Ausbildungsstellenvermittlung erfolgt über die Arbeitsvermittlung der Arbeitsagenturen.

(2) **Ausbildung in einem Berufsbildungswerk (BBW):** Berufsbildungswerke (BBW) sind Rehabilitationseinrichtungen speziell zur beruflichen Erstausbildung von Jugendlichen mit Behinderung (§ 51 SGB IX). Sie bieten jungen Menschen mit Behinderung Orientierung, Unterstützung und Förderung bei ihrer beruflichen Entwicklung und Ausbildung. Die Förderung erfolgt über ein ganzheitliches Konzept von Ausbildungsstätte, Schule, Internat, Freizeitangeboten und fachlicher Betreuung.

Angestrebt wird ein Ausbildungsabschluss im Sinne des Berufsbildungsgesetzes.

Vor Beginn der eigentlichen Ausbildung werden zusätzlich Maßnahmen durchgeführt, um die Jugendlichen „reif" für eine Ausbildung zu machen. In Betracht kommen berufsvorbereitende Bildungsmaßnahmen.

In verschiedenen Testverfahren werden dabei die Kenntnisse und Fähigkeiten der Jugendlichen im schulischen, handwerklichen und sozialen Bereich festgestellt. Zur Berufsorientierung und Berufswahl kann den Jugendlichen die Möglichkeit eingeräumt werden, mehrwöchige Erprobungsphasen in den Ausbildungswerkstätten zu absolvieren.

In Schnupperpraktika können Schüler den beruflichen Ausbildungsalltag erleben und Erfahrungen sammeln, die ihnen helfen, sich über ihre eigenen beruflichen Neigungen und Fähigkeiten klar zu werden.

Ziel des Berufsbildungswerkes ist es, den Jugendlichen auf diesem Weg einen späteren Einstieg in den ersten Arbeitsmarkt zu verschaffen. Spezielle Integrationsberatungen und Integrationsfachdienste sollen nach Abschluss der Ausbildung beim Übergang ins Erwerbsleben, der Suche und der Bewerbung um einen geeigneten Arbeitsplatz helfen.

(3) **Ausbildung im Berufsbildungsbereich (BBB) einer Werkstatt für behinderte Menschen (WfbM):**

- **Allgemeine Aufnahmevoraussetzungen:** Die Werkstatt für behinderte Menschen ist eine Einrichtung zur Eingliederung behinderter Menschen in das Arbeitsleben. Sie bietet denjenigen, die wegen Art oder Schwere der Behinderung nicht auf dem allgemeinen Arbeitsmarkt tätig sein können, einen Arbeitsplatz oder Gelegenheit zur Ausübung einer geeigneten Tätigkeit. Wesentliche Aufgabe der Werkstatt ist es, den behinderten Menschen eine angemessene berufliche Bildung zu vermitteln, eine Beschäftigung anzubieten und bei Eignung den Übergang in die Arbeitswelt zu ermöglichen. Jedem behinderten Menschen soll ein seinen Fähigkeiten entsprechender Arbeitsplatz angeboten werden, der eine Entwicklung oder Wiederherstellung der Leistungsfähigkeit ermöglicht. Voraussetzung für die Aufnahme von Menschen mit Behinderung in eine WfbM ist, dass erwartet werden kann, dass sie zumindest nach Teilnahme an Maßnahmen im Berufsbildungsbereich ein Mindestmaß wirtschaftlich verwertbarer Arbeitsleistung erbringen werden (§ 219 SGB IX). Weiterhin darf kein außerordentlich hoher Pflegebedarf vorliegen und keine Gefährdung anderer Personen durch die Aufnahme entstehen.

- **Aufnahmeverfahren:** Sind die vorgenannten Voraussetzungen gegeben wird das sog. **Eingangsverfahren** durchgeführt (§ 4 WVO). Dabei arbeitet der Mensch mit Behinderung „auf Probe" in der WfbM. Das Eingangsverfahren dient dem Teilnehmer dazu, sich einen ersten Einblick in die Werkstatt zu verschaffen. Es soll festgestellt werden, ob die Werkstatt die geeignete Einrichtung „für die Teilhabe des behinderten Menschen am Arbeitsleben ist sowie welche Bereiche der Werkstatt und welche Leistungen zur Teilhabe am Arbeitsleben für den behinderten Menschen in Betracht kommen" (§ 57Abs. 1 Nr. 1 SGB IX). Es wird ein Eingliederungsplan erstellt, in dem die Kompetenzen des Menschen mit Behinderung aufgenommen und gemeinsam Ziele für den anschließenden Förder- und Bildungsprozess aufgestellt werden. Das Eingangsverfahren dauert in der Regel drei Monate. Finanziert wird es regelmäßig durch die Bundesagentur für Arbeit oder die Träger der gesetzlichen Rentenversicherung. Anschließend wird der **Berufsbildungsbereich** in der WfbM durchlaufen (§ 4 WVO). In dieser Ausbildungszeit (**Arbeitstraining**) erfolgt die Vorbereitung auf den Arbeitsbereich der WfbM. Die Leistungen im Berufsbildungsbereich werden für zwei Jahre erbracht. Sie werden in der Regel zunächst für ein Jahr bewilligt. Sie werden für ein weiteres Jahr bewilligt, wenn auf Grund einer fachlichen Stellungnahme angenommen wird, dass die Leistungsfähigkeit des Menschen mit Behinderungen weiterentwickelt oder wiedergewonnen werden kann (§ 57 Abs. 3 SGB IX). Während der Ausbildungszeit werden Grundfertigkeiten des Arbeitslebens vermittelt und es wird festgestellt, in welchen Arbeitsbereichen der Mensch mit Behinderung gerne arbeiten würde. Nach Abschluss des Berufsbildungsbereiches wird er in den **Arbeitsbereich** der WfbM übernommen (vgl. hierzu nachfolgend 2. Kapitel B II 3 h cc, S. 85 ff.).

- **Ausbildungsgeld (§ 125 SGB III):** Im Eingangsverfahren und im Berufsbildungsbereich einer WfbM wird ein Ausbildungsgeld in Höhe von monatlich 67 € im ersten Jahr und von 80 € ab dem zweiten Jahr gezahlt.
- **Grundsicherung im Alter und bei Erwerbsminderung:** Bereits während des Eingangsverfahrens und während des Berufsbildungsbereiches stehen dem Beschäftigten Leistungen der Grundsicherung im Alter und bei Erwerbsminderung zu. Aktuell verweigern jedoch die Sozialhilfeträger Grundsicherung mit der unzutreffenden pauschalen Begründung, dass im Berufsbildungsbereich noch keine dauerhafte volle Erwerbsminderung angenommen werden könne. Diese Streitfrage ist noch nicht abschließend gerichtlich geklärt. Daher sollte gegen eine solche Ablehnung der Grundsicherung vorsorglich Widerspruch eingelegt werden (vgl. Ausführungen im 2. Kapitel unter B I 1 d, S. 34 f.). Hat der Beschäftigte bereits vorher Grundsicherung bezogen, erhält er diese weiter.

Seit dem 1.1.2018 besteht jetzt auch die Möglichkeit, bei sogenannten anderen Leistungsanbietern als Alternative zu einer WfbM das Eingangsverfahren sowie den Berufsbildungsbereich zu durchlaufen (vgl. 2. Kapitel B II 3 h ff, S. 90).

bb) Hilfen bei der Eingliederung auf dem allgemeinen Arbeitsmarkt:

(1) Welche staatlichen Stellen sind für die Förderung zuständig?
Das Arbeitsamt (Bundesagentur für Arbeit) ist in Zusammenarbeit

mit dem Integrationsamt für die Eingliederung von Menschen mit Behinderung in das Arbeitsleben bzw. den allgemeinen Arbeitsmarkt zuständig.

Die örtliche Arbeitsagentur ist der Ansprechpartner für die Berufsberatung, die Ausbildungs- und Arbeitsvermittlung.

Die Integrationsämter bieten als ergänzende Leistungen technische Beratung bei der Ausstattung von behindertengerechten Arbeitsplätzen, begleitende Hilfen im Arbeitsleben, Hilfen zum Erreichen des Arbeitsplatzes, psychosoziale Beratung und berufsbegleitende Betreuung (§ 185 SGB IX).

Integrationsfachdienste unterstützen die Bundesagentur für Arbeit, die Rehabilitationsträger und die Integrationsämter bei der Vermittlung und Betreuung behinderter Menschen und bei der Beratung der Arbeitgeber (§ 193 SGB IX). Der Schwerpunkt der Tätigkeit der Integrationsfachdienste liegt in der Erschließung von Arbeitsplätzen auf dem allgemeinen Arbeitsmarkt (außerhalb der WfbM). Sie betreuen und unterstützen schwerbehinderte Arbeitnehmer bei Schwierigkeiten am Arbeitsplatz. Daneben beraten sie auch Arbeitgeber und unterstützen diese bei der Beantragung von Leistungen.

Daher kann es bei Unstimmigkeiten mit dem Arbeitgeber, wenn es z. B. um die Zuweisung eines geeigneteren Arbeitsplatzes oder eine andere Einteilung der Arbeitszeiten geht, empfehlenswert sein, den Integrationsfachdienst als unparteiischen Schlichter hinzuzuziehen.

(2) **Allgemeine Leistungen zur beruflichen Eingliederung:** Menschen mit Behinderung erhalten dieselben Leistungen wie nicht behinderte Menschen.

Allgemeine Leistungen der Arbeitsagenturen zur beruflichen Eingliederung sind Beratung und Vermittlung (Bewerbungskosten, Reisekosten), Verbesserung der Aussichten auf Teilhabe am Arbeitsleben, Förderung der Aufnahme einer Beschäftigung (Mobilitätshilfen), Förderung der Berufsausbildung und der beruflichen Weiterbildung (§ 115 SGB III).

(3) **Besondere Leistungen zur beruflichen Eingliederung:** Neben den allgemeinen gibt es zahlreiche besondere Leistungen der Arbeitsagenturen für Menschen mit Behinderung (§§ 117, 118 SGB

III, §§ 49 ff. SGB IX), ergänzt durch Leistungen des Integrationsamtes (§ 185 SGB IX).

Diese besonderen Leistungen werden dann gewährt, wenn Art und Schwere der Behinderung die Teilnahme an einer Maßnahme in einer besonderen Einrichtung für Menschen mit Behinderung (auch Berufsbildungswerke) oder eine sonstige, auf die besonderen Bedürfnisse von Menschen mit Behinderung ausgerichtete Maßnahme (z. B. die Ausstattung mit Hilfsmitteln am Arbeitsplatz) unerlässlich machen.

Zu den besonderen Leistungen der Teilhabe am Arbeitsleben gehören u. a. Ausbildungsgeld, Übergangsgeld oder die Erstattung der sog. Teilnahmekosten bei Maßnahmen in besonderen Bildungseinrichtungen für Menschen mit Behinderung. Die erforderlichen Reisekosten, Unterbringungs- und Verpflegungskosten sowie die Kosten für eine Haushaltshilfe oder für die Kinderbetreuung können ebenfalls übernommen werden. Die Leistungen können auch als Teil eines trägerübergreifenden persönlichen Budgets erbracht werden. Im Einzelnen:

- **Ausbildungsgeld:** Menschen mit Behinderung haben Anspruch auf Ausbildungsgeld während einer beruflichen Ausbildung oder berufsvorbereitenden Bildungsmaßnahme einschließlich einer Grundausbildung (§ 122 SGB III). Darüber hinaus erhalten sie Ausbildungsgeld bei Maßnahmen im Eingangsverfahren oder Berufsbildungsbereich einer anerkannten Werkstatt für behinderte Menschen (§ 122 Abs. 1 Nr. 3 SGB III). Ausbildungsgeld wird nicht gewährt, wenn ein Übergangsgeld gewährt wird. Das Ausbildungsgeld wird auf Antrag geleistet. Der Antrag kann auch nachträglich gestellt werden. Allerdings wird das Ausbildungsgeld frühestens vom Monat der Antragstellung an gewährt. Bei einer Maßnahme in einer WfbM wird im ersten Jahr ein Ausbildungsgeld in Höhe von 67 €, ab dem zweiten Jahr in Höhe von 80 € monatlich gezahlt (§ 125 SGB III). Dabei wird ein Einkommen nicht angerechnet (§ 126 Abs. 1 SGB III). Ansonsten wird das Ausbildungsgeld einkommensabhängig gewährt. Entscheidend ist das Einkommen des Menschen mit Behinderung, seiner Eltern, seines Ehegatten oder Lebenspartners (§ 126 Abs. 2 SGB III).

- **Arbeitsassistenz:** Die Arbeitsassistenz unterstützt Menschen mit Behinderung bei der von ihnen zu erbringenden Arbeitsleistung durch die Erledigung von Hilfstätigkeiten. Arbeitsassistenz kann beispielsweise eine Vorlesekraft für blinde Arbeitnehmer sein, ein Gebärdendolmetscher für gehörlose Arbeitnehmer oder eine Hilfskraft für körperbehinderte Arbeitnehmer. Der schwerbehinderte Arbeitnehmer hat selbst die Organisations- und Anleitungskompetenz, ist dafür aber auch selbst verantwortlich. Er stellt also entweder die Assistenzkraft selbst ein (Arbeitgebermodell) oder beauftragt einen Anbieter von Assistenzdienstleistungen auf eigene Rechnung mit der Arbeitsassistenz (Auftragsmodell). Zuständig ist das Integrationsamt, in dessen Bereich der Arbeitsplatz liegt. Dort muss auch der Antrag auf Kostenübernahme für die Arbeitsassistenz gestellt werden (§§ 49 Abs. 8, 185 Abs. 5 SGB IX). Dient die Arbeitsassistenz dem Ziel, einen sozialversicherungspflichtigen Arbeitsplatz zu erlangen, ist dieser Anspruch zeitlich auf drei Jahre befristet (§ 49 Abs. 8 Nr. 3 und S. 2 SGB IX). Zuständig ist dann der Rehabilitationsträger (Arbeitsagentur).

- **Technische Arbeitshilfen:** Technische Arbeitshilfen sind notwendige Hilfsmittel zur behindertengerechten Ausstattung eines Arbeitsplatzes. Der behinderte Mitarbeiter hat darauf einen Anspruch. In der Regel wird die Erstausstattung durch das Arbeitsamt, die Umrüstung durch die Integrationsämter übernommen.

- **Hilfen zum Erreichen des Arbeitsplatzes**, Verordnung über Kraftfahrzeughilfe zur beruflichen Rehabilitation (Kraftfahrzeughilfe-Verordnung – KfzHV): Im Rahmen der Kraftfahrzeughilfe-Verordnung haben Menschen mit Behinderung Anspruch auf die Versorgung mit einem Kraftfahrzeug, wenn sie ihre Arbeit nicht anders erreichen können. Die Kraftfahrzeughilfe umfasst Zuschüsse zur Beschaffung eines Kraftfahrzeuges, einer behinderungsbedingten Zusatzausstattung und zur Erlangung einer Fahrerlaubnis. Die Leistungen können auch als Darlehen gewährt werden. Der Zuschuss wird einkommensabhängig berechnet. Die Beschaffung eines Kraftfahrzeuges wird bis zu einem Betrag in Höhe des Kaufpreises, höchstens jedoch bis zu einem Betrag von

9.500 € gefördert. Ein höherer Förderungsbetrag ist ausnahmsweise möglich, wenn Art oder Schwere der Behinderung ein Kraftfahrzeug mit einem höheren Kaufpreis zwingend erfordert. Wichtig ist, dass Anträge auf Zuschüsse vor dem Abschluss eines Kaufvertrages über das Kraftfahrzeug und die behinderungsbedingte Zusatzausstattung gestellt werden. Andernfalls kann bereits aus diesem Grund der Antrag abgelehnt werden. Anträge sind regelmäßig beim Integrationsamt zu stellen.

(4) Unterstützte Beschäftigung (§ 55 SGB IX): Das Ziel der Unterstützten Beschäftigung ist es, Menschen mit Behinderung mit besonderem Unterstützungsbedarf eine angemessene, geeignete und sozialversicherungspflichtige Beschäftigung zu ermöglichen und zu erhalten (§ 55 Abs. 1 SGB IX).

Die „Unterstützte Beschäftigung" ist vor allem vorgesehen für Erwachsene, die im Laufe ihres (Erwerbs-)Lebens eine Behinderung erworben haben, für Schulabgänger aus Förderschulen sowie für Menschen mit Behinderung, für die sonst nur eine Beschäftigung in einer Werkstatt für behinderte Menschen möglich wäre. Die Förderdauer beträgt regelmäßig zwei Jahre.

Begonnen wird mit einer individuellen betrieblichen Qualifizierung. Diese findet in Betrieben auf dem allgemeinen Arbeitsmarkt statt. Der Mensch mit Behinderung wird dabei von einem Anbieter „Unterstützter Beschäftigung" begleitet. Dieser stellt auch den sog. Jobcoach zur Verfügung, der den Menschen mit Behinderung auf den betrieblichen Qualifizierungsplätzen begleitet.

Nach Feststellung der besonderen Fähigkeiten und des Unterstützungsbedarfes stellt der Anbieter der „Unterstützten Beschäftigung" geeignete betriebliche Qualifizierungsplätze zur Verfügung und die betriebliche Qualifizierung wird durchgeführt.

Am Ende der Qualifizierungsphase soll der Mensch mit Behinderung möglichst einen Arbeitsvertrag erhalten. Zuständige Kostenträger sind die Arbeitsagenturen.

cc) Werkstatt für behinderte Menschen (WfbM):

(1) Besteht ein Rechtsanspruch auf Aufnahme in eine WfbM? Menschen mit Behinderung haben Anspruch auf Hilfe zur Teilhabe am Arbeitsleben in der Werkstatt für behinderte Menschen (§ 219 SGB IX), wenn wegen Art oder Schwere ihrer Behinderung arbeits- und berufsfördernde Maßnahmen mit dem Ziel der Eingliederung auf dem allgemeinen Arbeitsmarkt nicht in Betracht kommen. Dabei haben Werkstätten Menschen mit Behinderung aus ihrem Einzugsgebiet, die die Aufnahmevoraussetzungen erfüllen, aufzunehmen.

Voraussetzung für die Aufnahme in eine Werkstatt für behinderte Menschen ist, dass erwartet werden kann, dass der Mensch mit Behinderung spätestens nach Teilnahme an Maßnahmen im Berufsbildungsbereich wenigstens ein Mindestmaß wirtschaftlich verwertbarer Arbeitsleistung erbringen kann.

Dies ist nicht der Fall bei Menschen, bei denen trotz einer der Behinderung angemessenen Betreuung eine erhebliche Selbst- oder Fremdgefährdung zu erwarten ist oder bei denen das Ausmaß der erforderlichen Betreuung und Pflege die Teilnahme an Maßnahmen im Berufsbildungsbereich oder sonstige Umstände ein Mindestmaß wirtschaftlich verwertbarer Arbeitsleistung im Arbeitsbereich dauerhaft nicht zulassen.

(2) **Arbeitsbedingungen:** Die Arbeitsbedingungen in einer WfbM entsprechen hinsichtlich der Arbeitsbelastung und der Entlohnung nicht denen auf dem allgemeinen Arbeitsmarkt.

Werkstattbeschäftigte haben jedoch arbeitnehmerähnliche Rechte (§ 221 Abs. 1 und 3 SGB IX). Dazu gehören z. B. die in den entsprechend anzuwendenden arbeitsrechtlichen Vorschriften enthaltenen Rechte über Arbeitszeit, Urlaub und Entgeltfortzahlung im Krankheitsfall und an den Feiertagen. Bei Streitigkeiten sind daher auch die Arbeitsgerichte zuständig.

(3) **Verdienst:** Der Verdienst setzt sich zusammen aus dem pauschalen Grundbetrag des Arbeitsentgeltes, dem jeweiligen der individuellen Arbeitsleistung entsprechenden Steigerungsbetrag und dem Arbeitsförderungsgeld (§ 221 Abs. 2 SGB IX).

Der pauschale Grundbetrag wird an jeden Beschäftigten im Arbeitsbereich ausgezahlt. Die Mindesthöhe wird durch die Bundesanstalt für Arbeit festgelegt und beläuft sich derzeit auf monatlich 80 €. Der leistungsangemessene Steigerungsbetrag des Arbeitsentgelts ist abhängig von der individuellen Arbeitsleistung.

Das Arbeitsförderungsgeld ist eine Zusatzleistung von 52 € zum normalen Arbeitsentgelt für jeden im Arbeitsbereich einer WfbM Beschäftigten, dessen Arbeitsentgelt mit dem Arbeitsförderungsgeld den Betrag von monatlich 351 € nicht erreicht (§ 59 SGB IX). Das Arbeitsentgelt und das Arbeitsförderungsgeld zusammen dürfen einen Betrag von 351 € nicht überschreiten.

(4) **Grundsicherung im Alter und bei Erwerbsminderung:** Menschen mit Behinderung, die in einer Werkstatt für behinderte Menschen (WfbM) beschäftigt sind, gelten regelmäßig als voll erwerbsgemindert und haben einen Anspruch auf Grundsicherung im Alter und bei Erwerbsminderung (vgl. §§ 41 ff. SGB XII), wenn sie das 18. Lebensjahr vollendet haben. Dies gilt auch für Menschen mit Behinderung, die eine Tagesförderstätte oder eine Fördergruppe einer WfbM besuchen.

(5) **Kranken- und Rentenversicherung:** Beschäftigte einer WfbM sind in der gesetzlichen Kranken-, Pflege- und Rentenversicherung ohne Rücksicht auf die Höhe des Lohnes pflichtversichert und erhalten die entsprechenden Leistungen.

Beschäftigte in einer WfbM erhalten nach 20-jähriger Tätigkeit in der Werkstatt eine Rente wegen voller Erwerbsminderung (§ 43 Abs. 6 SGB VI). Diese Rente liegt regelmäßig im Bereich von 750 €. Trotz des Bezuges der Erwerbsminderungsrente können Beschäftigte jedoch weiterhin in der WfbM arbeiten.

(6) **Fahrtkostenerstattung:** Die Fahrtkosten, die für die Fahrt zu der WfbM entstehen, in deren Einzugsbereich der Wohnort des Werkstattbeschäftigten liegt, werden im Rahmen der Eingliederungshilfe getragen. Sofern die Benutzung öffentlicher Verkehrsmittel nicht möglich oder zumutbar ist, werden die Vergütungen für die Beförderung mit einem anerkannten Fahrdienst übernommen.

Ist die Benutzung eines eigenen Kraftfahrzeuges oder des Kraftfahrzeuges von Angehörigen oder Bekannten (Nachbarschaftshilfe) ausnahmsweise notwendig, können auch die gefahrenen Kilometer vergütet werden.

(7) Mitwirkungsrechte der Beschäftigten: Die Beschäftigten haben gesetzlich vorgeschriebene Mitwirkungsrechte. In allen Werkstätten werden Werkstatträte gewählt, die die Interessen der Beschäftigten im Arbeitsbereich vertreten und mit der Leitung diskutieren. Auch die Anliegen der Teilnehmer im Eingangsverfahren sowie im Berufsbildungsbereich werden berücksichtigt. In der „Werkstätten-Mitwirkungsverordnung" sind Rechte und Pflichten des Werkstattrates, aber auch der Werkstattleitung geregelt. Im Einvernehmen mit dem Träger der Werkstatt kann ein Eltern- und Betreuerbeirat errichtet werden, der die Werkstatt und den Werkstattrat bei ihrer Arbeit berät und durch Vorschläge und Stellungnahmen unterstützt.

Durch das Bundesteilhabegesetz ist zum 1.1.2017 eine geänderte Werkstätten-Mitwirkungsverordnung in Kraft getreten. Es wurden Mitbestimmungsrechte des Werkstattrates, die Möglichkeit, auf externe Vertrauenspersonen zurückzugreifen und Frauenbeauftragte eingeführt (§ 222 SGB IX).

(8) Fachausschuss: Nach § 2 WVO (Werkstättenverordnung) ist in jeder WfbM ein Fachausschuss zu bilden. Mitglieder des Fachausschusses sind in gleicher Zahl jeweils Vertreter der Werkstatt, der Bundesagentur für Arbeit sowie des überörtlichen Trägers der Sozialhilfe. Vertreter anderer Rehabilitationsträger wie z. B. der Deutschen Rentenversicherung sind zu beteiligen, wenn deren Zuständigkeit zur Erbringung von Leistungen zur Teilhabe am Arbeitsleben und ergänzender Leistungen in Betracht kommt.

Bis zum Inkrafttreten des BTHG gab der Fachausschuss für jeden Werkstattbeschäftigten ein Votum darüber ab, ob er aufgenommen werden soll, ob und wie er im Berufsbildungsbereich gefördert werden soll, ob er anschließend in den Arbeitsbereich übernommen wird und in welchen Bereich. Ein Tätigwerden des Fachausschusses unterbleibt jedoch seit dem 1.1.2018, soweit ein Teilhabeplanverfahren nach den §§ 19 bis 23 SGB IX durchgeführt wird.

(9) Beendigung der Tätigkeit in der WfbM: Sofern der Beschäftigte die Voraussetzungen für die Tätigkeit in der WfbM erfüllt, also ein Mindestmaß an wirtschaftlich verwertbarer Arbeitsleistung ohne Selbst- oder Fremdgefährdung erbringt, dauert das Werkstattverhältnis bis zum Eintritt des Rentenalters. Auch wenn der Beschäftigte nach 20-jähriger Tätigkeit in der WfbM Rente wegen Erwerbsminderung bezieht, ist er weiter in der WfbM bis zum Eintritt der Altersrente beschäftigt (§ 43 Abs. 6 SGB VI).

dd) Förderstätte: Ist die Tätigkeit in der Werkstatt für Menschen mit Behinderung nicht möglich, bieten viele Werkstätten eine angeschlossene Fördergruppe oder Tagesförderstätte an (§ 219 Abs. 3 SGB IX). Menschen, die diese Gruppen besuchen, sind jedoch nicht als Arbeitnehmer sozialversichert. Es besteht kein Anspruch auf ein Entgelt, da eine Arbeitsleistung nicht erbracht wird, und kein Anspruch auf eine Rente wegen Erwerbsminderung.

Die Kosten für den Besuch einer Tagesförderstätte werden vom Träger der Eingliederungshilfe übernommen.

ee) Budget für Arbeit (§ 61 SGB IX): Ab 1.1.2018 ermöglicht das Budget für Arbeit eine Alternative zur Beschäftigung in einer Werkstatt für behinderte Menschen. Das „Budget für Arbeit" ist kein echtes Budget, also keine pauschalierte Geldleistung, sondern ebenso wie die „anderen Leistungsanbieter" gemäß § 60 SGB IX eine neue Leistungsart für Menschen mit Behinderung.

Anspruchsberechtigt sind nur diejenigen Menschen mit Behinderung, die einen Anspruch auf eine Beschäftigung in einer WfbM haben. Das Budget für Arbeit steht auch demjenigen offen, der zuvor noch nicht in einer WfbM beschäftigt war. Mit dem Budget für Arbeit soll Menschen mit Behinderung der Einstieg in den allgemeinen Arbeitsmarkt erleichtert werden.

Voraussetzung ist, dass dem Menschen mit Behinderung von einem privaten oder öffentlichen Arbeitgeber ein sozialversicherungspflichtiges Arbeitsverhältnis mit einer tarifvertraglichen oder ortsüblichen Entlohnung angeboten wird. Über das Budget für Arbeit erhalten sowohl der Arbeitgeber als auch der Beschäftigte selbst Leistungen. Arbeitgebern steht ein Lohnkostenzuschuss zum Ausgleich der Leistungsminderung des Beschäftigten zu. Der Lohnkostenzuschuss beträgt bis zu 75% des vom Arbeitgeber regelmäßig gezahlten Arbeitsentgelts. Der Beschäftigte hat Anspruch auf die erforderlichen Assistenzleistungen für die aufgrund seiner Behinderung erforderliche Anleitung und Begleitung am Arbeitsplatz.

ff) Beschäftigung bei anderen Leistungsanbietern (§ 60 SGB IX): Durch die Beschäftigung bei anderen Leistungsanbietern wurde ab dem 1.1.2018 eine Wahlmöglichkeit für die Menschen mit Behinderung geschaffen, die Anspruch auf Leistungen in einer WfbM haben. Es handelt es sich um eine Alternative zum Eingangsverfahren, zum Berufsbildungsbereich und zum Arbeitsbereich einer WfbM. Es wird auch die Möglichkeit eröffnet, einzelne Module (Leistungen zur beruflichen Bildung oder Leistungen zur Beschäftigung) bei unterschiedlichen Anbietern in Anspruch zu nehmen.

Für andere Leistungsanbieter gelten auch die Vorschriften für Werkstätten für behinderte Menschen. Damit soll sichergestellt werden, dass für Menschen mit Behinderung, die sich für eine Beschäftigung bei einem anderen Leistungsanbieter entscheiden, Leistungen zur Teilhabe am Arbeitsleben in einer gleichartigen Qualität zu einer Beschäftigung in einer WfbM erbracht werden. Allerdings sieht § 60 SGB IX wesentliche Ausnahmen von den Vorschriften für Werkstätten vor. So benötigen andere Leistungsanbieter keine förmliche Anerkennung. Sie müssen auch nicht über eine Mindestplatzzahl und die für die Erbringung der Leistungen in Werkstätten erforderliche räumliche und sächliche Ausstattung verfügen. Insbesondere sind sie auch nicht verpflichtet, Menschen mit Behinderungen aufzunehmen. Auch das Rentenprivileg gemäß § 43 Abs. 6 SGB VI (Anspruch auf EU-Rente nach 20-jähriger Tätigkeit in einer WfbM) gilt nicht.

Menschen mit Behinderung mit Anspruch auf Beschäftigung in einer WfbM, die aus einer WfbM auf den allgemeinen Arbeitsmarkt oder zu einem anderen Leistungsanbieter gewechselt sind oder mit Hilfe des Budgets für Arbeit am Arbeitsleben teilnehmen, haben jedoch einen Rückkehranspruch in eine WfbM (§ 220 Abs. 3 SGB IX).

gg) Arbeit bei Inklusionsbetrieben (§ 215 SGB IX): Inklusionsbetriebe (früher Integrationsprojekte genannt) dienen der Beschäftigung schwerbehinderter Menschen auf dem allgemeinen Arbeitsmarkt, deren sonstige Beschäftigung auf dem allgemeinen Arbeitsmarkt behinderungsbedingt auf besondere Schwierigkeiten stößt. Die Arbeit in Inklusionsbetrieben kann eine Alternative für Menschen mit Behinderung sein, die eine Tätigkeit auf dem allgemeinen Arbeitsmarkt überfordern würde, die für die Arbeit in einer WfbM aber überqualifiziert sind.

Die Arbeitsbedingungen sind denen in der freien Wirtschaft angeglichen. In Bezug auf Schnelligkeit und Qualität der Produkte sind sie auch konkurrenzfähig. Die Arbeitsabläufe und Rahmenbedingungen sind jedoch auf die spezifischen Anforderungen der behinderten Beschäftigten abgestimmt. Inklusionsbetriebe sind häufig in der Gastronomie, als Reinigungsdienste oder als allgemeine Service-Dienste tätig.

Inklusionsbetriebe müssen sich wirtschaftlich selbst tragen. Die staatlichen Förderungsmöglichkeiten beziehen sich lediglich auf den Ausgleich der jeweiligen Leistungseinschränkungen der Menschen mit Behinderung.

Ein Vorteil der Beschäftigung in einem Inklusionsbetrieb ist die volle tarifliche Entlohnung, die in keinem Verhältnis zum Arbeitsentgelt in einer WfbM steht. Darüber hinaus kann die Arbeit in einem Inklusionsbetrieb die Leistungsfähigkeit bestätigen und damit verbunden das Selbstbewusstsein stärken. Unter Umständen kann sie auch als Zwischenstation in ein Arbeitsverhältnis auf dem ersten Arbeitsmarkt dienen.

Allerdings ist festzustellen, dass die Anzahl der angebotenen Stellen die Nachfrage bei weitem nicht decken kann. Dies hat zur Folge, dass nur Menschen mit Behinderung, die besonders leistungsfähig sind, überhaupt eine realistische Chance auf Beschäftigung in einem Inklusionsbetrieb haben.

i) Hilfsmittel als Leistungen der Eingliederungshilfe. Hilfsmittel können nicht nur von der gesetzlichen Krankenversicherung nach § 33 SGB V beansprucht werden. Vielmehr kann nach der Rechtsprechung des Bundessozialgerichts auch ausnahmsweise der Sozialhilfeträger zur Ausstattung mit Hilfsmitteln als Leistungen der Eingliederungshilfe bzw. als Leistungen zur Teilhabe an der Gemeinschaft nach §§ 53 Abs. 1, 54 Abs. 1 S. 1 SGB XII verpflichtet sein. Das Hilfsmittel muss dann jedoch der gesamten Alltagsbewältigung und damit der sozialen Rehabilitation gemäß § 84 SGB IX dienen (vgl. hierzu die Ausführungen im 2. Kapitel unter B V 2 c dd, S. 126 f.).

4. Kostenbeiträge und Zuzahlungspflichten der Menschen mit Behinderung und ihrer Eltern bzw. der sonst unterhaltspflichtigen Personen für Leistungen der Sozialhilfe

Im Bereich der Sozialhilfe gilt der Grundsatz, dass nur die Menschen Anspruch auf Sozialhilfeleistungen haben, die nicht in der Lage sind, sich aus eigenen Kräften selbst zu helfen. Eigenes Einkommen und Vermögen ist größtenteils einzusetzen bzw. zu verbrauchen.

Durch das BTHG werden die Einkommens- und Vermögensfreibeträge stufenweise bis zum Jahr 2020 angehoben. Vor allem bei Bezug von Leistungen der Eingliederungshilfe ergeben sich dadurch deutliche Verbesserungen für den Hilfeempfänger.

Im Folgenden wird ausführlich dargestellt, welche Kostenbeiträge der Sozialhilfeträger von Menschen mit Behinderung selbst bzw. deren Eltern und sonstigen Angehörigen fordern kann. Ob und inwieweit ein Kostenbeitrag aus dem Einkommen und Vermögen zu bezahlen ist, richtet sich nach der jeweils beanspruchten Sozialleistung.

Grundsätzlich übernimmt der Sozialhilfeträger sämtliche Kosten, wenn der Mensch mit Behinderung kein einzusetzendes Einkommen und kein verwertbares Vermögen besitzt. Unter Umständen werden dann jedoch noch die unterhaltspflichtigen Angehörigen des Hilfeempfängers zu den Kosten herangezogen.

Unterhaltspflichtig können jedoch nur die Eltern oder der Ehegatte des Hilfeempfängers sein. Geschwister sind nicht unterhaltspflichtig und können daher auch nicht zu den Kosten herangezogen werden.

a) Verfahren zur Überprüfung der Kostenbeteiligung – Auskunftsersuchen. Nach der Antragstellung übersendet der Sozialhilfeträger dem Hilfeempfänger bzw. den Eltern einen Fragebogen zu den wirtschaftlichen Verhältnissen (Einkommens- und Vermögensverhältnissen), das sog. „Auskunftsersuchen". Anschließend wird der konkrete Kostenbeitrag aus dem Einkommen und dem Vermögen berechnet.

Im Auskunftsersuchen wird insbesondere gefragt, ob in den letzten zehn Jahren Schenkungen stattgefunden haben. Sollte dies der Fall sein, könnten diese Schenkungen zurückgefordert werden. Es macht daher keinen Sinn, kurze Zeit vor dem Bezug möglicher Sozialhilfeleistungen, sein Vermögen zu verschenken, um eigene Kostenbeiträge zu vermeiden.

Der Sozialhilfeträger hat weitreichende Auskunftsrechte. Neben dem Hilfeempfänger sind auch seine unterhaltspflichtigen Angehörigen, also in der Regel die Eltern und evtl. Kinder sowie nicht getrennt lebende Ehegatten oder Lebenspartner verpflichtet, umfassende Auskünfte über ihre Einkommens- und Vermögensverhältnisse zu geben. Dabei sind sie auch verpflichtet, auf Verlangen des Sozialhilfeträgers entsprechende Bankbestätigungen oder auch Kontoauszüge vorzulegen (§ 117 SGB XII).

Auch vom jeweiligen Arbeitgeber können die Sozialhilfeträger erforderlichenfalls Auskünfte über die Art und Dauer der Beschäftigung, die Arbeitsstätte und das Arbeitsentgelt verlangen. Bei Verdachtsmomenten können sie sogar direkt Auskünfte bei Banken und Versicherungen zu bestehenden Konten einfordern (§ 117 Abs. 3 SGB XII). Die Sozialhilfeträger haben zudem das Recht, einen automatisierten Datenabgleich mit anderen staatlichen Stellen durchzuführen (§ 118 SGB XII).

Werden falsche oder unvollständige Auskünfte erteilt, kann darin zumindest ein versuchter Sozialhilfebetrug gesehen werden. Betrugsversuche werden regelmäßig von den Sozialhilfeträgern an die zuständige Staatsanwaltschaft weitergegeben.

Hinweis:

Geben Sie bitte keine falschen Auskünfte! Denn nur dann können Sie mit reinem Gewissen mit dem Sozialhilfeträger um Ihre finanzielle Beteiligung streiten und feilschen.

b) Heranziehung des Hilfeempfängers aus Einkommen und Vermögen

aa) Bei Bezug von Grundsicherung im Alter und bei Erwerbsminderung: Vgl. hierzu 2. Kapitel B I 1 h, S. 39 ff.

bb) Bei ambulanten Maßnahmen der Eingliederungshilfe und der Hilfe zur Pflege: Zu den ambulanten Maßnahmen gehören z. B. Individualbegleitung im Kindergarten, Schulbegleitung, Freizeitassistenz, Pflegeassistenz und andere ambulante Unterstützungsleistungen.

Der Hilfeempfänger **muss** sich jedoch **nur** an den vom Sozialhilfeträger im Zusammenhang mit den nachstehenden Leistungen der Eingliederungshilfe gegebenenfalls mitübernommenen **Kosten des Lebensunterhaltes** beteiligen (§ 92 Abs. 2 SGB XII):

- bei heilpädagogischen Maßnahmen für Kinder, die noch nicht eingeschult sind,
- bei der Hilfe zu einer angemessenen Schulbildung einschließlich der Vorbereitung hierzu,
- bei der Hilfe, die dem behinderten noch nicht eingeschulten Menschen die für ihn erreichbare Teilnahme am Leben in der Gemeinschaft ermöglichen soll,
- bei der Hilfe zur schulischen Ausbildung für einen angemessenen Beruf oder zur Ausbildung für eine sonstige angemessene Tätigkeit, wenn die hierzu erforderlichen Leistungen in besonderen Einrichtungen für behinderte Menschen erbracht werden,
- bei Leistungen zur medizinischen Rehabilitation (§ 26 SGB IX),
- bei Leistungen zur Teilhabe am Arbeitsleben (§ 33 SGB IX).

Dabei sind die Kosten des in einer Einrichtung erbrachten Lebensunterhalts, beispielsweise bei Besuch eines Internates oder einer Heilpädagogischen Tagessstätte (HPT), nur in Höhe der für den häuslichen Lebensunterhalt ersparten Aufwendungen (häusliche Ersparnis) zu übernehmen (§ 92 Abs. 2 S. 3 SGB XII). Dies gilt nicht für den Zeitraum, in dem gleichzeitig mit den vorstehend aufgezählten Leistungen in einer stationären Einrichtung durchgeführte andere Leistungen überwiegen. Die häusliche Ersparnis errechnet sich aus dem verfügbaren Einkommen. Vermögen ist nicht zu berücksichtigen.

Ab dem 1.1.2020 wird die Regelung des § 92 Abs. 2 SGB XII ersetzt durch die weitgehend entsprechenden Regelungen des §§ 138 Abs. 1 und 142 Abs. 1 SGB IX.

Bei **anderen ambulanten Maßnahmen** der Eingliederungshilfe wie z. B. Freizeitassistenz oder anderen Assistenzleistungen, die nicht unter die vorgenannten Maßnahmen des § 92 Abs. 2 SGB XII fallen, gelten die vorstehenden Vergünstigungen nicht.

Diese Vergünstigungen gelten ebenfalls nicht für Leistungen, die der Sozialhilfeträger im Rahmen der Hilfe zur Pflege (§§ 61 ff. SGB XII) übernimmt. Der Hilfeempfänger muss in diesen Fällen daher unter Umständen sein Einkommen und Vermögen einsetzen.

Für die Heranziehung zu den entstehenden Kosten gelten die allgemeinen Einkommensgrenzen gemäß §§ 85 ff. SGB XII und die Vermögensgrenzen gemäß § 90 SGB XII, die ab 2020 jeweils neu geregelt werden (siehe hierzu nachfolgend Ziffer 4 d, e, f, S. 99 ff. und 4 g, S. 103 ff.).

Die vorgenannten Regelungen zur Kostenbeteiligung gelten entsprechend für Ehegatten bzw. Lebenspartner des Hilfeempfängers als Teil einer „Bedarfsgemeinschaft“ und solange der Hilfeempfänger noch minderjährig ist, auch für seine Eltern (§ 19 Abs. 3 SGB XII). Erst ab 2020 zählt aufgrund der Änderungen durch das BTHG das Einkommen und Vermögen der Ehegatten oder Lebenspartner bei der Bedarfsfeststellung nicht mehr mit.

cc) Bei stationären oder teilstationären Maßnahmen der Eingliederungshilfe:

(1) Bei Besuch einer Werkstatt für behinderte Menschen (WfbM) oder einer Förderstätte: Besucht der Mensch mit Behinderung eine WfbM oder eine Förderstätte, braucht er nicht aus seinem Vermögen zu den anfallenden Kosten beizutragen (§ 92 Abs. 2 S. 2 SGB XII). Erst wenn er ein monatliches Einkommen bezieht, das den zweifachen sozialhilferechtlichen Eckregelsatz (2 × 416 €) übersteigt, müsste er den übersteigenden Teil seines Einkommens für die Kosten des Lebensunterhalts in der WfbM oder Förderstätte (regelmäßig die Verpflegungskosten) einsetzen (§ 92 Abs. 2 S. 1 Nr. 7 und Nr. 8, Abs. 2 S. 4 SGB XII). Diese Regelungen gelten auch für eine Beschäftigung bei anderen Leistungsanbietern und für das Budget für Arbeit.

(2) Wohnen in einer Behinderteneinrichtung – Heimkosten: Die Gesamtkosten der Unterbringung in einer Behinderteneinrichtung setzen sich zusammen aus Leistungen zur Deckung des Lebensunterhaltes (sog. existenzsichernde Leistungen) und aus Leistungen der Eingliederungshilfe zur Deckung der übrigen in der Einrichtung anfallenden Kosten z. B. für Pflege und Betreuung (sog. Fachleistungen).

Für beide Leistungsarten gelten seit 2017 unterschiedliche Vermögensfreibeträge. Für Leistungen zur Deckung des Lebensunterhaltes wie Grundsicherung im Alter und bei Erwerbsminderung gilt ein geringer Vermögensfreibetrag von 5.000 €. Für Leistungen der Eingliederungshilfe gilt aufgrund der Änderungen durch das BTHG seit 1.1.2017 ein zusätzlicher Vermögensfreibetrag von 25.000 € und damit von insgesamt 30.000 €; ab 2020 sogar von insgesamt ca. 54.800 €.

Wenn der Bewohner Vermögen über dem Freibetrag von 5.000 € besitzt, hat er das übersteigende Vermögen für die Deckung seines Lebensunterhaltes in der Behinderteneinrichtung einzusetzen. Die Kosten des Lebensunterhaltes in einer Behinderteneinrichtung liegen im Bereich von 800 € bis 1.000 €. Liegt sein Vermögen über dem Freibetrag für Leistungen der Eingliederungshilfe von 30.000 €, hat er das übersteigende Vermögen voll für die Gesamtkosten der Einrichtung einzusetzen. Diese Kosten liegen häufig über einem Betrag von monatlich 4.000 € einschließlich der Kosten des Lebensunterhaltes in der Einrichtung.

Beispiel: Inwieweit ist ein Vermögen von 50.000 € bei Einzug in eine Behinderteneinrichtung aufzubrauchen?
Ein Mensch mit Behinderung zieht in eine Behinderteneinrichtung um. Es besitzt ein Vermögen in Höhe von 50.000 €. Dieses Vermögen hat er wie folgt aufzubrauchen:
Sein Vermögen übersteigt den Freibetrag für Leistungen der Eingliederungshilfe von aktuell 30.000 € um 20.000 €. Daher hat er bis zu einem Betrag von 20.000 € die monatlichen Gesamtkosten der Einrichtung von 4.000 € selbst zu tragen. Nach 5 Monaten hat sich sein Vermögen auf 30.000 € reduziert (5 × 4.000 €). Der Träger der Eingliederungshilfe übernimmt jetzt die Kosten der Eingliederungshilfe in der Einrichtung.
Das Vermögen des Bewohners von nur noch 30.000 € übersteigt den Freibetrag für Leistungen zur Deckung des Lebensunterhaltes (Grundsicherung) von 5.000 € um 25.000 €. Somit hat er noch bis zu einem Betrag von 25.000 € die monatlichen Kosten des Lebensunterhaltes in der

Einrichtung von angenommen 800 € selbst zu tragen. Nach 32 Monaten hat sich sein Vermögen auf 5.000 € reduziert (32 × 800 €). Jetzt übernimmt der Sozialhilfeträger die Kosten des Lebensunterhaltes in der Einrichtung.
Für den Bewohner verbleibt jetzt aber von seinem ursprüngliche Vermögen von 50.000 € nur noch ein Betrag von 5.000 €.
Daher sollte der Mensch mit Behinderung möglichst nicht mehr Vermögen als 5.000 € besitzen. Nur dieser Betrag wäre bei Einzug in eine Behinderteneinrichtung sozialhilferechtlich geschützt.

Der Bewohner hat neben seinem Vermögen auch sein Einkommen weitgehend für die Kosten der Behinderteneinrichtung einzusetzen.

So verbleibt ihm neben dem Freibetrag aus einem eventuellen Werkstatteinkommen nur noch ein monatliches Taschengeld (Barbetrag) von 112 € (bei Volljährigkeit) und ein monatlicher Zuschuss zu den Bekleidungskosten von 28,50 €.

Der Freibetrag aus einem Werkstatteinkommen beträgt 52 € (= 1/8 des Eckregelsatzes) zuzüglich 50% des diesen Betrag übersteigenden Entgelts (§ 88 Abs. 2 SGB XII).

Beispiel: Berechnung des Freibetrags aus dem Werkstattlohn:
Bereinigtes Arbeitseinkommen: 200 €
Das freizulassende Arbeitseinkommen beträgt 52 € (1/8 des Eckregelsatzes) zuzüglich 50% des übersteigenden Einkommens von 148 € = 74 €; somit verbleibt dem Beschäftigten aus dem Werkstatteinkommen ein Freibetrag von 126 €.
Einen Betrag von 74 € hat der Bewohner aus seinem Werkstattlohn für die Kosten der Einrichtung zu bezahlen.

dd) Kostenbeiträge für Teilhabeleistungen anderer Rehabilitationsträger: Für Teilhabeleistungen der Bundesagentur für Arbeit, der Krankenkassen und der Rentenversicherungsträger wird mit Ausnahme der unterhaltsichernden und ergänzenden Leistungen grundsätzlich kein Einsatz von Einkommen und Vermögen gefordert.

c) Kostenbeiträge der Eltern des Hilfeempfängers

aa) Für Leistungen der Grundsicherung im Alter und bei Erwerbsminderung: Vgl. hierzu 2. Kapitel B I 1 h cc, S. 40 f.

bb) Für ambulante Maßnahmen der Eingliederungshilfe und der Hilfe zur Pflege:

(1) **Eltern volljähriger Kinder:** Die Eltern eines volljährigen Kindes mit Behinderung müssen sich nur mit höchstens monatlich 32,75 € (§ 94 Abs. 2 SGB XII) an den Kosten der Eingliederungshilfe oder Hilfe zur Pflege beteiligen, unabhängig von ihrer Einkommens- und Vermögenssituation.

(2) **Eltern minderjähriger Kinder:** Die Eltern eines minderjährigen Kindes müssen sich nur an den vom Sozialhilfeträger übernommenen Kosten des Lebensunterhaltes beteiligen, soweit es sich um Leistungen der Eingliederungshilfe handelt, die in § 92 Abs. 2 SGB XII aufgezählt sind (vgl. hierzu die entsprechenden Ausführungen unter vorstehend Ziffer 4 b bb, S. 94). Für andere ambulante Maßnahmen gelten jedoch die strengen allgemeinen Einkommens- und Vermögensgrenzen gemäß § 85 SGB XII.

cc) Für stationäre oder teilstationäre Maßnahmen der Eingliederungshilfe:

(1) **Eltern volljähriger Kinder:** Zu den Kosten einer WfbM oder Förderstätte werden Eltern **nicht** herangezogen. Solange volljährige Kinder also noch zu Hause leben und tagsüber eine WfbM oder Förderstätte besuchen, brauchen die Eltern überhaupt keinen Kostenbeitrag zu bezahlen. Dies gilt auch für eine Beschäftigung bei anderen Leistungsanbietern und für das Budget für Arbeit.

An den Heimkosten müssen sich die Eltern eines volljährigen Kindes mit höchstens monatlich 57,95 € beteiligen, unabhängig von ihrer Einkommens- und Vermögenssituation (§ 94 Abs. 2 SGB XII). Das Auskunftsersuchen des Sozialhilfeträgers entfällt, wenn Eltern diesen Pauschalbetrag bezahlen. In dem Pauschalsatz von 57,95 € sind 25,20 € für den erbrachten Lebensunterhalt und 32,75 € für die geleistete Eingliederungshilfe enthalten. Sofern das Kind grundsätzlich Anspruch auf Leistungen der Grundsicherung hätte, da die Einkommen der Eltern nicht über der Grenze von jährlich brutto 100.000 € liegen, bräuchten die Eltern den Kostenbeitrag von 25,20 € nicht zu bezahlen. Es wäre dann nur der Kostenbeitrag von 32,75 € zu zahlen. Dies ist aber noch nicht gerichtlich geklärt und wird von den Kostenträgern häufig nicht akzeptiert.

In Härtefällen können sich Eltern auf Antrag auch von dem Kostenbeitrag befreien lassen. Hierzu müssen sie jedoch ihre finanziellen Verhältnisse komplett offenlegen. Zudem besteht das Risiko, dass den Eltern bei einer Befreiung das Kindergeld mit der Begründung gestrichen wird, sie hätten für ihr Kind keine Aufwendungen mehr. Eine Befreiung kommt vor allem dann in Betracht, wenn das Einkommen der Eltern ihre unterhaltsrechtlichen Selbstbehalte unterschreitet oder die Eltern selbst Sozialhilfeleistungen beziehen.

(2) **Eltern minderjähriger Kinder:** An den Kosten des Lebensunterhaltes, die in einer stationären Einrichtung wie einem Internat oder im Rahmen teilstationärer Maßnahmen anfallen, müssen sich auch die Eltern regelmäßig nur in Höhe der sog. „häuslichen Ersparnis" ohne Berücksichtigung von vorhandenem Vermögen beteiligen (§ 92 Abs. 2 S. 3 SGB XII), vorausgesetzt die Maßnahme dient einem der in § 92 Abs. 2 S. 1 SGB XII genannten Zwecke wie z. B. der Schulbildung.

Der Kostenbeitrag wird für jeden Einzelfall anhand der konkreten Einkommenssituation der Familie errechnet. Der Höchstbetrag beläuft sich auf 150% des jeweils maßgeblichen Regelsatzes. Bei einem Kind bis zur Vollendung des 6. Lebensjahres beträgt der Regelsatz 240 €, vom 6. Lebensjahr bis zur Vollendung des 14. Lebensjahres beträgt der Regelsatz 296 € und ab dem 14. Lebensjahr bis zur Volljährigkeit 316 €.

Es ist zu beobachten, dass die Berechnung der häuslichen Ersparnis bisweilen zu Ungunsten der Eltern erfolgt. Häufig erteilen Eltern auch aus Unwissenheit unvollständige Auskünfte zu ihrem maßgeblichen Familieneinkommen, was dazu führen kann, dass der Kostenbeitrag zu hoch veranschlagt wird. Betroffenen Eltern kann daher nur dringend empfohlen werden, Bescheide zur Festsetzung der häuslichen Ersparnis genau zu überprüfen und sich die detaillierte Berechnung ihres Kostenbeitrages vorlegen zu lassen.

d) Allgemeine Einkommensgrenze nach § 85 SGB XII. Die allgemeine Einkommensgrenze nach § 85 SGB XII errechnet sich aus:

- einem Grundbetrag von 832 € (zweifacher Eckregelsatzes, 2 × 416 €),
- den Kosten der Unterkunft, soweit die Aufwendungen hierfür den der Besonderheit des Einzelfalles angemessenen Umfang nicht übersteigen und
- einem Familienzuschlag von 292 € (des auf volle Euro aufgerundeten Betrages von 70% des Eckregelsatzes) für den nicht getrennt lebenden Ehegatten oder Lebenspartner und für jede Person, die von der nachfragenden Person oder ihrem nicht getrennt lebenden Ehegatten bzw. Lebenspartner überwiegend unterhalten worden ist.

Ist der Hilfeempfänger minderjährig und unverheiratet, so zählt sein monatliches Einkommen und das seiner Eltern zusammen. Die Einkommensgrenze berechnet sich dann entsprechend aus:

- einem Grundbetrag von 832 € (zweifacher Eckregelsatzes, 2 × 416 €),
- den Kosten der Unterkunft, soweit die Aufwendungen hierfür den der Besonderheit des Einzelfalles angemessenen Umfang nicht übersteigen und
- einem Familienzuschlag von 292 € (des auf volle Euro aufgerundeten Betrages von 70% des Eckregelsatzes) für einen Elternteil, wenn die Eltern zusammenleben, sowie für die nachfragende Person und für jede Person, die von den Eltern oder der nachfragenden Person überwiegend unterhalten worden ist.

Soweit das Einkommen des behinderten Menschen bzw. das Einkommen seiner Eltern diese Einkommensgrenze übersteigt, ist es in angemessenem Umfang zur Finanzierung der Eingliederungshilfeleistung einzusetzen. Als angemessen gilt in der Regel ein Betrag in Höhe von 70% bis 80% des die Einkommensgrenze übersteigenden Betrages. Schwerstpflegebedürftige Hilfeempfänger (mit Pflegegrad 4 oder 5) haben nur einen Kostenbeitrag in Höhe von 40% des die Einkommensgrenze übersteigenden Einkommens zu tragen (§ 87 Abs. 1 S. 3 SGB XII).

e) Ermittlung des anzurechnenden Einkommens. Die Bestimmung des anzurechnenden Einkommens erfolgt nach den Regelungen der §§ 82 ff. SGB XII.

Zum Einkommen gehören grundsätzlich alle Einkünfte des Leistungsberechtigten sowie auch die Einkünfte eines Ehe- oder Lebenspartners. Von den Gesamteinkünften sind abzusetzen (§ 82 Abs. 2 Satz 1 SGB XII):

- auf das Einkommen gezahlte Steuern,
- Pflichtbeiträge zur Sozialversicherung einschließlich der Beiträge zur Arbeitsförderung,
- Beiträge zu öffentlichen oder privaten Versicherungen oder ähnlichen Einrichtungen, soweit diese Beiträge gesetzlich vorgeschrieben oder nach Grund und Höhe angemessen sind, sowie geförderte Altersvorsorgebeiträge nach § 82 des Einkommensteuergesetzes (z. B. „Riesterrente"), soweit sie den Mindesteigenbeitrag nach § 86 des Einkommensteuergesetzes nicht überschreiten, und
- weitere Belastungen, insbesondere mit der Erzielung des Einkommens verbundene notwendige Ausgaben, Schuldverpflichtungen, Versicherungsbeiträge für Haftpflichtversicherungen etc. Als Aufwendungen für Arbeitsmittel kann ein monatlicher Pauschbetrag von 5,20 € berücksichtigt werden, wenn nicht im Einzelfall höhere Aufwendungen nachgewiesen werden (vgl. § 3 Abs. 5 der Verordnung zur Durchführung des § 82 SGB XII).

Bei Personen, die Einkünfte aus einer ehrenamtlichen Tätigkeit erzielen, bleibt abweichend davon ein Freibetrag bis zur Höhe von 200 € anrechnungsfrei (§ 82 Abs. 2 Satz 2 SGB XII).

Nicht zum Einkommen zählen z. B. das Pflegegeld und das Blindengeld.

Für Personen, die Leistungen der Hilfe zur Pflege erhalten, ist ein Betrag in Höhe von 40% des Einkommens aus selbständiger und nichtselbständiger Tätigkeit abzusetzen, höchstens jedoch 65% der Regelbedarfsstufe 1 und damit 270,40 € (§ 82 Abs. 3a SGB XII). Für Personen, die Leistungen der Eingliederungshilfe für Menschen mit Behinderung erhalten, gilt dieser Freibetrag bis zum 31.12.2019 entsprechend (§ 82 Abs. 6 SGB XII). Dieser zusätzliche Freibetrag gilt jedoch nicht für Bewohner vollstationärer Einrichtungen.

Änderungen zum 1.1.2020:

Beim Arbeitseinkommen wird ab dem Jahr 2020 ein vom Gesamtbruttoeinkommen des Leistungsbeziehers der Eingliederungshilfe abhängiger Eigenbeitrag, ohne Berücksichtigung von anfallenden Unterkunftskosten festgelegt. Von allen Einkünften von nicht selbständig Beschäftigten, die ca. 31.000 € Bruttoeinkommen (die genaue Einkommensgrenze beträgt 85% der jährlichen Bezugsgröße gemäß § 18 Abs. 1 SGB VI, aktuell 36.540 €) im Jahr übersteigen, werden monatlich 2% des Jahresbruttoeinkommens als Einkommensbeitrag gefordert bzw. angerechnet (§ 136 SGB IX). Das Einkommen eines Ehegatten oder Lebenspartners wird nicht mehr eingerechnet.

Diese Regelungen sind regelmäßig günstiger als die bisherigen Regelungen nach §§ 82 ff. SGB XII.

Die günstigeren Vorschriften der Eingliederungshilfe gelten auch dann, wenn zugleich Hilfe zur Pflege nach dem SGB XII benötigt wird, sofern ein Anspruch auf Eingliederungshilfe vor dem Erreichen der Regelaltersgrenze besteht (§ 103 Abs. 1 und Abs. 2 SGB IX).

f) Berechnungsbeispiele Kostenbeitrag aus Einkommen

aa) Beispielsberechnung für eine alleinstehende Person mit Bezug von Eingliederungshilfe und/oder Hilfe zur Pflege; gilt bis 31.12. 2019, bei alleinigem Bezug von Hilfe zur Pflege jedoch auch über den 1.1.2020 hinaus:

Beispiel 1: Hilfeempfänger Gehalt (netto): 2.000 €; Miete: 600 €
Ermittlung der Einkommensfreigrenze:
832,00 € (zweifacher Regelsatz Stufe 1)
+ 600,00 € (Kosten der Unterkunft)
+ 270,40 € (Freibetrag gemäß § 82 Abs. 3a SGB XII)
Einkommensgrenze: 1.702,40 €
Einkommensgrenze übersteigendes Einkommen:
(2.000 € – 1.702,40 € =) 297,60 €
Kostenbeitrag falls Pflegegrad 4 oder 5: 40%
40% aus 297,60 € = € 119,04 €
Kostenbeitrag falls Pflegegrad 3 oder geringer: 80%
80% aus 297,60 € = 238,08 €

bb) Beispielsberechnung für eine alleinstehende Person mit Bezug von Eingliederungshilfe und gleichzeitig Bezug von Hilfe zur Pflege; gilt ab 1.1.2020:

Beispiel 2: Hilfeempfänger Gehalt (netto 2.000 €) brutto 2.700 €, jährlich brutto 32.400 €
Freibetrag 31.059 € (85% der jährlichen Bezugsgröße, aktuell 36.540 €)
den Freibetrag übersteigendes Einkommen: 1.341 €
(= 32.400 € – 31.059 €)
Eigenbeitrag monatlich: 2% aus 1.341 €
= monatlich 26,82 €

Bei Ehegatten und mit unterhaltsberechtigten Kindern erhöhen sich die Freibeträge.

Aufgrund der Neuregelungen ab 1.1.2020 wird regelmäßig ein erheblich geringerer Kostenbeitrag aus dem vorhandenen Einkommen gefordert.

g) „Schonvermögen". Neben den Einkünften ist grundsätzlich auch das vorhandene und verwertbare Vermögen aufzubrauchen, bevor Sozialhilfeleistungen beansprucht werden können. Zusätzlich zu den Vermögensfreibeträgen gibt es bestimmte sozialhilferechtlich geschützte Vermögensgegenstände (gemäß § 90 SGB XII). Zum ausnahmsweise geschützten (d. h. nicht einzusetzenden) Vermögen zählen danach im Wesentlichen:

- Mittel zur baldigen Beschaffung oder Erhaltung eines Hausgrundstück s, das Wohnzwecken behinderter oder pflegebedürftiger Menschen dienen soll,
- angemessener Hausrat,
- für die Berufstätigkeit oder Erwerbstätigkeit unentbehrliche Gegenstände,
- Familien- und Erbstücke, wenn die Veräußerung eine besondere Härte bedeuten würde,
- Gegenstände zur Befriedigung geistiger, insbesondere wissenschaftlicher oder künstlerischer Bedürfnisse, deren Besitz kein Luxus ist,

- ein angemessenes selbstgenutztes Hausgrundstück bzw. eine Eigentumswohnung,
- kleinere Barbeträge oder sonstige Geldbeträge, regelmäßig 5.000 € (für Ehegatten zusätzlich 5.000 €).

Weiter ist Vermögen geschützt, wenn sein Einsatz für den Hilfeempfänger und für seine unterhaltsberechtigten Angehörigen eine Härte bedeuten würde. Dies ist insbesondere der Fall, soweit eine angemessene Lebensführung oder die Aufrechterhaltung einer angemessenen Alterssicherung wesentlich erschwert würde. Auch Schmerzensgeld gilt nach der Rechtsprechung als geschütztes Vermögen.

Bei Bezug von Leistungen der Eingliederungshilfe und Leistungen der Hilfe zur Pflege gelten zusätzlich zu dem geschützten Barbetrag von 5.000 € ab dem 1.1.2017 weitere Vermögensfreibeträge. Zum 1.1.2020 erhöhen sich diese Freibeträge noch einmal.

Übersicht Vermögensfreibeträge ab 1.1.2017 bis 31.12.2019:

Bei Bezug von Leistungen der Grundsicherung im Alter und bei Erwerbsminderung und Leistungen der Hilfe zum Lebensunterhalt gilt ab dem 1.4.2017 ein Vermögensfreibetrag von 5.000 € (bis 31.3. 2017: 2.600 €). Die Erhöhung dieses Vermögensfreibetrages ist vor allem für Menschen mit Behinderung wichtig, die neben Leistungen der Eingliederungshilfe auch Hilfe zum Lebensunterhalt bzw. Grundsicherung beziehen, weil sie selbst kein ausreichendes Einkommen haben. Denn diese Menschen profitieren nicht von den höheren Vermögensfreibeträgen in der Eingliederungshilfe gemäß § 60a SGB XII.

Bei Bezug von Leistungen der Eingliederungshilfe gilt gemäß § 60a SGB XII zusätzlich zu den 5.000 € ein weiterer Vermögensfreibetrag von 25.000 € und damit insgesamt ein Vermögensfreibetrag von 30.000 € (bis 2016: 2.600 €).

Bei Bezug von Leistungen der Hilfe zur Pflege ist gemäß § 66a SGB XII zusätzlich zu den 5.000 € ein überwiegend aus selbständiger oder nichtselbständiger Erwerbstätigkeit der leistungsberechtigten Person während des Leistungsbezugs angespartes Vermögen von 25.000 € geschützt (bis 2016: 2.600 €).

Übersicht Vermögensfreibeträge ab 1.1.2020:

Bei Bezug von Leistungen der Grundsicherung im Alter und bei Erwerbsminderung und Leistungen der Hilfe zum Lebensunterhalt gilt ab 1.1.2020 weiterhin ein Vermögensfreibetrag von 5.000 €.

Bei Bezug von Leistungen der Eingliederungshilfe und gleichzeitigem Bezug von Leistungen der Hilfe zur Pflege (§ 103 SGB IX) gilt ein Vermögensfreibetrag in Höhe von150% der jährlichen Bezugsgröße gemäß § 18 Abs. 1 SGB VI (§ 139 SGB IX) und damit von ca. 54.800 €. Voraussetzung ist, dass vor Vollendung der Regelaltersgrenze Leistungen der Eingliederungshilfe bezogen wurden. Damit profitieren insbesondere auch Menschen, deren Unterstützungsbedarf mit persönlicher Assistenz nicht nur in Form von Eingliederungshilfe, sondern auch in Form von Hilfe zur Pflege (sog. „Pflegeassistenz") gedeckt wird, von den höheren Freibeträgen. Das Vermögen eines Ehegatten oder Lebenspartners bleibt unberücksichtigt.

Bei Bezug nur von Leistungen der Hilfe zur Pflege (ohne gleichzeitigem Bezug von Leistungen der Eingliederungshilfe) ist gemäß § 66a SGB XII weiterhin zusätzlich zu den 5.000 € nur ein überwiegend aus selbständiger oder nichtselbständiger Erwerbstätigkeit der leistungsberechtigten Person während des Leistungsbezugs angespartes Vermögen von 25.000 € geschützt. Bei der Gewährung von ausschließlich Hilfe zur Pflege z. B. für Bewohner von Alten- und Pflegeheimen gilt damit weiterhin, dass Einkommen und Vermögen weitgehend einzusetzen sind.

h) Kostenersatz durch die Erben des Hilfeempfängers für dessen Sozialhilfeleistungen, § 102 SGB XII. Der Gesetzgeber hat einzelne Vermögensgegenstände des Hilfeempfängers gemäß § 90 SGB XII als sozialhilferechtlich geschütztes Schonvermögen bestimmt. Im Falle des Todes des Hilfeempfängers entfällt jedoch dieser Schutz, so dass der Sozialhilfeträger gemäß § 102 SGB XII unter bestimmten Voraussetzungen für die von ihm getragenen Kosten der Sozialhilfe auf den Nachlass des Hilfeempfängers zugreifen kann.

Der Erbe ist zum Ersatz der Kosten der Sozialhilfe verpflichtet, die innerhalb eines Zeitraumes von zehn Jahren vor dem Erbfall aufgewendet worden sind. Der Erbe haftet jedoch nur mit dem Wert des im Zeitpunkt des Erbfalles vorhandenen Nachlasses, nicht jedoch mit seinem eigenen Vermögen. Der Kostenersatz gilt gemäß § 102 Abs. 5 SGB XII nicht für Leistungen der Grundsicherung im Alter und bei Erwerbsminderung.

Der Anspruch auf Kostenersatz entfällt, wenn:

- der Wert des Nachlasses unter dem Dreifachen des Grundbetrages nach § 85 Abs. 1 SGB XII, derzeit 2.496 €, liegt,
- der Wert des Nachlasses unter dem Betrag von 15.340 € liegt, wenn der Erbe der Ehegatte oder Lebenspartner der leistungsberechtigten Person oder mit dieser verwandt ist und nicht nur vorübergehend bis zum Tod der leistungsberechtigten Person mit dieser in häuslicher Gemeinschaft gelebt und sie gepflegt hat,
- soweit die Inanspruchnahme des Erben nach der Besonderheit des Einzelfalles eine besondere Härte bedeuten würde.

Der Anspruch auf den Kostenersatz erlischt zudem innerhalb einer Frist von drei Jahren nach dem Tod der leistungsberechtigten Person, wenn der Sozialhilfeträger den Ersatzanspruch nicht geltend macht.

Der Kostenersatzanspruch wirkt sich wie folgt aus, wenn der Hilfeempfänger eine selbstbewohnte Eigentumswohnung besitzt:

Solange der Hilfeempfänger in seiner Eigentumswohnung lebt und Sozialhilfe bezieht, ist seine Eigentumswohnung als sog. selbstgenutzte Immobilie geschützt. Verstirbt der Hilfeempfänger kann der Sozialhilfeträger jedoch von dessen Erben Kostenersatz annähernd bis zur Höhe des Immobilienwertes bzw. des Nachlasswertes verlangen.

Ein Kostenersatz kommt allerdings dann nicht in Betracht, wenn der Hilfeempfänger die Eigentumswohnung selbst über ein sog. „Behindertentestament“ (vgl. hierzu 4. Kapitel B, S. 285 ff.) als Vorerbe erbte. In diesem Fall würde die Eigentumswohnung beim Versterben des Hilfeempfängers direkt an die testamentarisch bestimmten Nacherben vererbt, ohne dass die Eigentumswohnung überhaupt in seinen Nachlass fällt. Damit könnte der Anspruch des Sozialhilfeträgers nach § 102 SGB XII auf Kostenersatz insoweit nicht greifen.

Hinweis:

Obwohl sich ein Beschäftigter einer WfbM zu Lebzeiten aus seinem Vermögen nicht an den Werkstattkosten beteiligen muss (vgl. vorstehend Ziffer 3 b Punkt cc), besitzt der Sozialhilfeträger bei dessen Tod einen Anspruch gegen den Erben auf Ersatz der in den letzten zehn Jahren getragenen Werkstattkosten. Da zum 1.1.2020 die Eingliederungshilfe keine Sozialhilfeleistung mehr sein wird, dürfte allerdings der Kostenersatz nach § 102 SGB XII betreffend die seit diesem Zeitpunkt vom Träger der Eingliederungshilfe übernommenen Werkstattkosten nicht mehr in Betracht kommen.

i) Fallbeispiel

Beispiel: Unser schwer mehrfachbehinderter Sohn Manfred (15 Jahre) lebt zurzeit noch bei uns zu Hause, soll jedoch ab dem kommenden Jahr in einem Internat untergebracht werden. Wir haben ein Einfamilienhaus und etwas Barvermögen. Wir sind nun sehr verunsichert, welche Kosten auf uns zukommen. Wie werden die Kostenbeiträge berechnet? Wird dabei auch unser Vermögen berücksichtigt? Wir haben gehört, dass sich ab Eintritt der Volljährigkeit die Kostenbeiträge verändern.

Wenn Ihr Sohn ein Internat als Hilfe zur Schulbildung gemäß § 92 Abs. 2 Satz 1 Nr. 2 SGB XII besucht, richtet sich Ihr Kostenbeitrag nach der sog. häuslichen Ersparnis. Die Höhe der häuslichen Ersparnis wird auf der Grundlage Ihrer Einkommensverhältnisse errechnet. Maximal könnte sich ein Kostenbeitrag von 474 € (150% aus 316 €, Regelsatz eines 15-Jährigen) ergeben. Vermögen ist nicht einzusetzen.

Sobald Ihr Sohn das 18. Lebensjahr vollendet hat und weiterhin das Internat besucht oder auch, wenn er anschließend in eine Wohneinrichtung wechselt, müssten Sie jedoch nur noch einen monatlichen Kostenbeitrag in Höhe von maximal 57,95 € bezahlen. Ihr Sohn selbst hätte sich jedoch für die Internatskosten weiterhin in Höhe der häuslichen Ersparnis aus seinem eigenem Einkommen, vorausgesetzt er hätte überhaupt Einkommen, zu beteiligen. Wenn er später in einer Wohneinrichtung leben würde, hätte er praktisch sein gesamtes Einkommen bis auf geringe Freibeträge sowie sein Vermögen bis auf den niedrigen Vermögensfreibetrag in Höhe von 5.000 € für die Kosten des Lebensunterhaltes in der Wohneinrichtung einzusetzen. Wenn er Vermögen über 30.000 € haben sollte (ab 2020 über ca. 54.800 €), hätte er das übersteigende Vermögen auch für Leistungen der Eingliederungshilfe in der Wohneinrichtung einzusetzen. Ihr Sohn sollte daher möglichst kein Vermögen über dem bei Bezug von Leistungen zum Lebensunterhalt geltenden (niedrigen) Vermögensfreibetrag von 5.000 € besitzen.

5. Eingliederungshilfe für seelisch behinderte Kinder und Jugendliche (§ 35a SGB VIII)

a) Mögliche Hilfearten. Kinder oder Jugendliche haben Anspruch auf Eingliederungshilfe nach dem SGB VIII, wenn sie seelisch behindert oder von einer seelischen Behinderung bedroht sind. Die Eingliederungshilfe wird nach Bedarf im Einzelfall in ambulanter Form, in Tageseinrichtungen für Kinder oder in anderen teilstationären Einrichtungen, durch geeignete Pflegepersonen und in Einrichtungen über Tag und Nacht sowie sonstigen Wohnformen geleistet (§ 35a SGB VIII).

Grundlage der Hilfegewährung ist die individuelle Einschränkung der Anpassungsmöglichkeiten des Kindes im Bereich des gesellschaftlichen Zusammenlebens. Nach § 41 SGB VIII haben auch junge Volljährige Anspruch auf Hilfe und Nachbetreuung, meist bis zur Beendigung des 21. Lebensjahres.

Leistungen der Eingliederungshilfe (für seelische behinderte Kinder und Jugendliche) nach dem SGB VIII und (für geistig und mehrfachbehinderte Kinder) nach dem SGB XII unterscheiden sich nicht. Es sind nur unterschiedliche Stellen, das Jugendamt oder der Träger der Eingliederungshilfe, zuständig.

Zu beachten ist aber: Bei Streitigkeiten sind nicht die Sozialgerichte, sondern die Verwaltungsgerichte zuständig.

b) Seelische Behinderung – Abgrenzung zu einer geistigen Behinderung. Sofern es sich um seelisch behinderte Kinder (häufig Kinder mit Autismus, einer Lernbehinderung oder Aufmerksamkeitsstörung) handelt, ist das örtliche Jugendamt gemäß § 35a SGB VIII für Maßnahmen der Eingliederungshilfe zuständig. Für Menschen, die körperlich oder geistig behindert oder von einer solchen Behinderung bedroht sind, sind jedoch die entsprechenden Sozialhilfeträger nach dem SGB XII zuständig.

Für die Abgrenzung einer seelischen Behinderung von einer geistigen Behinderung stellt die Behördenpraxis in der Regel auf den IQ der betreffenden Person ab. Ab einem IQ von 70 wird eine seelische Behinderung angenommen mit der Folge, dass das Jugendamt zuständig wird.

Zuständigkeitsstreitigkeiten ergeben sich vor allem dann, wenn kein eindeutiger IQ-Wert festgestellt werden kann, was häufig bei Menschen mit Autismus eintreten kann. In diesen Fällen kann die Zuständigkeitsregelung des § 14 SGB IX weiterhelfen. Danach ist derjenige Kostenträger zuständig geworden, bei dem zuerst der Antrag gestellt wurde, wenn er den Antrag nicht innerhalb einer Frist von zwei Wochen an einen anderen Kostenträger weitergeleitet hat. Erfolgte die Weiterleitung jedoch innerhalb der Frist von zwei Wochen, ist der andere Kostenträger regelmäßig endgültig zuständig geworden.

c) Kostenbeitrag des Kindes und der Eltern für Hilfen zur Erziehung und Eingliederungshilfe (§§ 91 Abs. 1 Nr. 4 und Nr. 5 SGB VIII). Grundsätzlich übernimmt das Jugendamt die Kosten von Maßnahmen der Kinder- und Jugendhilfe, wenn der Jugendliche oder junge Erwachsene kein einzusetzendes Einkommen und Vermögen besitzt. Die Eltern werden darüber hinaus entsprechend ihren Einkommensverhältnissen zu den Kosten herangezogen. Die geforderten Kostenbeiträge dürfen jedoch die tatsächlichen Aufwendungen des Jugendamtes nicht überschreiten. Im Einzelnen:

Der Hilfeempfänger und seine Eltern werden mit einem Kostenbeitrag aus Einkommen und Vermögen zu stationären und teilstationären Leistungen der Kinder- und Jugendhilfe herangezogen. Zu den stationären Leistungen, für die ein Kostenbeitrag erhoben wird, gehört die Eingliederungshilfe für seelisch behinderte Kinder und Jugendliche in Einrichtungen über Tag und Nacht, sonstigen Wohnformen und durch geeignete Pflegepersonen (§ 35a Abs. 2 Nr. 3 und 4 SGB VIII).

Zu den teilstationären Leistungen, für die ein Kostenbeitrag gefordert wird, gehört die Eingliederungshilfe für seelisch behinderte Kinder und Jugendliche in Tageseinrichtungen und anderen teilstationären Einrichtungen (§ 35a Abs. 2 Nr. 2 SGB VIII).

Für **ambulant** erbrachte Leistungen der Kinder- und Jugendhilfe ist **kein** Kostenbeitrag zu bezahlen.

aa) Heranziehung des Hilfeempfängers: Hilfeempfänger haben bei vollstationären Leistungen ihr Nettoeinkommen mit Ausnahme eines pauschalen Abzugs in Höhe von 25% des Nettoeinkommens als Kostenbeitrag einzusetzen (§ 94 Abs. 6 SGB VIII). Es kann ein geringerer Kostenbeitrag erhoben oder gänzlich von der Erhebung des Kostenbeitrags abgesehen werden, wenn das Einkommen aus einer Tätigkeit stammt, die dem Zweck der Leistung dient. Dies gilt insbesondere, wenn es sich um eine Tätigkeit im sozialen oder kulturellen Bereich handelt, bei der nicht die Erwerbstätigkeit, sondern das soziale oder kulturelle Engagement im Vordergrund steht.

Minderjährige Hilfeempfänger haben ihr Vermögen nicht einzusetzen. Dagegen wird von volljährigen Hilfeempfängern nach den Regeln der §§ 90, 91 SGB XII der Vermögenseinsatz verlangt (§ 92 Abs. 1a SGB VIII). Beim Vermögenseinsatz ist besonders vom Jugendamt zu prüfen, ob mit der Heranziehung Sinn und Zweck der Maßnahme gefährdet wird und ob eine besondere Härte vorliegt.

bb) Heranziehung der Eltern des Hilfeempfängers: Die Eltern und Ehegatten bzw. Lebenspartner des Hilfeempfängers werden ausschließlich aus ihrem Einkommen zu den Kosten herangezogen. Das Vermögen bleibt unberücksichtigt.

Die Heranziehung erfolgt durch Erhebung eines Kostenbeitrages, der durch Bescheid festgesetzt wird. Elternteile werden getrennt entsprechend ihrer jeweiligen finanziellen Verhältnisse herangezogen.

Die Höhe der Heranziehung der Eltern, Ehegatten und Lebenspartner richtet sich nach der Kostenbeitragsverordnung, die nach Einkommensgruppen gestaffelte Pauschalbeträge für die Festsetzung der Kostenbeiträge bestimmt (§ 94 Abs. 5 SGB VIII). Das für die Einstufung in die Einkommensgruppen maßgebliche Einkommen ergibt sich vereinfacht dargestellt aus dem Nettoeinkommen abzüglich eines pauschalen Abschlages in Höhe von 25% (§ 93 Abs. 3 SGB VIII). Kindergeld zählt nicht mehr zum Einkommen.

Durch das Kinder- und Jugendhilfeverwaltungsvereinfachungsgesetz wurden zum 1.1.2014 die Vorschriften zur Kostenbeteiligung und insbesondere auch die Kostenbeitragsverordnung geändert. Niedere Einkommensgruppen sollen hierdurch entlastet werden.

(1) **Einkommenseinsatz bei stationären Leistungen:** Werden vollstationäre Leistungen erbracht und bezieht einer der Elternteile Kindergeld, so hat dieser unabhängig von und zusätzlich zu einem Kostenbeitrag aus dem Einkommen jedenfalls das Kindergeld an das Jugendamt zu zahlen (§ 94 Abs. 3 SGB VIII).

Der Kostenbeitrag aus dem Einkommen kann bei sehr guten Einkommensverhältnissen bis zu 25% des maßgeblichen Einkommens betragen.

Beispiele zum Kostenbeitrag aus dem Einkommen:

- Bei einem monatlichen bereinigten Einkommen (§ 93 SGB VIII) von 1.801,00 € bis 2.000,99 € (Einkommensgruppe 7) wird ein Kostenbeitrag von 342 € gefordert.
- Beträgt das bereinigte Einkommen 4.601,00 € bis 5.000,99 € (Einkommensgruppe 17) wird ein Kostenbeitrag von 1.152 € fällig.

Da das Kindergeld durch die gesetzlichen Änderungen zum 1.1.2014 **zusätzlich** zum Kostenbeitrag aus dem Einkommen an das Jugendamt zu bezahlen ist, erhöhte sich im Ergebnis der gesamte Kostenbeitrag für mittlere und hohe Einkommensgruppen.

(2) **Einkommenseinsatz bei teilstationären Leistungen:** Die Höhe des Kostenbeitrages für teilstationäre Leistungen beträgt 5% des maßgeblichen Einkommens.

cc) **Auswirkungen der erhöhten Kostenbeteiligung bei Leistungen der Eingliederungshilfe für seelisch behinderte Kinder:** Die vom Jugendamt nach § 35a SGB VIII und die vom Sozialhilfeträger gemäß §§ 54 ff. SGB XII jeweils geforderten Kostenbeiträge bei Leistungen der Eingliederungshilfe (z. B. die Unterbringung in Tageseinrichtungen, Einrichtungen über Tag und Nacht und in sonstigen

Wohnformen) unterscheiden sich erheblich, obwohl es sich unter Umständen um genau die gleichen Leistungen der Eingliederungshilfe handelt.

Im Bereich der Kostenbeiträge für stationäre und teilstationäre Leistungen sowie vorläufige Maßnahmen ist bei der Jugendhilfe, anders als bei Leistungen nach §§ 54 ff. SGB XII die Heranziehung der Eltern nicht auf die sog. häusliche Ersparnis beschränkt.

Für die Höhe des von den Eltern geforderten Kostenbeitrages kommt es folglich entscheidend darauf an, ob das Kind eine überwiegend seelische Behinderung besitzt und damit das Jugendamt zuständig ist (Eingliederungshilfe gemäß § 35a SGB VIII) oder ob eine geistige Behinderung vorliegt und Eingliederungshilfe nach §§ 54 ff. SGB XII beansprucht werden kann.

Die Feststellung bzw. der Nachweis einer seelischen oder einer geistigen Behinderung muss durch eine fachärztliche Begutachtung erfolgen. Eltern sollten sich bei dieser Begutachtung deren Bedeutung für die Bemessung eines eventuellen Kostenbeitrages bewusst sein und den begutachtenden Arzt auch darüber informieren. Da die Übergänge zwischen seelischer und geistiger Behinderung häufig fließend und unscharf sind, kann unter Umständen ein ärztlicher Beurteilungsspielraum bestehen.

Die erhöhte Abhängigkeit der Hilfegewährung des Jugendamtes von der Finanzkraft der Eltern erscheint sehr bedenklich. Gerade in den Fällen, in denen Jugendhilfeleistungen notwendig sind, könnten die von dem Kostenbeitrag betroffenen Eltern jetzt erst recht davon abgehalten werden, den Kontakt zum Jugendamt aufzunehmen und eine Jugendhilfemaßnahme in Anspruch zu nehmen.

Die unterschiedliche Behandlung von Eltern mit seelisch behinderten und von Eltern mit geistig behinderten Kindern ist nicht nachvollziehbar. Diesbezüglich besteht dringender gesetzlicher Korrekturbedarf – hoffentlich nicht dergestalt, dass zukünftig auch Eltern geistig behinderter Kinder höheren Kostenbeiträgen ausgesetzt sind!

III. Hilfe zur Pflege, § 61 SGB XII

Hilfe zur Pflege ist eine weitere (besondere) Leistung der Sozialhilfe. Pflegebedürftige mit hohem Pflegebedarf können häufig ihre Pflegekosten mit den von der Pflegekasse gewährten, der Höhe nach begrenzten Leistungen nicht voll finanzieren. In diesen Fällen übernimmt der Sozialhilfeträger grundsätzlich die nicht gedeckten Pflegekosten im Rahmen der Hilfe zur Pflege. Die Feststellung der Pflegebedürftigkeit und die gewährten Leistungen orientieren sich weitgehend an den Vorgaben der gesetzlichen Pflegeversicherung.

Besonders im Falle des eigenständigen Wohnens mit Pflegeassistenz bzw. persönlicher Assistenz werden zusätzlich Leistungen der Hilfe zur Pflege benötigt, da die Leistungen aus der Pflegeversicherung (Pflegegeld, Sachleistung) regelmäßig nicht die anfallenden Kosten decken.

Hilfe zur Pflege (wie auch Eingliederungshilfe) nach dem SGB XII wird jedoch im Gegensatz zu den Leistungen der Pflegeversicherung nur einkommens- und vermögensabhängig gewährt (vgl. hierzu die Ausführungen unter vorstehend Ziffer II 4, S. 12 ff.).

IV. Persönliches Budget, § 29 SGB IX

Das persönliche Budget gemäß § 29 SGB IX können alle Menschen mit einer körperlichen, geistigen oder psychischen Behinderung beantragen.

Seit dem 1.1.2008 besteht ein Rechtsanspruch auf das persönliche Budget. Es besteht jedoch keine Verpflichtung, das persönliche Budget zu beantragen.

1. Was ist das persönliche Budget?

Das persönliche Budget ist keine eigene Sozialleistung, sondern nur eine Form der Finanzierung von Sozialleistungen. Normalerweise gewähren Sozialhilfeträger Leistungen an Menschen mit Behinderung nur als sog. Sachleistung. Eine Sachleistung könnte so aussehen, dass der Sozialhilfeträger die Werkstattkosten an den Träger der Werkstatt, die Fahrtkosten an den Fahrdienst und – sofern gegeben – Betreuungskosten für Ausflüge an die offene Behindertenarbeit der Einrichtung bezahlt.

Beim persönlichen Budget dagegen werden dem Menschen mit Behinderung keine Leistungen „in Natur" mehr zur Verfügung gestellt. Vielmehr erhält er anstatt von Sachleistungen einen Geldbetrag – ein Budget –, mit dem er sich die Hilfe, die er benötigt, selbst einkaufen kann. Nach dem Willen des Gesetzgebers soll dem Menschen mit Behinderung damit die Möglichkeit eröffnet werden, selbstbestimmter und eigenverantwortlicher zu leben.

In § 29 SGB IX ist geregelt, welche Sozialleistungen budgetfähig sind und welche Obergrenze das persönliche Budget nicht überschreiten darf. Die Budgetverordnung regelt das Bewilligungsverfahren, die Mindestinhalte der abzuschließenden Zielvereinbarung und die Kündigungsmöglichkeiten.

2. Für welche Hilfeleistungen kommt das persönliche Budget in Betracht?

Im Rahmen des persönlichen Budgets werden in erster Linie sog. Leistungen zur Teilhabe gewährt. Dies sind Leistungen, die dem Menschen mit Behinderung den Zugang zum Leben in der Gemeinschaft ermöglichen sollen.

Hierzu zählen z. B. Leistungen zur Teilhabe an Bildung und zur sozialen Teilhabe wie die Übernahme der Kosten von Begleitpersonen bei Freizeitaktivitäten und Hilfen zu selbstbestimmtem Leben in betreuten Wohnmöglichkeiten sowie Hilfe im Haushalt. Als persönliches Budget können die Betreuungskosten von offenen Hilfen der Behinderteneinrichtungen oder auch die Kosten für familienentlastende Dienste ausbezahlt werden. Auch Leistungen zur Teilhabe am Arbeitsleben wie eine zusätzliche Einzelbetreuung am Arbeitsplatz kommen als Bestandteil des persönlichen Budgets in Betracht.

3. Wie errechnet sich die Höhe des persönlichen Budgets?

Das persönliche Budget ist so zu bestimmen, dass der individuell festgestellte Bedarf gedeckt werden kann (§ 29 Abs. 3 S. 3 SGB IX). Es gilt weiter der Grundsatz, dass das Budget nicht höher sein darf als die bisherige Leistungsgewährung. Nur in atypischen Ausnahmefällen darf das persönliche Budget diese Höchstgrenze überschreiten.

4. Wie erhält man das persönliche Budget?

Das Verfahren für die Bewilligung des persönlichen Budgets läuft folgendermaßen ab:

- Das persönliche Budget muss bei einem Kostenträger wie z. B. dem Träger der Eingliederungshilfe beantragt werden.
- In einem anschließenden Bedarfsfeststellungsverfahren wird geklärt, welchen aktuellen Bedarf der Antragsteller hat. Sofern die erforderlichen Leistungen budgetfähig sind, prüft der Kostenträger, für welchen Preis sich der Antragsteller diese Sachleistungen selbst beschaffen kann. In der Praxis stellt diese Preisfrage eines der größten Probleme des persönlichen Budgets dar. Denn bisher gibt es kein allgemein anerkanntes Verfahren, die Qualität der erforderlichen Leistungen festzulegen und zu bewerten und entsprechende Preise zu ermitteln. So gibt es gerade in ländlichen Gebieten z. B. wenig Anhaltspunkte, welchen Stundensatz eine Betreuungsperson abrechnen kann.
- Nach Abschluss des Feststellungsverfahrens wird mit dem Antragsteller oder seinem gesetzlichen Betreuer ein Vertrag, die sog. Zielvereinbarung, abgeschlossen. Die Zielvereinbarung enthält mindestens Regelungen über die Ausrichtung der individuellen Förder- und Leistungsziele, die Erforderlichkeit eines Nachweises zur Deckung des festgestellten individuellen Bedarfs, die Qualitätssicherung sowie seit 1.1.2018 auch die Höhe der Teil- und des Gesamtbudgets (§ 29 Abs. 4 SGB IX). Die Zielvereinbarung dient insgesamt dazu, die Verwendung des persönlichen Budgets so zu regeln, dass die festgelegten Teilhabeziele erreicht werden.
- Nach Abschluss der Zielvereinbarung erlässt der Kostenträger einen entsprechenden Bewilligungsbescheid. Dieser Bewilligungsbescheid trifft u. a. verbindliche Regelungen zu den bewilligten Hilfen, zur Gesamthöhe des Budgets und zum Bewilligungszeitraum. Regelmäßig wird der Bewilligungszeitraum mit zwei Jahren festgesetzt.

- Der Gesamtbetrag des persönlichen Budgets wird dann von dem Kostenträger an den Antragsteller monatlich im Voraus in bar ausgezahlt.
- Der Antragsteller hat die Möglichkeit, gegen den Bewilligungsbescheid Widerspruch oder Klage einzulegen, sofern er mit dessen Inhalt nicht einverstanden ist. Regelmäßig ist dann auch die Kündigung der Zielvereinbarung notwendig.

5. Lässt sich das persönliche Budget wieder rückgängig machen?

Grundsätzlich ist der Antragsteller für die Dauer von sechs Monaten an seine Entscheidung, Leistungen in Form des persönlichen Budgets in Anspruch zu nehmen, gebunden (§ 29 Abs. 1 S. 6 SGB IX). Aus wichtigem Grund kann die Zielvereinbarung jedoch mit sofortiger Wirkung schriftlich gekündigt werden. Voraussetzung ist, dass die Fortsetzung der Zielvereinbarung für den Antragsteller unzumutbar ist. Dies kann dann der Fall sein, wenn der Antragsteller mit der Verwaltung des Budgets überfordert ist. Aber auch der Kostenträger kann aus wichtigem Grund ebenfalls mit sofortiger Wirkung kündigen, wenn der Antragsteller die Zielvereinbarung nicht einhält, also bspw. die vereinbarten Nachweise über die Bedarfsdeckung bzw. für die ordnungsgemäße Verwendung des Budgetbetrages nicht vorlegt.

6. Vor- und Nachteile des persönlichen Budgets

Das persönliche Budget ermöglicht es dem Menschen mit Behinderung selbst zu bestimmen, welche Hilfe und Unterstützung er wann und von wem haben möchte.

Er muss jedoch mit dem persönlichen Budget auskommen, es sich einteilen und selbst seine Unterstützung und Hilfeleistungen organisieren. Insbesondere Menschen mit einer geistigen Behinderung brauchen dabei massive Unterstützung. Zudem ist das Verfahren für die Bewilligung des persönlichen Budgets sehr aufwendig und kompliziert.

Das persönliche Budget kann jedoch eine Chance auf mehr Selbstbestimmung und mehr Lebensqualität sein.

V. Leistungen der gesetzlichen Krankenversicherung (SGB V)

1. Versicherung in der gesetzlichen Krankenversicherung

Die gesetzliche Krankenversicherung ist ein eigenständiger Zweig der Sozialversicherung in Deutschland. Die Einzelheiten sind im SGB V geregelt. Aufgabe der gesetzlichen Krankenversicherung ist es, die Gesundheit zu erhalten, wiederherzustellen und dauerhafte Pflegebedürftigkeit zu verhindern.

Die gesetzliche Krankenversicherung ist wie die Pflegeversicherung eine Pflichtversicherung.

Über die sog. Familienversicherung (§ 10 SGB V) sind der Ehegatte und die Kinder des Versicherten ohne zusätzlichen Beitrag in der gesetzlichen Krankenversicherung mitversichert. Nicht mitversichert sind Familienmitglieder, die wegen eigener Einkünfte selbst pflichtversichert, wegen Überschreitung der Entgeltgrenze versicherungsfrei oder hauptberuflich selbständig erwerbstätig sind und deren regelmäßiges monatliches Einkommen einen Höchstbetrag von 435 € (Stand: 2018) übersteigt. Nicht in der Familienversicherung mitversichert sind ausnahmsweise Kinder, wenn ein Elternteil nicht Mitglied einer Krankenkasse, also privatversichert ist, und sein regelmäßiges monatliches Gesamteinkommen höher ist als das Gesamteinkommen des versicherten Elternteils.

Kinder sind über die Familienversicherung grundsätzlich bis zur Vollendung ihres 18. Lebensjahres mitversichert. Dieser Zeitraum verlängert sich bis zum 23. Lebensjahr, wenn die Kinder nicht erwerbstätig sind. Solange sie sich in einer Schul- oder Berufsausbildung befinden, sind sie längstens bis zur Vollendung des 25. Lebensjahres versichert.

Für Kinder, die sich wegen körperlicher, geistiger oder seelischer Behinderung nicht selbst unterhalten können, endet grundsätzlich die Familienversicherung überhaupt nicht und besteht unbegrenzt fort (§ 10 Abs. 2 Nr. 4 SGB V). Voraussetzung ist, dass die Behinderung bereits zu einem Zeitpunkt vorlag, in dem das Kind nach anderen Vorschriften familienversichert war (§ 10 Abs. 2 Nr. 4 SGB V) und der betroffene Familienangehörige nicht nach anderen Regelungen versichert ist.

2. Leistungen der gesetzlichen Krankenversicherung

Versicherte der gesetzlichen Krankenversicherung haben Anspruch auf Krankenbehandlung, wenn sie notwendig ist, um eine Krankheit zu erkennen, zu heilen, ihre Verschlimmerung zu verhüten oder Krankheitsbeschwerden zu lindern. Die Krankenbehandlung umfasst im Wesentlichen die ärztliche und zahnärztliche Behandlung, die Versorgung mit Arzneimitteln und Verbandmitteln, Heilmitteln und Hilfsmitteln, die häusliche Krankenpflege und Haushaltshilfe, die Krankenhausbehandlung und medizinische Leistungen zur Rehabilitation.

Die Krankenkassen erbringen ihre Leistungen regelmäßig als sog. Sachleistungen. Dies bedeutet, dass die Krankenkassen keine Geldzahlungen leisten, sondern über vertraglich gebundene Leistungserbringer wie Ärzte, Therapeuten, Krankenhäuser und Sanitätshäuser Dienstleistungen, Medikamente und Hilfsmittel zur Verfügung stellen. Diese Leistungserbringer rechnen selbständig mit den Krankenkassen ab. Die Versicherten müssen jedoch zum Teil Zuzahlungen leisten.

Erforderlich für jede Leistung der Krankenkasse ist grundsätzlich immer eine ärztliche Verordnung (Verschreibung, Rezept) durch den behandelnden Kassenarzt.

Im Folgenden werden die für Familien mit behinderten Angehörigen wichtigen Leistungen der gesetzlichen Krankenversicherung im Einzelnen vorgestellt:

a) Arzneimittel, § 31 SGB V. Bei den Arzneimitteln ist zu unterscheiden zwischen den verschreibungspflichtigen (rezeptpflichtigen) und nicht verschreibungspflichtigen Mitteln.

aa) Rezeptpflichtige Arzneimittel: Rezeptpflichtige Arzneimittel müssen vom Arzt verschrieben werden. Die Krankenkasse übernimmt die Kosten für rezeptpflichtige Medikamente, die von einem Vertragsarzt verordnet werden. Bestehen für das Arzneimittel gesetzlich festgelegte Preishöchstgrenzen, die sog. Festbeträge, bezahlt die Krankenkasse nur diese Festbeträge. Den übersteigenden Preis muss der Patient selbst zahlen. In diesen Fällen sollten sich Betroffene bei ihrem Arzt oder Apotheker nach preisgünstigeren wirkstoffgleichen Medikamenten erkundigen.

Der Versicherte hat in jedem Fall bei rezeptpflichtigen Arzneimitteln eine Eigenbeteiligung (Zuzahlung) in Höhe von 10% des Verkaufspreises, jedoch maximal 10 € und mindestens 5 € selbst zu tragen (§ 61 SGB V).

Kinder und Jugendliche bis zum vollendeten 18. Lebensjahr sind von den Zuzahlungen befreit. In besonderen Härtefällen können Versicherte teilweise von den Zuzahlungen befreit werden.

Bestimmte besonders preisgünstige Arzneimittel sind zuzahlungsfrei (§ 31 Abs. 3 S. 4 SGB V). Die jeweils aktuelle Liste der zuzahlungsfreien Arzneimittel des GKV-Spitzenverbandes kann unter www.gkv-spitzenverband.de abgerufen werden.

bb) Rezeptfreie Arzneimittel: Seit der Gesundheitsreform 2004 sind alle frei verkäuflichen, also nicht verschreibungspflichtigen bzw. nicht rezeptpflichtigen Medikamente grundsätzlich von den Patienten selber zu bezahlen.

Die Krankenkassen erstatten nur noch die Kosten für rezeptfreie Arzneimittel für Kinder unter zwölf Jahren und für Jugendliche unter 18 Jahren mit Entwicklungsstörungen (§ 34 Abs. 1 SGB V).

Bei schwerwiegenden Erkrankungen ist die Verordnung an sich rezeptfreier Arzneimittel durch den behandelnden Arzt möglich, wenn die Medikamente als Standardtherapie zur Behandlung erforderlich sind, sog. OTC-Präparate (OTC bedeutet: over the counter). Die OTC-Übersicht der verordnungsfähigen, nicht verschreibungspflichtigen Arzneimittel, die vom gemeinsamen Bundesausschuss herausgegeben wird, kann unter www.g-ba.de abgerufen werden. Der gemeinsame Bundesausschuss ist das oberste Beschlussgremium der gemeinsamen Selbstverwaltung von Ärzten, Krankenkassen und Krankenhäusern. Seine Aufgabe ist es u. a. zu konkretisieren, welche ambulanten oder stationären medizinischen Leistungen ausreichend, zweckmäßig und wirtschaftlich sind und somit zum Leistungskatalog der gesetzlichen Krankenversicherung gehören.

Nicht von den Krankenkassen bezahlt werden für Versicherte ab Vollendung des 18. Lebensjahres sogenannte Bagatellarzneimittel (§ 34 Abs. 1 SGB V) wie:

- Arzneimittel zur Anwendung bei Erkältungskrankheiten und grippalen Infekten einschließlich Schnupfenmittel, Schmerzmittel, hustendämpfender und hustenlösender Mittel,
- Mund- und Rachentherapeutika, ausgenommen bei Pilzinfektionen,
- Abführmittel,
- Arzneimittel gegen Reisekrankheit.

b) Heilmittel, § 32 SGB V. Heilmittel sind persönliche medizinische Leistungen. Sie dienen dazu, eine Krankheit zu heilen, ihre Verschlimmerung zu verhüten oder Krankheitsbeschwerden zu lindern. Mit Hilfe von Heilmitteln soll darüber hinaus eine Schwächung der Gesundheit, die in absehbarer Zeit voraussichtlich zu einer Krankheit führen würde, beseitigt oder einer Gefährdung der gesundheitlichen Entwicklung eines Kindes entgegengewirkt werden. Außerdem können Heilmittel dazu beitragen, Pflegebedürftigkeit zu vermeiden oder zu mindern.

Die Krankenkasse übernimmt die Kosten für vertragsärztlich verordnete Heilmittel. Hierzu gehören z. B. physikalische Therapien wie medizinische Bäder, Massagen, Krankengymnastik, Elektro- sowie Wärmetherapie. Zu den Heilmitteln gehören weiter die Ergotherapie und die Stimm-, Sprech- und Sprachtherapie (Logopädie).

Versicherte, die über 18 Jahre alt sind, haben eine Zuzahlung in Höhe von 10% der Kosten sowie zusätzlich 10 € pro Verordnung zu bezahlen (§ 61 SGB V). Die Zuzahlung wird auch dann fällig, wenn die Heilmittel in der Arztpraxis oder bei ambulanter Behandlung im Krankenhaus erbracht werden (§ 32 Abs. 2 SGB V).

c) Hilfsmittel, § 33 SGB V. Versicherte der gesetzlichen Krankenkasse haben Anspruch auf die Versorgung mit Seh- und Hörhilfen, Körperersatzstücken und orthopädischen und anderen Hilfsmitteln.

Besonders bei der Versorgung mit Hilfsmitteln gibt es häufig Streitigkeiten mit den Krankenkassen. Anträge auf Versorgung mit Hilfsmitteln werden teilweise sehr schleppend bearbeitet oder mit wenig überzeugenden Gründen abgelehnt. Die folgenden Hinweise sollen daher bei der Beantragung und der effektiven Durchsetzung von Hilfsmitteln unterstützen und vor allem Mut machen, das Hilfsmittel bei der Krankenkasse, falls nötig, zu erstreiten.

aa) Anspruch von gesetzlich Versicherten gegenüber ihrer Krankenkasse: Versicherte haben gegenüber den Krankenkassen einen Anspruch auf die Versorgung mit Hilfsmitteln, wenn diese im Einzelfall erforderlich sind, um den Erfolg einer Krankenbehandlung zu sichern oder eine Behinderung auszugleichen (§ 33 Abs. 1 SGB V).

Es gilt das Sachleistungsprinzip. Die Krankenkasse ist danach nur verpflichtet, den Versicherten mit dem erforderlichen Hilfsmittel zu versorgen. Die Versorgung erfolgt über Sanitätshäuser oder orthopädie-technische Fachbetriebe, die Vertragspartner der betreffenden Krankenkasse sind (§ 33 Abs. 6 SGB V). Die Abrechnung der Kosten erfolgt direkt gegenüber der Krankenkasse, vorausgesetzt die Ausstattung mit dem Hilfsmittel wurde von ihr genehmigt.

Der behandelnde Arzt kann seinen Patienten Hilfsmittel zu Lasten der Krankenkasse verordnen, wenn eine entsprechende medizinische Indikation vorliegt. Mit dieser ärztlichen Verordnung (Rezept) wendet sich der Versicherte dann regelmäßig an ein Sanitätshaus, das zugelassener Vertragspartner der Krankenkasse sein muss, und lässt sich beraten. Das Sanitätshaus reicht dann zusammen mit dem Rezept einen Kostenvoranschlag für das ausgewählte Hilfsmittel bei der Krankenkasse zur Genehmigung ein. Sobald die Genehmigung vorliegt, erfolgt die Ausstattung mit dem Hilfsmittel bzw. die endgültige Überlassung an den Versicherten.

bb) Welche Hilfsmittel sind erstattungsfähig: Als Hilfsmittel kommen beispielsweise in Betracht Seh- und Hörhilfen, Körperersatzstücke (Prothesen), Mobilitätshilfen (Rollstühle, Therapie-Tandem), Kommunikationshilfsmittel (elektronische Kommunikationshilfen, behinderungsbedingte Zusatzausstattungen des Computers).

Der Anspruch auf Hilfsmittelversorgung umfasst immer auch die notwendige Änderung, Instandsetzung und Ersatzbeschaffung sowie die Ausbildung im Gebrauch des Hilfsmittels. Darüber hinaus ist die Versorgung mit der zum Betrieb erforderlichen Energie (bei Elektrorollstühlen die Kosten für den Ladestrom) eingeschlossen.

Die Spitzenverbände der Krankenkassen haben gemeinsam ein Hilfsmittelverzeichnis erstellt, in dem die Produkte aufgelistet sind, die erstattet werden (§ 138 SGB V). Das Hilfsmittelverzeichnis ist jedoch keine Positivliste, sondern gilt nur als unverbindliche Empfehlungsliste. Daher können im Einzelfall auch nicht aufgelistete Produkte erstattungsfähig sein.

Nach § 34 Abs. 4 SGB V können bestimmte Hilfsmittel von geringem oder umstrittenen therapeutischen Nutzen oder geringem Abgabepreis von der Erstattung ausgenommen werden.

cc) Was prüft die Krankenkasse bei der Genehmigung eines Hilfsmittels?

(1) **Kein allgemeiner Gebrauchsgegenstand des täglichen Lebens:** Der Gegenstand muss speziell für die Bedürfnisse behinderter Menschen konstruiert sein und nur von Menschen mit Behinderung eingesetzt werden. PCs in Normalausstattung sind z. B. Gebrauchsgegenstände des täglichen Lebens und keine erstattungsfähigen Hilfsmittel. Dagegen wären behinderungsbedingte Sonderausstattungen von PCs erstattungsfähig.

(2) **Erforderlichkeit:** Das Hilfsmittel muss im Einzelfall erforderlich sein, um den Erfolg der Krankenbehandlung zu sichern, einer drohenden Behinderung vorzubeugen oder eine Behinderung auszugleichen. Die Rechtsprechung unterscheidet dabei Hilfsmittel zum unmittelbaren oder mittelbaren Ausgleich der Behinderung.

Unmittelbarer Ausgleich

= Ausgleich der ausgefallenen oder beeinträchtigten Körperfunktion selbst; Hörgerät, Prothese, C-Leg

Die Erforderlichkeit des Hilfsmittels ist in diesen Fällen regelmäßig zu bejahen.

Mittelbarer Ausgleich

= Zweck des Hilfsmittel ist es, die direkten und indirekten Folgen der Behinderung auszugleichen

Erforderlich ist ein Hilfsmittel zum mittelbaren Ausgleich nur dann, wenn es die Auswirkungen der Behinderung im gesamten täglichen Leben beseitigt oder mildert und damit ein sog. Grundbedürfnis des täglichen Lebens betrifft. Grundbedürfnisse sind Gehen, Stehen, Greifen, Sehen, Hören, Nahrungsaufnahme, Ausscheidung, elementare Körperpflege, selbständiges Wohnen und die Erschließung eines gewissen körperlichen und geistigen Freiraumes. Die Krankenkasse schuldet hier nur den Basisausgleich von Behinderungsfolgen und keine bestmögliche Versorgung (vgl. nachstehend Ziffer dd).

(3) **Wirtschaftlichkeit:** Gemäß dem in § 12 SGB V verankerten Wirtschaftlichkeitsgebot müssen Leistungen der Krankenkassen ausreichend, zweckmäßig und wirtschaftlich sein. Sie dürfen das Maß des Notwendigen nicht überschreiten.

Bei der Überprüfung der Wirtschaftlichkeit eines Hilfsmittels hat die Krankenkasse danach zu klären, ob nicht ein kostengünstigeres oder zumindest geeigneteres Hilfsmittel zur Verfügung steht. Das Hilfsmittel muss hier den einschlägigen Qualitätskriterien genügen. Weiter sind die Nutzungsdauer und die Vermeidbarkeit von Folgeschäden zu prüfen.

Es empfiehlt sich daher, bereits bei der Antragstellung durch entsprechende ärztliche Gutachten darzulegen, dass aufgrund der speziellen Erkrankung bzw. Behinderung ausschließlich das beantragte Hilfsmittel geeignet ist. Auf diese Weise wird es der Krankenkasse zumindest erschwert, den Antrag unter Hinweis auf eine kostengünstigere Alternativlösung abzulehnen.

dd) Anspruch auf die bestmögliche Versorgung: Ein Anspruch auf die bestmögliche Versorgung besteht, wenn das Hilfsmittel die Ausübung der beeinträchtigten Körperfunktion selbst ermöglicht, ersetzt oder erleichtert und damit dem unmittelbaren Behinderungsausgleich dient.

Im Bereich des unmittelbaren Behinderungsausgleichs ist die Hilfsmittelversorgung grundsätzlich von dem Ziel eines vollständigen funktionellen Ausgleichs geleitet und zwar unter Berücksichtigung des aktuellen Standes des medizinischen und technischen Fortschritts. Im Bereich des unmittelbaren Behinderungsausgleichs kann die Versorgung mit einem fortschrittlichen, technisch weiterentwickelten Hilfsmittel nicht mit der Begründung abgelehnt werden, der bisher erreichte Versorgungsstandard sei ausreichend, solange ein Ausgleich der Behinderung nicht vollständig im Sinne des Gleichziehens mit einem gesunden Menschen erreicht ist. Keine Leistungspflicht besteht nur für solche Innovationen, die nicht die Funktionalität, sondern in erster Linie die Bequemlichkeit und den Komfort betreffen oder wenn einer nur geringfügigen Verbesserung des Gebrauchsnutzens ein als unverhältnismäßig einzuschätzender Mehraufwand gegenübersteht.

Kein Anspruch auf die bestmögliche Versorgung besteht dagegen im Bereich des mittelbaren Behinderungsausgleichs. Die Krankenkasse schuldet hier nur den Basisausgleich von Behinderungsfolgen. Daher besteht auch nur eine eingeschränkte Einstandspflicht der Krankenkassen für Mobilitätshilfen zum mittelbaren Behinderungsausgleich. Das Hilfsmittel dient nur der Erschließung des Nahbereichs um die Wohnung, nicht dagegen der sportlichen Fortbewegung oder der Erweiterung des Aktionsraums. Maßgebend ist hierbei nach der Rechtsprechung der Bewegungsradius, den ein Nichtbehinderter üblicherweise noch zu Fuß erreicht (z. B. in der eigenen Wohnung bewegen und die Wohnung für die Erledigung der üblichen Alltagsgeschäft im Nahbereich der Wohnung verlassen können).

Daher verneint die Rechtsprechung regelmäßig einen Anspruch auf Versorgung mit

- einem schwenkbaren Autositz (BSG, 6.8.1998, Az. B 3 KR 3/97 R),
- einem behinderungsgerechten PKW-Umbau (BSG, 19.4.2007, Az. B 3 KR 9/06 R),
- einem Rollstuhl-Bike (BSG, 16.9.1999, Az. B 3 KR 8/98 R),

- einem Therapie-Tandem (BSG, 26.3.2003, Az. B 3 KR 26/02 R),
- einem behindertengerechten Dreirad (BSG, 23.7.2002, Az. B 3 KR 3/02 R) und
- einem besonders ausgestatteten Sportrollstuhl (BSG, 18.5.2011, Az. B 3 KR 10/10 R).

Aber: Die Versorgung mit einem Therapie-Dreirad kann ausnahmsweise beansprucht werden, wenn es zum Zwecke der Sicherung des Erfolgs der Krankenbehandlung erforderlich ist, und wenn ebenso wirksame, aber wirtschaftlich günstigere Alternativen als das Training mit dem Dreirad nicht zur Verfügung stehen (BSG, 7.10.2010, Az. B 3 KR 5/10 R).

Ausnahmen gelten für Mobilitätshilfen zum mittelbaren Behinderungsausgleich bei Kindern und Jugendlichen, wenn diese entweder zum Schulbesuch oder zur Integration in der kindlichen und jugendlichen Entwicklungsphase erforderlich sind. U. a. werden gewährt:

- alle sachlichen Mittel, die einem behinderten Kind oder Jugendlichen die Teilnahme am gesetzlich vorgeschriebenen allgemeinbildenden Unterricht ermöglichen, z. B.
  - Mikroportanlage (BSG, 26.5.1983, SozR 2200 § 182b Nr. 28)
  - behinderungsgerecht ausgestatteter PC (BSG, 6.2.1997, Az. 3 RK 1/96)
  - Kraftknotensystem bzw. Sicherheitsausstattung für Personen, die nur im Rollstuhl sitzend an der Schülerbeförderung teilnehmen und anders der allgemeinen Schulpflicht nicht genügen können (BSG, 20.11.2008, Az. B 3 KR 6/08 R) oder für die medizinische Versorgung ein im Rollstuhl sitzender Transport notwendig ist
  - Anspruch auf Zweitversorgung mit weiterem Rollstuhl, wenn der bereits vorhandene Rollstuhl nicht oder nur unter einem unzumutbaren Aufwand an jedem Schultag von der Wohnung zur Schule und zurück transportiert werden kann (vgl. BSG, 3.11.2011, Az. B 3 KR 5/11 R)
  - aber (kein) Notebook für Jurastudium (BSG, 30.1.2001, SozR 3–2500 § 33 Nr. 40)

- Faltrollstuhl für den Schulweg (BSG, 2.8.1979, SozR 2200 § 182b Nr. 13),
- Sportbrille für den Schulsport (BSG, 22.7.1981, SozR 2200 § 182 Nr. 73),
- Alle diejenigen Hilfsmittel, die eine Teilnahme an den allgemein üblichen Freizeitbetätigungen Gleichaltriger ermöglichen sollen, z. B. Rollstuhl-Bike (BSG, 16.4.1998, Az. B 3 KR 9/97 R), behindertengerechtes Dreirad (BSG, 23.7.2002, Az. B 3 KR 3/02 R). Nach Einschätzung des BSG gehört bei einem Jugendlichen der Wunsch zur Aufrechterhaltung des sozialen Kontaktes mit nicht behinderten Altersgenossen zu den Grundbedürfnissen. Ausnahmsweise bejahte daher das BSG die Erforderlichkeit eines Therapie-Dreirades für einen Jugendlichen, da das Dreirad zur Aufrechterhaltung sozialer Kontakte mit nichtbehinderten Altersgenossen erforderlich sei.

TIPP:

Wenn kein Anspruch auf Versorgung mit den vorgenannten Hilfsmitteln gegenüber der gesetzlichen Krankenversicherung besteht, sollte nicht vergessen werden, einen möglichen Anspruch auf Versorgung gegenüber dem Sozialhilfeträger zu prüfen. Das Bundessozialgericht hat in mehreren Entscheidungen bestätigt, dass Hilfsmittel auch als Leistungen der Eingliederungshilfe bzw. als Leistungen zur Teilhabe an der Gemeinschaft nach §§ 53 Abs. 1, 54 Abs. 1 Satz 1 SGB XII beansprucht werden können. Voraussetzung für einen Anspruch ist nach der Rechtsprechung, dass das Hilfsmittel nicht nur der medizinischen Rehabilitation, sondern darüber hinaus der gesamten Alltagsbewältigung und damit der sozialen Rehabilitation gemäß § 55 Abs. 2 SGB IX dient. Das Hilfsmittel muss die Aufgabe haben, dem Behinderten den Kontakt mit seiner Umwelt – nicht nur mit Familie und Nachbarschaft – sowie die Teilnahme am öffentlichen und kulturellen Leben zu ermöglichen und hierdurch insgesamt die Begegnung und den Umgang mit nichtbehinderten Menschen zu fördern.

Als mögliche Leistung der Eingliederungshilfe hat das Bundessozialgericht folgende Hilfsmittel beurteilt:

- Kosten von Batterien für Hörgeräte (BSG, 19.5.2009, Az. B 8 SO 32/07 R),
- Kosten für einen behindertengerechten Umbau eines PKW, Rollstuhlverladesystem (BSG, 23.8.2013, Az. B 8 SO 24/11 R).

Zu beachten ist, dass für Leistungen der Eingliederungshilfe die Einkommens- und Vermögensfreigrenzen nach §§ 85 ff. SGB XII gelten.

Das LSG Baden-Württemberg hat allerdings mit Urteil vom 8.11.2017, Az. L 2 SO 4546/16, entschieden, dass der Sozialhilfeträger zur Ausstattung mit einem Laptop zur Beschulung verpflichtet sein kann und es sich dabei um eine einkommens- und vermögensunabhängige Hilfe zur angemessenen Schulbildung nach § 54 Abs. 1 Satz 1 Nr. 1 SGB XII handelt.

ee) Wann kann eine Ersatzbeschaffung für ein altes oder ungeeignetes Hilfsmittels beansprucht werden? Versicherte haben erst dann einen Anspruch auf eine Ersatzbeschaffung, wenn das alte Hilfsmittel „objektiv ungeeignet oder nicht ausreichend“ ist (BSG, 3.11.1999, Az. B 3 KR 15/99 R). Solange das Hilfsmittel funktioniert und den zu stellenden Anforderungen entspricht, besteht kein Anspruch auf eine Neuversorgung.

Objektiv ungeeignet ist ein Hilfsmittel, wenn es nicht mehr funktionsfähig ist und auch nicht mehr repariert werden kann. Aber auch, wenn in der Person des Versicherten liegende Gründe ein neues Gerät erforderlich machen.

Auch wenn der Versicherte erst nach der Versorgung mit einem beantragten Hilfemittel feststellt, dass ein anderes Hilfsmittel besser oder geeigneter gewesen wäre, kann er keine Ersatzversorgung mehr beanspruchen. So verweigerte das Bundessozialgericht die Ausstattung mit einem Elektromobil anstatt einem Elektrorollstuhl. Der Kläger hatte geltend gemacht, dass der zunächst beantragte Elektrorollstuhl für ihn zum Einkaufen weniger geeignet war als ein Elektromobil. „(Es) besteht ein Anspruch dann nicht mehr, wenn der Versicherte bereits ausreichend versorgt und zur Wahrung des betroffenen Grundbedürfnisses die Ausstattung mit einem weiteren Hilfsmittel nicht erforderlich ist. Die Beklagte hat die gesetzliche Leistungspflicht bereits dadurch erfüllt, dass sie dem Kläger einen

Elektrorollstuhl zur Verfügung gestellt hat“, so das BSG in seinem Urteil vom 3.11.1999.

Die Änderung eines einmal geäußerten Wunsches ist nach dieser Entscheidung jedenfalls dann nicht mehr möglich, wenn aufgrund der Antragstellung der Krankenkasse bereits Aufwendungen entstanden sind.

ff) Wann besteht die Möglichkeit der Selbstbeschaffung eines Hilfsmittels mit anschließender Kostenerstattung? In Ausnahmefällen kann der Versicherte ein Hilfsmittel selbst beschaffen und die Kosten gegenüber der Krankenkasse geltend machen (§ 13 Abs. 3 SGB V und § 18 Abs. 5 SGB IX). Da das Sachleistungsprinzip gilt, muss zunächst ein Antrag für das Hilfsmittel bei der Krankenkasse gestellt und die Entscheidung abgewartet werden.

Ein Anspruch auf Kostenerstattung besteht nur dann, wenn der Antrag bzw. der konkrete Kostenvoranschlag des Sanitätshauses vorher von der Krankenkasse abgelehnt worden ist oder die Krankenkasse eine unaufschiebbare Leistung nicht rechtzeitig erbringen konnte (§ 13 Abs. 3 SGB V).

Bei einer Selbstbeschaffung hat die Krankenkasse nach § 13 Abs. 3 S. 1 SGB V die Kosten „in der entstandenen Höhe“ zu erstatten, wenn die Leistung notwendig war. Es kommt also auf die Notwendigkeit des Hilfsmittels an, für das die Kosten aufgewendet worden sind, und nicht auf die Unvermeidlichkeit der Kosten auch der Höhe nach. Der Versicherte ist allerdings allgemein nach dem Wirtschaftlichkeitsgebot (§ 12 SGB V) gehalten, keine unnötigen Kosten zu verursachen. Er genügt insoweit aber bereits seiner Pflicht, wenn er den Kostenaufwand für angemessen halten durfte. Das ist z. B. der Fall, wenn die Krankenkasse gegen einen ihr übersandten Kostenvoranschlag der Höhe nach keine Einwendungen erhoben hatte.

Beachte:

Derjenige, der sich die beantragte Leistung selbst beschafft, trägt somit das Risiko, dass zum einen keine Leistungspflicht besteht und zum anderen, dass die Kosten der Selbstbeschaffung nicht als notwendig anerkannt werden.

Genehmigungsfiktion gemäß § 13 Abs. 3a SGB V: Die Regelungen des § 13 Abs. 3a SGB V zur Genehmigungsfiktion gelten für Leistungen der Krankenversicherung mit Ausnahme der Leistungen zur medizinischen Rehabilitation.

Krankenkassen müssen über Anträge innerhalb von drei Wochen nach Antragseingang entscheiden. Sofern ein Gutachten erforderlich ist, haben die Krankenkassen innerhalb von fünf Wochen nach Eingang des Antrages zu entscheiden, ob die Leistung bewilligt wird. Kann die Krankenkasse diese Frist nicht einhalten, muss sie den Versicherten rechtzeitig und in schriftlicher Form mit einer „nachvollziehbare Begründung" informieren. Eine „nachvollziehbare Begründung" ist nicht gegeben bei Gründen, die in den Verantwortungsbereich der Krankenkasse fallen, wie z. B. Organisationsmängel oder Arbeitsüberlastung.

Erfolgt nach Ablauf der Frist keine schriftliche nachvollziehbare Begründung, gilt der Antrag auf die beantragte Leistung als bewilligt. Durch die Genehmigungsfiktion gilt die Genehmigung der beantragten Leistung durch einen fingierten Verwaltungsakt als erlassen.

Versicherte haben bei Eintritt der Genehmigungsfiktion zwei Möglichkeiten, die Versorgung mit der Leistung zu erreichen:

1. Sie können von der Krankenkasse das Hilfsmittel als Sachleistung verlangen (§ 13 Abs. 3a Satz 6 SGB V). Die Krankenkasse kann dann auf Versorgung mit dem Hilfsmittel verklagt werden. Bei Eilbedürftigkeit besteht auch noch die Möglichkeit, vor dem Sozialgericht den Erlass einer einstweiligen Anordnung zu beantragen, um die Krankenkasse kurzfristig zur Leistung zu verpflichten.
2. Alternativ können Versicherte sich das Hilfsmittel selbst beschaffen (selbst erwerben) und gemäß § 13 Abs. 3a Satz 7 SGB V von der Krankenkasse anschließend Kostenerstattung verlangen.

Die Genehmigungsfiktion des § 13 Abs. 3a SGB V gilt jedoch nicht für Leistungen der medizinischen Rehabilitation und damit nicht für Hilfsmittel zur Vorbeugung von Behinderung und zum Behinderungsausgleich (Entscheidungen des BSG vom 15.3.2018, Az. B 3 KR 4/16 R; B 3 KR 18/17 R; B 3 KR 12/17 R). Anders als Hilfsmittel, die der Sicherung eines Erfolgs der Krankenbehandlung dienen, werden sie in erster Linie nicht mit dem Ziel eingesetzt, auf die Krankheit einzuwirken, sondern hauptsächlich mit dem Ziel, die damit verbundene Teilhabebeeinträchtigung eines Menschen mit Behinderung auszugleichen oder zu mildern. Nach der Rechtsprechung des BSG kann die Genehmigungsfiktion des § 13 Abs. 3a SGB V nur für Hilfsmittel gelten, die der Sicherung eines Erfolgs der Krankenbehandlung dienen.

Für Leistungen zur medizinischen Rehabilitation und damit auch für Hilfsmittel zur medizinischen Rehabilitation gelten die Fristenregelungen und Regeln zur Selbstbeschaffung für Leistungen zur Teilhabe gemäß § 18 SGB IX (vgl. 2. Kapitel E I 1 c gg, S. 199). Das Teilhaberecht sieht seit dem 1.1.2018 eine Frist von zwei Monaten vor, innerhalb der die Rehabilitationsträger über einen Antrag auf Leistungen zur Teilhabe entscheiden müssen (§ 18 Abs. 1 SGB IX). Erfolgt keine begründete Mitteilung, weshalb eine Entscheidung innerhalb der Frist nicht möglich ist, gilt die beantragte Leistung nach Ablauf der Frist als genehmigt (§ 18 Abs. 3 SGB IX). Aufgrund noch fehlender Praxiserfahrungen und fehlender Rechtsprechung lässt sich jedoch aktuell noch nicht einschätzen, inwieweit sich diese Regelung auf die Hilfsmittelversorgung auswirken wird.

gg) Festbeträge und Zuzahlungen: Die Übernahme der Kosten von Hilfsmitteln erfolgt teilweise nur noch in Höhe vorgegebener verbindlicher Festbeträge (vgl. § 36 SGB V). So werden derzeit für orthopädische Einlagen, Hörhilfen, Kompressionsstrümpfe, Sehhilfen, Inkontinenzhilfen und Stoma-Artikel nur noch Festbeträge finanziert.

Jeder Versicherte über 18 Jahren muss zu Hilfsmitteln eine Zuzahlung leisten. Die Zuzahlung beträgt 10% vom Preis des Hilfsmittels, mindestens 5 €, höchstens jedoch 10 € (§ 61 SGB V).

Bei Hilfsmitteln, die zum Verbrauch bestimmt sind, wie z. B. Windeln bei Inkontinenz, ist die Zuzahlung für den Monatsbedarf je Indikation (also je Erkrankung) auf 10 € beschränkt (§§ 33 Abs. 8, 61 S. 1 SGB V).

Versicherte können eine Versorgung wählen, die die Leistungspflicht der gesetzlichen Krankenkassen überschreitet. Die Mehrkosten für

Hilfsmittel oder zusätzliche Leistungen, die über das Maß des Notwendigen hinausgehen, sind dann jedoch vom Versicherten zu tragen. Gleiches gilt für höhere Folgekosten (§ 33 Abs. 1 S. 5 SGB V).

hh) Hinweise zu ausgewählten Hilfsmitteln

(1) **Sehhilfen, Brillen:** Sehhilfen sind grundsätzlich keine Leistungen der gesetzlichen Krankenversicherung mehr. Kinder und Jugendliche bis zur Vollendung des 18. Lebensjahres sowie schwer sehbehinderte Erwachsene erhalten einen Zuschuss für eine Brille. Eine schwere Sehbehinderung liegt dann vor, wenn die Sehschärfe auf jedem Auge trotz Verwendung von Sehhilfen bei bestmöglicher Korrektur maximal 30% beträgt.

Aufgrund der Änderungen durch das Gesetz zur Stärkung der Heil- und Hilfsmittelversorgung wurden ab 2017 die Ausnahmeregelungen für Erwachsene erweitert. Für Versicherte, die das 18. Lebensjahr vollendet haben, besteht der Anspruch auf Sehhilfen, wenn sie nach ICD 10-GM 2017 auf Grund ihrer Sehbeeinträchtigung oder Blindheit bei bestmöglicher Brillenkorrektur auf beiden Augen eine schwere Sehbeeinträchtigung mindestens der Stufe 1 oder einen verordneten Fern-Korrekturausgleich für einen Refraktionsfehler von mehr als 6 Dioptrien bei Myopie oder Hyperopie oder mehr als 4 Dioptrien bei Astigmatismus aufweisen (§ 33 Abs. 2 SGB V).

Der Anspruch auf Versorgung mit Sehhilfen umfasst jedoch weiterhin nicht die Kosten des Brillengestells.

Über die Eingliederungshilfe können Bezieher von Sozialhilfe einen Zuschuss für ihre Brille erhalten, wenn die Brille der Teilhabe an der Gemeinschaft dient.

(2) **Hilfsmittel in Einrichtungen der Behindertenhilfe:** Ein Versicherter, der in einer Behinderteneinrichtung Leistungen in Form der Eingliederungshilfe erhält, hat Anspruch auf Versorgung mit einem Hilfsmittel durch die gesetzliche Krankenversicherung, soweit dieses nach den zwischen dem Sozialhilfeträger und dem Heimträger getroffenen Vereinbarungen nicht zur sächlichen Ausstattung (Inventar) der Einrichtung gehört (BSG, 10.2.2000, Az. B 3 KR 17/99).

Für die Versorgung beispielsweise mit einem Pflegebett als Hilfsmittel der gesetzlichen Krankenkasse kommt es darauf an, dass nicht der überwiegende bzw. ausschließliche Zweck des Pflegebettes darin besteht, die Pflege zu erleichtern oder zu ermöglichen. Denn dann würde es sich um ein Pflegehilfsmittel nach § 40 SGB XI handeln und könnte nur von der Pflegekasse beansprucht werden. Als Leistung der häuslichen Pflege wäre die Versorgung bei Unterbringung in einer stationären Pflegeeinrichtung oder in einer Einrichtung der Behindertenhilfe im Sinne des § 71 Abs. 4 SGB XI nach § 36 Abs. 1 Satz 2, 2. Halbsatz SGB XI jedoch generell ausgeschlossen.

Das Pflegebett müsste es daher dem Versicherten ermöglichen, die durch die gravierende Behinderung reduzierte Mobilität auszugleichen und damit Grundbedürfnisse, wie den Wechsel von Ruhen und Aufrichten selbständig, zu erfüllen. Dann wäre die Krankenkasse für die Ausstattung mit dem Pflegebett als Hilfsmittel zuständig.

(3) **Versorgung mit hochwertigen digitalen Hörgeräten:** Das Bundessozialgericht (BSG) hat mit seinem Urteil vom 17.12.2009, Az. B 3 KR 20/08 R, Versicherten in der gesetzlichen Krankenversicherung den Weg zu einer besseren Hörgeräteversorgung frei gemacht.

Die beklagte Krankenkasse wurde vom BSG verurteilt, einem Versicherten mit einem Hörverlust von nahezu 100% die gesamten Kosten eines hochwertigen digitalen Hörgerätes zu erstatten. Das Bundessozialgericht stellte fest, dass eine kostenaufwendige Versorgung über die Festbeträge hinaus von den Krankenkassen immer dann geschuldet wird, wenn sie zu einer Verbesserung führt, die einen wesentlichen Gebrauchsvorteil gegenüber einer kostengünstigeren Alternative bietet. In Bezug auf Hörgeräte gilt dies dann, wenn durch das Hörgerät dem Versicherten nach ärztlicher Einschätzung in seinem Alltagsleben deutliche Gebrauchsvorteile geboten werden.

In der Praxis versuchen jedoch einige Krankenkassen weiterhin entgegen dem Urteil des BSG vom 17.12.2009 nur Hörgeräte zum Festbetrag zu bewilligen, auch wenn eine wesentlich bessere Hörgeräteversorgung notwendig und möglich wäre. Um im Falle einer (gerichtlichen) Auseinandersetzung nachweisen zu können, dass ein hochwertiges Hörgerät erhebliche Gebrauchsvorteile gegenüber einem einfachen Hörgerät zum Festbetrag bietet, empfiehlt sich folgendes Vorgehen:

Zunächst sollte ein Hörgerät zum Festbetrag ausgewählt und getestet werden. Anschließend sollte dieses Hörgerät mit einem hochwertigeren Hörgerät verglichen werden. Sollte das hochwertige Hörgerät erhebliche Gebrauchsvorteile bieten, wäre dies von dem Akustiker oder dem behandelnden HNO-Arzt im Rahmen einer erneuten Untersuchung festzustellen und zu dokumentieren. Auf jeden Fall muss der Versicherte vermeiden, dass er vor einer ablehnenden Entscheidung der Krankenkasse das ausgewählte Hörgerät vom Akustiker endgültig ausgehändigt bekommt und in Gebrauch nimmt. Denn in diesem Fall könnte eine unzulässige Selbstbeschaffung vorliegen mit der Folge, dass bereits allein aus diesem Grund die Krankenkasse die Kosten nicht mehr übernehmen müsste (vgl. hierzu auch vorstehend Ziffer ff).

Batterien bei Hörgeräten für Versicherte, die das 18. Lebensjahr vollendet haben, sind von der Versorgung durch die gesetzliche Krankenversicherung ausgeschlossen (Verordnung über Hilfsmittel von geringem therapeutischen Nutzen oder geringem Abgabepreis in der Gesetzlichen Krankenversicherung vom 13.12.1989). Personen, die gehörlos sind oder denen eine sprachliche Verständigung über das Gehör nur mit Hörhilfen möglich ist, können die Erstattung der Kosten für Hörgerätebatterien vom Träger der Eingliederungshilfe als Leistung zur sozialen Teilhabe beanspruchen (BSG, 19.5.2009, Az. B 8 SO 32/07 R). In diesem Fall wären jedoch die allgemeinen Einkommens- und Vermögensfreigrenzen nach dem SGB XII zu beachten.

ii) Hilfsmittel der privaten Krankenversicherung – Besonderheiten: Die Ausstattung mit Hilfsmitteln ist verbindlich im jeweiligen Versicherungsvertrag geregelt. Es gibt keine gesetzlichen Vorgaben wie bei der gesetzlichen Krankenversicherung. Bei Streitigkeiten muss vor den Zivilgerichten geklagt werden.

Häufig ist die Kostenerstattung bei der Hilfsmittelversorgung auf einen jährlichen Höchstbetrag begrenzt. Übersteigen die Kosten diesen Höchstbetrag, hat der Versicherte die übersteigenden Kosten selbst zu tragen. Dies hat zur Folge, dass über eine private Krankenversicherung die Kostenübernahme bei der Versorgung mit kostspieligen Hilfsmitteln unter Umständen nicht sichergestellt ist.

d) Häusliche Krankenpflege (§ 37 SGB V). Die häusliche Krankenpflege (§ 37 Abs. 1 SGB V) hat das Ziel, dem Versicherten eine sonst erforderliche Krankenhausbehandlung zu ersparen bzw. diese abzukürzen. Häusliche Krankenpflege wird durch geeignetes Krankenpflegepersonal erbracht. Sie wird grundsätzlich für einen Zeitraum von vier Wochen je Krankheitsfall gewährt und kann die Grundpflege (z. B. Betten, Waschen), die Behandlungspflege (z. B. Injektionen, Verbandswechsel, Katheterisierung) und die hauswirtschaftliche Versorgung (z. B. Einkauf, Essen zubereiten) umfassen.

Der Anspruch auf häusliche Krankenpflege besteht jedoch nur, soweit eine im Haushalt lebende Person den Kranken nicht in dem erforderlichen Umfang pflegen und versorgen kann.

Versicherte, die das 18. Lebensjahr vollendet haben, müssen eine Zuzahlung in Höhe von 10% der Kosten sowie 10 € je Verordnung leisten. Die Zuzahlung ist begrenzt auf die ersten 28 Kalendertage der Inanspruchnahme der häuslichen Krankenpflege (§§ 37 Abs. 5, 61 S. 3 SGB V).

Zur häuslichen Krankenpflege zählt auch die sog. Behandlungspflege zur Sicherung des Ziels der ärztlichen Behandlung (§ 37 Abs. 2 SGB V). Hierunter fallen Behandlungspflegemaßnahmen wie etwa ein Verbandwechsel oder die Medikamentengabe durch qualifiziertes Krankenpflegepersonal. Die Sicherungspflege kann im eigenen Haushalt, in der Familie oder auch in betreuten Wohnformen, Schulen und Kindergärten, bei besonders hohem Pflegebedarf auch in einer WfbM gewährt werden.

Anspruch auf häusliche Krankenpflege gemäß § 37 SGB V kann während des Schulbesuches bestehen, wenn die Pflege bzw. Schulbegleitung aus medizinischen Gründen erforderlich ist. Mit Beschluss vom 16.5.2017, Az. L 6 KR 1571/15 B ER hat das LSG Thüringen den Anspruch einer Schülerin auf medizinische Behandlungspflege in Form kontinuierlicher Beobachtung und Intervention beim Blutzuckerverlauf während des Schulbesuchs bejaht.

Von der Rechtsprechung ist mittlerweile die langjährige Streitfrage entschieden, ob und inwieweit auch in Einrichtungen der Behindertenhilfe (z. B. Wohnheim) die Kosten von Behandlungspflegemaßnahmen von der Krankenkasse zu übernehmen sind. Das BSG entschied, dass einfachste Maßnahmen der Krankenpflege, für die es keiner besonderen Sachkunde oder Fertigkeiten bedarf und die von jedem erwachsenen Haushaltsangehörigen beim Leben in einem eigenen Haushalt erbracht werden könnten, regelmäßig von der Einrichtung selbst zu erfüllen seien. Das Bereitstellen von Medikamenten, die Hilfe bei deren regelmäßiger Einnahme sowie Blutdruckmessungen seien als einfachste Maßnahmen medizinischer Behandlungspflege zu qualifizieren, die typischerweise von der Einrichtung zu erbringen seien. Für solche Verrichtungen bestünde daher kein Anspruch gegenüber der Krankenkasse. Die Kosten für den Wechsel von Wundverbänden und die Verabreichung von Injektionen müssten dagegen von der Krankenkasse im Rahmen der häuslichen Krankenpflege erbracht werden (BSG, Urteile vom 25.2.2015, Az. B 3 KR 10/14 R und B 3 KR 11/14 R).

e) Fahrtkosten. Fahrtkosten werden nur noch in Ausnahmefällen von der Krankenkasse übernommen (§ 60 SGB V).

Ausnahmsweise werden noch Fahrtkosten übernommen, wenn sie im Zusammenhang mit einer Leistung der Krankenkasse aus zwingenden medizinischen Gründen notwendig sind.

Fahrtkosten zu stationären Behandlungen werden in der Regel übernommen. Bei ambulanten Behandlungen regeln die Krankentransport-Richtlinien die Ausnahmen für eine Kostenübernahme. Danach muss der Patient in seiner Bewegungsfähigkeit erheblich eingeschränkt sein. Das ist dann der Fall, wenn der Versicherte den Pflegegrad 3, 4 oder 5 hat und bei Einstufung in den Pflegegrad 3 wegen dauerhafter Beeinträchtigung der Mobilität einer Beförderung bedarf oder einen Schwerbehindertenausweis mit den Merkzeichen aG (außergewöhnlich gehbehindert), Bl (blind), oder H (hilflos) besitzt.

Die medizinische Notwendigkeit der Fahrt muss vom behandelnden Arzt festgestellt werden. Weiter ist die vorherige Genehmigung der Krankenkasse für die Fahrt einzuholen.

Versicherte, die das 18. Lebensjahr vollendet haben, müssen eine Zuzahlung in Höhe von 10% der Kosten, mindestens 5 €, maximal 10 € leisten.

f) Haushaltshilfe (§ 38 SGB V). Es besteht ein Anspruch auf eine Haushaltshilfe, wenn es dem Versicherten bzw. seinen Eltern nicht möglich ist, den Haushalt z. B. aufgrund eines eigenen Krankenhausaufenthaltes, einer Reha-Maßnahme oder einer Mutter-Kind-Kur weiterzuführen.

Ein Anspruch besteht nur, soweit eine im Haushalt lebende Person den Haushalt nicht weiterführen kann, und Kinder unter zwölf Jahren oder ein behindertes hilfebedürftiges Kind im Haushalt leben.

Auch bei einem Krankenhausaufenthalt des Kindes kann ein Anspruch auf eine Haushaltshilfe bestehen. Erforderlich ist jedoch, dass die Mutter oder der Vater aus medizinischen Gründen mit im Krankenhaus aufgenommen werden müssen. Hierüber kann der Arzt eine entsprechende Bescheinigung ausstellen.

Kann die Krankenkasse keine Haushaltshilfe stellen oder besteht ein Grund, davon abzusehen, sind den Versicherten die Kosten für eine selbstbeschaffte Haushaltshilfe in angemessener Höhe zu erstatten. Für Verwandte und Verschwägerte bis zum zweiten Grad werden keine Kosten erstattet; die Krankenkasse kann jedoch die erforderlichen Fahrkosten und den Verdienstausfall erstatten, wenn die Erstattung in einem angemessenen Verhältnis zu den sonst für eine Ersatzkraft entstehenden Kosten steht. Versicherte müssen eine Zuzahlung in Höhe von 10% der Kosten, mindestens 5 €, maximal 10 € leisten.

g) Krankengeld bei Erkrankung des Kindes (Kinderkrankengeld). Bei Erkrankung des Kindes besteht ein Anspruch des berufstätigen Elternteils auf Kinderkrankengeld und Freistellung von der Arbeit (§ 45 SGB V). Voraussetzung ist eine ärztliche Bescheinigung, dass ein krankes Kind beaufsichtigt, betreut und gepflegt werden muss, diese Aufgabe von keiner anderen im Haushalt lebenden Person übernommen werden kann und das Kind das zwölfte Lebensjahr noch nicht vollendet hat oder behindert und auf Hilfe angewiesen ist (§ 45 Abs. 1 SGB V).

Versicherte haben ferner Anspruch auf Krankengeld, wenn sie zur Beaufsichtigung, Betreuung oder Pflege ihres erkrankten und versicherten Kindes der Arbeit fernbleiben. Voraussetzung ist weiter, dass das Kind das zwölfte Lebensjahr noch nicht vollendet hat oder behindert und auf Hilfe angewiesen ist und nach ärztlichem Zeugnis an einer Erkrankung leidet, die progredient verläuft und bereits ein weit fortgeschrittenes Stadium erreicht hat, bei der eine Heilung ausgeschlossen und eine palliativmedizinische Behandlung notwendig oder von einem Elternteil erwünscht ist und die lediglich eine begrenzte Lebenserwartung von Wochen oder wenigen Monaten erwarten lässt (§ 45 Abs. 4 SGB V).

Die Höchstbezugsdauer beträgt 10 Arbeitstage pro Jahr und pro Kind, höchstens jedoch 25 Arbeitstage bei mehreren Kindern. Bei Alleinerziehenden beträgt sie 20 Arbeitstage pro Jahr pro Kind, höchstens jedoch 50 Arbeitstage.

h) Leistungen der medizinischen Vorsorge und Rehabilitation für Mütter und Väter – Mutter-/Vater-Kind-Maßnahme (§§ 24, 41 SGB V). Die Krankenkassen übernehmen nach §§ 24, 41 SGB V die Kosten einer aus medizinischen Gründen erforderlichen Vorsorge- oder Rehabilitationsleistung, einer sog. Mutter-/Vater-Kind-Maßnahme. Eine Mutter-Kind-Kur wird in einer Einrichtung des Müttergenesungswerkes oder einer gleichartigen Einrichtung durchgeführt. In Betracht kommt auch eine Vater-Kind-Maßnahme in einer dafür geeigneten Einrichtung.

Wenn die Maßnahme medizinisch notwendig ist, muss die Krankenkasse sie erbringen. Voraussetzung ist, dass der Arzt die medizinische Notwendigkeit bescheinigt. Typische Symptome sind Erschöpfung bis hin zum „Burn-out“ oder Rückenschmerzen. Die Dauer richtet sich im Einzelfall grundsätzlich nach der individuellen medizinischen Notwendigkeit. Als Regeldauer von Rehabilitationsleistungen gilt die Dauer von längstens drei Wochen. Eine Verlängerung ist möglich, wenn diese aus medizinischen Gründen dringend erforderlich ist. Die Wiederholung einer Mutter-Kind-Kur oder einer Vater-Kind-Maßnahme ist frühestens nach Ablauf von vier Jahren erneut möglich.

Versicherte leisten eine Zuzahlung von 10 € pro Kalendertag. Die Zuzahlung entfällt, wenn die Krankenkasse die Kur nicht vollständig finanziert. Kinder und Jugendliche unter 18 Jahren müssen nichts zuzahlen. Bei Mutter-/Vater-Kind-Kuren fällt nur für die Mutter oder den Vater eine Zuzahlung von 10%, mindestens 5 €, höchstens 10 € an.

Während der Kur kann für die Versorgung der Familienangehörigen zu Hause ein Anspruch auf eine Haushaltshilfe bestehen.

3. Befreiungsmöglichkeiten von den Zuzahlungen

Kinder und Jugendliche bis zum vollendeten 18. Lebensjahr sind von den Zuzahlungen befreit; mit Ausnahme der Fahrtkosten.

Alle anderen Versicherten haben bis zu einer jährlichen Belastungsgrenze Zuzahlungen zu leisten. Die jährliche Belastungsgrenze liegt bei 2% des jährlichen Bruttoeinkommens (§ 62 SGB V).

Bei chronisch kranken Versicherten, die wegen derselben chronischen schwerwiegenden Krankheit in Dauerbehandlung sind, liegt die Belastungsgrenze bei 1%.

Ein Patient gilt nach der Richtlinie des Gemeinsamen Bundesausschusses zur Umsetzung der Regelungen in § 62 SGB V für schwerwiegend chronisch Erkrankte („Chroniker-Richtlinie"), Stand: 17.11.2017, als schwerwiegend chronisch krank, wenn er mindestens ein Jahr lang wenigstens 1x pro Quartal ärztlich behandelt wurde und

- zusätzlich Pflegegrad 3, 4 oder 5 vorliegt oder
- ein GdB bzw. eine Erwerbsminderung von mindestens 60% vorliegt oder
- eine kontinuierliche medizinische Versorgung erforderlich ist, ohne die nach ärztlicher Einschätzung eine lebensbedrohliche Verschlimmerung, eine verminderte Lebenserwartung oder eine dauerhafte Beeinträchtigung der Lebensqualität durch die schwerwiegende chronische Erkrankung zu erwarten ist.

Bei der Ermittlung der Belastungsgrenze werden die Zuzahlungen und die Bruttoeinnahmen zum Lebensunterhalt der mit dem Versicherten im gemeinsamen Haushalt lebenden Angehörigen des

Versicherten und des Lebenspartners jeweils zusammengerechnet (§ 62 Abs. 2 S. 1 SGB V). Bei einer Familienversicherung wird damit das Bruttoeinkommen sämtlicher in die Familienversicherung einbezogener Familienmitglieder zu Grunde gelegt. Allerdings werden die Bruttoeinnahmen der weiteren in dem gemeinsamen Haushalt lebenden Angehörigen des Versicherten nicht in voller Höhe berücksichtigt.

Bei Versicherten, die Grundsicherung im Alter und bei Erwerbsminderung erhalten, oder bei denen die Kosten der Unterbringung in einem Heim oder einer ähnlichen Einrichtung von einem Träger der Sozialhilfe getragen werden, sind jedoch als Bruttoeinnahmen zum Lebensunterhalt für die gesamte Bedarfsgemeinschaft nur der Eckregelsatz des Haushaltsvorstands (derzeit 416 €) maßgeblich (§ 62 Abs. 2 S. 5 SGB V).

Die Krankenkasse stellt dem Versicherten eine Bescheinigung über die Befreiung von der Zuzahlung aus.

VI. Leistungen der gesetzlichen Pflegeversicherung (SGB XI)

1. Einführung

Die (gesetzliche) soziale Pflegeversicherung ist neben der gesetzlichen Krankenversicherung ein weiterer eigenständiger Zweig der Sozialversicherung in Deutschland. Die Einzelheiten sind im Elften Buch des Sozialgesetzbuches (SGB XI) geregelt. Zuständig für die soziale Pflegeversicherung sind die Pflegekassen, die bei den gesetzlichen Krankenkassen angegliedert sind.

Sämtliche Personen, die gesetzlich krankenversichert sind, sind auch automatisch in der gesetzlichen Pflegeversicherung versichert. Dies gilt auch für die Familienmitglieder bzw. Kinder, die im Rahmen der Familienversicherung in der Krankenversicherung mitversichert sind.

Privat Krankenversicherte sind verpflichtet, eine private Pflegeversicherung abzuschließen. Die Leistungen der privaten Pflegeversicherung müssen denen der gesetzlichen gleichwertig sein, richten sich jedoch im Einzelnen nach dem Versicherungsvertrag.

Voraussetzung für den Bezug von Leistungen ist, dass Pflegebedürftigkeit im Sinne des Gesetzes festgestellt wird. Hierzu erfolgt die Begutachtung und Einstufung durch den Medizinischen Dienst der Krankenversicherung (MDK) in einen Pflegegrad.

2. Voraussetzungen der Pflegebedürftigkeit und Bestimmung der Pflegegrade

Seit dem 1.1.2017 gelten ein neuer Pflegebedürftigkeitsbegriff und ein neues Begutachtungssystem. Es gibt anstelle der alten drei Pflegestufen jetzt fünf neue Pflegegrade. Der Umfang der Leistungen richtet sich nach dem jeweiligen Pflegegrad.

Entscheidend für die Pflegebedürftigkeit ist nicht mehr der Hilfebedarf in Minutenwerten, sondern der Grad der Selbständigkeit eines Menschen und das Angewiesensein auf personelle Unterstützung durch andere (§ 14 Abs. 1 SGB XI). Grundlage für die Einstufung in Pflegegrade ist ein neues Begutachtungsinstrument, das Begutachtungsassessment (NBA).

Der neue Begriff der Pflegebedürftigkeit berücksichtigt jetzt nicht mehr nur die klassischen Bereiche Körperpflege, Ernährung und Mobilität sowie hauswirtschaftliche Versorgung, sondern bezieht ausdrücklich auch kognitive Erkrankungen und psychische Störungen umfassend und gleichberechtigt mit ein. Infolgedessen entfällt eine gesonderte Prüfung der eingeschränkten Alltagskompetenz.

Bei der Begutachtung der Pflegebedürftigkeit werden die relevanten gesundheitlich bedingten Beeinträchtigungen der Selbständigkeit oder der Fähigkeiten in insgesamt sechs Lebensbereichen (Modulen) anhand von Einzelkriterien ermittelt und jeweils mit Einzelpunkten bewertet (§ 14 Abs. 2 SGB XI). Die einzelnen Kriterien und die konkrete Bewertung mit Einzelpunkten ist in der Anlage 1 zu § 15 SGB XI festgelegt.

Für die Einstufung in einen Pflegegrad werden in den sechs Lebensbereichen (Modulen) die folgenden einzelnen Kriterien untersucht:

1. **Mobilität** (Gewichtung 10%): Positionswechsel im Bett, Halten einer stabilen Sitzposition, Umsetzen, Fortbewegen innerhalb des Wohnbereichs, Treppensteigen; untersucht werden die motor-

ischen Fähigkeiten und nicht, ob die Mobilität aufgrund von kognitiven Beeinträchtigungen eingeschränkt ist.

2. **Kognitive und kommunikative Fähigkeiten** (Gewichtung 15%): Erkennen von Personen aus dem näheren Umfeld, örtliche und zeitliche Orientierung, Erinnern an wesentliche Ereignisse oder Beobachtungen, Steuern von mehrschrittigen Alltagshandlungen, Treffen von Entscheidungen im Alltagsleben, Verstehen von Sachverhalten und Informationen, Erkennen von Risiken und Gefahren, Mitteilen von elementaren Bedürfnissen, Verstehen von Aufforderungen, Beteiligen an einem Gespräch; überprüft wird nicht die Selbständigkeit, sondern in welchem Ausmaß die jeweilige geistige Fähigkeit vorhanden ist.
3. **Verhaltensweisen und psychische Problemlagen** (Gewichtung 15%): motorisch geprägte Verhaltensauffälligkeiten, nächtliche Unruhe, selbstschädigendes und autoaggressives Verhalten, Beschädigen von Gegenständen, physisch aggressives Verhalten gegenüber anderen Personen, verbale Aggression, andere pflegerelevante vokale Auffälligkeiten, Abwehr pflegerischer und anderer unterstützender Maßnahmen, Wahnvorstellungen, Ängste, Antriebslosigkeit bei depressiver Stimmungslage, sozial inadäquate Verhaltensweisen, sonstige pflegerelevante inadäquate Handlungen; bei der Begutachtung kommt es vor allem auf die Einschätzung der Frage an, inwieweit die Person ihr Verhalten selbständig steuern kann.
4. **Selbstversorgung** (Gewichtung 40%): Waschen des vorderen Oberkörpers, Körperpflege im Bereich des Kopfes, Waschen des Intimbereichs, Duschen und Baden einschließlich Waschen der Haare, An- und Auskleiden des Oberkörpers, An- und Auskleiden des Unterkörpers, mundgerechtes Zubereiten der Nahrung und Eingießen von Getränken, Essen, Trinken, Benutzen einer Toilette oder eines Toilettenstuhls, Bewältigen der Folgen einer Harninkontinenz und Umgang mit Dauerkatheter und Urostoma, Bewältigen der Folgen einer Stuhlinkontinenz und Umgang mit Stoma, Ernährung parenteral oder über Sonde, Bestehen gravierender Probleme bei der Nahrungsaufnahme bei Kindern bis zu 18 Monaten, die einen außergewöhnlich pflegeintensiven Hilfebedarf auslösen.

5. **Bewältigung von und selbständiger Umgang mit krankheits- oder therapiebedingten Anforderungen und Belastungen** (Gewichtung 20%): bewertet wird, wie selbständig jemand mit Therapien und anderen krankheitsbedingten Anforderungen umgehen kann. Welche Unterstützung wird benötigt z. B. bei Medikamentengabe, Injektionen, Absaugen und Sauerstoffgabe, Beatmung, Einreibungen, Verbandswechsel und Wundversorgung, Versorgung mit Stoma, regelmäßige Einmalkatheterisierung, Arztbesuche, Besuche anderer medizinischer oder therapeutischer Einrichtungen, Einhalten einer Diät oder anderer krankheits- oder therapiebedingter Verhaltensvorschriften.
6. **Gestaltung des Alltagslebens und sozialer Kontakte** (Gewichtung 15%): Gestaltung des Tagesablaufs und Anpassung an Veränderungen, Ruhen und Schlafen, Sichbeschäftigen, Vornehmen von in die Zukunft gerichteten Planungen, Interaktion mit Personen im direkten Kontakt, Kontaktpflege zu Personen außerhalb des direkten Umfelds; bei der Beurteilung der Fähigkeiten werden sowohl geistige und mentale als auch motorische Fähigkeiten berücksichtigt.

Für die Bewertung der Selbständigkeit und die Zuordnung von Einzelpunkten gilt bei den Modulen 1, 4 und 6 das folgende Bewertungssystem:

- 0 Einzelpunkte = selbständig; Die Person kann die Aktivität in der Regel selbständig durchführen.
- 1 Einzelpunkt = überwiegend selbständig; Die Person kann den größten Teil der Aktivität selbständig durchführen.
- 2 Einzelpunkte = überwiegend unselbständig; Die Person kann die Aktivität nur zu einem geringen Anteil selbständig durchführen.
- 3 Einzelpunkte = unselbständig; Die Person kann die Aktivität in der Regel nicht durchführen bzw. steuern, auch nicht teilweise.

Bei Modul 4 kann man bei den Kriterien Essen, Trinken und Benutzen der Toilette/des Toilettenstuhls bis zu 4, 6 oder sogar 9 Einzelpunkte erreichen.

Bei Modul 2 werden die Einzelpunkte von 0 bis 3 danach vergeben, inwieweit die grundlegenden mentalen Fähigkeiten eines Menschen noch vorhanden sind.

Bei Modul 3 wird erfasst, wie oft die angeführten Verhaltensweisen personelle Unterstützung erfordern. Ist die Unterstützung nie oder selten notwendig, so entspricht dies 0 Einzelpunkten – ist die Unterstützung dagegen täglich nötig, so werden 5 Einzelpunkte vergeben.

Bei Modul 5 wird mit Einzelpunkten bewertet, wie selbständig jemand mit Therapien und anderen krankheitsbedingten Anforderungen umgehen kann und wie häufig Hilfe erforderlich ist.

Zusätzlich zu den vorgenannnten sechs Lebensbereichen werden bei der Begutachtung noch die Bereiche außerhäusliche Aktivitäten und Haushaltsführung beurteilt, für die jedoch keine Punkte vergeben werden. Sie dienen nur der Pflege- und Hilfeplanung.

Die innerhalb eines Lebensbereiches für die verschiedenen enthaltenen Kriterien vergebenen Einzelpunkte werden zusammengezählt und entsprechend ihrer Bedeutung für den Alltag in gewichtete Punkte umgerechnet. Die Umrechnung der Einzelpunkte in gewichtete Punkte erfolgt anhand der Bewertungstabelle in Anlage 2 zu § 15 SGB XI, „Bewertungssystematik (Summe der Punkte und gewichtete Punkte)“. Die Gewichtung soll bewirken, dass die Schwere der Beeinträchtigungen der Selbständigkeit oder der Fähigkeiten von Personen mit körperlichen Beeinträchtigungen und von Personen mit kognitiven oder psychischen Beeinträchtigungen sachgerecht und angemessen bei der Bildung des Gesamtpunktes berücksichtigt werden. Die Gewichtung der einzelnen Lebensbereiche (Module) ist vorstehend bei deren Beschreibung bereits vermerkt. Bei den Modulen 2 und 3 werden nur die Einzelpunkte desjenigen Moduls in der Gesamtbewertung berücksichtigt, das die meisten Einzelpunkte aufweist.

Die gewichteten Punkte der Module sind zusammenzuzählen und ergeben die Gesamtpunkte. Auf der Basis der erreichten Gesamtpunkte sind pflegebedürftige Personen in einen der nachfolgenden Pflegegrade einzuordnen (§ 15 SGB XI):

- Pflegegrad 1 (geringe Beeinträchtigungen der Selbständigkeit): ab 12,5 bis unter 27 Gesamtpunkte
- Pflegegrad 2 (erhebliche Beeinträchtigungen der Selbständigkeit): ab 27 bis unter 47,5 Gesamtpunkte
- Pflegegrad 3 (schwere Beeinträchtigungen der Selbständigkeit): ab 47,5 bis unter 70 Gesamtpunkte
- Pflegegrad 4 (schwerste Beeinträchtigungen der Selbständigkeit): ab 70 bis unter 90 Gesamtpunkte
- Pflegegrad 5 (schwerste Beeinträchtigungen der Selbständigkeit mit besonderen Anforderungen an die pflegerische Versorgung): ab 90 bis 100 Gesamtpunkte

Pflegebedürftige mit besonderen Bedarfskonstellationen, die einen spezifischen, außergewöhnlich hohen Hilfebedarf aufweisen, können dem Pflegegrad 5 zugeordnet werden, auch wenn ihre Gesamtpunkte unter 90 liegen. Als besondere Bedarfskonstellation ist bisher ausschließlich die Gebrauchsunfähigkeit beider Arme und beider Beine anerkannt. Sie kann z. B. bei Menschen im Wachkoma vorkommen oder durch hochgradige Kontrakturen, Versteifungen, hochgradigen Tremor und Rigor oder Athetose bedingt sein. Zu bejahen ist die Gebrauchsunfähigkeit auch, wenn eine minimale Restbeweglichkeit der Arme noch vorhanden ist, z. B. die Person mit dem Ellenbogen noch den Joystick eines Rollstuhls bedienen kann, oder nur noch unkontrollierbare Greifreflexe bestehen.

3. Besonderheiten bei der Begutachtung von Kindern und Jugendliche

Die Beurteilung der Pflegebedürftigkeit bei Kindern und Jugendlichen (bis zur Vollendung des 18. Lebensjahres) entspricht grundsätzlich der Erwachsenenbegutachtung, da die für die Erwachsenen relevanten Kriterien mit nur wenigen Anpassungen auch auf Kinder und Jugendliche zutreffen.

Der Pflegegrad wird jedoch durch einen Vergleich der Beeinträchtigungen ihrer Selbständigkeit mit altersentsprechend entwickelten Kindern ermittelt (§ 15 Abs. 6 SGB XI). Die Begutachtungs-Richtlinien (vgl. Ziffer 5 BRi) enthalten daher Tabellen zur Darstellung des altersentsprechenden Selbständigkeitsgrades bzw. der altersentsprechenden Ausprägung von Fähigkeiten bei Kindern bezogen auf die Module 1, 2, 4 und 6. Im Ergebnis verringern sich dadurch die für den Grad der Selbständigkeit zu vergebenden Einzelpunkte im Vergleich zu der Beurteilung von Erwachsenen. Zum Beispiel werden nur 2 Einzelpunkte (anstatt 3 Einzelpunkte) vergeben, wenn das zu beurteilende Kind bei einem zu beurteilenden Kriterium „unselbständig" ist, wenn altersentsprechend entwickelte Kinder bereits „überwiegend selbständig" wären. Diese Sonderregelungen gelten nicht mehr ab einem Alter von elf Jahren, da ein altersentsprechend entwickeltes Kind dann in allen Modulen des Begutachtungsinstruments selbständig sein kann.

Für die Module 3 und 5 sind keine Altersgrenzen festgelegt, da hier krankheits- und therapiebedingte Beeinträchtigungen erfasst werden, die altersunabhängig bei jedem Kind zu bewerten sind. Das altersunabhängige Kriterium hinsichtlich des Vorliegens der besonderen Bedarfskonstellation „Gebrauchsunfähigkeit beider Arme und beider Beine" wird ebenfalls immer bewertet.

Für Kinder von 0 bis 18 Monaten (entscheidend ist der Tag, an dem das Kind seinen 18. Lebensmonat vollendet) gelten weitere Sonderregelungen, da Kinder dieser Altersgruppe von Natur aus in allen Bereichen des Alltagslebens unselbständig sind und daher keine oder nur niedrige Pflegegrade erreichen könnten (§ 14 Abs. 2 Nr. 4 SGB XI, § 15 Abs. 6 und Abs. 7 SGB XI).

So werden nur die altersunabhängigen Module 3 („Verhaltensweisen und psychische Problemlagen") und 5 („Umgang mit krankheits- oder therapiebedingten Anforderungen") beurteilt. Anstelle des Moduls 4 („Selbstversorgung") wird lediglich beurteilt, ob gravierende Probleme bei der Nahrungsaufnahme bestehen, die einen außergewöhnlich pflegeintensiven Hilfebedarf im Bereich der Ernährung auslösen. Ist das zu bejahen, wird dies mit 20 Einzelpunkten bewertet. Das Kriterium hinsichtlich des Vorliegens der besonderen Bedarfskonstellation „Gebrauchsunfähigkeit beider Arme und beider Beine" wird immer bewertet.

Darüber hinaus werden Kinder von 0 bis 18 Monaten bei gleicher Einschränkung um einen Pflegegrad höher eingestuft als ältere Kinder oder Erwachsene und können in diesem Pflegegrad ohne weitere Begutachtung bis zum 18. Lebensmonat verbleiben.

4. Antragstellung und Verfahren

Leistungen der Pflegeversicherung werden nur auf Antrag und ab Antragstellung erbracht (§ 33 Abs. 1 SGB XI). Anträge auf Leistungen der Pflegeversicherung sind an die zuständige Pflegekasse zu richten. Diese ist an die eigene Krankenkasse angegliedert. Anschließend wird von der Pflegekasse das Vorliegen der Pflegebedürftigkeit geprüft und die Einstufung in einen Pflegegrad vorgenommen.

Bei der erstmaligen Beantragung von Leistungen der Pflegeversicherung ab dem 1.1.2017 müssen eine Begutachtung der pflegebedürftigen Person sowie deren Einstufung in einen Pflegegrad erfolgen. Bereits zum 31.12.2016 in eine Pflegestufe eingestufte Personen werden nicht nach dem neuen Begutachtungssystem begutachtet, sondern automatisch mit Bestandsschutz in einen neuen Pflegegrad übergeleitet (vgl. hierzu nachfolgend Ziffer 7.).

Mit der Begutachtung beauftragen die Pflegekassen regelmäßig Fachkräfte des Medizinischen Dienstes der Krankenversicherung (MDK) (§ 18 Abs. 1 SGB XI). Hierbei handelt es sich regelmäßig um Ärzte oder Pflegekräfte. Die Untersuchung des Versicherten ist in seinem Wohnbereich durchzuführen und in angemessenen Zeitabständen zu wiederholen. Die antragstellende Person hat dabei das Recht, dass während der Begutachtung dritte Personen, z. B. Angehörige, anwesend sind und Beistand leisten.

Wenn nicht innerhalb von 20 Arbeitstagen ab Antragstellung eine Begutachtung erfolgt ist, ist die Pflegekasse jedoch verpflichtet, dem Antragsteller mindestens drei unabhängige Gutachter zur Auswahl zu benennen. Wenn der Versicherte einen der drei genannten Gutachter auswählt, hat die Pflegekasse diesem Wunsch zu entsprechen. Der Antragsteller hat der Pflegekasse seine Entscheidung innerhalb einer Woche ab Kenntnis der Namen der Gutachter mitzuteilen, ansonsten kann die Pflegekasse einen Gutachter aus der übersandten Liste beauftragen (§ 18 Abs. 3a SGB XI).

Grundsätzlich gilt, dass die Pflegekasse spätestens 25 Arbeitstage nach Eingang des Antrags schriftlich darüber entscheiden muss, ob dem Antragsteller Leistungen der Pflegeversicherung gewährt werden. Bei Eilbedürftigkeit der Einstufung in einen Pflegegrad, z. B. bei Aufenthalt im Krankenhaus oder in einer stationären Rehabilitationseinrichtung oder einem Hospiz oder wenn die Pflegeperson Pflegezeit nach dem Pflegezeitgesetz gegenüber dem Arbeitgeber ankündigt, verkürzt sich die Bearbeitungsfrist auf bis zu einer Woche. Erteilt die Pflegekasse den schriftlichen Bescheid über den Antrag nicht innerhalb von 25 Arbeitstagen oder wird eine aus besonderen Gründen nach § 18 Abs. 3 SGB XI verkürzte Begutachtungsfrist nicht eingehalten, hat die Pflegekasse nach Fristablauf für jede begonnene Woche der Fristüberschreitung 70 € an den Antragsteller zu zahlen (§ 18 Abs. 3b SGB XI). Dies gilt nicht, wenn die Pflegekasse die Verzögerung nicht zu vertreten hat oder wenn sich der Antragsteller in vollstationärer Pflege befindet und bei ihm bereits mindestens erhebliche Beeinträchtigungen der Selbständigkeit oder der Fähigkeiten (mindestens Pflegegrad 2) festgestellt sind.

Der Antragsteller hat im Übrigen ein Recht darauf, dass mit dem Bescheid das Gutachten über die Feststellung des Grads der Pflegebedürftigkeit übersandt wird (§ 18a Abs. 1 SGB XI). Dieses Gutachten benötigt der Antragsteller auch dringend, um die Entscheidung der Pflegekasse überprüfen und einen eventuellen Widerspruch gegen eine ablehnende Entscheidung der Pflegekasse fundiert begründen zu können.

Gegen die Entscheidung der Pflegekasse kann innerhalb eines Monats bei der Pflegekasse Widerspruch eingelegt werden, wenn der Versicherte damit nicht einverstanden ist. Regelmäßig wird im Rahmen eines Widerspruchsverfahrens eine erneute Begutachtung erforderlich. Dieses Widerspruchsgutachten ist dann von einem bei der Vorbegutachtung nicht beteiligten Gutachter zu erstellen. Die Widerspruchsbegutachtung hat grundsätzlich ebenfalls in häuslicher Umgebung stattzufinden.

5. Begutachtung auf der Grundlage der Begutachtungs-Richtlinien

Die Begutachtung erfolgt auf der Grundlage der Richtlinien zum Verfahren der Feststellung von Pflegebedürftigkeit sowie zur pflegefachlichen Konkretisierung der Inhalte des Begutachtungsinstruments nach dem Elften Buch des Sozialgesetzbuches (**Begutachtungs-Richtlinien – BRi**) in der Fassung vom 15.4.2016, geändert durch Beschluss vom 31.3.2017). Diese Richtlinien können im Internet unter https://www.mds-ev.de/richtlinien-publikationen/richtlinien-grundlagen-der-begutachtung/pflegebeduerftigkeit.html eingesehen und heruntergeladen werden.

In den Begutachtungs-Richtlinien werden die Lebensbereiche und die einzelnen Kriterien pflegefachlich konkretisiert und es wird erläutert, wie die Schweregrade der Beeinträchtigungen der Selbständigkeit oder der Fähigkeiten zu beurteilen sind (vgl. Ziffer 4.9 BRi). Zudem werden die Abstufungen der Selbständigkeit mit den Besonderheiten der einzelnen Kriterien ausführlich und gut verständlich, zum Teil anhand von Beispielen, erläutert.

Anders als bei dem früheren nicht transparenten und kaum überprüfbaren „Minutenzählen" bei der Feststellung des Pflegebedarfes können Versicherte jetzt das Ergebnis der Begutachtung des Pflegebedarfes leichter beurteilen und nachvollziehen. Die Begründung eines Widerspruches gegen die Bestimmung eines zu niedrigen Pflegegrades wird damit leichter fallen. Allerdings wird die Überprüfung der Begutachtung oder die Begründung eines Widerspruches auch deutlich aufwendiger sein, da aufgrund des neuen Begutachtungssystems insgesamt erheblich mehr Lebensbereiche und Kriterien zu untersuchen und zu bewerten sind.

6. Tipps für die Begutachtung durch den Medizinischen Dienst (MDK)

Auf den Hausbesuch des Gutachters vom MDK sollten sich Betroffene und deren Angehörige gut vorbereiten. Die Begutachtungs-Richtlinien enthalten unterschiedliche Formulargutachten (Mustergutachten) jeweils für die Begutachtung von Erwachsenen sowie für die Begutachtung von Kindern. Es empfiehlt sich, anhand des jeweiligen Formulargutachtens vor der eigentlichen Begutachtung durch den MDK bereits einmal den Pflegebedarf eigenständig zu ermitteln, um sich auf die Begutachtung vorzubereiten.

Im Internet gibt es auch die Möglichkeit mit Online-Rechnern den voraussichtlichen Pflegebedarf bzw. Pflegegrad anhand der eigenen Angaben zu ermitteln. Pflegegradrechner im Internet können damit eine erste Orientierung geben, welche Chancen für die Zuerkennung eines bestimmten Pflegegrades bestehen.

Darüber hinaus ist zu empfehlen, dem Gutachter bestimmte Fähigkeiten und Tätigkeiten praktisch vorzuführen. Denn häufig erfolgt im Rahmen eines Hausbesuches nur eine Besprechung des Pflegebedarfs mit dem Pflegebedürftigen oder den Angehörigen, ohne dass sich der Gutachter jedoch konkret die Beeinträchtigungen in den relevanten Lebensbereichen (Modulen) und den erforderlichen Pflegeaufwand praktisch zeigen lässt.

Auch ein über mehrere Tage geführtes Pflegetagebuch, in dem der gesamte Pflegeaufwand aufgeführt und dokumentiert wird, kann helfen, dem Gutachter den tatsächlichen Pflegebedarf darzustellen.

7. Bestandsschutz und Überleitung zum 31.12.2016

Wer zum 31.12.2016 bereits in eine (alte) Pflegestufe eingestuft war (Altfälle), wurde ohne Neubegutachtung automatisch in einen neuen Pflegegrad mit Bestandsschutz übergeleitet. Die Überleitung fand wie folgt statt:

- Pflegestufe alt (ohne Vorliegen einer eingeschränkte Alltagskompetenz) + 1 = Pflegegrad neu
- Pflegestufe alt (mit Vorliegen einer eingeschränkte Alltagskompetenz) + 2 = Pflegegrad neu

Ein Pflegebedürftiger mit der Pflegestufe 1 und festgestellter eingeschränkter Alltagskompetenz (z. B. infolge einer geistigen Behinderung) wurde somit in den neuen Pflegegrad 3 übergeleitet.

Aufgrund des gesetzlich festgelegten Bestandsschutzes bleibt der übergeleitete Pflegegrad auf Dauer bestehen, auch wenn in einer späteren Begutachtung ein niedrigerer Pflegegrad festgestellt würde (§ 141 Abs. 5 SGB XI). Nur bei der Feststellung, dass überhaupt keine Pflegebedürftigkeit mehr vorliegt, würden die Leistungen der Pflegeversicherung für die Zukunft wegfallen (§ 140 Abs. 3 SGB XI). Dies bedeutet, dass in einen Pflegegrad übergeleitete Versicherte keine Sorge vor einer Wiederholungsbegutachtung haben müssen. Selbst wenn die Wiederholungsbegutachtung zu dem Ergebnis kommen sollte, dass sich der Pflegegrad verringert hat, greift der Bestandsschutz und verhindert eine Herabstufung.

Kein Bestandsschutz besteht jedoch für einen Pflegegrad, der erst durch eine Begutachtung nach dem neuen Begutachtungssystem ab dem 1.1.2017 festgestellt worden ist.

Beispiel: Ein Pflegebedürftiger mit Pflegestufe 0 wurde zum 1.1.2017 in den Pflegegrad 2 übergeleitet. Für diesen Pflegegrad 2 besteht Bestandsschutz. Erfolgt nach dem 1.1.2017 dann noch eine Höherstufung nach dem neuen Begutachtungsinstrument in den Pflegegrad 3, gilt dafür jedoch kein Bestandsschutz. Eine spätere Herabstufung wieder in den Pflegegrad 2 ist daher möglich. Aufgrund des Bestandsschutzes für den übergeleiteten Pflegegrad 2 ist jedoch eine weitere Herabstufung ausgeschlossen.

8. Leistungen der Pflegeversicherung

a) Leistungen bei der häuslichen Pflege. Im Folgenden werden die Leistungen der Pflegeversicherung dargestellt, die bei der häuslichen Pflege gemäß §§ 36 bis 40 SGB XI beansprucht werden können.

Bei Pflege in einer vollstationären Pflegeeinrichtung oder bei Pflege in vollstationären Einrichtungen der Hilfe für behinderte Menschen (Behinderteneinrichtungen) stehen die Leistungen der häuslichen Pflege nicht zur Verfügung.

aa) Pflegegeld (§ 37 SGB XI): Mit dem Pflegegeld können Pflegebedürftige die Pflege durch Angehörige oder ehrenamtliche Pflegepersonen entlohnen. Das Pflegegeld wird von der Pflegekasse überwiesen. Der Pflegebedürftige kann über die Verwendung des Pflegegeldes frei verfügen. Pflegegeld gilt sozialhilferechtlich nicht als Einkommen.

Das monatliche Pflegegeld beträgt

bei Pflegegrad 1:	0 €
bei Pflegegrad 2:	316 €
bei Pflegegrad 3:	545 €
bei Pflegegrad 4:	728 €
bei Pflegegrad 5:	901 €

Auch Versicherte, die in einer vollstationären Behinderteneinrichtung leben, können für die Tage, die sie z. B. an Wochenenden oder in den Ferien zu Hause im Elternhaus verbringen und dort gepflegt werden, (anteiliges) Pflegegeld beanspruchen (§ 38 Satz 4 SGB XI). Die Tage der An- und Abreise gelten dabei als volle Tage der häuslichen Pflege (§ 43a Satz 3 SGB XI).

Bei vorübergehendem Auslandsaufenthalt von bis zu jährlich sechs Wochen wird das Pflegegeld weiter bezahlt. Während eines Aufenthaltes in einem Mitgliedstaat der Europäischen Union, in einem Vertragsstaat des Abkommens über den Europäischen Wirtschaftsraum oder in der Schweiz zahlt die Pflegekasse das Pflegegeld unbegrenzt weiter (§ 34 Abs. 1 und Abs. 1a SGB XI). Pflegegeld kann auch in den ersten vier Wochen einer vollstationären Krankenhausbehandlung weiter beansprucht werden (§ 34 Abs. 2 SGB XI).

Pflegebedürftige, die Pflegegeld beziehen, müssen beachten, dass sie bei Pflegegrad 2 und 3 halbjährlich einmal und bei Pflegegrad 4 und 5 vierteljährlich einmal eine Beratung bei ihnen zuhause abrufen müssen. Andernfalls kann das Pflegegeld angemessen gekürzt werden (§ 37 Abs. 3 und Abs. 6 SGB XI). Die Beratung dient der Sicherung der Qualität der häuslichen Pflege und der regelmäßigen Hilfestellung und praktischen pflegefachlichen Unterstützung der häuslich Pflegenden.

bb) Pflegesachleistungen bei häuslicher Pflege: Anstelle des Pflegegeldes können jedoch auch die Kosten für ambulante Pflegedienste als Pflegesachleistung von der Pflegekasse beansprucht werden. Der Gesamtwert der von der Pflegekasse zu erbringenden Pflegesachleistung (§ 36 SGB XI) ist im Monat begrenzt:

- bei Pflegegrad 2 auf 689 €,
- bei Pflegegrad 3 auf 1.298 €,
- bei Pflegegrad 4 auf 1.612 €,
- bei Pflegegrad 5 auf 1.995 €.

cc) **Kombination von Geldleistung und Sachleistung (Kombinationsleistung gemäß § 38 SGB XI):** Pflegebedürftige mit Pflegegrad 2 bis 5 können Pflegegeld und Pflegesachleistung kombinieren. Nimmt der Pflegebedürftige die ihm zustehende Pflegesachleistung nur teilweise in Anspruch, erhält er daneben ein anteiliges Pflegegeld und umgekehrt. Das Pflegegeld wird um den Vomhundertsatz vermindert, in dem der Pflegebedürftige Pflegesachleistungen in Anspruch genommen hat. An die Entscheidung, in welchem Verhältnis er Geld- und Sachleistung in Anspruch nehmen will, ist der Pflegebedürftige jedoch für die Dauer von sechs Monaten gebunden.

dd) **Verhinderungspflege:** Ist eine Pflegeperson wegen Erholungsurlaub, Krankheit oder aus anderen Gründen an der Pflege gehindert, übernimmt die Pflegekasse die nachgewiesenen Kosten einer notwendigen Ersatzpflege für längstens sechs Wochen je Kalenderjahr.

Voraussetzung ist, dass die Pflegeperson den Pflegebedürftigen vor der erstmaligen Verhinderung mindestens sechs Monate in seiner häuslichen Umgebung gepflegt hat und der Pflegebedürftige zum Zeitpunkt der Verhinderung mindestens in Pflegegrad 2 eingestuft ist.

Die Leistung ist beschränkt auf die Dauer von sechs Wochen pro Kalenderjahr und auf einen Betrag von 1.612 € im Kalenderjahr. Dieser Betrag erhöht sich um bis zu 806 € auf bis zu 2.418 €, soweit Leistungen der Kurzzeitpflege nach § 42 SGB XI (vgl. nachfolgend Ziffer 8 b) nicht ausgeschöpft werden.

Die Ersatzpflege kann sowohl von ambulanten Pflegediensten als auch von anderen Pflegepersonen durchgeführt werden. Die Kosten werden jedoch nur bis zur (vollen) Höhe von 1.612 € bzw. 2.418 € übernommen, wenn die Verhinderungspflege durch Pflegepersonen sichergestellt wird, die mit dem Pflegebedürftigen nicht bis zum zweiten Grade verwandt (also nicht Großeltern und Geschwister des Kindes, aber Onkel und Tante) oder verschwägert sind und nicht mit ihm in häuslicher Gemeinschaft leben. Als üblicher Stundensatz für die Pflegeperson werden von den Pflegekassen in der Regel 10 € bis 12 € akzeptiert.

Für die Pflege von Pflegepersonen, die mit dem Pflegebedürftigen bis zum zweiten Grade verwandt oder verschwägert sind oder mit ihm in häuslicher Gemeinschaft leben, kann auch Verhinderungspflege beansprucht werden, allerdings begrenzt auf den Betrag des 1,5-fachen Pflegegeldes des festgestellten Pflegegrades (§ 39 Abs. 3 SGB XI). Die Begrenzung gilt nicht, wenn die Pflege nachweislich erwerbsmäßig ausgeübt wird. Zusätzlich kann die (bis zum zweiten Grad verwandte oder verschwägerte oder mit in häuslicher Gemeinschaft lebende) Pflegeperson noch Ersatz ihrer notwendigen Aufwendungen wie Fahrtkosten oder auch Verdienstausfall bis zum Höchstbetrag von 1.612 € bzw. 2.418 € verlangen. Fahrtkosten werden gemäß §5 Bundesreisekostengesetz (BRKG) mit 0,20 € pro Kilometer anerkannt.

Beispiel: Ein Geschwisterkind pflegt ersatzweise den behinderten pflegebedürftigen Bruder mit Pflegegrad 3. Dann kann das Geschwisterkind für seine Pflege Verhinderungspflege von bis zu dem 1,5-fachen des monatlichen Pflegegeldes für Pflegegrad 3, also bis zu einem Höchstbetrag von 817,50 € verlangen. Dazu kommen noch Esatz von Fahrtkosten oder von Verdienstausfall.

Alternativ kann der Pflegebedürftige für die Dauer von sechs Wochen in einer Pflegeeinrichtung betreut werden. Auch der Aufenthalt in einem Feriencamp oder Ferienheim einer Behinderteneinrichtung kann als Verhinderungspflege anerkannt werden. Die Pflegekasse übernimmt pflegebedingte Kosten bis zu 1.612 € (bzw. bis zu 2.418 €). Für Unterkunft und Verpflegung (sog. Hotelkosten) sowie die Investitionskosten der Einrichtung muss der Pflegebedürftige jedoch selbst aufkommen.

Für Zeiten der Verhinderungspflege wird das Pflegegeld um 50% gekürzt (§ 37 Abs. 2 Satz 2 SGB XI). Eine Kürzung erfolgt nicht, wenn die Verhinderungspflege nur stundenweise und täglich nicht für länger als 8 Stunden erfolgt. Entscheidend ist dabei die Zeit, in der die eigentliche Pflegeperson verhindert ist und nicht die Zeit, in der die Ersatzpflege erfolgt.

Leistungen der Verhinderungspflege können auch während eines vorübergehenden Aufenthaltes im Ausland beansprucht werden, wenn die mitreisende Pflegeperson dort während des Urlaubs verhindert ist (BSG, 20.4.2016, Az. B 3 P 4/14 R).

ee) **Entlastungsbetrag (§ 45b SGB XI):** An die Stelle der früheren zusätzlichen Betreuungsleistungen ist der Entlastungsbetrag getreten.

Der Entlastungsbetrag kann bereits ab Pflegegrad 1 beansprucht werden.

Der Entlastungsbetrag beträgt monatlich 125 €. Es handelt sich um eine Sachleistung. Das bedeutet, dass dieser Betrag nicht ausbezahlt wird. Der Betrag ist zweckgebunden einzusetzen für qualitätsgesicherte Leistungen zur Entlastung pflegender Angehöriger sowie zur Förderung der Selbständigkeit und Selbstbestimmtheit der Pflegebedürftigen bei der Gestaltung ihres Alltags.

Der Betrag darf gemäß § 45b SGB XI für die folgenden Leistungen verwendet werden:

- Tages- und Nachtpflege, Kurzzeitpflege;
- Leistungen der ambulanten Pflegedienste, aber nicht im Bereich der Selbstversorgung (z. B. Waschen, Duschen, An- und Auskleiden etc.) für Personen mit Pflegegrad 2 bis 5;
  für Personen mit Pflegegrad 1 können auch Leistungen der ambulanten Pflegedienste im Bereich der Selbstversorgung übernommen werden;
- Leistungen der nach Landesrecht anerkannten Angebote zur Unterstützung im Alltag im Sinne des § 45a SGB XI.

Angebote zur Unterstützung im Alltag gemäß § 45a SGB XI haben den Zweck, Pflegepersonen zu entlasten, und sie helfen Pflegebedürftigen, möglichst lange in ihrer häuslichen Umgebung zu bleiben, soziale Kontakte aufrechtzuerhalten und ihren Alltag weiterhin möglichst selbständig bewältigen zu können. Zu den anerkannten Angeboten zur Unterstützung im Alltag gehören

- Betreuungsangebote, in denen insbesondere ehrenamtliche Helferinnen und Helfer unter pflegefachlicher Anleitung die Betreuung von Pflegebedürftigen mit allgemeinem oder mit besonderem Betreuungsbedarf in Gruppen oder im häuslichen Bereich übernehmen,
- Angebote zur Entlastung von Pflegenden, die der gezielten Entlastung und beratenden Unterstützung von pflegenden Angehörigen und vergleichbar nahestehenden Pflegepersonen in ihrer Eigenschaft als Pflegende dienen,
- Angebote zur Entlastung im Alltag, die dazu dienen, die Pflegebedürftigen bei der Bewältigung von allgemeinen oder pflegebedingten Anforderungen des Alltags oder im Haushalt, insbesondere bei der Haushaltsführung, oder bei der eigenverantwortlichen Organisation individuell benötigter Hilfeleistungen zu unterstützen. Zu den Angeboten zur Entlastung im Alltag gehören insbesondere die Angebote der Offenen Behindertenarbeit (OBA) wie Familienentlastende Dienste, Assistenzdienste und Integrationshilfen im Freizeitbereich.

Der Entlastungsbeitrag muss beantragt werden und wird nicht pauschal an den Pflegebedürftigen ausbezahlt. Der Antrag muss jedoch nicht vor Inanspruchnahme der Leistungen gestellt werden. Es reicht, wenn der Antrag mit den Rechnungen eingereicht wird.

Wird der Entlastungsbetrag in einem Kalenderjahr nicht ausgeschöpft, kann der nicht verbrauchte Betrag in das folgende Kalenderhalbjahr übertragen werden. Nicht verbrauchte Ansprüche verfallen am 30.6. des Folgejahres.

Für nicht verbrauchte Beträge der zusätzlichen Betreuungsleistungen aus den Jahren 2015 und 2016 gilt ausnahmsweise, dass diese noch bis 31.12.2018 verbraucht werden können.

Zusätzlich ist die teilweise Umwandlung des Pflegesachleistungsbetrages der Pflegegrade 2 bis 5 zur Verwendung für Angebote zur Unterstützung im Alltag gemäß § 45a SGB XI möglich. Maximal können jedoch nur monatlich 40% des Sachleistungsanspruchs umgewandelt und verwendet werden (§ 45a Abs. 4 SGB XI).

ff) Wohngruppenzuschlag (§ 38a SGB XI): Pflegebedürftige haben gemäß § 38a SGB XI Anspruch auf einen pauschalen Zuschlag in Höhe von 214 € monatlich, wenn mindestens drei und höchstens 12 Personen in einer ambulant betreuten Wohngruppe in einer gemeinsamen Wohnung zum Zweck der gemeinschaftlich organisierten pflegerischen Versorgung leben. Von den Bewohnern der Wohngruppe müssen mindestens zwei weitere Personen pflegebedürftig sein.

Mit dem Wohngruppenzuschlag sollen die zusätzlichen Aufwendungen einer Wohngruppe finanziert werden, wenn diese gemeinschaftlich eine Person beauftragen, die die allgemeinen organisatorischen, verwaltenden oder betreuenden Tätigkeiten verrichtet oder hauswirtschaftliche Unterstützung leistet.

Die in § 38a SGB XI festgelegten Voraussetzungen für den Bezug des Wohngruppenzuschlages sind in dem „Gemeinsamen Rundschreiben zu den leistungsrechtlichen Vorschriften des SGB XI vom 13.2. 2018“ des GKV-Spitzenverbandes, Verbände der Pflegekassen auf Bundesebene, ausführlich dargestellt und erläutert (im Internet unter https://www.gkv-spitzenverband.de).

Da der Wohngruppenzuschlag dem zusätzlichen, vor allem organisatorischen und verwaltenden Aufwand in einer Wohngruppe dient, darf er nicht auf Leistungen der Hilfe zur Pflege nach dem SGB XII angerechnet werden (BSG, 12.5.2017, Az. B 8 SO 14/16 R).

gg) Pflegehilfsmittel (§ 40 Abs. 1 SGB XI): Nach § 40 Abs. 1 Satz 1 SGB XI haben Pflegebedürftige (auch bereits mit Pflegegrad 1) Anspruch auf Versorgung mit Pflegehilfsmitteln, die zur Erleichterung der häuslichen Pflege oder zur Linderung der Beschwerden des Pflegebedürftigen beitragen oder ihnen eine selbständigere Lebensführung ermöglichen. Die Pflegekasse stellt für die häusliche Pflege technische Pflegehilfsmittel, wie z. B. Pflegebett, Gehwagen und Toilettenstuhl, zur Verfügung.

Allerdings sind Pflegehilfsmittel als Leistungen der häuslichen Pflege bei Unterbringung in einer stationären Pflegeeinrichtung oder in einer Behinderteneinrichtung nach § 36 Abs. 4 Satz 1 Halbsatz 2 SGB XI generell ausgeschlossen. Somit können Pflegebedürftige, die in einer Behinderteneinrichtung leben, keine Pflegehilfsmittel von der Pflegekasse beanspruchen. Möglicherweise kommen jedoch Hilfsmittel der gesetzlichen Krankenkasse in Betracht (vgl. hierzu Ziffer V 2 c, hh (2), S. 131 f.).

Die Zuzahlung beträgt 10%, höchstens jedoch 25 € je Pflegehilfsmittel (§ 40 Abs. 3 S. 4 SGB XI).

Für Verbrauchsmittel, wie z. B. Windeln, werden bis zu 40 € monatlich bewilligt.

hh) Maßnahmen zur Verbesserung des Wohnumfeldes (§ 40 Abs. 4 SGB XI): Für pflegebedingte Umbaumaßnahmen in der Wohnung zahlt die Pflegekasse je Maßnahme einen Zuschuss von bis zu 4.000 €, wenn dadurch im Einzelfall die häusliche Pflege ermöglicht oder erheblich erleichtert oder eine möglichst selbständige Lebensführung des Pflegebedürftigen wiederhergestellt wird (§ 40 Abs. 4 SGB XI). Voraussetzung ist weiter das Vorliegen eines Pflegegrades von mindestens 1. Leben mehrere Pflegebedürftige in einer gemeinsamen Wohnung, steht jedem der Zuschuss von 4.000 € zu. Insgesamt sind die Zuschüsse dann je Maßnahme jedoch auf einen Gesamtbetrag von 16.000 € begrenzt.

Beachtet werden muss, dass alle Maßnahmen, die zu einem bestimmten Zeitpunkt zur Verbesserung des Wohnumfeldes erforderlich sind, als eine einheitliche Gesamtmaßnahme beurteilt werden und insgesamt nur einmal bezuschusst werden. Ein weiterer Zuschuss kann nur gewährt werden, wenn sich die Pflegesituation objektiv ändert, sich also z. B. der Pflegebedarf erhöht, und dadurch mit der Zeit weitere Schritte zur Verbesserung erforderlich werden, die bei der ersten Umbaumaßnahme noch nicht notwendig waren.

b) Kurzzeitpflege. Unter die Kurzzeitpflege (§ 42 SGB XI) fällt die vorübergehende Aufnahme in eine für die Kurzzeitpflege anerkannte vollstationäre Einrichtung. Dies gilt für die Übergangszeit im Anschluss an eine stationäre Behandlung des Pflegebedürftigen oder in sonstigen Krisensituationen, wenn weder häusliche noch teilstationäre Pflege möglich ist.

Der Anspruch auf Kurzzeitpflege besteht für Pflegebedürftige der Pflegegrade 2 bis 5. Er ist auf acht Wochen pro Kalenderjahr beschränkt.

Die Pflegekasse übernimmt die pflegebedingten Aufwendungen einschließlich der Aufwendungen für Betreuung sowie die Aufwendungen für Leistungen der medizinischen Behandlungspflege bis zu 1.612 € im Kalenderjahr und zwar zusätzlich zur Verhinderungspflege. Kosten für Unterkunft und Verpflegung sowie für Investitionen der Einrichtung werden jedoch nicht übernommen. Der Leistungsbetrag kann um bis zu 1.612 € aus noch nicht in Anspruch genommenen Mitteln der Verhinderungspflege auf insgesamt bis zu 3.224 € im Kalenderjahr erhöht werden. Der für die Kurzzeitpflege in Anspruch genommene Erhöhungsbetrag wird dann jedoch auf den zur Verfügung stehenden Betrag für die Verhinderungspflege angerechnet.

Es besteht die Möglichkeit, bei zu Hause gepflegten Kindern auch Kurzzeitpflege in Einrichtungen der Behindertenhilfe und anderen geeigneten Einrichtungen in Anspruch zu nehmen, wenn die Pflege in einer von den Pflegekassen zugelassenen Pflegeeinrichtung nicht möglich ist oder nicht zumutbar erscheint (§ 42 Abs. 3 S. 1 SGB XI).

Für Zeiten der Kurzzeitpflege wird das Pflegegeld um 50% gekürzt (§ 37 Abs. 2 Satz 2 SGB XI).

c) Leistungen bei stationärer Pflege

aa) Leistungen bei teilstationärer Pflege (§ 41 SGB XI) und vollstationärer Pflege (§ 43 SGB XI): Für eine stundenweise (teilstationäre) Pflege von Pflegebedürftigen der Pflegegrade 2 bis 5 in Einrichtungen der Tages- oder Nachtpflege werden Kosten bei Pflegegrad 2 von 689 €, bei Pflegegrad 3 von 1.298 €, bei Pflegegrad 4 von 1.612 € und bei Pflegegrad 5 von 1.995 € monatlich übernommen (§ 41 SGB XI). Die teilstationäre Pflege umfasst auch die notwendige Beförderung des Pflegebedürftigen von der Wohnung zur Einrichtung der Tagespflege oder der Nachtpflege und zurück (§ 41 Abs. 1 S. 2 SGB XI).

Pflegebedürftige der Pflegegrade 2 bis 5 können teilstationäre Tages- und Nachtpflege in Anspruch nehmen, ohne dass eine Anrechnung auf ambulante Pflegesachleistungen, Pflegegeld oder Kombinationsleistung erfolgt (§ 41 Abs. 3 SGB XI). Die Leistungen der Tages- und Nachtpflege können daher zusätzlich in Anspruch genommen werden.

Für die vollstationäre Pflege in einem Pflegeheim bezahlt die Pflegeversicherung pauschale Zuschüsse (§ 43 SGB XI) bei Pflegegrad 2 von 770 €, bei Pflegegrad 3 von 1.262 €, bei Pflegegrad 4 von 1.775 € und bei Pflegegrad 5 von 2.005 €.

Pflegebedürftige des Pflegegrades 1 erhalten bei einer vollstationären Pflege den Entlastungsbetrag in Höhe von 125 € monatlich als Zuschuss zu den Kosten (§ 43 Abs. 3 SGB XI).

Pflegeangebote wie die Tages- und Nachtpflege oder eine vollstationäre Pflege kommen jedoch weniger für Menschen mit Behinderung in Betracht, da in diesen Einrichtungen die Pflege und nicht die Rehabilitation und Förderung wie in einer Behinderteneinrichtung im Vordergrund stehen.

bb) Pflege in vollstationären Einrichtungen der Behindertenhilfe (§ 43a SGB XI): Die Pflegekasse übernimmt zur Abgeltung der Aufwendungen der Pflege in vollstationären Einrichtungen der Behindertenhilfe für Menschen mit Behinderungen mit Pflegegrad 2 bis 5 nur pauschal 10% des vereinbarten Heimentgeltes, maximal 266 € pro Monat.

d) Soziale Sicherung der Pflegepersonen. Pflegepersonen sind in der gesetzlichen Rentenversicherung pflichtversichert, wenn sie einen pflegebedürftigen Menschen zu Hause pflegen (§ 44 SGB XI). Voraussetzungen für die Versicherungspflicht sind:

- Pflegetätigkeit in der häuslichen Umgebung der zu pflegenden Person von mindestens 10 Stunden wöchentlich, verteilt auf regelmäßig mindestens zwei Tage in der Woche (bis zum 31.12.2016 waren noch regelmäßig 14 Stunden wöchentlich erforderlich),
- keine erwerbsmäßige Pflege; sofern Familienangehörige oder Verwandte die Pflege übernehmen, wird grundsätzlich unterstellt, dass die Pflege ehrenamtlich, also nicht erwerbsmäßig ausgeübt wird,

- neben der Pflegetätigkeit ist die Pflegeperson nicht länger als 30 Stunden pro Woche erwerbstätig; bei einem kurzfristigen Überschreiten der 30-Stunden-Grenze bleibt die Rentenversicherungspflicht allerdings bestehen.

Die wöchentliche Mindeststundenzahl und die Mindestanzahl an Pflegetagen kann auch durch Addition mehrerer Pflegeaufwände bei verschiedenen Pflegebedürftigen erreicht werden. Der wöchentliche Pflegeumfang der Pflegeperson wird im Rahmen des neuen Begutachtungsverfahrens zur Feststellung der Pflegebedürftigkeit vom Medizinischen Dienst der Krankenversicherung (MDK) ermittelt.

Sofern die Voraussetzungen gegeben sind, zahlt die Pflegeversicherung Beiträge zur gesetzlichen Rentenversicherung. Dadurch kann die Pflegeperson eigene Rentenansprüche erwerben oder aufbessern.

Ab dem 1.1.2017 sind damit in der Regel auch Pflegepersonen, die bis zu diesem Zeitpunkt Menschen mit Pflegestufe 0 oder mit Pflegestufe 1 mit einem festgestellten Pflegebedarf von täglich weniger als 2 Stunden (und damit auch wöchentlich weniger als 14 Stunden) pflegten, in der gesetzlichen Rentenversicherung pflichtversichert und haben Anspruch auf Rentenversicherungsbeiträge.

Weiter besteht Versicherungsschutz der Pflegeperson in der gesetzlichen Unfallversicherung und in der Arbeitslosenversicherung (§ 44 Abs. 2a und Abs. 2b SGB XI).

Sinnvoll ist es, die Pflegetätigkeit möglichst nicht auf mehrere Personen aufzuteilen, da für das Entstehen der Rentenversicherungspflicht jede Pflegeperson allein mindestens 10 Stunden in der Woche pflegen muss. Würde jeder Elternteil z. B. nur 6 Stunden wöchentlich pflegen, hätte die Pflegekasse für keinen der beiden Elternteile Rentenbeiträge zu bezahlen.

Die Höhe der Rentenbeiträge bestimmt sich nach dem Pflegegrad und danach, inwieweit ausschließlich Pflegegeld oder Pflegesachleistung oder beides in Kombination beansprucht wird.

Übersicht über die voraussichtlichen monatlichen Rentenzahlbeträge für Pflegepersonen (auf Basis einer rentenversicherungspflichtigen Pflegetätigkeit im gesamten Jahr 2017):

Pflegegrad	in Anspruch genommene Leistungen	monatliche Rentenzahlbeträge (West)	monatliche Rentenzahlbeträge (Ost)
2	nur Pflegegeld: Kombileistung: nur Sachleistung:	8,06 € 6,85 € 5,64 €	7,72 € 6,56 € 5,40 €
3	nur Pflegegeld: Kombileistung: nur Sachleistung:	12,84 € 10,91 € 8,99 €	12,29 € 10,45 € 8,61 €
4	nur Pflegegeld: Kombileistung: nur Sachleistung:	20,90 € 17,76 € 14,63 €	20,01 € 17,01 € 14,01 €
5	nur Pflegegeld: Kombileistung: nur Sachleistung:	29,86 € 25,38 € 20,90 €	28,59 € 24,30 € 20,01 €

Für Pflegepersonen mit Besitzstandsschutz aufgrund einer rentenversicherungspflichtigen Tätigkeit vor dem 1.1.2017 können sich abweichende höhere Beträge ergeben. Besteht die Rentenversicherungspflicht im Rahmen des Übergangsrechts über den 31.12.2016 hinaus fort, werden auch die beitragspflichtigen Einnahmen vom 1.1.2017 an weiterhin nach dem bis 31.12.2016 geltenden Recht ermittelt, wenn diese höher sind als nach dem neuen Recht.

Aus der vorstehenden Aufstellung ergibt sich, dass sich die Altersrente einer Pflegeperson, die in den alten Bundesländern eine Person mit Pflegegrad 2 pflegt, die ausschließlich Pflegegeld bezieht, um einen monatlichen Rentenzahlbetrag von 8,06 € pro Pflegejahr erhöhen kann. Wird neben dem Pflegegeld auch Pflegesachleistung bezogen (Kombileistung), übernimmt also auch ein Pflegedienst teilweise die Pflege, ergibt sich ein monatlicher Rentenzahlbetrag von 6,85 € pro Pflegejahr. Wird ausschließlich Pflegesachleistung bezogen, ergibt sich ein monatlicher Rentenzahlbetrag von 5,64 € pro Pflegejahr.

Da es manchmal von den Pflegekassen versäumt wird, Rentenversicherungsbeiträge der Pflegepersonen an die Rentenversicherung abzuführen, sollten Pflegepersonen anhand der Aufstellungen ihrer Rentenversicherungszeiten genau überprüfen, ob die Pflegezeiten als Rentenversicherungszeiten anerkannt und die entsprechenden

Rentenbeiträge aufgeführt sind. Bei Unklarheiten oder fehlenden Pflegezeiten kann ein Antrag auf Überprüfung und Feststellung der Rentenversicherungspflicht an den zuständigen Rentenversicherungsträger gestellt werden.

9. Landespflegegeld in Bayern

Bayern hat als einziges Bundesland als zusätzliche Unterstützung von pflegebedürftigen Menschen ab 2018 ein Landespflegegeld in Höhe von jährlich 1.000 € eingeführt (vgl. Bayerisches Landespflegegeldgesetz – BayLPflGG).

Anspruch auf Landespflegegeld haben Pflegebedürftige mit mindestens Pflegegrad 2, die ihren Hauptwohnsitz im Zeitpunkt der Antragstellung in Bayern haben. Der Anspruch auf Landespflegegeld besteht unabhängig davon, ob der Pflegebedürftige in einem Pflegeheim oder einer Behinderteneinrichtung untergebracht ist oder zuhause lebt und dort versorgt wird.

Das Landespflegegeld beträgt 1.000 € pro Jahr. Als staatliche Fürsorgeleistung ist das Landespflegegeld eine nicht steuerpflichtige Einnahme. Eine Anrechnung auf das Pflegegeld erfolgt nicht. Es soll auch nicht als Einkommen auf Leistungen der Grundsicherung, auf Arbeitslosengeld II oder auf Leistungen der Eingliederungshilfe angerechnet werden (strittig). Allerdings wird es auf die Sozialhilfeleistung Hilfe zur Pflege nach dem SGB XII angerechnet. Dies hat zur Folge, dass Personen, die vom Sozialhilfeträger (in Bayern sind die Bezirke zuständig) Hilfe zur Pflege für die Finanzierung von persönlicher Assistenz bzw. Pflegeassistenz oder für die Pflegeheimkosten erhalten, vom Landespflegegeld in der Regel nicht profitieren können.

Zu beachten ist, dass bei Bezug von Landespflegegeld der Kindergeldanspruch von Eltern mit Kindern mit Behinderung ab dem 25. Lebensjahr beeinträchtigt werden könnte. Nach den aktuell vorliegenden Erläuterungen der bayerischen Staatsregierung zum Landespflegegeld ist davon auszugehen, dass der Kindergeldanspruch durch Inanspruchnahme des Landespflegegeldes nicht verloren geht. Bisher ist jedoch die genaue Berücksichtigung des Landespflegegeldes im Zusammenhang mit dem Kindergeldanspruch noch nicht eindeutig geklärt.

Das Landespflegegeld ist schriftlich bis zum Ablauf von drei Monaten nach Ende des jeweiligen Pflegegeldjahres bei der Landespflegegeldstelle, 81050 München, zu beantragen (Antragsformular unter www.landespflegegeld.bayern.de). Der Antrag kann bereits vor Ablauf des Pflegegeldjahres gestellt werden. Er wirkt für die folgenden Pflegegeldjahre fort, solange er nicht zurückgenommen wird. Das Pflegejahr läuft jeweils vom 1.10. bis zum 30.09. des Folgejahres. Somit ist der Antrag für das laufende Pflegegeldjahr (1.10.2017 bis 30.9.2018) spätestens bis zum 31.12.2018 zu stellen. Weitere Informationen im Internet unter www.landespflegegeld.bayern.de.

10. Pflegezeit und Familienpflegezeit

Beschäftigte haben gemäß § 2 Abs. 1 PflegeZG das Recht, bis zu zehn Arbeitstage der Arbeit fernzubleiben, wenn dies erforderlich ist, um für einen pflegebedürftigen nahen Angehörigen in einer akut aufgetretenen Pflegesituation eine bedarfsgerechte Pflege zu organisieren oder eine pflegerische Versorgung in dieser Zeit sicherzustellen (kurzzeitige Arbeitsverhinderung).

Eine Verpflichtung des Arbeitgebers zur Entgeltfortzahlung für diese kurzzeitige Arbeitsverhinderung kann sich aus Tarifvertrag oder einer Betriebsvereinbarung ergeben. Besteht keine Verpflichtung des Arbeitgebers zur Entgeltfortzahlung besteht Anspruch auf Pflegeunterstützungsgeld für die Dauer von höchstens zehn Arbeitstagen (§ 44a Abs. 3 SGB XI). Das Pflegeunterstützungsgeld beträgt 90% des ausgefallenen Nettoarbeitsentgelts. Zuständig ist die Pflegekasse des Pflegebedürftigen.

Werden nahe Angehörige in der häuslichen Umgebung gepflegt, besteht gemäß § 3 PflegeZG ein Anspruch auf unbezahlte vollständige oder teilweise Freistellung von der Arbeit (Pflegezeit). Bei minderjährigen pflegebedürftigen nahen Angehörigen ist neben der Betreuung in häuslicher Umgebung auch die Betreuung in außerhäuslicher Umgebung mit eingeschlossen. Der Anspruch besteht auch für die Begleitung eines nahen Angehörigen, wenn dieser an einer Erkrankung leidet, die progredient verläuft und bereits ein weit fortgeschrittenes Stadium erreicht hat, bei der eine Heilung ausgeschlossen und eine palliativmedizinische Behandlung notwendig ist und die lediglich eine begrenzte Lebenserwartung von Wochen oder wenigen Monaten erwarten lässt.

Als nahe Angehörige gelten z. B. Großeltern, Eltern, Schwiegereltern, Stiefeltern, Geschwister, Ehegatten der Geschwister und Geschwister der Ehegatten, Kinder, Adoptiv- oder Pflegekinder, die Kinder, Adoptiv- oder Pflegekinder des Ehegatten oder Lebenspartners, Schwiegerkinder und Enkelkinder (vgl. vollständige Auflistung unter § 7 Abs. 3 PflegeZG).

Die Pflegezeit beträgt längstens sechs Monate (§ 4 PflegeZG) und muss spätestens zehn Arbeitstage vor Beginn dem Arbeitgeber schriftlich angekündigt werden. Diese Regelung gilt jedoch nur für Betriebe mit in der Regel mehr als 15 Beschäftigten. Die Pflegebedürftigkeit des Angehörigen muss gegenüber dem Arbeitgeber durch eine Bescheinigung der Pflegekasse nachgewiesen werden.

Während der Pflegezeit besteht ein absoluter Kündigungsschutz, ähnlich dem Mutterschutz.

Bei vollständiger Freistellung von der Arbeit erlischt ab dem ersten Tag der Pflegezeit die Versicherungspflicht in der gesetzlichen Krankenversicherung. Besteht kein anderweitiger Krankenversicherungsschutz, insbesondere über eine Familienmitversicherung, muss man sich daher unverzüglich freiwillig bei der Krankenkasse weiterversichern. Die Pflegeversicherung gewährt auf Antrag zur Weiterversicherung einen Beitragszuschuss in Höhe des Mindestbeitrages zur Kranken- und Pflegeversicherung (§ 44 a Abs. 1 SGB XI). Die Pflegeversicherung zahlt auch die Beiträge zur Fortführung der Arbeitslosenversicherung.

Nach dem Familienpflegezeitgesetz (FPfZG) haben Beschäftigte zusätzlich das Recht, ihre Arbeitszeit für längstens 24 Monate (Höchstdauer) auf wöchentlich höchstens 15 Stunden zu reduzieren, wenn sie einen pflegebedürftigen nahen Angehörigen in häuslicher Umgebung pflegen (§ 2 FPfZG). Diese Regelung gilt nur für Betriebe mit in der Regel mehr als 25 Beschäftigten ausschließlich der zu ihrer Berufsbildung Beschäftigten. Bei minderjährigen pflegebedürftigen nahen Angehörigen ist neben der Betreuung in häuslicher Umgebung auch die Betreuung in außerhäuslicher Umgebung mit eingeschlossen.

Für die Dauer der Freistellungen nach dem Familienpflegezeitgesetz oder nach § 3 PflegeZG gewährt das Bundesamt für Familie und zivilgesellschaftliche Aufgaben Beschäftigten auf Antrag ein in monatlichen Raten zu zahlendes zinsloses Darlehen. Mit dem Darlehen wird ungefähr die Hälfte des durch die Freistellung entfallenden Nettogehalts abgedeckt.

Pflegezeit und Familienpflegezeit dürfen gemeinsam 24 Monate je pflegebedürftigem nahen Angehörigen nicht überschreiten (Gesamtdauer).

11. Besonderheiten bei der privaten Pflegeversicherung

Die Leistungen der privaten Pflegeversicherung müssen mindestens den Leistungen der gesetzlichen Pflegeversicherung entsprechen. Insofern bestehen daher keine wesentlichen Unterschiede bei den Leistungen.

Zu beachten ist jedoch, dass bei der privaten Pflegeversicherung im Gegensatz zur gesetzlichen Pflegeversicherung ausschließlich der im Vertrag genannte Versicherungsnehmer und nicht das mitversicherte pflegebedürftige Kind anspruchsberechtigt ist. Bei Streitigkeiten kann daher nur das versicherte Elternteil gerichtlich gegen das Versicherungsunternehmen vorgehen.

Die Feststellungen zur Pflegebedürftigkeit bzw. die Begutachtung der pflegebedürftigen Person erfolgen bei der privaten Pflegeversicherung nicht durch den Medizinischen Dienst der Krankenversicherung (MDK), sondern durch die MedicProof GmbH, den medizinischen Dienst für die privaten Pflegeversicherungen.

Bei Streitigkeiten über Leistungen aus der privaten Pflegeversicherung kann Klage vor den Sozialgerichten erhoben werden. Das heißt, dass vor den Sozialgerichten auf Leistungen aus der privaten Pflegeversicherung geklagt werden kann, obwohl ein privatrechtlicher Versicherungsvertrag zu Grunde liegt.

VII. Gesetzliche Rentenversicherung (SGB VI)

1. Rente wegen Erwerbsminderung (§ 43 SGB VI)

Wer aus gesundheitlichen Gründen nicht mehr oder nur noch eingeschränkt arbeiten kann, bekommt von der gesetzlichen Rentenversicherung unter bestimmten Voraussetzungen eine Rente wegen Erwerbsminderung (§ 43 SGB VI).

Rente wegen Erwerbsminderung erhalten Personen, die nicht mehr vollschichtig unter den üblichen Bedingungen auf dem allgemeinen Arbeitsmarkt arbeiten können. Dabei bedeutet allgemeiner Arbeitsmarkt, dass sämtliche Beschäftigungsmöglichkeiten berücksichtigt werden müssen.

Voraussetzung für den Bezug einer Rente wegen Erwerbsminderung ist, dass der Versicherte in den letzten fünf Jahren vor Eintritt der Erwerbsunfähigkeit mindestens drei Jahre lang pflichtversichert war. Eine Rente wegen Erwerbsminderung können daher nur solche Menschen mit Behinderung beantragen, die mehrere Jahre auf dem allgemeinen Arbeitsmarkt tätig waren. Für Menschen mit Behinderung, die seit Geburt oder durch einen frühzeitigen Eintritt der Behinderung voll erwerbsgemindert sind und daher die allgemeine Wartezeit von fünf Jahren vor dem Eintritt der vollen Erwerbsminderung nicht erfüllen können, kommt die Rente wegen Erwerbsminderung daher nicht in Betracht. Sie können jedoch Rente wegen voller Erwerbsminderung für behinderte Menschen gem. § 43 Abs. 6 SGB VI erhalten.

2. Rente wegen voller Erwerbsminderung für Menschen mit Behinderung (§ 43 Abs. 6 SGB VI)

Personen, die seit Geburt oder bereits vor Eintritt in das Berufsleben voll erwerbsgemindert waren und daher die allgemeine Wartezeit von fünf Jahren vor dem Eintritt der vollen Erwerbsminderung nicht erfüllen können, erhalten Rente wegen voller Erwerbsminderung für behinderte Menschen gem. § 43 Abs. 6 SGB VI.

Voraussetzung ist, dass diese Personen ununterbrochen voll erwerbsgemindert sind und eine Wartezeit von 20 Jahren erfüllen.

Beschäftigte in einer WfbM erhalten daher nach 20-jähriger Tätigkeit in der Werkstatt eine Rente wegen voller Erwerbsminderung.

Rente wegen Erwerbsminderung wird jedoch nur auf Antrag gezahlt. Damit die Rente nach Ablauf der 20-jährigen Frist bereits im Folgemonat gezahlt werden kann, sollte der Antrag spätestens innerhalb von drei Monaten nach Ablauf der Frist gestellt werden. Wird der Antrag nicht innerhalb dreier Monate gestellt, beginnt die Rente erst mit dem Antragsmonat.

Beschäftigte einer WfbM erhalten in der Regel eine Rente wegen Erwerbsminderung in Höhe von ca. 750 € im Monat.

3. Altersrente

Menschen mit anerkannter Schwerbehinderung, also Menschen, die einen Schwerbehindertenausweis haben, können bereits mit Vollendung des 65. Lebensjahres Altersrente beziehen, wenn sie die allgemeine Wartezeit von 35 Jahren erfüllt haben (§ 37 SGB VI).

Mit Erreichen der Regelaltersgrenze von 67 Jahren wird die Erwerbsminderungsrente automatisch durch die Altersrente ersetzt.

C. Wohnformen und deren Finanzierung

In den vergangenen Jahren haben sich sehr unterschiedliche Wohnformen für Menschen mit Behinderung gebildet.

Entscheidend für die Wahl der Wohnform sind die lebenspraktischen Fähigkeiten sowie das Ausmaß der Selbständigkeit des Menschen mit Behinderung.

Die vorhandenen Wohnformen lassen sich grob einteilen in die vollstationären Wohneinrichtungen, also die klassischen Wohnheime für Menschen mit Behinderung sowie in ambulante Einrichtungen.

I. Stationäre Einrichtungen

Bei stationärem Wohnen wird rund um die Uhr Betreuung, Begleitung und Hilfe angeboten. Den Bewohnern steht jederzeit ein Ansprechpartner zur Verfügung. Zum Bereich des stationären

Wohnens zählen Dorfgemeinschaften, Wohnheime, eigenständige Wohngruppen oder auch Außenwohngruppen.

In stationären Einrichtungen werden die Bewohner vollständig versorgt. Neben Unterkunft und Verpflegung erhalten Sie im Tagesablauf vollständige Anleitung und Hilfe. Darüber hinaus erfolgt eine Betreuung auch im Bereich Beschäftigung und Freizeitgestaltung.

Zum 1.1.2020 entfällt durch die Neuregelungen des BTHG der Begriff „stationäre Einrichtung". Es wird dann nur noch von gemeinschaftlichen Wohnformen gesprochen. An der Wohnform selbst ändert sich jedoch nichts.

II. Ambulante Wohnformen

Ambulantes Wohnen liegt vor, wenn der Bewohner selbst Mieter bzw. Untermieter einer Wohnung ist, wobei die Einrichtung häufig als Hauptmieter fungiert.

In sog. „betreuten Wohngemeinschaften" leben in der Regel 4 bis 8 Menschen mit Behinderung zusammen, die keine Betreuung rund um die Uhr oder ständige Pflege benötigen. Pädagogisch ausgebildete Betreuer helfen und beraten sie bei der Haushaltsführung und allen persönlichen Angelegenheiten.

Voraussetzung für das Wohnen in einer betreuten Wohngemeinschaft ist, dass die Bewohner nachts und auch tagsüber mehrere Stunden ohne Unterstützung bleiben können, weitgehend in der Lage sind, ihren Tagesablauf selbst zu gestalten und nur geringe Hilfe bei den täglichen Verrichtungen wie Waschen und Ankleiden und bei der Haushaltsführung benötigen.

Die der Normalität am stärksten angenäherte Wohnform für Menschen mit Behinderung ist das sog. „betreute Einzelwohnen" und das eigenständige Wohnen mit Pflegeassistenz.

Das „betreute Einzelwohnen" kommt für Menschen mit Behinderung in Betracht, die in einem hohen Maße selbständig leben wollen und auch können, bei der Lebensgestaltung nur in geringem Umfang Hilfe benötigen und nicht in einer Wohngruppe leben möchten.

Beim eigenständigen Wohnen mit Pflegeassistenz wird die Betreuung und Pflege über eine entsprechende Pflegeassistenz, z. B. über private Pflegedienste oder Assistenzkräfte (Laienhelfer), rund um die Uhr gewährleistet. Die Assistenten halten sich dabei häufig permanent im Schichtbetrieb in Pflegebereitschaft mit in der Wohnung auf. Das eigenständige Wohnen bietet im Gegensatz zu einem stationären Wohnen eine erheblich größere persönliche Freiheit und Selbständigkeit und kann daher auch für Menschen mit schwersten Körperbehinderungen eine Alternative zum stationären Wohnen in einem Behindertenheim sein. Sie kommt allerdings nur für Personen in Betracht, die ihre Versorgung noch selbst organisieren können. Daher ist diese Wohnform für Menschen mit einer schweren geistigen Behinderung kaum geeignet.

III. Finanzierung

1. Stationäres Wohnen

Sämtliche im Zusammenhang mit dem stationären Wohnen anfallenden Kosten trägt der zuständige Sozialhilfeträger bzw. der Träger der Eingliederungshilfe derzeit noch als Gesamtleistung im Rahmen der Eingliederungshilfe. Leistungen der Grundsicherung und Leistungen aus der Pflegeversicherung werden vom zuständigen Kostenträger vereinnahmt und zur Deckung der Gesamtkosten der Einrichtung verwendet.

Eigenes Einkommen und Vermögen, soweit es die bestehenden Freigrenzen übersteigt, hat der Bewohner einzusetzen. Der Bewohner erhält ein Taschengeld, den sog. Barbetrag für seine persönlichen Bedürfnisse ausbezahlt. Derzeit beträgt der Barbetrag monatlich 112 €. Zusätzlich steht ihm ein Bekleidungszuschuss in Höhe von monatlich 28,50 € zu.

Die Höhe der Kosten des stationären Wohnens richtet sich nach dem konkreten Hilfebedarf des Bewohners. Zur Ermittlung des konkreten Hilfebedarfes wird unter anderem das sog. „Metzler-Verfahren" angewendet. Bei diesem Verfahren wird für jeden Bewohner ein Aktivitätsprofil erstellt, aus dem sich ablesen lässt, wie viel Unterstützung er konkret benötigt. Aufgrund dieser Feststellungen wird der Bewohner in eine sog. Hilfebedarfsgruppe eingestuft nach der sich der vom Kostenträger zu übernehmende Tagessatz richtet.

Ab dem 1.1.2020 übernimmt der Sozialhilfeträger wie bei ambulanten Wohnformen im Rahmen der Grundsicherung die existenzsichernden Leistungen (Lebensunterhalt und Unterkunftskosten). Der Träger der Eingliederungshilfe trägt die Fachleistungen der Einrichtung wie z. B. Assistenz- und Betreuungsleistungen.

2. Ambulant betreutes Wohnen

Die Kosten für eine ambulante Wohnform werden auch jetzt schon von unterschiedlichen Kostenträgern übernommen.

Die Finanzierung des ambulanten Wohnens erfolgt üblicherweise über die folgenden Sozialleistungen:

- Leistungen der Grundsicherung zur Deckung des Lebensunterhaltes und der Unterkunftskosten,
- Leistungen der Pflegeversicherung wie Pflegesachleistung, Pflegegeld, Entlastungsbetrag und gegebenenfalls der Wohngruppenzuschlag zur Abdeckung des Pflege- und Betreuungsbedarfes,
- Leistungen der Hilfe zur Pflege über das Sozialamt für den Fall, dass die Leistungen aus der Pflegeversicherung nicht ausreichen. Dies ist häufig der Fall bei Menschen, die aufgrund ihrer Behinderung auf Assistenzdienste im Alltag angewiesen sind,
- Leistungen der Eingliederungshilfe für die soziale Teilhabe wie z. B. die Kosten einer Begleitperson bei Freizeitaktivitäten oder bei Behördengängen,
- Leistungen zur Teilhabe am Arbeitsleben, sofern technische Arbeitshilfen oder auch eine Arbeitsassistenz am Arbeitsplatz erforderlich sind. Diese Kosten werden in der Regel vom Integrationsamt übernommen.

Für Menschen mit Behinderung, die weitgehend selbständig ihren Alltag bewältigen können, kommt statt der Inanspruchnahme von Einzelleistungen auch die Beantragung des sog. „persönlichen Budgets“ in Betracht. Nach der Feststellung ihres Budgets wird monatlich ein Barbetrag an den Menschen mit Behinderung ausbezahlt, mit dem dieser die benötigten Leistungen selbst organisieren und einkaufen kann. Auf diese Weise kann ihm eine größere Flexibilität und Selbständigkeit bei der Inanspruchnahme seiner Pflege- und Betreuungsleistungen eingeräumt werden.

IV. Hinweise zum Antrag auf Übernahme der Kosten der Heimunterbringung

Zum Teil lehnen Sozialhilfeträger bzw. die Träger der Eingliederungshilfe die Kostenübernahme für stationäres Wohnen mit der Begründung ab, eine Aufnahme in eine stationäre Einrichtung sei nicht erforderlich, da der Antragsteller noch länger bei seinen Eltern zu Hause wohnen bleiben könne.

Grundsätzlich besteht jedoch ein Anspruch auf Übernahme der Kosten im Rahmen der Eingliederungshilfe (§§ 53, 54 SGB XII). Voraussetzung ist, dass die stationäre Unterbringung aufgrund der Behinderung erforderlich ist. Die Erforderlichkeit bestimmt sich danach, welche Förderung und Betreuung der Mensch mit Behinderung benötigt. Dabei ist auf die Feststellungen der vorliegenden ärztlichen Gutachten, die persönlichen Verhältnisse des Hilfesuchenden und seine Umweltbedingungen abzustellen. Der Begriff „erforderlich" ist dabei gleichzusetzen mit „notwendig". Wenn im konkreten Einzelfall keine Alternative zu einer Hilfe in einer stationären Einrichtung besteht, so ist diese erforderlich im Sinne des Gesetzes. Der Kostenträger dürfte demnach nur prüfen, ob ein niederschwelligeres Angebot wie beispielsweise ein ambulant betreutes Wohnen ausreichend wäre. Die Ablehnung der Kostenübernahme allein mit der Begründung, der Betroffene könne noch länger bei seinen Eltern wohnen bleiben, wäre jedoch rechtswidrig.

V. Privatfinanziertes Wohnen für Menschen mit Behinderung („Einkauf in ein Wohnheim")

Wenn die Entscheidung gefallen ist, dass ein behindertes Kind aus dem Elternhaus auszieht und in ein stationäres Wohnen für Menschen mit Behinderung einzieht, beginnt die häufig mühevolle Suche nach einem frei gewordenen Wohnheimplatz.

Da von staatlicher Seite der Bau von neuen Wohneinrichtungen nur noch sehr zurückhaltend gefördert wird, sind freie Wohnheimplätze verhältnismäßig rar geworden. Seit einigen Jahren gründen sich daher vermehrt private Initiativen mit dem Ziel, privatfinanzierte Wohnheimplätze für Menschen mit Behinderung zu schaffen.

1. Überblick

Im Folgenden werden die wesentlichen Merkmale der Finanzierung eines Wohnheimplatzes für Menschen mit Behinderung aus privaten Mitteln skizziert.

Zunächst ist es erforderlich, dass sich eine genügende Anzahl von interessierten Eltern findet, die bereit und in der Lage sind, erhebliche finanzielle Mittel zur Verfügung zu stellen, um eine entsprechende Wohneinrichtung zu finanzieren. Die Investoren bzw. die betreffenden Eltern schließen dann in der Regel einen Gesellschaftsvertrag ab, der den Bau einer Wohnanlage und die hierfür erforderliche Finanzierung durch privates Kapital sowie die Vermietung und Verwaltung der Wohnanlage zum Gesellschaftszweck hat. Als Gesellschaftsform kommt z. B. eine GmbH & Co. KG in Betracht. In diesem Fall werden die Eltern Kommanditisten der Kommanditgesellschaft.

Die Gesellschafter und damit die Eltern sind die Geldgeber zur Finanzierung der Wohnanlage. Zur Finanzierung eines Wohnheimplatzes wird von den Eltern in der Regel eine finanzielle Beteiligung bzw. Gesellschaftereinlage in Höhe von 50.000 € bis 100.000 € erforderlich.

Die Wohnanlage selbst wird nach Fertigstellung in der Regel an den Betreiber einer Behinderteneinrichtung zum ortsüblichen Mietzins vermietet. Dieser Mietzins ist von den Bewohnern der Anlage bzw. dem zuständigen Sozialhilfeträger zu tragen und fließt der Gesellschaft als Einnahme zu.

Von den beteiligten Eltern wird nicht ein einzelnes Appartement bzw. ein einzelner Wohnheimplatz, in dem der Behinderte wohnen soll, übernommen, sondern nur ein Gesellschaftsanteil. Im Gesellschaftsvertrag muss dann geregelt werden, dass die Eltern bzw. Gesellschafter ein Recht darauf haben, dass ihr behindertes Kind auch einen Platz in der Wohnanlage zu gegebener Zeit bekommt.

Für den Fall ihres Versterbens ist den Eltern unbedingt zu empfehlen, über ein sog. Behindertentestament zu regeln, dass der Gesellschaftsanteil an das behinderte Kind als Vorerben vererbt wird. Als Nacherbe kämen die Geschwister oder auch der Betreiber der Behinderteneinrichtung in Betracht. Auf diese Weise könnte vermieden werden, dass der Sozialhilfeträger im Falle des Versterbens des behinderten Kindes gegen den Erben des Kindes einen Kostenerstattungsanspruch nach § 102 SGB XII (vgl. 2. Kapitel B II 4 h, S. 105 ff.) hinsichtlich des Wertes des Gesellschaftsanteils geltend machen kann.

2. Mögliche Risiken

Eltern, die sich für ein finanzielles Engagement in einer solchen privat finanzierten Wohnanlage interessieren, ist dringend zu empfehlen, vor Abschluss entsprechender Verträge das Konzept und die daraus resultierenden rechtlichen Ansprüche und Verpflichtungen von einem Fachmann prüfen zu lassen. Auch wenn privat finanzierte Wohnprojekte grundsätzlich eine sehr gute Variante darstellen, um für das eigene Kind einen adäquaten Wohnheimplatz zu organisieren, lauern doch viele rechtliche Fallstricke in den abzuschließenden Verträgen. Auf die folgenden Punkte sollten interessierte Eltern besonders achten:

In der Regel kann ein lebenslanger Wohnheimplatz für das Kind nicht garantiert werden. Es stellt sich daher die Frage, wie es weitergeht, wenn das Kind aufgrund einer Verschlechterung des gesundheitlichen Zustandes bzw. seiner Behinderung in der Wohnanlage nicht mehr adäquat versorgt und gepflegt werden kann. Für diesen Fall könnte sich eine Kooperation mit anderen Behinderteneinrichtungen anbieten, die auf die Versorgung von Menschen mit einem erhöhten Betreuungs- und Pflegebedarf eingerichtet sind.

Ein weiterer wichtiger Punkt ist die Frage nach der Verkehrsfähigkeit des Gesellschaftsanteiles. Es geht also um die Frage, ob und inwieweit Eltern ihren Gesellschaftsanteil wieder zurückgeben können und inwieweit sie ihre ursprüngliche finanzielle Beteiligung zurückerhalten.

In diesem Zusammenhang wäre auch zu prüfen, was geschieht, wenn das Kind verstirbt und daher den Wohnheimplatz nicht mehr nutzen kann. Im Gesellschaftsvertrag sollten für diesen Fall ein Kündigungsrecht der Gesellschafter und konkrete Abfindungsregelungen enthalten sein.

Genau zu prüfen sind darüber hinaus die steuerlichen Auswirkungen einer solchen Gesellschaftsbeteiligung.

Große Bedeutung für die Eltern hat auch die Frage, ob und inwieweit eine solche Gesellschaftsbeteiligung als sozialhilferechtlich geschütztes Vermögen anerkannt wird. Diesbezüglich sollten entsprechende Vereinbarungen mit dem zuständigen Sozialhilfeträger vorab getroffen werden.

D. Der Schwerbehindertenausweis

I. Schwerbehinderte Personen

Als schwerbehindert gelten gem. § 2 Abs. 2 SGB IX Personen, bei denen ein Grad der Behinderung(GdB) von mindestens 50 vorliegt.

Eine Behinderung ist nach § 2 Abs. 1 Satz 1 SGB IX gegeben bei körperlichen, seelischen, geistigen oder Sinnesbeeinträchtigungen, die einen Menschen in Wechselwirkung mit einstellungs- und umweltbedingten Barrieren an der gleichberechtigten Teilhabe an der Gesellschaft mit hoher Wahrscheinlichkeit länger als sechs Monate hindern können.

Behinderte Menschen, die einen GdB von insgesamt mindestens 30 haben, können bei der Agentur für Arbeit die Gleichstellung mit schwerbehinderten Menschen beantragen, wenn infolge der Behinderung ein geeigneter Arbeitsplatz entweder nicht erlangt oder behalten werden kann (§§ 2 Abs. 3, 151 Abs. 2 SGB IX).

II. Feststellung der Schwerbehinderteneigenschaft

1. Antragstellung

Das Versorgungsamt (in Bayern: Zentrum Bayern Familie und Soziales) ist zuständig für die Feststellung der Schwerbehinderteneigenschaft, für die Ausstellung des Schwerbehindertenausweises und die Eintragung von gesundheitlichen Merkmalen (Merkzeichen) in den Ausweis. Nach der Überprüfung des Grades der Behinderung (GdB) erlässt das Versorgungsamt einen sog. Feststellungsbescheid über den festgestellten GdB.

Der Antrag an das Versorgungsamt auf Feststellung eines GdB oder von Merkzeichen kann auch rückwirkend für die vergangenen Jahre gestellt werden. Ein Antrag auf rückwirkende Feststellung kommt regelmäßig dann Betracht, wenn eine angeborene Erkrankung oder Behinderung wie dies z. B. bei Menschen mit Autismus vorkommen kann, erst zu einem späteren Zeitpunkt festgestellt wird. Häufig können bei einer rückwirkenden Anerkennung noch nachträglich Steuervergünstigungen beim Finanzamt geltend gemacht werden (mehr unter Ziffer IV 1).

Ab einem GdB von mindestens 50 stellt das Versorgungsamt einen Ausweis über die Eigenschaft als schwerbehinderter Mensch aus. In diesem Ausweis sind auch die Merkzeichen eingetragen.

Der Ausweis dient zum Nachweis der Schwerbehinderteneigenschaft, wenn Leistungen und Hilfen für Schwerbehinderte in Anspruch genommen werden. Seit 2015 gibt es den neuen Schwerbehindertenausweis im Scheckkartenformat. Die alten Ausweise bleiben jedoch weiter gültig.

Der Ausweis wird in der Regel für längstens 5 Jahre ausgestellt. Bei einer voraussichtlich lebenslangen Behinderung kann der Ausweis unbefristet ausgestellt werden. Die Gültigkeit kann auf Antrag höchstens zweimal verlängert werden. Danach muss ein neuer Ausweis beantragt werden.

Bei Schwerbehinderten unter 10 Jahren ist der Ausweis bis zur Vollendung des 10. Lebensjahres befristet. Bei Schwerbehinderten zwischen 10 und 15 Jahren ist der Ausweis bis zur Vollendung des

20. Lebensjahres befristet. Danach werden die Voraussetzungen der Schwerbehinderung neu überprüft.

2. Ermittlungen durch das Versorgungsamt

Das Versorgungsamt ermittelt von Amts wegen die Umstände, die für die Feststellung der Schwerbehinderteneigenschaft erforderlich sind. Daher holt es von den angegeben Ärzten Befundberichte ein und ermittelt aufgrund derer den aktuellen Gesundheitszustand des Behinderten. Sind die vorliegenden Befundberichte nicht ausreichend, muss eine versorgungsärztliche (amtsärztliche) Untersuchung erfolgen und ein entsprechendes Gutachten erstellt werden.

Empfehlung: Vor Stellung des Antrages beim Versorgungsamt sollte der Mensch mit Behinderung seine behandelnden Ärzte hierüber informieren und darauf vorbereiten, dass das Versorgungsamt entsprechende Befundberichte anfordert. Ggf. ist es auch sinnvoll aus Anlass der Antragstellung ärztliche Untersuchungen durchführen zu lassen, damit auch aktuelle und geeignete Befundberichte vorhanden sind.

3. Bildung des Gesamtgrades der Behinderung

Der Grad der Behinderung ist ein Maß für die körperlichen, geistigen, seelischen und sozialen Auswirkungen einer Behinderung. Er sagt jedoch nichts über die Leistungsfähigkeit des Behinderten im konkret ausgeübten oder angestrebten Beruf aus.

Eine Behinderung erfordert das Abweichen von dem für das Lebensalter typischen Gesundheitszustand. Er gilt sowohl für Kinder als auch für alte Menschen. Grundlage für die Bildung des Gesamt-GdB sind die Versorgungsmedizinischen Grundsätze (Anlage zu § 2 der Versorgungsmedizin-Verordnung vom 10.12.2008, über die Homepage des Bundesministeriums für Arbeit und Soziales unter http://www.bmas.de herunter zu laden). In den Versorgungsmedizinischen Grundsätzen sind GdB für die einzelnen gesundheitlichen Beeinträchtigungen und deren genauen Ausprägung bzw. Schwere festgelegt.

Für die Bestimmung des GdB werden zunächst einzelne Körperfunktionen untersucht und deren konkrete Beeinträchtigung festgestellt. Für jede beeinträchtigte Körperfunktion wird ein Einzel-GdB nach Zehnerwerten im Bereich von 10 bis 100 bestimmt. Anschließend wird der Gesamt-GdB gebildet.

4. Bestimmung des GdB bei Menschen mit autistischen Störungen

Zur Veranschaulichung der Bildung des GdB werden nachfolgend die Regelungen der Versorgungsmedizinischen Grundsätze zur Bestimmung des GdB bei Menschen mit autistischen Störungen, genauer gesagt bei Menschen mit tiefgreifenden Entwicklungsstörungen, insbesondere frühkindlichem Autismus, atypischem Autismus und Asperger-Syndrom, dargestellt. Entscheidend für die Bestimmung des GdB sind die konkreten Auswirkungen der Erkrankung, genannt soziale Anpassungsschwierigkeiten, in den drei Lebensbereichen Schule und Beruf, öffentliches Leben und häusliches Leben.

In Teil B Ziffer 3.5.1 der Versorgungsmedizinischen Grundsätze sind die entsprechenden Kriterien zur Bestimmung des GdB festgelegt:

> „Bei tief greifenden Entwicklungsstörungen
> - ohne soziale Anpassungsschwierigkeiten beträgt der GdB 10–20,
> - mit leichten sozialen Anpassungsschwierigkeiten beträgt der GdB 30–40,
> - mit mittleren sozialen Anpassungsschwierigkeiten beträgt der GdB 50–70,
> - mit schweren sozialen Anpassungsschwierigkeiten beträgt der GdB 80–100.
>
> Soziale Anpassungsschwierigkeiten liegen insbesondere vor, wenn die Integrationsfähigkeit in Lebensbereiche (wie zum Beispiel Regel-Kindergarten, Regel-Schule, allgemeiner Arbeitsmarkt, öffentliches Leben, häusliches Leben) nicht ohne besondere Förderung oder Unterstützung (zum Beispiel durch Eingliederungshilfe) gegeben ist oder wenn die Betroffenen einer über das dem jeweiligen Alter entsprechende Maß hinausgehenden Beaufsichtigung bedürfen. Mittlere soziale Anpassungsschwierigkeiten liegen insbesondere vor, wenn die Integration in Lebensbereiche nicht ohne umfassende Unterstützung (zum Beispiel einen Integrationshelfer als Eingliederungshilfe) möglich ist. Schwere soziale Anpassungsschwierigkeiten liegen insbesondere vor, wenn die Integration in Lebensbereiche auch mit umfassender Unterstützung nicht möglich ist."

Für einen GdB von mindestens 50 ist es daher erforderlich, dass der Betreffende nicht ohne umfassende Unterstützung, z. B. durch eine Integrationsassistenz, die Schule besuchen und am Unterricht teilnehmen kann. Umfassende Unterstützung muss auch im öffentlichen Leben, also z. B. bei Behördengängen, und im häuslichen Leben z. B. durch Assistenz oder Unterstützung durch Verwandte erforderlich sein. Wenn jemand nicht ohne ständige Begleitung und Unterstützung seine täglichen Besorgungen erledigen oder seinen Haushalt führen kann, können in der Regel mittelgradige Anpassungsschwierigkeiten und ein GdB von mindestens 50 angenommen werden.

III. Feststellung der Merkzeichen – gesundheitliche Voraussetzungen

Merkzeichen sind bestimmte Buchstaben, die auf der Rückseite des Schwerbehindertenausweises eingetragen werden. Sie dienen als Nachweis für besondere gesundheitliche Beeinträchtigungen. Mit den einzelnen Merkzeichen sind unterschiedliche Rechte verbunden, beispielsweise Erleichterungen bei der Einkommensteuer, Parkerleichterungen, Freifahrten etc.

Es gibt im Wesentlichen die folgenden Merkzeichen:

- H für hilflos
- G für erheblich gehbehindert
- aG für außergewöhnlich gehbehindert
- B für das Erfordernis einer Begleitperson
- Bl für blind
- Gl für gehörlos
- TBl für taubblind (neu ab 2017)
- RF für die Befreiung von Rundfunkbeitrag/Fernsehgebühr

Die Zuerkennung der Merkzeichen hängt von den folgenden Voraussetzungen ab:

1. Merkzeichen H: Hilflosigkeit

Derjenige ist als „hilflos" anzusehen, der infolge seiner Behinderungen nicht nur vorübergehend, sondern dauernd für eine Reihe von häufig und regelmäßig wiederkehrenden Verrichtungen, die der Sicherung seiner persönlichen Existenz dienen, im Ablauf eines jeden Tages in erheblichem Umfang fremder Hilfe bedarf.

Wer in der Pflegeversicherung (ab 1.1.2017) in den Pflegegrad 4 oder 5 eingestuft ist, erhält in der Regel das Merkzeichen H. Bei Pflegegrad 3 kann dies im Einzelfall zutreffen, z. B. wenn bis 2016 die Pflegestufe I oder Pflegestufe II mit erheblich eingeschränkter Alltagskompetenz vorlag. Bei Pflegegrad 1 und Pflegegrad 2 liegt Hilflosigkeit in der Regel noch nicht vor.

Hat jemand eine geistige oder psychische Behinderung, können jedoch die Voraussetzungen für das Merkzeichen H auch bereits bei Pflegegrad 2 vorliegen. Hilflosigkeit liegt dann vor, wenn ein psychisch oder geistig behinderter Mensch zwar bei zahlreichen Verrichtungen des täglichen Lebens der Hilfe nicht unmittelbar bedarf, er diese Verrichtungen aber infolge einer Antriebsschwäche ohne ständige Überwachung nicht vornähme. Dies gilt auch, wenn ständige Bereitschaft nötig ist, da Hilfe häufig und plötzlich wegen akuter Lebensgefahr notwendig sein kann.

Bei Kindern zählen im Gegensatz zu Erwachsenen zu den Hilfeleistungen, die für die Zuerkennung des Merkzeichens H von Bedeutung sind, auch die Anleitung und die Förderung der körperlichen und geistigen Entwicklung (z. B. durch Anleitung im Gebrauch der Gliedmaßen oder durch Hilfen zum Erlernen der Sprache) sowie die notwendige Überwachung. Es ist jedoch nur der Teil der Hilfsbedürftigkeit zu berücksichtigen, der wegen der Behinderung den Umfang der Hilfsbedürftigkeit eines gesunden gleichaltrigen Kindes überschreitet.

Geistig behinderten Kindern wird daher häufig bis zur Vollendung des 18. Lebensjahres das Merkzeichen H zuerkannt, insbesondere wenn das Kind wegen gestörten Verhaltens ständiger Überwachung bedarf. Bei tiefgreifenden Entwicklungsstörungen, wie autistischen Syndromen sowie anderen erheblichen Verhaltens- und emotionalen und psychosozialen Störungen, ist bei Kindern in der Regel Hilflosigkeit bis zur Vollendung des 18. Lebensjahres anzunehmen. Bei hirnorganischen Anfallsleiden (Epilepsie) wird bei Kindern häufiger als bei Erwachsenen Hilflosigkeit anerkannt.

Hinweis:

Die Versorgungsmedizinischen Grundsätze enthalten in Teil A, Ziffer 5 bei bestimmten Erkrankungen von Kindern noch weitere Besonderheiten und Erleichterungen bei der Zuerkennung des Merkzeichens H.

2. Merkzeichen B: Notwendigkeit ständiger Begleitung

Ständige Begleitung ist bei schwerbehinderten Menschen (regelmäßig wenn die Voraussetzungen für die Merkzeichen „G“ oder „aG“ oder „H“ vorliegen) notwendig, die infolge ihrer Behinderung zur Vermeidung von Gefahren für sich oder andere bei Benutzung von öffentlichen Verkehrsmitteln regelmäßig auf fremde Hilfe angewiesen sind.

Die Feststellung des Merkzeichen „B“ bedeutet jedoch nicht, dass die schwerbehinderte Person, wenn sie nicht in Begleitung ist, eine Gefahr für sich oder andere darstellt (§ 229 Abs. 2 SGB IX).

3. Merkzeichen G: erheblich gehbehindert

In seiner Bewegungsfähigkeit im Straßenverkehr ist erheblich beeinträchtigt, wer Wegstrecken im Ortsverkehr infolge einer Einschränkung des Gehvermögens auch durch innere Leiden oder infolge von Anfällen oder von Störungen der Orientierungsfähigkeit nicht ohne erhebliche Schwierigkeiten oder nicht ohne Gefahren für sich oder andere zurückzulegen vermag, die üblicherweise noch zu Fuß zurückgelegt werden (§ 229 Abs. 1 SGB IX). Nach der Rechtsprechung gilt als ortsübliche Wegstrecke in diesem Sinne eine Strecke von etwa zwei Kilometern, die in etwa einer halben Stunde zurückgelegt wird.

4. Merkzeichen aG: außergewöhnlich gehbehindert

Das Merkzeichen „aG“ ist nur zuzuerkennen, wenn wegen außergewöhnlicher Behinderung beim Gehen die Fortbewegung auf das schwerste eingeschränkt ist; die Beeinträchtigung des Orientierungsvermögens allein reicht nicht aus.

Ab dem 1.1.2017 gelten geänderte Voraussetzungen für die Zuerkennung des Merkzeichens „aG". Erforderlich ist jetzt eine mobilitätsbezogene Teilhabebeeinträchtigung, die allein einem GdB von mindestens 80 entspricht (§ 229 Abs. 3 SGB IX). Eine solche Teilhabebeeinträchtigung liegt vor, wenn sich schwerbehinderte Menschen wegen der Schwere ihrer Beeinträchtigung dauernd nur mit fremder Hilfe oder mit großer Anstrengung außerhalb ihres Kraftfahrzeuges bewegen können.

Hierzu gehören insbesondere Menschen, die auf Grund der Beeinträchtigung der Gehfähigkeit und Fortbewegung dauerhaft auch für sehr kurze Entfernungen aus medizinischer Notwendigkeit auf die Verwendung eines Rollstuhls angewiesen sind.

Die außergewöhnliche Gehbehinderung muss nicht aufgrund von orthopädischen, sondern kann beispielsweise auch wegen schwerer Beeinträchtigungen innerer Organe (z. B. bei Störungen bewegungsbezogener, neuromuskulärer oder mentaler Funktionen, wegen Störungen des Herz-Kreislauf-Systems oder des Atmungssystems) vorliegen. Voraussetzung ist, dass die Auswirkungen dieser Gesundheitsstörungen allein oder bei mehreren in der Kombination die Mobilität dauerhaft so schwer beeinträchtigen, dass sie der vorgenannten Teilhabebeeinträchtigung gleich kommen.

5. Merkzeichen Bl: blind

Blindheit liegt vor, wenn das Augenlicht vollständig fehlt. „Blind" ist auch derjenige, dessen Sehschärfe auf keinem Auge und auch nicht bei beidäugiger Prüfung mehr als 1/50 beträgt, oder wenn andere Störungen des Sehvermögens von einem solchen Schweregrad vorliegen, dass sie dieser Beeinträchtigung der Sehschärfe gleich zu setzen sind.

6. Merkzeichen Gl: gehörlos

Das Merkzeichen Gl wird bei Gehörlosigkeit und an Taubheit grenzender Schwerhörigkeit mit schwerer Sprachstörung anerkannt.

7. Merkzeichen TBl: taubblind

Voraussetzung für das ab 2017 eingeführte Merkzeichen TBl ist, dass wegen einer Störung der Hörfunktion ein Grad der Behinderung von mindestens 70 und wegen einer Störung des Sehvermögens ein Grad der Behinderung von 100 anerkannt ist.

8. Merkzeichen RF: Befreiung von der Rundfunk und Fernsehgebühr

Das Merkzeichen RF weist die gesundheitlichen Voraussetzungen für die Ermäßigung des Rundfunkbeitrags nach. Die Anforderungen für dieses Merkzeichen sind sehr hoch, so dass in der Praxis dieses Merkzeichen nur sehr wenige Menschen mit Behinderung erhalten können. Die gesundheitlichen Voraussetzungen liegen vor bei Blinden oder wesentlich Sehbehinderten mit einem GdB von wenigstens 60 alleine für die Sehbehinderung, bei Hörgeschädigten, bei denen eine ausreichende Verständigung über das Gehör auch mit Hörhilfen nicht möglich ist (GdB für die Hörbehinderung wenigstens 50) und bei Behinderten mit einem GdB von mindestens 80, die wegen ihres Leidens an öffentlichen Veranstaltungen nicht teilnehmen können.

IV. Vorteile des Schwerbehindertenausweises und der Merkzeichen

Zahlreiche Rechte und Nachteilsausgleiche wie Steuervergünstigungen sind abhängig von dem Grad der Behinderung und den anerkannten Merkzeichen. Sie sollten daher die Ihnen zustehenden Merkzeichen beantragen und gegebenenfalls auch gegenüber dem Versorgungsamt verteidigen.

1. Steuererleichterungen bei der Einkommensteuer

Aufwendungen, die einem Menschen wegen seiner Behinderung entstehen, können als außergewöhnliche Belastungen bei der Festsetzung der Einkommensteuer geltend gemacht werden (§ 33 EStG). Jedoch wird ein zumutbarer Eigenanteil entsprechend der Höhe der Einkünfte angerechnet. Daher dürfte es regelmäßig günstiger sein, den Behinderten-Pauschbetrag für Menschen mit Behinderung nach § 33b Abs. 3 EStG in Anspruch zu nehmen.

Daneben können Pflegepersonen und damit regelmäßig Eltern von Kindern mit Behinderung den Pflege-Pauschbetrag nach § 33b Abs. 6 EStG für die Aufwendungen bei häuslicher Pflege geltend machen.

Bestimmte Aufwendungen sind daneben als Sonderausgaben steuerlich abzugsfähig.

Im Einzelnen gibt es folgende steuerliche Abzugsmöglichkeiten:

a) Behinderten-Pauschbetrag (§ 33b Abs. 3 EStG). Mit dem Behinderten-Pauschbetrag werden die laufenden und typischen Aufwendungen für die Hilfe bei den gewöhnlichen und regelmäßig wiederkehrenden Verrichtungen des täglichen Lebens, für die Pflege sowie für einen erhöhten Wäschebedarf abgegolten. Dabei handelt es sich um Aufwendungen, die erfahrungsgemäß durch die Krankheit bzw. Behinderung entstehen und deren alleinige behinderungsbedingte Veranlassung nur schwer nachzuweisen ist. Alle übrigen behinderungsbedingten Aufwendungen (z. B. Operationskosten sowie Heilbehandlungen, Kuren, Arznei- und Arztkosten, Fahrtkosten) können daneben als außergewöhnliche Belastung nach § 33 EStG berücksichtigt werden (Einkommensteuerrichtlinie EStR 2012, R 33b Abs. 1).

Bei Kindern mit Behinderung ohne eigene Steuererklärung können sich Eltern auf Antrag beim Finanzamt den Behinderten-Pauschbetrag von ihrem Kind mit Behinderung übertragen lassen. Voraussetzung ist, dass die Eltern für das Kind Kindergeld oder einen Kinderfreibetrag erhalten.

Bei geschiedenen, dauernd getrennt lebenden oder unverheirateten Eltern wird der Behinderten-Pauschbetrag der Kinder jeweils zur Hälfte auf beide Elternteile übertragen, sofern die Eltern nicht eine andere Aufteilung wünschen.

Der Pauschbetrag wird auch dann für das ganze Jahr gewährt, wenn die Voraussetzungen hierfür nur an mindestens einem Tag im Jahr vorgelegen haben. Wird der GdB im Laufe eines Jahres herauf- oder herabgesetzt, so ist für das ganze Jahr steuerlich der höhere GdB maßgebend.

Hinweis:

Der Antrag an das Versorgungsamt auf Feststellung eines GdB oder von Merkzeichen kann auch rückwirkend für die vergangenen Jahre gestellt werden.
Erkennt das Versorgungsamt einen GdB oder das Merkzeichen „H" rückwirkend für die Vergangenheit an, kann der Behinderten-Pauschbetrag beim Finanzamt auch noch nachträglich für die vergangenen Jahre geltend gemacht werden. Die nachträgliche Neufestsetzung der (verringerten) Einkommensteuer ist jedoch nur möglich, soweit für den zurückliegenden Zeitraum noch keine Festsetzungsverjährung eingetreten ist. Die Festsetzungsfrist beträgt vier Jahre und beginnt jeweils am 31.12. des zu veranlagenden Steuerjahres. Für die Fristberechnung kommt es auf den Zeitpunkt der Antragstellung beim Versorgungsamt an (H 33b „Allgemeines" EStH – Einkommensteuer-Hinweise 2017). Wird somit im Jahre 2018 der Antrag auf rückwirkende Anerkennung des Merkzeichens „H" gestellt, kann beim Finanzamt noch die Neufestsetzung bzw. Änderung der Einkommensteuer der Jahre 2014, 2015 2016 und 2017 unter Berücksichtigung des Behinderten-Pauschbetrages von 3.700 € gefordert werden.

Die jährlichen Pauschbeträge sind nach dem Grad der Behinderung (GdB) gestaffelt:

Behinderungsgrad	Pauschbetrag
von 25 und 30	310 €
von 35 und 40	430 €
von 45 und 50	570 €
von 55 und 60	720 €
von 65 und 80	1.060 €
von 85 und 90	1.230 €
von 95 und 100	1.420 €

Der jährliche Pauschbetrag erhöht sich auf 3.700 €, wenn im Schwerbehindertenausweis das Merkzeichen „H" (für hilflos) eingetragen oder die Person blind („Bl") ist. Ab dem Veranlagungszeitraum 2017 steht dem Merkzeichen „H" die Einstufung in die Pflegegrade 4 und 5 gleich.

Wird der Behinderten-Pauschbetrag in Anspruch genommen, können nicht mehr zusätzlich die tatsächlichen Aufwendungen für die Pflege, wie z. B. Kosten für eine ambulante Pflegekraft oder Aufwendungen zur Unterbringung in einem Heim, als außergewöhnliche Belastungen gemäß § 33 EStG geltend gemacht werden (EStR 2012, R 33.3 Abs. 4).

b) Pflege-Pauschbetrag. Einen Pflege-Pauschbetrag (§ 33b Abs. 6 EStG) von jährlich 924 € können Angehörige geltend machen, die eine ständig hilflose Person (mit Merkzeichen „H" oder Pflegegrad 4 oder 5) in ihrer oder der Wohnung des Pflegebedürftigen pflegen und dafür keine Einnahmen erhalten.

Zu den Einnahmen zählt grundsätzlich auch das Pflegegeld, das die Pflegeperson von der zu pflegenden Person erhält. Das Pflegegeld, das Eltern für die Pflege ihres Kindes erhalten, zählt jedoch ausnahmsweise nicht zu den Einnahmen.

Die eigene häusliche Pflege der Eltern muss an mindestens 36 Tagen im Jahr erfolgen. Damit können auch Eltern, deren Kind unter der Woche in einer Behinderteneinrichtung lebt und sich nur an den Wochenenden oder während der Ferien zuhause aufhält, unter Umständen noch den Pflege-Pauschbetrag geltend machen.

Der Pflege-Pauschbetrag kann von den Eltern zusätzlich zu dem vom Kind übertragenen Behinderten-Pauschbetrag geltend gemacht werden.

c) Behinderungsbedingte Aufwendungen als außergewöhnliche Belastungen. Durch den Behinderten-Pauschbetrag werden nur die laufenden und typischen behinderungsbedingten Mehraufwendungen, die unmittelbar infolge der Behinderung entstehen, abgegolten. Soweit darüber hinaus andere Aufwendungen entstehen, können diese als außergewöhnliche Belastungen gemäß § 33 EStG zusätzlich zum Behinderten-Pauschbetrag geltend gemacht werden (H 33b, EStH

2017). Allerdings muss dabei die zumutbare Eigenbelastung überschritten sein.

Für Familien mit Kindern mit Behinderung kommen zusätzlich zum Behinderten-Pauschbetrag u. a. die folgenden außergewöhnlichen Belastungen in Betracht:

aa) **Fahrtkosten:** Zusätzlich zum Behinderten-Pauschbetrag können als außergewöhnliche Belastungen Fahrtkosten für Fahrten mit dem Kind mit Behinderung geltend gemacht werden. Für unvermeidbare Fahrten, die durch die Behinderung veranlasst sind, wird vom Finanzamt bei einem GdB von 80 oder von 70 und Merkzeichen G regelmäßig ohne Nachweis ein Aufwand von jährlich 3.000 km zu 0,30 €/km anerkannt. Hieraus ergibt sich ein steuerlich berücksichtigungsfähiger Aufwand von jährlich 900 €. Bei der Führung eines Fahrtenbuchs können auch die Kosten für mehr als 3.000 km geltend gemacht werden, soweit die Fahrten angemessen und aufgrund der Behinderung erforderlich sind, wie beispielsweise Fahrten zum Arzt, zu Therapiemaßnahmen oder zu Behörden.

Bei den Merkzeichen aG, Bl oder H können sämtliche durch ein Fahrtenbuch oder andere Aufzeichnungen nachgewiesene oder glaubhaft gemachte Fahrten mit dem Kind (also auch Freizeit-, Erholungs- und Besuchsfahrten) im angemessenen Rahmen höchstens bis zu 15.000 km/Jahr zu 0,30 €/km, anerkannt werden (H 33.1–33.4 „Fahrtkosten behinderter Menschen" – Ziffer 2, EStH 2017).

bb) **Krankheitskosten:** Krankheitskosten, die nicht anderweitig z. B. von der Krankenkasse getragen oder ersetzt werden, können neben dem Behinderten-Pauschbetrag geltend gemacht werden. Berücksichtigungsfähige Krankheitskosten sind z. B. Zuzahlungen bei Medikamenten, Zuzahlungen bei Zahnarztbehandlungen, Ausgaben für Zahnersatz, Ausgaben für Brillengestelle oder auch Kurkosten.

Die medizinische Notwendigkeit der Aufwendungen und deren Zwangsläufigkeit ist dem Finanzamt regelmäßig durch Verordnung eines Arztes oder Heilpraktikers nachzuweisen (§ 64 Abs. 1 Nr. 1 EStDV – Einkommensteuer-Durchführungsverordnung). Nicht verschreibungspflichtig Medikamente sollte man sich aus diesem Grund vom Arzt auf Privatrezept verordnen lassen.

Zu beachten ist, dass es für bestimmte Krankheitskosten (wie Hilfsmittel, die als allgemeine Gebrauchsgegenstände des täglichen Lebens anzusehen sind, oder wissenschaftlich nicht anerkannte Behandlungsmethoden) erforderlich ist, die medizinische Notwendigkeit durch ein amtsärztliches Gutachten oder eine ärztliche Bescheinigung des MDK nachzuweisen (§ 64 Abs. 1 Nr. 2 S. 1 EStDV – Einkommensteuer-Durchführungsverordnung). Der zu erbringende Nachweis muss vor Beginn der Heilmaßnahme oder dem Erwerb des medizinischen Hilfsmittels ausgestellt worden sein (§ 64 Abs. 1 Nr. 2 Satz 2 EStDV).

Kosten für eine Kur können nur als außergewöhnliche Belastung berücksichtigt werden, wenn die Kurreise zur Heilung oder Linderung einer Krankheit nachweislich notwendig ist und eine andere Behandlung nicht oder kaum erfolgversprechend erscheint. Als Fahrtkosten zum Kurort sind grundsätzlich die Kosten der öffentlichen Verkehrsmittel anzusetzen (H 33.1–33.4 „Kur" EStH 2017).

Aufwendungen für eine Urlaubsbegleitung: Aufwendungen für eine fremde Person als Urlaubsbegleitung zählen auch zu den Krankheitskosten, die im angemessenen Umfang als außergewöhnliche Belastungen anerkannt werden (BFH, 4.7.2002, Az. III R 58/98). In dem vom BFH entschiedenen Fall wurden Kosten in Höhe von 767 € als außergewöhnliche Belastung anerkannt. Der Nachweis der Begleitbedürftigkeit ist durch ein amtsärztliches Gutachten oder eine ärztliche Bescheinigung des MDK zu erbringen (§ 64 Abs. 1 Nr. 2 Satz 1 d) EStDV). Allerdings können auch die Merkzeichen H oder aG und zusätzlich B als Nachweis ausreichen.

Die Aufwendungen, die Eltern von Kindern mit Behinderung für einen Urlaub mit den Kindern entstehen, können aber nicht als außergewöhnliche Belastung berücksichtigt werden (BFH, 26.1.2006, Az. III R 22/04).

Auch **Aufwendungen für Besuchsfahrten** können zu berücksichtigende Krankheitskosten sein. Voraussetzung ist eine Bescheinigung des behandelnden Krankenhausarztes für Besuchsfahrten zu einem für längere Zeit in einem Krankenhaus liegenden Ehegatten oder Kind des Steuerpflichtigen, in der bestätigt wird, dass der Besuch zur Heilung oder Linderung einer Krankheit entscheidend beitragen kann (§ 64 Abs. 1 Nr. 3 EStDV).

cc) **Privatschulbesuch:** Auch das Schulgeld für den Besuch einer Privatschule kann als außergewöhnliche Belastung berücksichtigt werden.

Das Kind muss aber ausschließlich wegen seiner Behinderung im Interesse einer angemessenen Berufsausbildung auf den Besuch einer Privatschule (Sonderschule oder allgemeine Schule in privater Trägerschaft) mit individueller Förderung angewiesen sein, da eine geeignete öffentliche Schule oder eine den schulgeldfreien Besuch ermöglichende geeignete Privatschule nicht zur Verfügung steht oder nicht in zumutbarer Weise erreichbar ist. Zum Nachweis, dass der Besuch der Privatschule erforderlich ist, ist dem Finanzamt eine Bestätigung der zuständigen obersten Landeskultusbehörde oder der von ihr bestimmten Stelle vorzulegen (EStR 2012, R 33.4 Abs. 2).

dd) Aufwendungen für behindertengerechte Umbauten: Aufwendungen für behindertengerechte Umbauten in der Wohnung können als außergewöhnliche Belastungen berücksichtigt werden, soweit die Baumaßnahme durch die Behinderung bedingt ist. Es ist hierzu nicht mehr erforderlich, dass die Behinderung auf einem nicht vorhersehbaren Ereignis (wie z. B. einem plötzlichen Schlaganfall) beruhte und deshalb ein schnelles Handeln geboten war (BFH, 24.2.2011, Az. VI R 16/10).

Für den Nachweis der behinderungsbedingten Zwangsläufigkeit der Aufwendungen ist die Vorlage folgender Unterlagen ausreichend: Der Bescheid eines gesetzlichen Trägers der Sozialversicherung oder eines Trägers von Sozialleistungen über die Bewilligung eines pflege- bzw. behinderungsbedingten Zuschusses (z. B. zur Verbesserung des individuellen Wohnumfeldes nach § 40 Abs. 4 SGB XI) oder das Gutachten des MDK, des Sozialmedizinischen Dienstes (SMD) oder der Medicproof Gesellschaft für Medizinische Gutachten GmbH (EStR 2012, R 33.4 Abs. 5).

d) Kosten für Pflege- und Betreuungsleistungen, haushaltsnahe Dienstleistungen. Neben den außergewöhnlichen Belastungen nach § 33 EStG können noch die Kosten für Pflege- und Betreuungsleistungen, z. B. durch einen Pflegedienst, im Rahmen der Aufwendungen für haushaltsnahe Beschäftigungsverhältnisse geltend gemacht werden (§ 35a EStG).

Die Steuerermäßigung wird gewährt für die Inanspruchnahme von Pflege- und Betreuungsleistungen sowie für Aufwendungen, die einem Steuerpflichtigen wegen der Unterbringung in einem Heim oder zur dauernden Pflege erwachsen, soweit darin Kosten für Dienstleistungen enthalten sind, die mit denen einer Hilfe im Haushalt vergleichbar sind. Die Ermäßigung der Einkommensteuer beträgt 20% der Aufwendungen, höchstens jedoch 4.000 € jährlich.

Zur Vermeidung einer Doppelförderung gilt die Steuerermäßigung nach § 35a EStG nur bei solchen Aufwendungen, die nicht bereits als Werbungskosten, Betriebsausgaben, Sonderausgaben oder außergewöhnliche Belastung berücksichtigt worden sind. Beachtet werden muss, dass die Kosten für Pflege- und Betreuungsleistungen gemäß § 35a Abs. 5 EStG nicht mehr zusätzlich geltend gemacht werden können, wenn der Behinderten-Pauschbetrag nach § 33b EStG geltend gemacht wurde. Werden Aufwendungen nicht pauschal über den Behinderten-Pauschbetrag, sondern als außergewöhnliche Belastung nach § 33 EStG in tatsächlicher Höhe geltend gemacht, kann dagegen über die Steuerermäßigung nach § 35a EStG noch der Anteil der Aufwendungen in Abzug gebracht werden, der aufgrund der zumutbaren Belastung über die Geltendmachung der außergewöhnlichen Belastung nach § 33 Abs. 3 EStG noch nicht berücksichtigt wurde. Es ist daher zu prüfen, ob der Behinderten-Pauschbetrag oder die tatsächlichen außergewöhnlichen Belastungen geltend gemacht werden sollen.

e) Sonderausgaben. Sonderausgaben sind private Ausgaben für bestimmte Kosten der Lebensführung, die vom Staat ausnahmsweise steuerlich begünstigt werden (vgl. §§ 10 ff. EStG). Für Familien mit Kindern mit Behinderung kommen folgende Sonderausgaben in Betracht:

aa) Kosten für die Kinderbetreuung: Kinderbetreuungskosten zur Betreuung eines zum Haushalt des Steuerpflichtigen gehörenden Kindes unter 14 Jahren oder eines körperlich, geistig oder seelisch behinderten Kindes unter 25 Jahren, das seinen eigenen Unterhalt nicht bestreiten kann, können als Sonderausgaben abzugsfähig sein. Abzugsfähig sind zwei Drittel der Aufwendungen, maximal 4.000 € je Kind (§ 10 Abs. 1 Nr. 5 EStG). Dies gilt nicht für Aufwendungen für Unterricht, die Vermittlung besonderer Fähigkeiten sowie für sportliche und andere Freizeitbeschäftigungen.

bb) Schulgeld: Eltern können Schulgeld steuerlich als Sonderausgaben absetzen. Die Schulkosten (ohne Kosten für Unterkunft und Verpflegung) sind zu 30% bis maximal 5.000 € als Sonderausgaben steuerlich absetzbar (§ 10 Abs. 1 Nr. 9 EStG).

2. Kfz-Steuerbefreiung

Schwerbehinderten Kraftfahrzeughaltern mit dem Merkzeichen H, Bl oder aG wird auf Antrag die Kfz-Steuer erlassen (§ 3a Abs. 1 KraftStG). Allerdings darf das Fahrzeug nicht von anderen Personen benutzt werden, es sei denn, diese Fahrten stehen im Zusammenhang mit der Beförderung oder der Haushaltsführung des Menschen mit Behinderung.

Personen mit dem Merkzeichen G müssen zwischen einer Kfz-Steuerermäßigung von 50% oder der Freifahrt im öffentlichen Nahverkehr wählen.

Die Kfz-Steuerbefreiung kann auch von Familien mit minderjährigen Kindern mit Behinderung beansprucht werden, wenn das Kraftfahrzeug auf das Kind zugelassen ist. Allerdings darf das Fahrzeug dann ausschließlich für den Transport oder für die Haushaltsführung des Kindes mit Behinderung benutzt werden.

3. Freifahrt mit öffentlichen Nahverkehrsmitteln

Schwerbehinderte Menschen mit Merkzeichen G, aG, H oder Bl können beim Versorgungsamt eine Wertmarke erwerben und damit die Freifahrt im öffentlichen Personennahverkehr in Anspruch nehmen.

Eine Wertmarke mit Gültigkeit von einem Jahr kostet 80 €, mit Gültigkeit von einem halben Jahr 40 €.

Während der Gültigkeitsdauer der Wertmarke besteht ohne Kilometerbegrenzung eine Freifahrtberechtigung u. a. in allen Straßenbahnen, U-Bahnen, S-Bahnen und in vielen Bussen in ganz Deutschland sowie in den Zügen des Nahverkehrs der Deutschen Bahn AG.

Folgende freifahrtberechtigte Personen erhalten die Wertmarke auf Antrag unentgeltlich:

- schwerbehinderte Menschen mit Merkzeichen Bl und H,
- Personen, die Leistungen zur Sicherung des Lebensunterhaltes nach dem SGB II (Grundsicherung für Arbeitsuchende) und Personen, die Hilfe zum Lebensunterhalt bzw. Grundsicherung im Alter und bei Erwerbsminderung nach dem SGB XII (Sozialhilfe) erhalten,
- Personen, die Leistungen nach dem SGB VIII (Kinder- und Jugendhilfe) oder den §§ 27a oder 27d BVG erhalten.

Bei Vorliegen des Merkzeichens B wird auch die Begleitperson des schwerbehinderten Menschen unentgeltlich befördert (§§ 228, 229 SGB IX). Für die Begleitperson gilt die Beschränkung auf Züge des Nahverkehrs nicht. Die Begleitperson wird auch dann unentgeltlich befördert, wenn der schwerbehinderte Mensch keine Wertmarke beantragt hat und deshalb selbst nicht freifahrtberechtigt ist.

4. Parkerleichterungen

Schwerbehinderte Menschen können bei der Stadt- oder Gemeindeverwaltung den internationalen blauen EU-Parkausweis beantragen, wenn im Schwerbehindertenausweis die Merkzeichen aG oder Bl eingetragen sind. Dies gilt auch für Eltern, deren Kind diese Eintragungen im Schwerbehindertenausweis hat. Denn die berechtigte Person braucht nicht selbst Halter des Kraftfahrzeuges zu sein. Der internationale blaue EU-Parkausweis gilt in ganz Deutschland, in allen Mitgliedstaaten der Europäischen Union und in verschiedenen weiteren Ländern, wie der Schweiz und Norwegen. Mit dem blauen EU-Parkausweis ist erlaubt:

- Parken auf Behindertenparkplätzen; unter bestimmten Umständen kann auch ein personenbezogener Einzelparkplatz am Wohnort beantragt werden;
- gebührenfreies Parken an Parkuhren und bei Parkscheinautomaten;

- Parken im eingeschränkten Halteverbot und auf für Anwohner reservierten Parkplätzen bis zu drei Stunden (Parkscheibe erforderlich);
- Überschreitung der Parkzeit, wenn diese durch ein Zusatzschild begrenzt ist;
- Parken in verkehrsberuhigten Bereichen außerhalb der gekennzeichneten Flächen, wenn der Durchgangsverkehr nicht behindert wird.

Voraussetzung ist immer, dass in zumutbarer Entfernung keine andere Parkmöglichkeit besteht. Kraftfahrzeuge mit einer Parkerleichterung dürfen höchstens 24 Stunden an einer Stelle geparkt werden.

Daneben gibt es den orangefarbenen Parkausweis, der nur in Deutschland gilt. Der Inhaber des orangefarbenen Parkausweises hat fast dieselben Berechtigungen wie mit dem internationalen blauen EU-Parkausweis. Anders als Personen mit dem internationalen blauen Parkausweis dürfen jedoch nicht die mit dem Rollstuhlfahrersymbol gekennzeichneten Behindertenparkplätze benutzt werden.

Die Anforderungen an die Schwere der Behinderung für die Beantragung des orangefarbenen Ausweises sind geringer als beim blauen EU-Parkausweis. Unter anderem kann bereits das Merkzeichen G und B sowie ein Grad der Behinderung (GdB) von 70 oder 80 ausreichen.

Zuständige Stelle für die Ausstellung eines Parkausweises ist die Straßenverkehrsbehörde, in deren Zuständigkeitsbereich der Wohnsitz liegt (Stadtverwaltung oder Landratsamt).

Hinweis:

Der Parkausweis muss im Kraftfahrzeug gut sichtbar ausgelegt werden. Er darf nur auf Fahrten verwendet werden, an denen der Behinderte selbst teilnimmt. Zuwiderhandlungen können als Missbrauch von Ausweispapieren strafbar sein.

Einige Bundesländer räumen weitere Parkerleichterungen mit geringeren Anforderungen an die Schwere der Behinderung ein. So gibt es in Bayern den dunkelblauen Parkausweis BY. Damit wird die Benutzung von Behindertenparkplätzen in Bayern auch Personen ermöglicht, die nicht das Merkzeichen aG haben und daher keinen blauen EU-Parkausweis erhalten.

5. Ermäßigung des Rundfunkbeitrags

Schwerbehinderte zahlen unter bestimmten Voraussetzungen keinen oder einen ermäßigten Rundfunkbeitrag (Details unter www.rundfunkbeitrag.de).

Anspruch auf Befreiung von der Rundfunkbeitragspflicht haben taubblinde Menschen und Empfänger von Blindenhilfe.

Eine Ermäßigung des Rundfunkbeitrags auf monatlich 5,83 € (ein Drittel der monatlichen Gebühr) steht Menschen zu, denen das Merkzeichen „RF" im Schwerbehindertenausweis zuerkannt wurde. Die Befreiung oder Ermäßigung muss beim „Beitragsservice von ARD, ZDF und Deutschlandradio" beantragt werden.

E. Durchsetzung von Leistungsansprüchen – Wie komme ich zu meinem Recht?

Die nachstehenden Hinweise gelten entsprechend für die Beantragung und Durchsetzung der vorstehend beschriebenen Sozialleistungen wie Grundsicherung, Eingliederungshilfe/Sozialhilfe, Pflegegeld, Hilfsmittel, Renten, Schwerbehindertenausweis etc.

Das zuständige Gericht ist meistens das Sozialgericht. Nur bei Leistungen der Kinder- und Jugendhilfe (SGB VIII) ist ausnahmsweise der Rechtsweg zum Verwaltungsgericht eröffnet. Die nachfolgenden Ausführungen gelten dann entsprechend.

I. Allgemeines zum Verfahrensablauf im Sozialrecht

1. Antragstellung

Erst die Stellung eines Antrages auf die Gewährung einer bestimmten Leistung bei der zuständigen Stelle setzt das Verfahren in Gang. Ohne die Stellung eines Antrages „passiert nichts".

a) Vorbereitung der Antragstellung. Eine gute Vorbereitung der Antragstellung ist besonders wichtig. Es sollten fachliche und auch rechtliche Informationen über die gewünschte Leistung eingeholt werden. Zur Begründung der zu beantragenden Leistung ist es empfehlenswert, vorab bereits medizinische Gutachten, ärztliche Berichte, Zeugnisse, Entwicklungsberichte von Einrichtungen usw. zu besorgen.

Weiter sind Auskünfte einzuholen, um die für den Antrag zuständige Stelle zu ermitteln.

b) Anspruch auf Beratung und Auskunft, ergänzende unabhängige Teilhabeberatung. Es ist wichtig, seine eigenen Verfahrensrechte zu kennen. So besteht während des gesamten Verfahrens ein Anspruch gegen den Leistungsträger auf Beratung über seine Rechte und die zustehenden Leistungen (§§ 14, 15 SGB I, § 106 SGB IX). Es besteht auch ein Anspruch darauf, zu Verhandlungen und Besprechungen mit einer Vertrauensperson (Beistand) zu erscheinen (§ 13 Abs. 4 SGB X).

Durch das BTHG wurde zum 1.1.2018 die ergänzende unabhängige Teilhabeberatung (EUTB) eingeführt (§ 32 SGB IX). Dabei handelt es sich um ein bundesweit einzurichtendes Netzwerk von Beratungsstellen, die zu Fragen der Rehabilitation und Teilhabe bereits im Vorfeld der Beantragung konkreter Leistungen unentgeltlich und unabhängig beraten. Dieses Angebot besteht neben dem Anspruch auf Beratung durch die Rehabilitationsträger. Beratungsstellen sind unter https://www.teilhabeberatung.de aufgeführt.

c) Die Antragstellung

aa) Schriftlicher Antrag: Anträge sollten immer schriftlich gestellt werden. Vor allem bei mündlichen (auch telefonischen) Anfragen erhalten Betroffene erfahrungsgemäß von den Kostenträgern häufig die Auskunft, dass überhaupt keine Aussicht auf die beantragte Leistung bestünde und daher besser gar kein Antrag gestellt werden sollte.

Lassen Sie sich jedoch durch solche Auskünfte auf keinen Fall von der Stellung eines schriftlichen Antrags abhalten. Denn ohne einen entsprechenden Antrag läuft in der Regel überhaupt kein Bewilligungsverfahren. Der Kostenträger braucht nichts zu bearbeiten oder zu überprüfen. Es geschieht „nichts"!

Falls ein Antrag beim unzuständigen („falschen") Leistungsträger gestellt wird, hat dieser den Antrag nach § 16 Abs. 2 SGB I unverzüglich an den zuständigen Leistungsträger weiterzuleiten. Der Antrag gilt dann als zu dem Zeitpunkt gestellt, zu dem er beim erstangegangen Leistungsträger gestellt wurde (§ 16 Abs. 2 Satz 1 SGB I).

bb) Leistender Rehabilitationsträger, Teilhabeplanverfahren, Gesamtplanverfahren: Zum 1.1.2018 wurde infolge der Änderungen durch das BTHG der sogenannte „leistende Rehabilitationsträger" gemäß § 14 SGB IX eingeführt, der für die Koordination der Leistungen gegenüber dem Antragsteller verantwortlich ist.

Wenn auch weitere Reha-Träger (z. B. Krankenkasse, Agentur für Arbeit, Rentenversicherung) zum Teil zuständig sind, muss der leistende Rehabilitationsträger sie nun einbeziehen und ein verbindliches Teilhabeplanverfahren (§§ 19 bis 23 SGB IX) durchführen. Für den Antragsteller soll dadurch das Verfahren von der Bedarfsermittlung bis zur Leistungserbringung beschleunigt werden.

Soweit auch Leistungen der Eingliederungshilfe beansprucht werden, ist ab dem 1.1.2018 immer ein Gesamtplanverfahren (vgl. §§ 141 bis 145 SGB XII; ab 1.1.2020: §§ 117 bis 122 SGB IX) durchzuführen, in dem die Bedarfe aus dem Zuständigkeitsbereich der Eingliederungshilfe erhoben werden. Das Gesamtplanverfahren ist immer dann Teil des Teilhabeplanverfahrens, wenn neben der Eingliederungshilfe auch noch weitere Leistungen anderer Reha-Träger benötigt werden. Andernfalls wird allein das Gesamtplanverfahren durchgeführt.

Im Rahmen des Gesamtplanverfahrens muss der Träger der Eingliederungshilfe zunächst den Bedarf des Antragstellers feststellen. Unter Umständen erfolgt dabei auch eine Gesamtplankonferenz mit dem Antragsteller und den beteiligten Reha-Trägern. Im Anschluss an die Feststellung des Bedarfs stellt der Träger die benötigten Leistungen in dem Gesamtplan schriftlich zusammen und stimmt sie aufeinander ab. Der Gesamtplan muss regelmäßig angefertigt werden und ist Teil eines standardisierten Verwaltungsverfahrens.

Die bereits seit 1.1.2018 für die Durchführung des Gesamtplanverfahrens zuständigen Träger der Eingliederungshilfe (in Bayern die Bezirke als überörtliche Träger) sind derzeit noch dabei, konkrete Handlungsempfehlungen und Leitfäden zum Gesamtplanverfahren zu erarbeiten. Die Auswirkungen des neuen Gesamtplanverfahrens auf die Verwaltungspraxis können daher noch nicht im Einzelnen eingeschätzt werden.

cc) **Mitwirkungspflichten:** Den Antragsteller treffen bei der Sachverhaltsermittlung umfangreiche Auskunfts- und Mitwirkungspflichten. Meist ist ein umfangreicher Fragebogen zu den persönlichen Verhältnissen auszufüllen.

Die Erläuterungen zum sog. „Auskunftsersuchen" des Sozialhilfeträgers und zu dessen rechtlichen Möglichkeiten, Auskünfte von anderen staatlichen Stellen oder auch Banken und Versicherungen einzuholen, finden sich im 2. Kapitel unter B II 4 a, S. 92 f.

Wer Sozialleistungen beantragt oder erhält, hat gemäß § 60 SGB I:

- alle Tatsachen anzugeben, die für die Leistung erheblich sind, und auf Verlangen des zuständigen Leistungsträgers der Erteilung der erforderlichen Auskünfte durch Dritte zuzustimmen,
- Änderungen in den Verhältnissen, die für die Leistung erheblich sind oder über die im Zusammenhang mit der Leistung Erklärungen abgegeben worden sind, unverzüglich mitzuteilen,
- Beweismittel zu bezeichnen und auf Verlangen des zuständigen Leistungsträgers Beweisurkunden vorzulegen oder ihrer Vorlage zuzustimmen.

Das persönliche Erscheinen des Antragstellers kann angeordnet werden (§ 61 SGB I). Auf Verlangen des Leistungsträgers muss er sich ärztlichen und psychologischen Untersuchungsmaßnahmen unterziehen, allerdings nur soweit diese für die Entscheidung über die Leistung erforderlich sind (§ 62 SGB I).

Wichtig ist es, die Grenzen dieser Mitwirkungspflichten zu kennen. Mitwirkungspflichten bestehen nicht (§ 65 Abs. 1 SGB I), soweit

- ihre Erfüllung nicht in einem angemessenen Verhältnis zu der in Anspruch genommenen Sozialleistung oder ihrer Erstattung steht oder
- ihre Erfüllung dem Betroffenen aus einem wichtigen Grund nicht zugemutet werden kann oder
- der Leistungsträger sich die erforderlichen Kenntnisse durch einen geringeren Aufwand als der Antragsteller oder Leistungsberechtigte selbst beschaffen kann.

Behandlungen und Untersuchungen können abgelehnt werden (§ 65 Abs. 2 SGB I),

- wenn im Einzelfall ein Schaden für Leben oder Gesundheit nicht mit hoher Wahrscheinlichkeit ausgeschlossen werden kann,
- wenn sie mit erheblichen Schmerzen verbunden sind oder
- wenn sie einen erheblichen Eingriff in die körperliche Unversehrtheit bedeuten.

Kann aufgrund der Verletzung dieser Pflichten durch den Antragsteller nicht festgestellt werden, ob die Voraussetzungen für die Leistung vorliegen, kann die Leistung verweigert werden. Allerdings muss der Leistungsträger vor einer Ablehnung den Antragsteller zunächst schriftlich auf diese Folgen hinweisen und eine angemessene Frist setzen, in denen die geforderten Angaben oder Handlungen nachgeholt werden können (§ 66 SGB I).

dd) Antragsprüfung: Der Sachbearbeiter ermittelt den Sachverhalt von Amts wegen. Er bestimmt Art und Umfang der Ermittlungen und ist an die Angaben des Antragstellers nicht gebunden. Er muss jedoch alle für den Einzelfall bedeutsamen Umstände bei seiner Entscheidung berücksichtigen. Er darf sämtliche Auskünfte einholen, die für die Entscheidung über die beantragte Leistung erforderlich sind, Zeugen und Sachverständige vernehmen, wenn sich Zweifel an Angaben des Antragstellers ergeben, Urkunden und Akten beiziehen und sich auch persönlich einen Eindruck verschaffen.

ee) **Bearbeitungsdauer:** Für die Bearbeitung des Antrages gelten die Fristen des § 14 SGB IX. Danach hat der Leistungsträger innerhalb von drei Wochen den Bescheid zu erlassen. Benötigt er allerdings für die Feststellung des Bedarfes ein Gutachten, so hat er unverzüglich einen Sachverständigen zu beauftragen. Eine Entscheidung ist dann zwei Wochen nach Eingang des Gutachtens zu treffen. Der Sachverständige soll das Gutachten innerhalb von zwei Wochen fertig stellen. Kann die Behörde über den Antrag innerhalb der genannten Fristen nicht entscheiden, hat sie dies dem Antragsteller unter Angabe der Gründe mitzuteilen. In der Praxis werden diese gesetzlichen Vorgaben jedoch fast nie eingehalten.

Sollten Sie nicht innerhalb von etwa drei bis vier Wochen nach Antragstellung eine Antwort oder Entscheidung des Leistungsträgers erhalten haben, empfiehlt es sich daher, telefonisch nachzufassen und abzuklären, aus welchen Gründen es zu einer Verzögerung bei der Bearbeitung des Antrages kommt.

ff) **Zuständigkeitsklärung:** § 14 SGB IX enthält besondere Regelungen und Fristen zur Zuständigkeitsklärung bei Streitigkeiten zwischen verschiedenen Reha-Trägern. Durch das BTHG wurde diese Vorschrift etwas abgeändert. Nach wie vor gilt, dass der erstangegangene Reha-Träger für die gesamte beantragte Leistung zuständig und zum leistenden Reha-Träger wird, wenn er nicht innerhalb von zwei Wochen nach Antragseingang den Antrag weiterleitet. Leitet er den Antrag innerhalb von zwei Wochen an einen zweiten Reha-Träger weiter, wird dieser grundsätzlich zuständiger leistender Reha-Träger. Der zweite Reha-Träger hat jedoch jetzt die weitere Möglichkeit, den Antrag in Absprache an einen dritten Reha-Träger weiterzuleiten („Turbo-Klärung"). Damit wird dieser leistender Reha-Träger, auch bei Nichtzuständigkeit. Jeder Reha-Träger muss den Antragsteller über eine Weiterleitung informieren.

gg) Genehmigungsfiktion – Erstattung selbstbeschaffter Leistungen zur Teilhabe (§ 18 SGB IX): Mit § 18 Abs. 1 bis 5 SGB IX wurde durch das BTHG zum 1.1.2018 eine Regelung in das SGB IX aufgenommen, nach der eine fiktive Genehmigung einer beantragten Leistung zur Teilhabe angenommen wird, wenn nicht innerhalb von zwei Monaten seit Antragstellung über die Leistung entschieden worden ist. Kann der leistende Rehabilitationsträger über den Antrag auf Leistungen zur Teilhabe nicht innerhalb einer Frist von zwei Monaten ab Antragseingang entscheiden, muss er dem Leistungsberechtigten vor Ablauf der Frist die Gründe hierfür schriftlich mitteilen. Erfolgt keine begründete Mitteilung, gilt die beantragte Leistung nach Ablauf der Frist als genehmigt. Beschaffen sich dann Leistungsberechtigte eine als genehmigt geltende Leistung selbst, ist der leistende Rehabilitationsträger zur Erstattung der Aufwendungen für selbstbeschaffte Leistungen verpflichtet. Diese Genehmigungsfiktion gilt jedoch nicht für die Träger der Eingliederungshilfe und der öffentlichen Jugendhilfe (§ 18 Abs. 7 SGB IX).

Die Regelung des § 18 Abs. 1 bis 5 SGB IX ähnelt der Regelung des § 13 Abs. 3a SGB V zur fiktiven Genehmigung im Bereich des Leistungsrechtes der gesetzlichen Krankenkassen. Es bleibt abzuwarten, wie diese Regelung von den Gerichten angewendet und wie sie sich in der Praxis letztendlich auswirken wird.

2. Recht auf Akteneinsicht

Während des Verfahrens hat der Antragsteller ein Recht auf Einsicht in die das Verfahren betreffenden Akten, soweit deren Kenntnis zur Geltendmachung oder Verteidigung seiner rechtlichen Interessen erforderlich ist (§ 25 SGB X). Dies betrifft hauptsächlich die Einsicht in ärztliche Gutachten und interne Stellungnahmen der Behörde.

Dies gilt nicht, soweit die Vorgänge wegen der berechtigten Interessen der Beteiligten oder dritter Personen geheim gehalten werden müssen. Die Akteneinsicht erfolgt bei der Behörde, die die Akten führt. Die Beteiligten können Auszüge oder Abschriften selbst fertigen oder sich Ablichtungen durch die Behörde gegen einen Aufwendungsersatz anfertigen lassen.

Gegen die Verweigerung der Akteneinsicht gibt es jedoch kein Rechtsmittel. Die Verweigerung stellt nur einen Verfahrensmangel dar, der im Widerspruchs- oder Klageverfahren gerügt werden kann.

3. Anhörung des Betroffenen

Vor Erlass eines ablehnenden Bescheides erfolgt regelmäßig erst noch einmal eine Anhörung des Antragstellers. Bei dem Anhörungsschreiben handelt es sich noch nicht um einen anfechtbaren Bescheid, sondern um die gesetzlich vorgeschriebene förmliche Mitteilung, dass beabsichtigt ist, den Antrag zurückzuweisen. Ein Widerspruch kann dagegen noch nicht eingelegt werden. Es können jedoch weitere oder gegebenenfalls auch neue Gesichtspunkte und Unterlagen zur Begründung des Antrages vorgetragen und vorgelegt werden. Sollten diese den Sachbearbeiter nicht doch noch umstimmen können, wird der ablehnende Bescheid erlassen.

4. Entscheidung der zuständigen Stelle (Bewilligungsbescheid)

Das Verfahren über einen Antrag wird durch den Erlass eines Bescheides, eines sog. Verwaltungsaktes, abgeschlossen. Der Bescheid ist dem Antragsteller bekannt zu geben. Dies erfolgt in der Regel per Post. Mit dem Zeitpunkt der Bekanntgabe beginnen die Fristen für die Einlegung eines Widerspruches zu laufen.

5. Vorgehen bei Untätigkeit des Leistungsträgers

Bisweilen drängt sich der Eindruck auf, dass die Kostenträger versuchen, beispielsweise durch das Nachfordern von weiteren Unterlagen oder ärztlichen Attesten, die Bearbeitung des Antrages zu verschleppen. In der Praxis kommt es leider relativ häufig vor, dass sich die Bearbeitung eines Antrages viele Monate dahinschleppt, ohne dass eine Entscheidung getroffen wird.

a) Untätigkeitsklage, § 88 SGG. In einem solchen Fall macht es regelmäßig keinen Sinn, auf den guten Willen des betreffenden Sachbearbeiters zu hoffen und abzuwarten. Vielmehr sollte dann möglichst mit Hilfe eines Rechtsbeistandes vorgegangen werden, um den Druck zu erhöhen und nicht noch mehr Zeit zu verlieren.

Wenn über einen Antrag nicht innerhalb von sechs Monaten entschieden worden ist, besteht die Möglichkeit, Untätigkeitsklage (gemäß § 88 SGG) beim Sozialgericht zu erheben. Das Sozialgericht verpflichtet dann die Behörde, förmlich über den Antrag zu entscheiden. Über die Sache selbst, also ob ein Anspruch auf die begehrte Leistung besteht, trifft das Gericht jedoch keine Aussage. Die Untätigkeitsklage dient damit nur dem Zweck, die Behörde zu einer förmlichen Entscheidung über den Antrag anzuhalten.

b) Antrag auf Erlass einer einstweiligen Anordnung, § 86b SGG. Sofern Eilbedürftigkeit besteht, empfiehlt es sich daher, im Wege des einstweiligen Rechtschutzes den Erlass einer einstweiligen Anordnung, Stichwort „Erste-Hilfe", nach § 86b SGG beim Sozialgericht zu beantragen, um den Kostenträger zur vorläufigen Leistungsgewährung zu verpflichten. Voraussetzung für den Erlass einer einstweiligen Anordnung ist, dass der Antragsteller ohne die Leistung Nachteile zu erwarten hätte, die unzumutbar und nicht mehr zu beseitigen wären.

Mit einer einstweiligen Anordnung trifft das Gericht noch keine endgültige, sondern nur eine vorläufige Entscheidung über die streitige Angelegenheit. Endgültig wird erst in einem in der Regel anschließenden Klageverfahren (sog. Hauptsacheverfahren) entschieden.

Beim Verfahren auf einstweiligen Rechtsschutz erfolgt durch das Gericht nur eine summarische Prüfung. Eine mündliche Verhandlung oder eine förmliche Beweisaufnahme, z. B. durch die Einholung von ärztlichen Sachverständigengutachten, findet regelmäßig nicht statt. Das Gericht entscheidet grundsätzlich auf der Basis des vorgetragenen oder bekannten Sachverhalts und der von dem Antragsteller glaubhaft gemachten Tatsachen. Das Gericht nimmt eine Interessenabwägung vor, bei der die möglichen Folgen, die das Erlassen oder Nichterlassen der einstweiligen Anordnung für die Beteiligten haben würde, und die Erfolgsaussichten eines möglichen Klageverfahrens berücksichtigt werden.

Aufgrund der sehr langen Klageverfahren vor den Sozialgerichten bleibt praktisch als einzige Möglichkeit der einstweilige Rechtsschutz, um den Leistungsträger kurzfristig zu der beantragten Leistung zu verpflichten.

Aufgrund seiner Besonderheiten sollten Betroffene jedoch möglichst fachkundige rechtliche Hilfe für ein solches Verfahren in Anspruch nehmen. Bei kompetenter und sorgfältiger Vorbereitung und Durchführung des Verfahrens können gute Erfolgsaussichten bestehen. Voraussetzung dafür ist, dass sich ein Anspruch rechtlich begründen lässt und stichhaltige und überzeugende ärztliche Gutachten vorgelegt werden, die vor allem die Eilbedürftigkeit belegen.

Es ist jedoch darauf hinzuweisen, dass eine einstweilige Verfügung mit dem (geringen) Risiko einer späteren Schadensersatzpflicht verbunden ist. Sollte sich nämlich in dem späteren Hauptsacheverfahren herausstellen, dass die einstweilige Anordnung ungerechtfertigt war (§ 945 ZPO), so könnte die Behörde gegen den Antragsteller einen Schadensersatzanspruch hinsichtlich der dann zu Unrecht erbrachten vorläufigen Leistungen geltend machen.

c) Dienstaufsichtsbeschwerde. Darüber hinaus könnte auch mit einer Dienstaufsichtsbeschwerde persönlich gegen den Sachbearbeiter des Kostenträgers vorgegangen werden. Eine solche Beschwerde ist an den Vorgesetzten des Sachbearbeiters gerichtet mit dem Ziel, diesen zur ordnungsgemäßen Bearbeitung des Antrages anzuweisen und evtl. eine dienstrechtliche Sanktion auszusprechen. Eine solche Dienstaufsichtsbeschwerde kann zwar für den Sachbearbeiter sehr unangenehm sein, ob er jedoch daraufhin sein Verhalten ändert, ist eher zweifelhaft. Daher sollte nur bei offensichtlichen und massiven Verstößen des Sachbearbeiters gegen seine Dienstpflichten eine Dienstaufsichtsbeschwerde in Erwägung gezogen werden.

II. Widerspruch gegen einen ablehnenden Bescheid

1. Widerspruch

Über den Antrag wird in der Form eines sog. Verwaltungsakt es von der Behörde entschieden. Ein solcher Verwaltungsakt ist ein (positiver) Leistungsbescheid bzw. Ablehnungsbescheid.

Gegen einen Ablehnungsbescheid kann innerhalb eines Monats nach seiner Bekanntgabe Widerspruch schriftlich oder zur Niederschrift bei der Behörde eingelegt werden.

In dem Bescheid bzw. dem ablehnenden Schreiben muss ordnungsgemäß darauf hingewiesen werden, dass innerhalb eines Monats und bei welcher Stelle der Widerspruch einzulegen ist. Fehlt eine solche ordnungsgemäße Rechtsbehelfsbelehrung beträgt die Widerspruchsfrist ein Jahr.

Der Widerspruch sollte, um später einen Nachweis zu haben, schriftlich und per Einschreiben eingelegt werden. Wichtig ist, dass der Widerspruch innerhalb der Monatsfrist bei der Behörde eingeht. Das Abschicken innerhalb der Frist genügt nicht. In Eilfällen kann der Widerspruch auch persönlich abgegeben (dann den Empfang bestätigen lassen) oder per Fax eingelegt werden. Mündlich, telefonisch oder per E-Mail kann kein Widerspruch eingelegt werden.

Wird die Frist versäumt, wird der Bescheid bestandskräftig und verbindlich, auch wenn er inhaltlich unrichtig sein sollte.

Es bleibt dann jedoch noch die Möglichkeit, bei der betreffenden Behörde einen Überprüfungsantrag nach § 44 SGB X zu stellen. In diesem Fall muss die Behörde auch einen bereits bestandskräftigen Bescheid noch einmal auf seine Richtigkeit hin überprüfen. Das Ergebnis der Überprüfung wird dem Antragsteller dann mit einem rechtsmittelfähigen Bescheid mitgeteilt, gegen den Widerspruch und weitere Rechtsmittel zugelassen sind. Auf diese Weise kann auch bei einem Versäumen der Rechtsmittelfrist noch gegen einen Bescheid vorgegangen werden. Sozialhilfeleistungen können jedoch im Falle einer erfolgreichen Nachprüfung nur ein Jahr rückwirkend ab der Stellung des Überprüfungsantrages gefordert werden (§ 116a SGB XII). Leistungen der Pflegeversicherung können dagegen noch vier Jahre rückwirkend verlangt werden.

Zudem bleibt es weiterhin möglich, einen kompletten neuen Antrag zu stellen, der sich dann jedoch nur auf Leistungen für die Zukunft beziehen kann.

2. Widerspruchsbegründung

Der Widerspruch muss nicht sofort begründet werden. Es reicht zur Fristwahrung, einen bloßen Widerspruch schriftlich einzulegen und die Begründung nachzuliefern.

Vor der Begründung des Widerspruchs sollte eine Akteneinsicht erfolgen. Zumindest sollten die der Entscheidung zugrunde liegenden Gutachten (z. B. Gutachten des MDK) und Stellungnahmen des Fachdienstes der Behörde angefordert werden.

Sinnvoll ist es, die Widerspruchsbegründung mit fachkundiger Hilfe zu formulieren. Die Erfahrung zeigt, dass dann im Widerspruchsverfahren häufig doch noch, trotz vorheriger Ablehnung, die begehrte Leistung zugesprochen wird.

Im Widerspruchsverfahren überprüft zunächst die ursprüngliche Stelle (Ausgangsbehörde) noch einmal selbst ihren mit dem Widerspruch angegriffenen Bescheid. Kommt sie dabei zu dem Ergebnis, dass – unter Umständen auch aufgrund neu vorgetragener Argumente – der Antragsteller doch einen Anspruch auf die begehrte Leistung besitzt, hilft sie dem Widerspruch ab und bewilligt die Leistung (sog. Abhilfeentscheidung).

Hält die Ausgangsbehörde den Widerspruch jedoch für unbegründet, legt sie den Widerspruch der Widerspruchsbehörde zur Überprüfung vor. Widerspruchsbehörde ist in der Regel eine übergeordnete Stelle. Über Widersprüche gegen Bescheide der Kranken- und Pflegekassen entscheiden jedoch deren eigene Widerspruchsausschüsse. Die Widerspruchsbehörde trifft ihre Entscheidung in der Form des Widerspruchsbescheides.

Im Widerspruchsverfahren werden häufig noch einmal Gutachten erstellt, um die Argumente des Widerspruchs zu überprüfen bzw. zu entkräften. Dies bedeutet, dass Widersprüche ausführlich begründet und durch eigene fachliche Stellungnahmen und ärztliche Atteste belegt werden müssen. Andernfalls besteht die Gefahr, dass der Widerspruch ohne Weiteres, ohne überhaupt die Sache noch einmal zu überprüfen, zurückgewiesen wird.

3. Vorgehen, wenn über den Widerspruch nicht entschieden wird

Sollte über den eingelegten Widerspruch nicht innerhalb von drei Monaten entschieden werden, besteht die Möglichkeit, Untätigkeitsklage beim Sozialgericht zu erheben.

Im Falle der Eilbedürftigkeit besteht wiederum die Möglichkeit, den Erlass einer einstweiligen Anordnung gemäß § 86b SGG beim Sozialgericht zu beantragen (vgl. vorstehend Ziffer I 5 b, S. 201).

4. Kosten Widerspruchsverfahren

Das Widerspruchsverfahren selbst ist kostenfrei. Sofern man sich von einem Rechtsanwalt vertreten lässt, hat man die anfallenden Anwaltskosten zu tragen. Im Falle eines erfolgreichen Widerspruchs besteht ein Anspruch gegen den Kostenträger auf Übernahme der gesetzlichen Gebühren des Rechtsanwaltes, sofern anwaltliche Hilfe notwendig war.

5. Muster für einen Widerspruch

Sollte es erforderlich werden, gegen eine Entscheidung des Kostenträgers einen Widerspruch einzulegen, kann das folgende Muster als Grundlage des Widerspruchs verwendet werden.

Muster

....
(Name und Anschrift des Antragstellers)
Per Einschreiben
An den
....
(Kostenträger)
....
(Ort, Datum)
(Betreff:) Widerspruch gegen den Bescheid vom ..., Aktenzeichen: ...
Sehr geehrte Damen und Herren,
hiermit lege ich gegen den Bescheid vom ..., Aktenzeichen ... Widerspruch ein.
Den Widerspruch begründe ich wie folgt: ...
Oder:
Die Begründung wird nachgereicht.

> Zunächst beantrage ich Akteneinsicht und bitte ich um Übersendung der Ihrer Entscheidung zugrunde liegenden Gutachten/Stellungnahmen etc.
>
> ……………..
>
> (Unterschrift)

III. Erhebung der Klage

Über den Widerspruch entscheidet die Widerspruchsbehörde mit einem sog. Widerspruchsbescheid.

Wird in dem Widerspruchsbescheid der Widerspruch ganz oder auch nur teilweise zurückgewiesen, kann dagegen innerhalb einer Frist von einem Monat vor dem Sozialgericht Klage erhoben werden. Wird die Klagefrist versäumt, bleibt jedoch wie bei einer Versäumung der Widerspruchsfrist noch die Möglichkeit, bei der betreffenden Behörde einen Überprüfungsantrag nach § 44 SGB X zu stellen (vgl. hierzu vorstehend Ziffer II. 1.).

Das Sozialgericht überprüft im Klageverfahren selbständig die angegriffene Entscheidung auf ihre Rechtmäßigkeit.

Zu diesem Zweck werden regelmäßig vom Gericht neue, unabhängige Gutachten in Auftrag gegeben. Vorliegende Gutachten des MDK, der Behörde oder auch vom Kläger vorgelegte Atteste haben vor Gericht als sog. Parteigutachten nur einen eingeschränkten Aussagewert.

Darüber hinaus holt das Gericht aktuelle Befundberichte der behandelnden Ärzte des Klägers ein. Der Kläger muss hierzu seine behandelnden Ärzte benennen und von deren ärztlicher Schweigepflicht entbinden. Das Gericht übersendet dem Kläger entsprechende Formblätter, die dieser ausfüllen muss.

Ist aufgrund der Feststellungen des vom Gericht in Auftrag gegebenen Gutachtens mit einem negativen Ausgang des Gerichtsverfahrens zu rechnen, muss dieses Gutachten medizinisch begründet widerlegt werden. Das Gesetz gewährt dem Kläger das Recht, die Einholung eines weiteren Gutachtens von einem Arzt seines Vertrauens zu beantragen, um damit das bereits vorliegende Gutachten zu widerlegen (sog. Gutachten gemäß § 109 SGG). Die für ein weiteres Gutachten anfallenden Kosten hat der Kläger im Wege des Vorschusses (regelmäßig 1.500 € bis 2.000 €) dem Gericht vorzustrecken. Sofern der Kläger eine Rechtsschutzversicherung hat, die die Kosten des sozialgerichtlichen Verfahrens übernimmt, trägt die Rechtsschutzversicherung regelmäßig auch die Kosten für ein solches Gutachten. Ohne Deckung durch eine Rechtsschutzversicherung müsste der Kläger das Kostenrisiko jedoch selbst tragen. Wenn das weitere Gutachten wesentlich zur Sachaufklärung beiträgt, kann das Sozialgericht auf Antrag die Kosten jedoch ganz oder teilweise der Staatskasse auferlegen.

Bei der Auswahl des Arztes ist zu bedenken, dass die Gutachtenerstellung eine besondere Fachkunde in dem betroffenen medizinischen Fachgebiet und im Abfassen von Gutachten voraussetzt. Der eigene behandelnde Arzt sollte möglichst auch nicht als Gutachter benannt werden, da einem von diesem ausgestellten Gutachten häufig nur ein geringer Beweiswert beigemessen wird. In der Praxis bestehen häufig Schwierigkeiten, einen geeigneten Arzt zu finden, der bereit ist, ein solches „Gegengutachten" zu erstellen.

Eine Entscheidung über die Klage wird vom Gericht nach einer mündlichen Verhandlung getroffen. In der mündlichen Verhandlung wird den Parteien die Möglichkeit eingeräumt, sich noch einmal ausführlich zu der streitigen Angelegenheit zu äußern und ihre Standpunkte vorzutragen.

IV. Einstweiliger Rechtsschutz („Erste Hilfe")

Klageverfahren vor den Sozialgerichten können erfahrungsgemäß einen Zeitraum von deutlich über einem Jahr (bereits nur für die 1. Instanz) in Anspruch nehmen.

Im Falle der Eilbedürftigkeit besteht die Möglichkeit, den Erlass einer einstweiligen Anordnung gemäß § 86b SGG beim Sozialgericht parallel zum laufenden Klageverfahren zu beantragen.

V. Berufung und Revision

Gegen die Urteile der Sozialgerichte findet regelmäßig die Berufung an das jeweilige Landessozialgericht statt.

Eine ausdrückliche Zulassung der Berufung im Urteil der 1. Instanz, also des Sozialgerichts, ist nur ausnahmsweise erforderlich, wenn der Wert des Beschwerdegegenstandes bei einer Klage, die eine Geld-, Dienst- oder Sachleistung oder einen hierauf gerichteten Verwaltungsakt betrifft, 750 € nicht übersteigt (§ 144 Abs. 1 SGG). Wenn die Berufung wiederkehrende oder laufende Leistungen für mehr als ein Jahr betrifft, bedarf es keiner ausdrücklichen Zulassung der Berufung.

Gegen das Urteil der 2. Instanz, des Landessozialgerichtes, steht die Revision an das Bundessozialgericht nur ausnahmsweise zu, wenn sie in dem Urteil des Landessozialgerichtes selbst oder auf eine Zulassungsbeschwerde hin zugelassen worden ist. Anwaltszwang besteht nur vor dem Bundessozialgericht.

VI. Überblick Verfahren und Rechtsschutzmöglichkeiten

<table>
<tr><td>(1) Antrag</td><td>Untätigkeitsklage zum Sozialgericht nach sechs Monaten</td><td rowspan="7">gleichzeitig einstweiliger Rechtsschutz vor dem Sozialgericht („Erste Hilfe")</td></tr>
<tr><td>(2) Bescheid (bewilligend oder ablehnend)</td><td></td></tr>
<tr><td>(3) Widerspruch (bei Ablehnung)</td><td>Untätigkeitsklage zum Sozialgericht nach drei Monaten</td></tr>
<tr><td>(4) Abhilfebescheid oder Widerspruchsbescheid</td><td></td></tr>
<tr><td>(5) Klage zum Sozialgericht (bei erneuter Ablehnung)</td><td></td></tr>
<tr><td>(6) Berufung zum Landessozialgericht (bei Klageabweisung)</td><td></td></tr>
<tr><td>(7) Revision zum Bundessozialgericht (bei Zurückweisung der Berufung)</td><td></td></tr>
</table>

VII. Kosten vor den Sozialgerichten

Das Gerichtsverfahren vor den Sozialgerichten ist im Allgemeinen kostenfrei. Vor dem Sozialgericht fallen keine Gerichtsgebühren an und ein eventuell erforderliches Sachverständigengutachten wird in der Regel ebenfalls von der Staatskasse getragen. Für den Fall des Unterliegens hat der Kläger nur seine eigenen Anwaltskosten zu tragen.

1. Rechtsschutzversicherung

Durch eine entsprechende Rechtschutzversicherung lässt sich dieses Kostenrisiko weitgehend absichern. Im Rahmen einer Familien-Rechtsschutzversicherung sind Menschen mit Behinderung über ihre Eltern mitversichert, sofern sie noch nicht volljährig sind. Volljährige, unverheiratete und nicht in einer eingetragenen Lebenspartnerschaft lebende Kinder sind in der Regel bis zur Vollendung des 25. Lebensjahres mitversichert, längstens jedoch bis zu dem Zeitpunkt, in dem sie erstmalig eine auf Dauer angelegte berufliche Tätigkeit ausüben und hierfür ein leistungsbezogenes Entgelt erhalten.

Rechtsschutzversicherungen gewähren häufig für das Widerspruchsverfahren keine Kostendeckung. Erst die vor dem Sozialgericht anfallenden Kosten wären dann vom Versicherungsschutz abgedeckt. Es empfiehlt sich daher, bei Abschluss einer Rechtsschutzversicherung darauf zu achten, dass auch bereits Widerspruchsverfahren mitversichert sind.

2. Prozesskostenhilfe

Besteht keine Rechtsschutzversicherung, kann beim Sozialgericht ein Antrag auf Prozesskostenhilfe gestellt werden.

Wird diese bewilligt, werden die gesetzlichen Gebühren des eigenen Rechtsanwaltes (Gerichtskosten fallen regelmäßig keine an) von der Staatskasse getragen, wenn der Prozess verloren wird. Dies gilt jedoch nicht für die gegnerischen Rechtsanwaltskosten. Allerdings vertreten sich die Kostenträger im Allgemeinen selbst durch Vertreter ihrer Rechtsabteilung, so dass insoweit keine Rechtsanwaltskosten anfallen. Wird der Prozess gewonnen, muss der Gegner die Anwalts- und Prozesskosten tragen.

Bei sehr geringem Einkommen wird Prozesskostenhilfe als reiner Zuschuss gewährt. Andernfalls muss der Zuschuss innerhalb von maximal vier Jahre in Raten zurückgezahlt werden. Die persönlichen und wirtschaftlichen Verhältnisse können bis zu vier Jahre nach rechtskräftigem Abschluss des Rechtsstreits oder sonstiger Beendigung nochmals überprüft werden. Abhängig vom Ergebnis der Überprüfung kann das Gericht die Bewilligung der Prozesskostenhilfe widerrufen oder eine Ratenzahlung anordnen bzw. abändern.

3. Rechtsanwaltskosten

Zur effektiven Durchsetzung seiner Ansprüche empfiehlt sich wegen der schwierigen und komplexen Rechtsmaterie dringend die Hinzuziehung eines fachkundigen und erfahrenen Rechtsanwaltes.

Die Gebühren des Rechtsanwaltes bestimmen sich nach dem im Rechtsanwaltsvergütungsgesetz (RVG) vorgegebenen gesetzlichen Gebührenrahmen. Eine Gebührenbemessung nach dem Streit- oder Gegenstandswert wie bei zivilrechtlichen Streitigkeiten erfolgt bei Streitigkeiten von Privatpersonen vor den Sozialgerichten nicht.

Die nach dem gesetzlichen Gebührenrahmen vorgesehenen Rechtsanwaltsgebühren für das Widerspruchsverfahren liegen regelmäßig im Bereich von 400 € (bei Angelegenheiten von geringem Umfang und geringer Schwierigkeit), bis zu 800 € (bei besonders umfangreichen und schwierigen Angelegenheiten).

Für ein Klageverfahren liegen die gesetzlichen Gebühren regelmäßig im Bereich von 700 € (bei durchschnittlich schwierigen und umfangreichen Angelegenheiten), bis zu 1.300 € (bei besonders umfangreichen und schwierigen Angelegenheiten).

Aufwändige und komplizierte Streitigkeiten können allerdings von einem Rechtsanwalt häufig auf der Grundlage der vorstehend aufgeführten gesetzlichen Gebühren nicht kostendeckend bearbeitet werden. Über eine Vergütungsvereinbarung können in solchen Fällen höhere Rechtsanwaltsgebühren vereinbart werden. Diese „Mehrkosten“ im Vergleich zu den gesetzlichen Rechtsanwaltsgebühren werden im Allgemeinen von einer Rechtsschutzversicherung nicht übernommen.

VIII. Fazit: „Wie komme ich zu meinem Recht?"

- Leistungen werden nur auf Antrag gewährt. Dringend empfehlenswert ist die Stellung eines schriftlichen Antrages. Lassen Sie sich nicht mit der Aussage abwimmeln, ein Antrag hätte sowieso keine Aussicht auf Erfolg!
- Nehmen Sie nicht hin, wenn Ihr Antrag nicht oder nur schleppend bearbeitet wird. Fassen Sie telefonisch oder auch schriftlich nach und erfragen Sie zumindest die Gründe für die Verzögerung.
- Nehmen Sie Ihr Recht auf Akteneinsicht in Anspruch: Fordern Sie Einsicht in die vorliegenden Gutachten, verwaltungsinterne Stellungnahmen und Berechnungsgrundlagen.
- Kämpfen Sie nicht allein, sondern holen Sie sich frühzeitig Rat und Unterstützung bei entsprechenden Beratungsstellen oder bei spezialisierten Rechtsanwälten.
- Scheuen Sie sich nicht, Ihre Ansprüche notfalls vor Gericht durchzusetzen, wenn Sie vom Kostenträger dazu gezwungen werden. Aus Angst vor vermeintlichen Konsequenzen wird leider häufig kein Widerspruch oder keine Klage eingelegt. Denken Sie nicht: „Aber ich kann doch nicht gegen das Sozialamt / Krankenkasse etc. klagen. Ich will mich doch nicht unbeliebt machen. Was passiert wenn ich wieder etwas beantragen muss?“ Lassen Sie sich bitte nicht entmutigen und einschüchtern! Nur wenn Sie sich zur Wehr setzen, können Sie für sich und andere Betroffene die Ihnen zustehenden Leistungen sichern! Sie fallen dem Kostenträger nicht zur Last, sondern beanspruchen nur das, was Ihnen von Rechts wegen zusteht!

F. Zivilrecht und die Rechte von Menschen mit Behinderung

I. Geschäftsfähigkeit und Deliktsfähigkeit

Geschäftsfähigkeit ist die Fähigkeit, Rechtsgeschäfte selbständig voll wirksam vornehmen zu können. Nach dem Gesetz sind grundsätzlich alle Menschen geschäftsfähig. Nur ausnahmsweise unter bestimmten besonderen Bedingungen liegt keine oder nur eine beschränkte Geschäftsfähigkeit vor.

Die Deliktsfähigkeit spielt eine entscheidende Rolle, wenn durch die Handlung eines Kindes einer dritten Person ein Schaden entstanden ist. Wenn ein Kind nicht deliktsfähig ist, ist das Kind dem Geschädigten gegenüber auch nicht schadensersatzpflichtig. Unter Umständen haften dann aber die Eltern aufgrund einer Verletzung ihrer Aufsichtspflicht (vgl. hierzu nachfolgend 2. Kapitel G II 1, S. 235 f.).

1. Geschäftsfähigkeit bis zum 18. Lebensjahr

Nach dem Gesetz ist geschäftsunfähig, wer nicht das 7. Lebensjahr vollendet hat, also Kinder im Alter von ein bis sechs Jahren (§ 104 Nr. 1 BGB).

Darüber hinaus sind Personen geschäftsunfähig, die sich in einem die freie Willensbestimmung ausschließenden Zustand krankhafter Störung der Geistestätigkeit befinden, sofern nicht der Zustand seiner Natur nach ein vorübergehender ist (§ 104 Nr. 2 BGB). Ein Kind mit einer schweren geistigen Behinderung kann daher auch über das 7. Lebensjahr hinaus geschäftsunfähig sein.

Geschäftsunfähige Personen können keine rechtswirksamen Willenserklärungen abgeben und damit keine wirksamen Geschäfte oder Verträge schließen. Auch durch eine spätere Genehmigung der Eltern als deren gesetzliche Vertreter können diese nicht wirksam werden.

Beschränkt geschäftsfähig ist ein Kind ab Vollendung des 7. Lebensjahres bis zur Vollendung des 18. Lebensjahres, also im Alter von sieben bis siebzehn Jahren. Dies bedeutet, dass das Kind bestimmte rechtsgeschäftliche Erklärungen abgeben kann, diese aber erst mit der Genehmigung des gesetzlichen Vertreters, also der Eltern, wirksam werden. Ausnahmsweise sind Rechtsgeschäfte von Kindern auch ohne Genehmigung der Eltern wirksam, wenn sie mit dem Taschengeld der Kinder bezahlt werden. Das Gesetz geht davon aus, dass die Einwilligung bzw. Zustimmung der Eltern bereits mit der Überlassung des Taschengeldes erfolgt ist.

Möchten sich Eltern auf die Geschäftsunfähigkeit ihres Kindes berufen und beispielsweise einen Kauf des Kindes rückgängig machen, müssen sie beweisen, dass das Kind auch über das 7. Lebensjahr hinaus aufgrund seiner geistigen Behinderung geschäftsunfähig ist. Das dürfte bei einer schweren geistigen Behinderung des Kindes allerdings regelmäßig problemlos möglich sein. Erfahrungsgemäß reicht bereits die Vorlage eines entsprechenden ärztlichen Attestes aus, um einen Kauf oder einen sonstigen Vertrag (z. B. Handy-Vertrag) des Kindes rückgängig zu machen.

2. Geschäftsfähigkeit ab dem 18. Lebensjahr

Mit Eintritt der Volljährigkeit wird ein Kind normalerweise kraft Gesetz automatisch voll geschäftsfähig.

Kinder, die jedoch bereits aufgrund ihrer geistigen Behinderung vorher geschäftsunfähig waren (und mit Eintritt des 7. Lebensjahres nicht beschränkt geschäftsfähig wurden), bleiben auch mit Eintritt der Volljährigkeit weiterhin geschäftsunfähig und können keine wirksamen Rechtsgeschäfte vornehmen. Menschen, die geschäftsfähig sind, können auch aufgrund einer geistigen Behinderung als Folge eines Unfalls oder einer Erkrankung nachträglich geschäftsunfähig werden.

3. Deliktsfähigkeit des Kindes

Ein Kind, egal ob behindert oder nicht behindert, ist für einen von ihm verursachten Schaden nur dann verantwortlich bzw. ersatzpflichtig, wenn es deliktsfähig ist.

Nach § 828 Abs. 1 BGB beginnt die Deliktsfähigkeit eines Kindes frühestens mit Vollendung des 7. Lebensjahres. Bis zu diesem Zeitpunkt ist das Kind für einen Schaden, den es einem anderen zufügt, nicht verantwortlich.

Für einen Schaden, den das Kind bei einem Unfall im Straßenverkehr einem anderen zufügt, ist es auch nicht verantwortlich, wenn es zwar das 7., jedoch noch nicht das 10. Lebensjahr vollendet hat.

Bis zur Vollendung des 18. Lebensjahres ist das Kind für einen Schaden, den es einem anderen zufügt, nicht verantwortlich, wenn es bei der Begehung der schädigenden Handlung nicht die zur Erkenntnis der Verantwortlichkeit erforderliche Einsicht hat (§ 828 Abs. 3 BGB). Nach der Rechtsprechung hat ein Minderjähriger die zur Erkenntnis der Verantwortlichkeit erforderliche Einsicht, wenn er nach seiner individuellen Verstandesentwicklung fähig ist, das Gefährliche seines Tuns zu erkennen und sich der Verantwortung für die Folgen seines Tuns bewusst ist. Es genügt das allgemeine Verständnis dafür, dass sein Verhalten geeignet ist, Gefahren herbeizuführen. Die Rechtsprechung ist insoweit verhältnismäßig streng.

Auch ein in seiner geistigen Entwicklung erheblich zurückgebliebenes Kind kann also daher unter Umständen deliktsfähig sein. Bei einer schweren geistigen Behinderung ist jedoch regelmäßig von einem Fehlen der Deliktsfähigkeit auszugehen.

Unabhängig vom Alter und damit auch bei volljährigen Personen liegt keine Deliktsfähigkeit vor, wenn diese im Zustand der Bewusstlosigkeit oder in einem für die freie Willensbestimmung ausschließenden Zustand krankhafter Störung der Geistestätigkeit einem anderen Schaden zufügen (§ 827 Abs. 1 BGB).

Liegt bei einem Kind oder auch bei einer volljährigen Person aufgrund einer geistigen Behinderung keine Deliktsfähigkeit vor, kann eine geschädigte Person auch keinen Schadensersatz verlangen bzw. stehen diesem keine Schadensersatzansprüche zu.

4. Private Haftpflichtversicherung und Deliktsfähigkeit

Die Deliktsfähigkeit bzw. das Fehlen der Deliktsfähigkeit haben erhebliche Auswirkungen auf die Einstandspflicht einer privaten Haftpflichtversicherung.

Selbst wenn das Kind oder ein volljähriges Familienmitglied aufgrund seiner geistigen Behinderung in den Versicherungsschutz der Familienhaftpflichtversicherung grundsätzlich eingeschlossen ist, kann es dennoch sein, dass aufgrund fehlender Deliktsfähigkeit der Haftpflichtversicherer für einen von dem Menschen mit Behinderung verursachten Schaden nicht einzutreten hat (vgl. hierzu nachstehend 2. Kapitel G II 2, S. 236 f.).

II. Eheschließung

Besonders wenn Menschen mit Behinderung in betreuten Wohnformen zusammenleben, kann der Wunsch nach Partnerschaft oder Heirat entstehen. Einer Heirat von Menschen mit Behinderung steht grundsätzlich nichts im Wege. Voraussetzung ist jedoch die Ehefähigkeit der Partner.

Mit dem Eintritt der Volljährigkeit tritt grundsätzlich Ehemündigkeit, also die Fähigkeit, eine Ehe einzugehen, ein. Eine Ehe kann jedoch nicht eingehen, wer geschäftsunfähig ist (§ 1304 BGB). Im Fall einer Eheschließung hat der Standesbeamte die Ehefähigkeit bzw. die Geschäftsfähigkeit zu prüfen. Er hat zu ermitteln, ob die Heiratswilligen in der Lage sind, Wesen und Bedeutung der Ehe und die daraus resultierenden Verpflichtungen zu verstehen.

Sollte sich der Standesbeamte weigern, an der Eheschließung mitzuwirken, besteht die Möglichkeit, über das Amtsgericht und durch einen von diesem beauftragten Gutachter prüfen zu lassen, ob die vorhandene Behinderung für die Frage der Eheschließung eine erhebliche Beeinträchtigung mit sich bringt. Sollte dies nicht der Fall sein, hat der Standesbeamte die Ehe zu schließen.

Die Einsetzung eines Betreuers oder die Zustimmung eines Betreuers für eine Eheschließung ist nicht erforderlich bzw. auch nicht zulässig, da das Recht auf Eheschließung höchstpersönlich ist und ein Betreuer darüber nicht entscheiden darf.

III. Wahlrecht

In der Bundesrepublik Deutschland steht jedem Bürger, der das 18. Lebensjahr vollendet hat, das Wahlrecht zu.

Bestimmte Menschen mit Behinderung sind nach § 13 Ziffer 2 des Bundeswahlgesetzes jedoch vom Wahlrecht ausgeschlossen. Dies gilt für die Personen, für die zur Besorgung aller ihrer Angelegenheiten ein Betreuer nicht nur durch einstweilige Anordnung bestellt ist. Dementsprechend haben Menschen mit Behinderung, für die keine umfassende Betreuung angeordnet ist, ein Wahlrecht.

IV. Teilnahme am Straßenverkehr, Führerschein

Selbstverständlich können auch Menschen mit Behinderung einen Führerschein machen, sobald sie das 18. Lebensjahr vollendet haben.

Voraussetzung ist jedoch, dass der Mensch mit Behinderung zum Führen eines Kraftfahrzeuges geeignet ist.

Gibt es Bedenken gegen die Eignung zum Führen von Kraftfahrzeugen, so besteht trotzdem unter Umständen die Möglichkeit, einen Führerschein zu erhalten. Denn der Führerschein kann auch nach Erfüllung bestimmter Bedingungen und unter Beschränkungen und Auflagen erteilt werden. Die Einzelheiten hierzu sind in der Fahrerlaubnisverordnung geregelt. Bei Bedenken hinsichtlich der Fahrtauglichkeit wird in der Regel ein amts- oder fachärztliches Gutachten erforderlich.

Auflagen oder Beschränkungen der Fahrerlaubnis können z. B. sein die Einschränkung der Erlaubnis auf bestimmte Arten von Fahrzeugen, auf bestimmte Strecken, die Anordnung der Benutzung besonderer, genau bezeichneter Hilfsmittel oder auch ein Nachtfahrverbot.

V. Allgemeines Gleichbehandlungsgesetz (AGG)

Im Grundgesetz der Bundesrepublik Deutschland ist in Art. 3 Abs. 3 GG Folgendes festgeschrieben:

> „Niemand darf wegen seines Geschlechtes, seiner Abstammung, seiner Rasse, seiner Sprache, seiner Heimat und Herkunft, seines Glaubens, seiner religiösen oder politischen Anschauungen benachteiligt oder bevorzugt werden. Niemand darf wegen seiner Behinderung benachteiligt werden."

Das Allgemeine Gleichbehandlungsgesetz (AGG) – auch Antidiskriminierungsgesetz genannt – soll den Schutz vor Diskriminierungen im Sinne des Art. 3 GG aus Gründen der Rasse oder wegen der ethnischen Herkunft, des Geschlechts, der Religion oder Weltanschauung, einer Behinderung, des Alters oder der sexuellen Identität verbessern (§ 1 AGG).

Das Gesetz gewährt zu diesem Zweck Rechtsansprüche gegen Arbeitgeber und Private, wenn diese gegen die gesetzlichen Diskriminierungsverbote verstoßen.

Der Schwerpunkt des AGG liegt im Diskriminierungsschutz bei Beschäftigung und Arbeit. Arbeitgeber dürfen schwerbehinderte Beschäftigte nicht wegen ihrer Behinderung benachteiligen. Die hieraus resultierenden Rechte und Ansprüche sind nachfolgend unter Ziffer VII 2 ausführlich dargestellt.

Im allgemeinen Zivilrechtsverkehr, d. h. bei der Begründung, Durchführung und Aufhebung von Verträgen, sind Diskriminierungen aus einem der im Gesetz genannten Merkmale grundsätzlich unzulässig (§ 19 AGG). Betroffen sind jedoch im Wesentlichen nur:

- der Abschluss sog. Massengeschäfte (die typischerweise ohne Ansehen der Person mit jedermann abgeschlossen werden; eine Benachteiligung ist daher besonders entwürdigend)
- und privatrechtliche Versicherungsverträge.

Liegt objektiv eine Benachteiligung vor, kann diese jedoch im Einzelfall erlaubt und sanktionslos sein. Gerechtfertigt sind nämlich Ungleichbehandlungen aus sachlichen Gründen (§ 20 AGG).

Gemäß § 21 Abs. 1 AGG kann der Benachteiligte bei einem Verstoß gegen ein Benachteiligungsverbot die Beseitigung der Beeinträchtigung verlangen. Bei einer Verletzung des Benachteiligungsverbots ist der Benachteiligende zudem verpflichtet, den hierdurch entstandenen Schaden zu ersetzen. Wenn eine Diskriminierung stattgefunden hat und der Betroffene sich dagegen wehren möchte, muss er eventuelle Schadensersatz- und Entschädigungsansprüche innerhalb einer Frist von zwei Monaten geltend machen. Im Bereich des Zivilrechts würde zwar eine mündliche Beschwerde ausreichen (§ 21 Abs. 5 AGG), zur Sicherheit sollte eine Beschwerde jedoch auch schriftlich per Einschreiben erfolgen.

VI. Behindertengleichstellungsgesetz (BGG)

Das neue überarbeitete Behindertengleichstellungsgesetz (BGG) trat im Juli 2016 in Kraft. Das BGG gilt in erster Linie für alle Behörden, Körperschaften und Anstalten des Bundes, z. B. auch für die Bundesagentur für Arbeit oder die Deutsche Rentenversicherung Bund. Die wichtigsten Ziele des BGG sind das Verbot von Benachteiligungen und die Herstellung der Barrierefreiheit. Auf Länderebene gelten jeweils eigene Landesgleichstellungsgesetze, die sich an den Vorgaben des BGG orientieren.

Im Alltag gibt es jedoch besonders in der Privatwirtschaft Behinderungen und Barrieren, z. B. beim Geldabheben, beim Einkaufen, bei der Benutzung von Verkehrsmitteln, beim Besuch von Veranstaltungen, im Kino und beim Internetsurfen. Auch das neue BGG spart weiterhin diese privatwirtschaftlichen Bereiche weitgehend aus.

Darüber hinaus ändert auch das neue BGG nichts daran, dass Betroffene ihre Rechte nicht angemessen durchsetzen können. Weiterhin sind keine Leistungsklagen, also Klagen auf Herstellung der Barrierefreiheit, sondern nur Klagen auf bloße Feststellung eines Verstoßes gegen das Benachteiligungsverbot und die Verpflichtung zur Herstellung der Barrierefreiheit möglich.

Damit können Menschen mit Behinderung weiterhin ihre Ansprüche auf Barrierefreiheit nicht direkt einklagen.

VII. UN-Behindertenrechtskonvention

Am 26.3.2009 ist in Deutschland das Übereinkommen der Vereinten Nationen über die Rechte von Menschen mit Behinderungen, kurz Behindertenrechtskonvention (BRK), in Kraft getreten.

Mit der BRK sind keine neuen Spezialrechte für behinderte Menschen geschaffen worden. Die BRK zeigt vielmehr, was die für alle Menschen geltenden Menschenrechte für Menschen mit Behinderung bedeuten, wie sie sich auf deren Lebenssituationen auswirken und wie sie in den verschiedenen Gesellschaftsbereichen umzusetzen sind. Ausgangspunkt ist dabei das Recht auf Teilhabe als zentrales Menschenrecht. Niemand darf ausgegrenzt werden.

Die Vorschriften der BRK sind seit März 2009 geltendes Recht in Deutschland. In vielen Bereichen geht die BRK weiter als die bereits bestehenden gesetzlichen Regelungen, um die Gleichberechtigung von Menschen mit Behinderung in Deutschland durchzusetzen.

Die Kernpunkte der Behindertenrechtskonvention sind:

- Gleiche Rechte für alle
  - Recht auf Bildung und Erziehung, in einer Schule für Kinder mit und ohne Behinderung (Art. 24).
  - Gefordert wird ein offener Arbeitsmarkt, auf dem Menschen mit und ohne Behinderung tätig sind (Art. 27).
- Recht auf selbstbestimmtes Leben
  - Keine Eingriffe in persönliche Rechte und Menschenrechte, keine Entmündigungen oder Ausgrenzung von der Gemeinschaft (Art. 12, 14)
  - Menschen mit Behinderung sollen die Möglichkeit bekommen „ihren Aufenthaltsort zu wählen und zu entscheiden, wo und mit wem sie leben“ (Art. 19).
- Recht auf Barrierefreiheit
  - Gebäude, Straßen oder Transportmittel sind so zu gestalten, dass sie für jeden zugänglich sind (Art. 9).

Allerdings ist noch unklar, ob und inwieweit sich hieraus für den Einzelnen konkret einklagbare Rechte ergeben. Ein Rechtsanspruch wird bisher nur in Hinblick auf eine inklusive Bildung bzw. Beschulung bejaht. In der Gesetzgebung, vor den Gerichten und in der Verwaltungspraxis werden die Aussagen der BRK zwar sehr wohl zur Kenntnis genommen, deren tatsächlicher Einfluss ist jedoch noch gering. Dies könnte sich jedoch in den nächsten Jahren erheblich ändern.

VIII. Rechte schwerbehinderter Menschen im Arbeitsleben

1. Frage nach der Offenlegung der Schwerbehinderteneigenschaft

Im Folgenden geht es um die Frage, ob und inwieweit ein Schwerbehinderter verpflichtet ist, bei der Bewerbung bzw. in einem Bewerbungsgespräch von sich aus auf seine Schwerbehinderung hinzuweisen.

Ein schwerbehinderter Mensch muss grundsätzlich von sich aus nicht auf seine Schwerbehinderung hinweisen. Nur ausnahmsweise muss er ungefragt auf seine Behinderung hinweisen, nämlich dann, wenn die Behinderung dazu führt, dass die in Aussicht genommene Tätigkeit nicht oder nur mit wesentlichen Einschränkungen ausgeübt werden kann.

Bei einer Bewerbung als Bürokraft könnte dann ungefragt eine Offenbarungspflicht bestehen, wenn der Bewerber aufgrund seiner Behinderung, bspw. wegen eines Bandscheibenleidens, nicht überwiegend sitzende Tätigkeiten verrichten könnte und deswegen unfähig wäre, im Büro in Vollzeit zu arbeiten. Wenn der Bewerber jedoch z. B. ein Fußleiden hätte, aufgrund dessen er nicht länger als 20 Minuten stehen könnte, wäre dies für seine Bewerbung als Bürokraft mit überwiegend sitzender Tätigkeit kein Grund zur Offenbarung der Schwerbehinderung.

Der Arbeitgeber darf im Bewerbungsgespräch ausnahmsweise nach einer Behinderung fragen, wenn die darauf beruhende Leistungseinschränkung die vertragsgemäße Arbeitsleistung dauerhaft unmöglich machen würde. In diesem Fall ist das Nichtvorliegen der Behinderung eine wesentliche und entscheidende berufliche Anforderung, so dass die Frage nicht gegen das Benachteiligungsverbot des Allgemeinen Gleichbehandlungsgesetztes (AGG) verstößt (§ 8 Abs. 1 AGG). Mit Urteil vom 16.2.2012, Az. 6 AZR 553/10, hatte das Bundesarbeitsgericht die Frage zu prüfen, ob ein Arbeitgeber nach Einstellung eines schwerbehinderten Arbeitnehmers berechtigt sei, diesen nach einer Schwerbehinderung zu fragen, um eine Kündigung vorzubereiten. Das Bundesarbeitsgericht entschied, dass ein Arbeitgeber in einem bestehenden Arbeitsverhältnis nach 6 Monaten zur Frage nach einer Schwerbehinderung berechtigt sei, da er aufgrund der geplanten Kündigung ein berechtigtes Interesse an der Klärung dieser Frage habe. Der Arbeitnehmer müsse diese Frage auch wahrheitsgemäß beantworten. Andernfalls sei der Arbeitgeber berechtigt, das Arbeitsverhältnis wegen arglistiger Täuschung anzufechten und der Arbeitnehmer könne sich dann auch nicht mehr auf seinen besonderen Kündigungsschutz (Zustimmungserfordernis des Integrationsamts) berufen.

Unzulässig bleibt weiterhin die abstrakte Frage nach einer Schwerbehinderung im Rahmen eines Einstellungsgesprächs. Die pauschale Frage nach der Schwerbehinderung ohne den notwendigen Bezug zu der konkreten Tätigkeit stellt eine unmittelbare Diskriminierung dar (Hessisches Landesarbeitsgericht, 24.3.2010, Az. 6/7 Sa 1373/09) und ist unzulässig.

2. Ansprüche im Falle der Benachteiligung wegen der Schwerbehinderung

Arbeitgeber dürfen schwerbehinderte Beschäftigte nicht wegen ihrer Behinderung benachteiligen. Das strikte Benachteiligungsverbot gilt nur dann nicht, wenn z. B. eine bestimmte körperliche Funktion oder bestimmte geistige Fähigkeit eine wesentliche und entscheidende berufliche Anforderung für die angestrebte Tätigkeit darstellt (§ 8 AGG).

Hinsichtlich der möglichen Folgen und Ansprüche bei einer Diskriminierung verweist § 164 Abs. 2 SGB IX auf die Regelungen des

AGG. Die folgenden Rechte und Ansprüche stehen benachteiligten Beschäftigten zu:

Der Beschäftigte hat bei einer unerlaubten Diskriminierung ein Beschwerderecht gegenüber dem Arbeitgeber (§ 13 AGG).

Der Arbeitgeber ist verpflichtet, mit geeigneten, erforderlichen und angemessenen Maßnahmen zur Unterbindung der Benachteiligung gegen die Mitarbeiter vorzugehen, die gegen das Benachteiligungsverbot verstoßen haben. In Betracht kommen Maßnahmen wie eine Abmahnung, Versetzung bzw. Kündigung. Verweigert oder unterlässt der Arbeitgeber entsprechende Maßnahmen, kann der Arbeitnehmer die Leistung verweigern, wenn und soweit dies zu seinem Schutz erforderlich ist (§ 14 AGG). Sein Anspruch auf das Arbeitsentgelt bleibt dabei erhalten.

Darüber hinaus kann der diskriminierte Arbeitnehmer einen Schadensersatzanspruch geltend machen (§ 15 AGG). Die Höhe des Anspruchs richtet sich u. a. nach der Art und Schwere der Interessensschädigung, dem Anlass und den Beweggründen des Arbeitgebers, der Dauer, dem Grad des Verschuldens des Arbeitgebers sowie danach, ob es sich um einen Wiederholungsfall handelt. Als Schadensersatz ist ein Betrag in Höhe von einem oder auch mehreren Monatsgehältern realistisch. Bei einer Nichteinstellung darf die Entschädigung jedoch drei Monatsgehälter nicht übersteigen, wenn der Beschäftigte auch bei benachteiligungsfreier Auswahl nicht eingestellt worden wäre (§ 15 Abs. 3 AGG).

Ein Anspruch auf Begründung eines Arbeits- oder sonstigen Beschäftigungsverhältnisses besteht jedoch nicht (§ 15 Abs. 6 AGG). Wichtig ist, dass ein eventueller Entschädigungsanspruch innerhalb einer Zweimonatsfrist nach Zugang der Ablehnung beim Arbeitgeber schriftlich geltend gemacht wird (§ 15 Abs. 4 AGG). Zur Erhebung einer Klage ist eine weitere Frist von drei Monaten ab der schriftlichen Beschwerde zu beachten.

Macht im Streitfall der Schwerbehinderte Tatsachen glaubhaft, die eine Benachteiligung wegen der Behinderung vermuten lassen, trägt der Arbeitgeber die Beweislast dafür, dass nicht auf die Behinderung bezogene sachliche Gründe eine unterschiedliche Behandlung rechtfertigten oder eine bestimmte körperliche Funktion, geistige Fähigkeit oder seelische Gesundheit eine wesentliche und entscheidende berufliche Anforderung für diese Tätigkeit darstellt.

3. Besondere Rechte von schwerbehinderten Arbeitnehmern

a) Verbesserter Kündigungsschutz. Die Kündigung eines Arbeitsverhältnisses ist nur dann rechtswirksam, wenn das Integrationsamt der Kündigung vorher zugestimmt hat (§ 168 SGB IX). Die nachträgliche Zustimmung zu einer Kündigung ist nicht möglich. Die Zustimmung des Integrationsamtes ist nur dann nicht erforderlich, wenn der Arbeitnehmer dem Betrieb noch keine sechs Monate angehörte (§ 173 SGB IX). Seit 2017 ist es zusätzlich zwingend erforderlich, die Schwerbehindertenvertretung zu unterrichten und vorher anzuhören (§ 178 Abs. 2 SGB IX).

Das Integrationsamt trifft seine Entscheidung nach pflichtgemäßem Ermessen. Dabei muss es das Interesse des schwerbehinderten Menschen an der Erhaltung seines Arbeitsplatzes gegen das Interesse des Arbeitgebers an einer möglichst wirtschaftlichen und reibungslosen Führung des Betriebes nach dem Maßstab der Zumutbarkeit abwägen.

Die Entscheidung des Integrationsamtes über die Zustimmung zur Kündigung ist ein Verwaltungsakt, der sowohl vom Arbeitgeber als auch vom schwerbehinderten Arbeitnehmer mit Widerspruch und Klage zum Verwaltungsgericht angefochten werden kann.

b) Zusatzurlaub, Freistellung von Mehrarbeit. Schwerbehinderte Arbeitnehmer besitzen einen zusätzlichen Urlaubsanspruch von fünf Urlaubstagen im Jahr (§ 208 SGB IX). Der Anspruch auf Zusatzurlaub besteht anteilig, wenn die Schwerbehinderteneigenschaft im laufenden Kalenderjahr festgestellt wird oder wegfällt. Für jeden vollen Kalendermonat, in dem die Schwerbehinderteneigenschaft im Arbeitsverhältnis besteht, steht ein Zwölftel des Zusatzurlaubes zu. Den Anspruch auf Zusatzurlaub müssen Beschäftigte beim Arbeitgeber geltend machen.

Darüber hinaus besteht ein Anspruch auf Freistellung von Mehrarbeit und Überstunden (§ 207 SGB IX).

c) Anspruch auf behinderungsgerechte Beschäftigung. Schwerbehinderte haben gemäß § 164 Abs. 4 SGB IX einen Anspruch auf eine Beschäftigung, bei der sie ihre Fähigkeiten und Kenntnisse möglichst voll verwerten und weiterentwickeln können. Der Anspruch umfasst die behinderungsgerechte Einrichtung und Unterhaltung der Arbeitsstätten und die Gestaltung der Arbeitsplätze, des Arbeitsumfeldes, der Arbeitsorganisation und der Arbeitszeit. Der Anspruch besteht jedoch nur, soweit dies für den Arbeitgeber zumutbar und nicht mit unverhältnismäßigen Aufwendungen verbunden ist.

d) Anspruch auf Teilzeitarbeit. Neben dem grundsätzlichen Anspruch auf Teilzeitarbeit nach dem Teilzeit- und Befristungsgesetz haben schwerbehinderte und gleichgestellte Mitarbeiter Anspruch auf Teilzeitbeschäftigung, wenn die verkürzte Arbeitszeit wegen Art oder Schwere der Behinderung notwendig ist, vorausgesetzt die Teilzeitarbeit ist für den Arbeitgeber zumutbar und nicht mit unverhältnismäßigen Aufwendungen verbunden (§ 164 Abs. 5 SGB IX).

IX. Schutz von behinderten Menschen im Mietrecht

1. Verstärkter Kündigungsschutz

Aus den bestehenden gesetzlichen Vorschriften zur Miete ergeben sich für Menschen mit einer Behinderung und deren Familien erhöhte Anforderungen für eine Kündigung durch den Vermieter (sog. „Sozialklausel“).

Der Vermieter kann den Mietvertrag über eine Wohnung in der Regel nur dann kündigen, wenn er ein berechtigtes Interesse geltend machen kann (z. B. Vertragsverletzungen des Mieters, Eigenbedarf). Selbst wenn die Kündigung danach zulässig wäre, kann der Mieter widersprechen und Fortsetzung des Mietverhältnisses verlangen, wenn die Beendigung des Mietverhältnisses für ihn oder seine Familie eine Härte bedeuten würde und diese auch gegenüber den berechtigten Interessen des Vermieters nicht zu rechtfertigen ist (§ 574 BGB). Der Widerspruch muss dabei schriftlich erfolgen und dem Vermieter in der Regel spätestens zwei Monate vor Ablauf der regulären Kündigungsfrist zugehen (§ 574b BGB).

Eine Härte liegt z. B. vor, wenn kein angemessener Ersatzwohnraum zu zumutbaren Bedingungen beschafft werden kann. Eine „angemessene Ersatzwohnung“ muss nach ihrer Größe und Ausstattung eine menschenwürdige Unterbringung aller zum Haushalt gehörenden Familienmitglieder gewährleisten. Dabei sind der Gesundheitszustand und die Schwerbehinderteneigenschaft zu berücksichtigen.

Die Gerichte haben eine Härte anerkannt, wenn die Beendigung des Mietverhältnisses nachteilige Auswirkungen auf den Krankheitsverlauf und die Genesung eines Mieters befürchten lässt, bei hohem Alter und nicht unerheblicher Gesundheitsgefährdung oder wenn psychisch Kranke eine Kündigung nicht verarbeiten können.

2. Duldung von Umbaumaßnahmen (§ 554a BGB)

Einen behindertengerechten Umbau hat der Vermieter grundsätzlich zu dulden (§ 554a BGB).

Voraussetzung ist, dass die bauliche Veränderung oder sonstige Einrichtung für eine behindertengerechte Nutzung der Wohnung oder den Zugang zu ihr erforderlich ist. Ein Schwerbehindertenausweis mit einem GdB von mindestens 50 ist nicht Voraussetzung. Entscheidend ist jede erhebliche und dauerhafte Einschränkung der Bewegungsfähigkeit.

Beispielsweise besteht nach § 554a BGB das Recht, Türen, Türschwellen oder das Bad zu ändern, einen Treppenlift oder eine Rampe einzubauen. Auch das Anbringen von Haltegriffen im Treppenhaus oder im Außenbereich ist möglich.

Der Vermieter kann jedoch seine Zustimmung von der Leistung einer angemessenen zusätzlichen Sicherheit für die Wiederherstellung des ursprünglichen Zustandes abhängig machen.

X. Heimrecht – Rechtsstellung behinderter Menschen in Einrichtungen

Im Folgenden werden die Rechte von Menschen mit Behinderung, die in einem Wohnheim oder einer betreuten Wohnform leben, im Überblick dargestellt.

1. Wohn- und Betreuungsvertragsgesetz (WBVG)

Die Interessen und Rechte von Menschen mit Behinderung, die einen Heimvertrag oder einen Vertrag über eine betreute Wohnform abschließen, werden in ganz Deutschland einheitlich durch das Wohn- und Betreuungsvertragsgesetz (WBVG) geschützt.

Das WBVG regelt Verträge zwischen Bewohnern und Trägern von Wohnformen mit Betreuung. Es gilt für alle ab dem 1.10.2009 neu abgeschlossenen Verträge und seit dem 1.5.2010 auch für Altverträge, die entsprechend anzupassen sind. Im Gegensatz zum vorherigen HeimG, das sich ausschließlich an Bewohner in sog. „Heimen" richtete, betrifft das WBVG alle Verträge, mit denen Wohnraum überlassen wird und eine Pflicht zur Erbringung von Pflege- und Betreuungsleistungen verbunden ist. Damit ist der Anwendungsbereich des WBVG umfassender und kann auch betreute Wohnformen betreffen. Wesentliches Merkmal ist die doppelte Abhängigkeit des Bewohners von Wohnen und Pflege bzw. Betreuung.

Das WBVG enthält detaillierte Regelungen z. B. zu den Informationspflichten vor Abschluss eines Wohn- und Betreuungsvertrages, zum Inhalt des Vertrages, zur Dauer, Kündigung und Beendigung des Vertrages und zur Erhöhung des vereinbarten Entgeltes.

Das WBVG enthält jedoch keine Regelungen zu baulichen Vorschriften oder Qualitätsstandards in Bezug auf die Pflege, zu den Mitwirkungsrechten der Bewohner oder der staatlichen Aufsicht über solche Wohnformen. Zur Regelung dieser Bereiche haben die einzelnen Bundesländer landesrechtliche Vorschriften erlassen.

In Bayern sind die entsprechenden Regelungen z. B. im Gesetz zur Regelung der Pflege-, Betreuungs- und Wohnqualität im Alter und bei Behinderung (Pflege- und Wohnqualitätsgesetz – PfleWoqG) und in der Verordnung zur Ausführung des Pflege- und Wohnqualitätsgesetzes (AVPfleWoqG) enthalten.

Von besonderer Bedeutung sind die gesetzlichen Regelungen des WBVG zur Dauer, Kündigung und Beendigung des Vertrages, die im Folgenden im Überblick dargestellt werden.

Ein Vertrag wird regelmäßig auf unbestimmte Zeit geschlossen und kann vom Bewohner und vom Träger nur unter bestimmten Voraussetzungen gekündigt werden.

Der Bewohner kann gemäß § 11 WBVG insbesondere kündigen

- ordentlich bis zum dritten Werktag eines Monats schriftlich zum Ende des Monats,
- bei einer Entgelterhöhung jederzeit zum Zeitpunkt des Erhöhungsverlangens,
- jederzeit innerhalb von zwei Wochen nach Vertragsbeginn oder nach Vertragsaushändigung,
- jederzeit aus wichtigem Grund, wenn die Fortsetzung des Vertrages bis zum Ablauf der ordentlichen Kündigungsfrist nicht zuzumuten ist.

Der Träger kann – wie bisher schon nach dem Heimgesetz – den Heimvertrag nur aus „wichtigem Grund" kündigen (§ 12 WBVG). Dem Bewohner soll so eine möglichst große Sicherheit gegeben werden, bis zum Lebensende in der gewählten Wohnform, mit der die Pflege oder Betreuung verbunden ist, wohnen bleiben zu können. Der Träger kann daher nur aus wichtigem Grund kündigen

- bei Betriebseinstellung, Betriebseinschränkung oder Betriebsveränderung, wenn die Vertragsfortsetzung eine unzumutbare Härte bedeutet,
- wenn der Träger eine fachgerechte Pflege- oder Betreuungsleistung nicht erbringen kann, weil der Bewohner eine angebotene Anpassung der Leistung wegen einer Veränderung des Betreuungs- oder Pflegebedarfs nicht annimmt und ein Festhalten an dem Vertrag für den Träger deshalb nicht zumutbar ist. In diesem Fall kann der Träger nur kündigen, wenn er vorher sein Angebot zur Vertragsanpassung erneuert und unter Bestimmung einer angemessenen Annahmefrist auf die beabsichtigte Kündigung hinweist. Der Kündigungsgrund darf durch die Annahme der Leistungsanpassung durch den Bewohner nicht entfallen sein,
- wenn der Träger eine Anpassung der Leistungen wegen einer Veränderung des Betreuungs- oder Pflegebedarfs vor Vertragsbeginn

in einer gesonderten Vereinbarung ausgeschlossen hatte, er daher eine fachgerechte Pflege- und Betreuungsleistung nicht erbringen kann und auch hier ein Festhalten an dem Vertrag für den Träger deshalb nicht zumutbar ist,

- wenn eine schuldhaft gröbliche Pflichtverletzung des Bewohners vorliegt und eine Vertragsfortsetzung deshalb für den Träger nicht mehr zumutbar ist oder
- wenn der Bewohner für zwei aufeinander folgende Termine mit der Entrichtung des Entgelts oder eines Teils des Entgelts, der das Entgelt für einen Monat übersteigt, im Verzug ist oder in einem Zeitraum, der sich über mehr als zwei Termine erstreckt, mit der Entrichtung des Entgelts in Höhe eines Betrags in Verzug gekommen ist, der das Entgelt für zwei Monate erreicht.

Zur Wirksamkeit der Kündigung ist Voraussetzung, dass diese schriftlich erfolgt und ausreichend begründet wird. In der Begründung hat der Träger die maßgeblichen Elemente, mit denen er die Kündigung rechtfertigen will, anzugeben.

Für den Fall der Kündigung des Vertragsverhältnisses durch den Träger erhält der Bewohner bei der Suche nach anderen geeigneten Unterkunfts- und Versorgungsangeboten sowie bei der Übernahme der Umzugskosten Unterstützung. Der Träger ist auf Verlangen des Bewohners zum Nachweis eines angemessenen Leistungsersatzes zu zumutbaren Bedingungen und zur Übernahme der Umzugskosten in angemessenem Umfang verpflichtet, wenn der Bewohner wegen eines vom Träger zu vertretenden wichtigen Grundes kündigt, oder wenn der Träger wegen Betriebseinstellung, Betriebseinschränkung oder Betriebsveränderung kündigt (§ 13 WBVG).

Zu beachten ist, dass der Bewohner einen Anspruch auf Vertragsanpassung bei einer Änderung seines Pflege- oder Betreuungsbedarfs besitzt. Wenn sich der Pflege- oder Betreuungsbedarf ändert, hat der Bewohner ein Interesse daran, dass die Leistungen seinem veränderten Bedarf angepasst werden, so dass er nicht umziehen muss. Dazu muss der Träger dem Bewohner grundsätzlich eine entsprechende Vertragsanpassung anbieten.

Die Pflicht zur Unterbreitung eines Angebots zur Anpassung des Vertrages kann nur ausgeschlossen werden, wenn dies bei Abschluss des Vertrages durch gesonderte Vereinbarung schriftlich vereinbart wurde. Ein solcher Ausschluss eines Angebotes zur Leistungsanpassung darf jedoch nur erfolgen, wenn der Träger unter Berücksichtigung seines dem Vertrag zugrunde gelegten Leistungskonzepts ein berechtigtes Interesse an diesem Ausschluss hat und dies in der Vereinbarung auch begründet.

Der Bewohner kann das Angebot zur Vertragsanpassung (auch teilweise) annehmen oder ablehnen. Unter Umständen hat dann der Träger jedoch ein Recht zur Kündigung des Vertrages.

2. Verbot von (Geld-)Zuwendungen von oder zugunsten von Heimbewohnern an den Heimträger

Das Verbot von (Geld-)Zuwendungen von oder zugunsten von Heimbewohnern an den Heimträger war ursprünglich in § 14 HeimG enthalten. Seit der am 1.9.2006 in Kraft getretenen Föderalismusreform wurde der Rechtsbereich, zu dem auch das Heimgesetz gehört, in den Verantwortungsbereich der Länder gelegt. Mittlerweile haben die Bundesländer das Heimgesetz durch eigene Landesgesetze ersetzt und insbesondere das Zuwendungsverbot des § 14 HeimG, teilweise jedoch mit inhaltlichen Abweichungen, übernommen.

Bayern hat das Zuwendungsverbot des § 14 HeimG fast unverändert in Art. 8 Pflege- und Wohnqualitätsgesetz (PfleWoqG) übernommen. Danach ist es dem Träger eines Heimes weiterhin untersagt, sich von oder zugunsten von Bewohnern oder Bewerbern Geld- oder geldwerte Leistungen über das vereinbarte Entgelt hinaus versprechen oder gewähren zu lassen. Art. 8 Abs. 5 PfleWoqG erstreckt dieses Verbot auch auf den Leiter, die Beschäftigten und sonstige Mitarbeiter des Heims. Erlaubt sind nur geringwertige Aufmerksamkeiten.

Die Regelung des Art. 8 PfleWoqG soll verhindern, dass über die Gewährung von finanziellen Zusatzleistungen oder Zusatzversprechen eine unterschiedliche Behandlung von Heimbewohnern eintritt und der Heimfriede dadurch gestört wird. Sie soll ferner verhindern, dass die Hilf- oder Arglosigkeit behinderter, pflegebedürftiger Menschen in finanzieller Hinsicht ausgenützt wird. Schließlich soll sie die Testierfreiheit der Heimbewohner schützen.

Die Rechtsprechung wendet das Verbot des Art. 8 PfleWoqG auch auf testamentarische Verfügungen wie Erbschaften an. Allerdings enthält Art. 8 PfleWoqG kein generelles Erbschaftsverbot. Durch diese Vorschrift soll nur der Heimbewohner geschützt werden. Hat der Träger, Leiter oder Mitarbeiter bis zum Eintritt des Erbfalles nichts von der Erbeinsetzung gewusst, greift das Verbot nicht.

G. Besondere Ansprüche und Rechte der Eltern und Pflegepersonen von Menschen mit Behinderung

I. Kindergeld

1. Überblick

Das Kindergeld beträgt gemäß § 66 Abs. 1 EStG für das erste und zweite Kind jeweils monatlich 194 €, für das dritte Kind 200 € und für das vierte und jedes weitere Kind monatlich 225 €. Grundsätzlich erhalten Eltern Kindergeld nur bis zum 18. Lebensjahr des Kindes oder solange das Kind sich noch in der Ausbildung befindet, längstens jedoch bis zur Vollendung des 25. Lebensjahres. Ausnahmen gelten bei der Ableistung eines freiwilligen sozialen Jahres oder eines freiwilligen ökologischen Jahres im Sinne des Jugendfreiwilligendienstegesetzes oder eines anderen Freiwilligendienstes. Anstelle des Kindergeldes kann auch der Kinderfreibetrag gewählt werden.

2. Sonderregelungen für Kinder mit Behinderung

Für Kinder mit einer Behinderung gilt jedoch die folgende Sonderregelung:

Für ein behindertes Kind können die Eltern lebenslang Kindergeld erhalten, also auch über das 25. Lebensjahr des Kindes hinaus (§§ 32 Abs. 4 Nr. 3, 62 ff. EStG).

Voraussetzung ist, dass die Behinderung vor Vollendung des 25. Lebensjahres eingetreten ist. Für Kinder bei denen eine Behinderung vor dem 1.1.2007 festgestellt wurde und die zu diesem Zeitpunkt das 27. Lebensjahr noch nicht vollendet hatten, gilt weiterhin als Altersgrenze die Vollendung des 27. Lebensjahrs (§ 52 Abs. 32 EStG).

Weitere Voraussetzung für den Bezug von Kindergeld ist, dass das Kind aufgrund seiner körperlichen, geistigen und seelischen Behinderung außer Stande ist, sich selbst zu unterhalten, d. h. wenn es mit den ihm zur Verfügung stehenden finanziellen Mitteln seinen gesamten notwendigen Lebensbedarf nicht bestreiten kann.

Die Behinderung muss dabei ursächlich dafür sein, dass das Kindes unfähig ist, sich selbst zu unterhalten. Die Ursächlichkeit ist (gemäß der Dienstanweisung zum Kindergeld nach dem Einkommensteuergesetz A 19.4 DA-KG 2017) anzunehmen, wenn

- die Unterbringung in einer Werkstatt für behinderte Menschen vorliegt,
- das Kind vollstationär in einer Behinderteneinrichtung untergebracht ist,
- Leistungen der Grundsicherung im Alter und bei Erwerbsminderung nach dem SGB XII bezogen werden,
- der Grad der Behinderung 50 oder mehr beträgt und die Schul- oder Berufsausbildung eines Kindes aufgrund seiner Behinderung über das 25. Lebensjahr hinaus fortdauert,
- das Kind das Merkzeichen „H“ (hilflos) hat; ausreichend ist auch die Einstufung in die Pflegegrade 4 oder 5, oder
- wenn eine volle Erwerbsminderungsrente gegenüber dem Kind bewilligt ist oder eine dauerhafte volle Erwerbsminderung nach § 45 SGB XII festgestellt ist.

Der gesamte notwendige Lebensbedarf des behinderten Kindes setzt sich zusammen aus dem allgemeinen Lebensbedarf in Höhe von derzeit 9.000 € (Stand 2018) (entspricht dem allgemeinen Existenzminimum) und dem individuellen behinderungsbedingten Mehrbedarf. Das Vermögen des Kindes wird bei der Frage, ob das Kind in der Lage ist sich selbst zu unterhalten, nicht berücksichtigt.

Zunächst wird in einer **vereinfachten Berechnung** überprüft, ob die kindeseigenen Mittel den allgemeinen Lebensbedarf übersteigen. Ist dies nicht der Fall, ist davon auszugehen, dass das Kind außerstande ist, sich selbst zu unterhalten. Bei der vereinfachten Berechnung zählen zu den Einkünften keine Leistungen, die dem Kind wegen eines behinderungsbedingten Bedarfs zweckgebunden zufließen, insbesondere sind dies Leistungen der Pflegeversicherung wie Pflegegeld oder die Eingliederungshilfe bei voll- und teilstationärer Unterbringung.

Beispiel für die vereinfachte Berechnung: Werkstattbeschäftigter (40 Jahre alt) mit einem monatlichen Werkstattlohn von 100 € und einer Erwerbsminderungsrente nach 20-jähriger Tätigkeit in der WfbM von monatlich 750 €.

Allgemeiner Lebensbedarf: 9.000 €
Kindeseigene finanzielle Mittel: 8.918 €

Berechnung der Mittel:
Arbeitsentgelt 1.200 € (=100 € × 12 Monate)
abzüglich Werbungskostenpauschale von 1.000 € für Arbeitslohn
= 200 €
Erwerbsminderungsrente 9.000 € (=750 € × 12 Monate)
abzüglich Werbungskostenpauschale von 102 € für Rentenansprüche
= 8.898 €
abzüglich Kostenpauschale von 180 €
= Summe der eigenen Mittel des Kindes: 8.918 €
(geringer als der allg. Lebensbedarf von 9.000 €)
Damit besteht weiterhin Anspruch auf Kindergeld.

Wird nach dieser vereinfachten Berechnung der allgemeine Lebensbedarf jedoch überschritten, sind in einer sehr aufwendigen ausführlichen Berechnung die gesamten Einkünfte des Kindes im Einzelnen zu ermitteln und mit dem Bedarf des Kindes zu vergleichen. Wenn danach die zur Verfügung stehenden finanziellen Mittel den gesamten notwendigen Lebensbedarf des Kindes nicht übersteigen, besteht Anspruch auf Kindergeld.

Der Vorteil der ausführlichen Berechnung ist, dass ein weiterer behinderungsbedingter Mehrbedarf angesetzt werden kann (vgl. A

19.4 Abs. 5 DA-KG 2017). Als weiterer behinderungsbedingter Mehrbedarf können u. a. anerkannt werden,

- behinderungsbedingte Aufwendungen für Operationskosten und Heilbehandlungen, Kuren, Arzt- und Arzneikosten,
- persönliche Betreuungsleistungen der Eltern, soweit sie nach Bescheinigung des Amtsarztes oder des behandelnden Arztes unbedingt erforderlich sind; es kann ein Stundensatz von 9 € angesetzt werden,
- Aufwendungen für Privatfahrten entsprechend der Anerkennung der Kfz-Kosten als außergewöhnliche Belastung bei der Einkommenssteuer,
- Mehraufwendungen, die einem behinderten Kind anlässlich einer Urlaubsreise durch Kosten für Fahrten, Unterbringung und Verpflegung einer Begleitperson entstehen, können in Höhe von bis zu 767 € pro Kalenderjahr als behinderungsbedingter Mehrbedarf berücksichtigt werden, sofern die Notwendigkeit ständiger Begleitung durch das Merkzeichen B oder durch Bescheinigung des behandelnden Arztes nachgewiesen ist.

Eltern sollten bei einer Aberkennung des Kindergeldes Einspruch einlegen und die Durchführung der ausführlichen Berechnung fordern. Nicht selten kann durch die dabei vorzunehmende Berücksichtigung des weiteren behinderungsbedingten Mehrbedarfes der notwendige Lebensbedarf so erhöht werden, dass er die finanziellen Mittel des Kindes doch noch übersteigt und weiter Anspruch auf Kindergeld besteht.

Die Dienstanweisung zum Kindergeld nach dem Einkommensteuergesetz (DA-KG 2017) enthält unter Ziffer A 19.4 und A 19.5 ausführliche (aber auch komplizierte) Berechnungsbeispiele der ausführlichen Berechnung. Anhand dieser Beispielsberechnungen können betroffene Eltern ermitteln, ob die finanziellen Mittel des Kindes den gesamten notwendigen Lebensbedarf tatsächlich übersteigen. Die DA-KG 2017 kann auf der Internetseite des Bundeszentralamtes für Steuern unter www.bzst.de heruntergeladen werden. Für die Begründung eines Einspruches empfiehlt es sich jedoch, fachkundige Hilfe eines Steuerberaters oder Rechtsanwaltes in Anspruch zu nehmen.

3. Abzweigung des Kindergeldes – mögliche Anfragen der Kindergeldkasse oder des Sozialhilfeträgers

Sozialhilfeträger versuchen teilweise eine Abzweigung des Kindergeldes gemäß § 74 EStG an sich durchzusetzen, wenn das Kind zu Hause bei den Eltern lebt und Leistungen der Grundsicherung erhält. Dagegen können sich Eltern in der Regel jedoch erfolgsversprechend zur Wehr setzen (vgl. Ausführungen im 2. Kapitel unter B I 1 i, S. 41 f.).

Auch wenn der Mensch mit Behinderung in einer Behinderteneinrichtung lebt, darf in der Regel das Kindergeld nicht vom Sozialhilfeträger, der die Einrichtungskosten trägt, beansprucht bzw. gemäß § 74 EStG abgezweigt werden. Der Sozialhilfeträger könnte nach der Rechtsprechung nur dann ausnahmsweise die Auszahlung des Kindergeldes an sich verlangen, wenn die Eltern keine Aufwendungen zur Lebensführung des Kindes (z. B. für Einrichtungsgegenstände für das Zimmer im Heim, für ein eigenes Zimmer im Elternhaus, für eine Urlaubsfahrt oder für Fahrten anlässlich von Besuchen) erbringen (vgl. V 32.5 DA-KG 2017).

Wenn Eltern berücksichtigungsfähige Aufwendungen in Höhe des Kindergeldes nachweisen können, ist eine Abzweigung des Kindergeldes nicht zulässig. Zu berücksichtigen sind nur die den Eltern tatsächlich entstandenen und glaubhaft gemachten Aufwendungen für das Kind. Eltern sollten daher die entstehenden Aufwendungen aufführen und möglichst genau beziffern. Wichtig wäre es auch, entsprechende Nachweise, wie Belege, Quittungen etc. für Nachfragen bereit zu halten.

Im Falle einer Abzweigung haben Eltern die Möglichkeit, bei der Familienkasse Einspruch/Widerspruch gegen die Abzweigung einzulegen. Zur Begründung des Einspruches können wiederum die vorgenannten Aufwendungen angeführt werden.

II. Elterliche Aufsichtspflicht und Haftung

1. Schadensersatzverpflichtung bei Verletzung der elterlichen Aufsichtspflicht

Eltern haben die Pflicht und das Recht für ihr minderjähriges Kind zu sorgen (§ 1626 BGB). Die elterliche Sorge umfasst die Sorge für die Person des Kindes und das Vermögen des Kindes. Zur Personensorge gehört auch die Beaufsichtigung des Kindes. Die Beaufsichtigung dient dem Schutz des Kindes und von dritten Personen vor Schäden, die durch das Kind verursacht werden könnten.

Verletzen Eltern ihre Aufsichtspflicht, sind sie zum Ersatz der durch das Kind verursachte Schäden verpflichtet (§ 832 Abs. 1 BGB). Eine Ersatzpflicht der Eltern tritt nur dann nicht ein, wenn sie ihrer Aufsichtspflicht genügt haben oder wenn der Schaden auch bei gehöriger Aufsichtsführung entstanden wäre (§ 832 Abs. 1 S. 2 BGB).

Eltern haften auch dann für Schäden, die ihr minderjähriges Kind verursacht hat, wenn das Kind selbst aufgrund fehlender Deliktsfähigkeit für den Schaden nicht verantwortlich ist.

Für die Frage, ob eine ordnungsgemäße Aufsichtsführung vorliegt, kommt es nach der Rechtsprechung entscheidend darauf an, ob Schäden im gegebenen Fall konkret vorhersehbar waren. Wenn also den Eltern eine Schadensneigung ihres Kindes bekannt ist, wie z. B. eine erhöhte Aggressivität oder die Neigung, fremde Sachen zu beschädigen, steigen die Anforderungen an deren Aufsichtspflicht.

Kleinkinder müssen generell vollständig von ihren Eltern beaufsichtigt werden. Bei Schulkindern ist jedoch keine rund um die Uhr Überwachung mehr erforderlich. Bei Jugendlichen, die kurz vor Vollendung der Volljährigkeit stehen, besteht nur noch eine sehr eingeschränkte Aufsichtspflicht der Eltern.

Entscheidend sind jedoch immer die individuellen Eigenschaften des Kindes. So steigen die Anforderungen an die elterliche Aufsichtspflicht hinsichtlich Menschen mit einer geistigen Behinderung mit den Einschränkungen ihrer Alltagskompetenz. Entscheidend sind immer die konkreten Umstände des Einzelfalles. Pauschale

Aussagen zum Umfang der jeweiligen Aufsichtspflicht und den konkret zu ergreifenden Maßnahmen sind daher nicht möglich.

Keine Aufsichtspflicht der Eltern besteht bei volljährigen Kindern, auch wenn diese behindert sind. Denn mit Eintritt der Volljährigkeit enden die elterliche Sorge und die elterliche Aufsichtspflicht.

Wenn die Eltern oder ein Elternteil jedoch als gesetzlicher Betreuer für das Kind vom Betreuungsgericht eingesetzt sind, entsteht erneut eine Aufsichtspflicht, dann jedoch aufgrund der Betreuerstellung.

Ergänzend ist darauf hinzuweisen, dass Aufsichtspflichten auch vertraglich vereinbart werden können. So sind beispielsweise der Heimträger oder auch Pflegekräfte vertraglich zur Aufsicht über die zu betreuenden Personen verpflichtet. Bei Verstoß gegen diese Pflichten kann ebenfalls eine Schadensersatzpflicht des Heimträgers oder der Pflegekräfte entstehen.

2. Reichweite einer privaten Familienhaftpflichtversicherung

Über eine private Haftpflichtversicherung können Schäden, die die versicherte Person einem Dritten versehentlich zufügt, abgesichert werden.

Im Rahmen einer Familienhaftpflichtversicherung erstreckt sich regelmäßig der Versicherungsschutz auf den Versicherungsnehmer, dessen Ehegatten oder eingetragenen Lebenspartner und die nicht verheirateten Kinder.

Auf volljährige Kinder erstreckt sich der Versicherungsschutz nur solange sich diese noch in einer Schulausbildung oder in einer unmittelbar anschließenden Berufsausbildung befinden. Versicherungsschutz wird auch gewährt für volljährige unverheiratete Kinder, die wegen ihrer geistigen oder körperlichen Behinderung im Haushalt des Versicherungsnehmers leben oder in einem betreuenden Heim untergebracht sind. Allerdings können sich je nach Versicherungsunternehmen Unterschiede bei der Mitversicherung der volljährigen behinderten Kinder ergeben.

Der Haftpflichtversicherer gewährt Versicherungsschutz jedoch nur für den Fall, dass der Versicherungsnehmer bei einem Schadensereignis aufgrund gesetzlicher Haftpflichtbestimmungen von einem

Dritten auf Schadensersatz in Anspruch genommen werden kann. Selbst im Falle der Mitversicherung der behinderten Kinder ist nicht sichergestellt, dass von diesen behinderten Kindern verursachte Schäden auch von der Haftpflichtversicherung abgedeckt sind. Denn minderjährige Kinder oder auch volljährige Kinder, die aufgrund ihrer Behinderung nicht deliktsfähig sind, sind für Schäden, die sie dritten Personen verursachen, nicht verantwortlich (vgl. hierzu vorstehend 2. Kapitel F I 3, S. 213 f.).

Geschädigte Personen können daher von deliktsunfähigen Menschen von vornherein keinen Schadensersatz verlangen. Dementsprechend erfolgt auch keine Übernahme der Schäden durch die private Haftpflichtversicherung.

Ein Anspruch auf Schadensersatz der geschädigten Person kann sich nur dann ergeben, wenn die Eltern oder die Aufsichtsperson die ihnen obliegenden Aufsichtspflichten verletzt haben und als Folge davon das Kind die Schäden verursachte. Sofern eine solche Aufsichtspflichtverletzung der Eltern vorliegt, übernimmt die Privathaftpflichtversicherung die gegen die Eltern gerichteten Schadensersatzansprüche.

Sollte jedoch keine Aufsichtspflichtverletzung der Eltern vorliegen, würden geschädigte Personen bei einer Deliktsunfähigkeit völlig leer ausgehen, da eine Haftpflichtversicherung nur dann die entstandenen Schäden übernimmt, wenn der Versicherte auch selbst zur Zahlung verpflichtet wäre. Sofern eine Haftung wegen Deliktsunfähigkeit ausgeschlossen ist, übernimmt auch eine private Haftpflichtversicherung mangels Anspruch gegen den Versicherten nicht die Schadensregulierung.

Auch wenn dies rechtlich für die betroffene Familie keine Schwierigkeit darstellt, sollte dennoch versucht werden, eine private Haftpflichtversicherung zu finden, die auch die von deliktsunfähigen Menschen mit Behinderung verursachten Schäden abdeckt.

3. Kapitel

Betreuungsrecht

A. Einführung

Am 1.1.1992 löste die sog. „Betreuung" das fast hundert Jahre alte Vormund- und Pflegschaftsrecht ab, das hilflose Menschen schlichtweg entmündigte. Mit dem Betreuungsgesetz sollen vor allem die Rechte dieser Menschen verbessert werden.

Bei der gesetzlichen Betreuung wird für eine volljährige Person ein Betreuer bestellt, der dem Betroffenen in einem genau festgelegten Aufgabenkreis helfend zur Seite steht. Er hat insoweit die Stellung eines gesetzlichen Vertreters, ähnlich der Stellung der Eltern bei einem minderjährigen Kind.

B. Notwendigkeit einer Betreuung

Ein Betreuer wird nur bestellt, wenn dies notwendig ist, da sich eine Person aufgrund einer Krankheit oder Behinderung nicht mehr selbst um ihre Angelegenheiten kümmern kann (§1896 Abs. 1 BGB).

Eine solche Notwendigkeit wird regelmäßig bei Menschen mit einer geistigen Behinderung angenommen. Denn diese Menschen sind häufig aufgrund ihrer Behinderung nicht oder zumindest nicht voll geschäftsfähig. Sie können daher im Rechtsverkehr auch keine rechtlich verbindlichen Erklärungen oder Einwilligungen abgeben. Sie benötigen daher einen gesetzlichen Vertreter, der für sie wirksam handeln kann. Dieser gesetzliche Vertreter ist der Betreuer.

Für minderjährige Kinder sind deren Eltern kraft ihrer elterlichen Sorge gesetzliche Vertreter. Ab Volljährigkeit des Kindes haben die Eltern jedoch nach dem Gesetz keinerlei Rechte mehr, Entscheidungen für ihr Kind zu treffen. Sie haben nicht einmal mehr das Recht, von dem behandelnden Arzt Auskünfte über den Gesundheitszustand ihres Kindes einzufordern, sofern nicht das Kind den Arzt ausdrücklich und wirksam von dessen Schweigepflicht entbindet – was nicht möglich ist, wenn das Kind nicht geschäftsfähig ist.

Eine Betreuung ist jedoch nicht notwendig, soweit andere Hilfsmöglichkeiten durch die Familie, Bekannte oder soziale Dienste ausreichend sind. Dies wäre beispielsweise der Fall, wenn lediglich eine mangelnde Selbständigkeit des Betroffenen bei rein tatsächlichen Angelegenheiten, wie z. B. der Führung des eigenen Haushalts, bestünde.

C. Das Betreuungsverfahren

Familienangehörige, Nachbarn, auch Behörden oder jede andere Person können beim Betreuungsgericht die Einleitung eines Betreuungsverfahrens anregen, wenn die Sorge besteht, dass der betreffende Mensch seine Angelegenheiten nicht selbst besorgen kann. Zuständig für die Durchführung des Betreuungsverfahrens ist das Betreuungsgericht, in dessen Bezirk der Betroffene zur Zeit der Antragstellung seinen gewöhnlichen Aufenthalt hatte. Das Betreuungsgericht prüft dann von Amts wegen die Erforderlichkeit einer Betreuung und bestellt gegebenenfalls einen Betreuer.

Es besteht keine Verpflichtung – auch nicht für die Eltern – eine Betreuung anzuregen.

Zu bedenken ist jedoch bei geistig behinderten und geschäftsunfähigen Menschen, dass es ohne die Bestellung eines gesetzlichen Betreuers keine verantwortliche Person gibt, die beispielsweise über die Durchführung ärztlicher Maßnahmen entscheiden kann. Gerade bei geistig behinderten Kindern, die in einer Behinderteneinrichtung leben, ist das Pflegepersonal bzw. die Heimleitung jedoch darauf angewiesen, dass es bei Zwischenfällen einen Ansprechpartner gibt, der über weitere Schritte rechtsverbindlich entscheiden kann. Die Eltern von volljährigen Kindern können dies nur dann, wenn sie als gesetzliche Betreuer bestellt sind. Auch für den Abschluss eines Werkstatt- oder Heimvertrages fordern die Einrichtungsträger häufig die Unterschrift eines gesetzlichen Betreuers.

Insgesamt ist daher festzuhalten, dass gerade bei geistig behinderten und geschäftsunfähigen Menschen die Bestellung eines gesetzlichen Betreuers bei Eintritt der Volljährigkeit sinnvoll und empfehlenswert ist. Denn nur als Betreuer können die Eltern über das 18. Lebensjahr ihres Kindes hinaus weiterhin rechtsverbindliche und verantwortliche Entscheidung für ihr Kind treffen.

I. Überprüfung der Notwendigkeit einer Betreuung

Zur Überprüfung, ob die Bestellung eines Betreuers erforderlich ist und zur Bestimmung des Aufgabenkreises, des Umfanges sowie der Dauer der Betreuung gibt das Betreuungsgericht ein ärztliches Sachverständigengutachten in Auftrag (§ 280 FamFG), das regelmäßig von einem Neurologen erstellt wird. Das Betreuungsgericht kann zudem die Betreuungsstelle bei der Kreisverwaltungsbehörde (Landratsämter) beauftragen, einen Sozialbericht über die Notwendigkeit der Betreuung zu erstellen.

Ein Betreuer darf nur für die Aufgabenkreise bestellt werden, in denen der Betroffene nach dem Gutachten und dem Sozialbericht einen gesetzlichen Vertreter benötigt (§ 1896 Abs. 2 BGB).

II. Auswahl des Betreuers

In erster Linie sind bei der Auswahl der Person des Betreuers die Wünsche des Betroffenen zu berücksichtigen, vorausgesetzt der Betroffene ist noch in der Lage, nachvollziehbare Wünsche zu äußern. Das Betreuungsgericht muss daher die zu betreuende Person ausdrücklich befragen, welche Person sie sich als Betreuer wünscht. Schlägt der Betroffene eine Person vor, die zum Betreuer bestellt werden kann, so ist diesem Vorschlag zu entsprechen, wenn es seinem Wohl nicht zuwiderläuft. Schlägt er vor, eine bestimmte Person nicht zu bestellen, so soll hierauf Rücksicht genommen werden (§ 1897 Abs. 4 BGB).

Falls der Betroffene selbst keine Person vorschlägt, wählt das Betreuungsgericht bevorzugt jemanden aus, der dem Betroffenen verwandtschaftlich oder persönlich nahe steht. Regelmäßig werden daher nahe Angehörige wie Eltern oder Geschwister als Betreuer eingesetzt. Nur falls keine andere geeignete Person zur Verfügung steht, die die Betreuung ehrenamtlich übernimmt, kann als Betreuer auch ein Mitglied eines Betreuungsvereins (Vereinsbetreuer) oder ein Berufsbetreuer bestellt werden.

In Ausnahmefällen können auch mehrere Betreuer, z. B. beide Elternteile, bestellt werden, wenn die Angelegenheiten des Betreuten hierdurch besser besorgt werden können (§ 1899 Abs. 1 BGB).

III. Rechte des Betroffenen im Betreuungsverfahren

Das Betreuungsgericht hat den Betroffenen laufend über den Verfahrensverlauf zu informieren und muss ihn vor seiner endgültigen Entscheidung über die Einsetzung eines Betreuers persönlich anhören. Es hat sich einen persönlichen Eindruck von dem Betroffenen zu verschaffen (§ 278 Abs. 1 FamFG).

Für den Fall, dass der Betroffene nicht in der Lage sein sollte, seine Interessen im Betreuungsverfahren hinreichend wahrzunehmen, sieht das Gesetz vor, ihm zum Schutz seiner Interessen einen Verfahrenspfleger zur Seite zu stellen (§ 276 FamFG). Dies erfolgt regelmäßig in Betreuungsverfahren für Menschen mit geistiger Behinderung. Als Verfahrenspfleger sollen wieder vorrangig ehrenamtlich tätige Personen bestellt werden, z. B. Vertrauenspersonen aus dem Familien-, Freundes- und Bekanntenkreis.

Der Betroffene kann im Betreuungsverfahren selbst Anträge stellen und Rechtsmittel (Beschwerde) gegen die gerichtlichen Entscheidungen einlegen.

IV. Ernennung des Betreuers

Die Betreuerbestellung ist erst dann möglich, wenn die ausgewählte Person sich ausdrücklich bereit erklärt hat, die Betreuung zu übernehmen (§ 1898 Abs. 2 BGB). Der Betreuer wird vom Betreuungsgericht mündlich verpflichtet. Er erhält einen Betreuerausweis ausgehändigt, in dem sein Aufgabenkreis genau festgelegt ist.

V. Kosten des Betreuungsverfahrens

Die Gerichtskosten für die Einrichtung einer gesetzlichen Betreuung trägt bei mittellosen Personen die Staatskasse. Besitzt die zu betreuende Person jedoch Vermögen über einem Freibetrag in Höhe von 25.000 € können ihr Gerichtskosten auferlegt werden. Für jedes angefangene Kalenderjahr wird bei einer Dauerbetreuung vom Betroffenen gemäß dem Gerichts- und Notarkostengesetz (GNotKG) eine Gebühr in Höhe von 10 € für jede angefangenen 5.000 € Vermögen, mindestens jedoch 200 €, erhoben. Hinzu kommen noch die Honorare des Sachverständigen und des Verfahrenspflegers und eventuelle weitere Auslagen.

D. Auswirkungen der Betreuung auf den Betreuten

Die Einsetzung eines Betreuers ist keine Entrechtung. Folge einer Betreuung ist nicht, dass der Betreute geschäftsunfähig wird. Für die Wirksamkeit der von ihm abgegebenen (Willens-)Erklärungen ist weiterhin entscheidend, ob er deren Wesen, Bedeutung und Tragweite einsehen und sein Handeln danach ausrichten kann. Diese Einsicht ist jedoch häufig nicht mehr gegeben. In diesen Fällen ist der Betreute dann – unabhängig von der Betreuerbestellung – geschäftsunfähig.

Der Betreute kann jedoch, soweit er noch geschäftsfähig ist, weiterhin seine höchstpersönlichen Rechte wahrnehmen, wie z. B. Heiraten, ein Testament errichten oder sein Wahlrecht ausüben. Darauf hat die Betreuerbestellung keinen Einfluss.

Nur wenn das Betreuungsgericht für einzelne Aufgabenkreise einen Einwilligungsvorbehalt (§ 1903 BGB) anordnet, tritt eine Beschränkung der Teilnahme am Rechtsverkehr ein. Der Betreute braucht dann, von gewissen Ausnahmen wie etwa bei geringfügigen Geschäften des täglichen Lebens abgesehen, die Einwilligung seines Betreuers. Ein solcher Einwilligungsvorbehalt kann angeordnet werden, wenn die Gefahr besteht, dass der Betreute sich selbst oder sein Vermögen schädigt und dient damit vorrangig dem Schutz des Betreuten.

E. Aufgaben, Rechte und Pflichten des Betreuers

Der Betreuer vertritt den Betreuten nur in dem genau begrenzten und im Betreuungsausweis bestimmten Wirkungs- und Aufgabenkreis.

Der Betreuer übernimmt jedoch keine pflegerischen Leistungen, denn diese fallen unter die sozialen Dienstleistungen, die nicht zur rechtlichen Betreuung zählen.

Der Betreuer hat die ihm übertragenen Angelegenheiten des Betreuten so zu besorgen, wie es dessen Wohl entspricht (§ 1901 Abs. 2 und Abs. 3 BGB). Zum Wohl des Betreuten gehört auch die Möglichkeit, im Rahmen seiner Fähigkeiten sein Leben nach seinen eigenen Wünschen und Vorstellungen zu gestalten. Der Betreuer hat den Wünschen des Betreuten zu entsprechen, soweit dies dessen Wohl nicht zuwiderläuft und dem Betreuer zuzumuten ist.

I. Betreuung in persönlichen Angelegenheiten

Der Aufgabenkreis der Personensorge umfasst Angelegenheiten der Gesundheitsfürsorge, der Aufenthaltsbestimmung und – soweit ausdrücklich angeordnet – auch den Post- und Fernmeldeverkehr. Der Betreuer darf die Post sowie den Fernmeldeverkehr des Betreuten nur dann kontrollieren, wenn das Gericht ihm diesen Aufgabenkreis ausdrücklich zugewiesen hat (§ 1896 Abs. 4 BGB).

Mindestens einmal jährlich muss der Betreuer dem Betreuungsgericht über die Entwicklung der persönlichen Verhältnisse des Betreuten berichten. Umfang und Inhalt des geforderten Berichtes unterscheiden sich jedoch bei den einzelnen Betreuungsgerichten.

Für besonders wichtige Angelegenheiten im Bereich der Personensorge (Heilbehandlung, ärztlicher Eingriff, Unterbringung, Sterilisation) bindet das Gesetz das Handeln des Betreuers an bestimmte Voraussetzungen und fordert eine entsprechende betreuungsgerichtliche Genehmigung.

Über bevorstehende ärztliche Maßnahmen darf der Betreuer nach hinreichender Aufklärung durch den Arzt grundsätzlich selbst entscheiden. Für die Einwilligung des Betreuers in eine Untersuchung des Gesundheitszustands, eine Heilbehandlung oder einen ärztlichen Eingriff ist jedoch die Genehmigung des Betreuungsgerichts notwendig, wenn die begründete Gefahr besteht, dass der Betreute auf Grund der Maßnahme stirbt oder einen schweren und länger dauernden gesundheitlichen Schaden erleidet (§ 1904 BGB). Auch bei einer Sterilisation ist die gerichtliche Genehmigung erforderlich (§ 1905 BGB). Die Nichteinwilligung oder der Widerruf der Einwilligung des Betreuers in eine Untersuchung des Gesundheitszustands, eine Heilbehandlung oder einen ärztlichen Eingriff bedarf ebenfalls der Genehmigung des Betreuungsgerichts, wenn die Maßnahme medizinisch angezeigt ist und die begründete Gefahr besteht, dass der Betreute auf Grund des Unterbleibens oder des Abbruchs der Maßnahme stirbt oder einen schweren und länger dauernden gesundheitlichen Schaden erleidet. Eine betreuungsgerichtliche Genehmigung ist nur entbehrlich, wenn mit dem Aufschub der ärztlichen Maßnahme eine Gefahr verbunden wäre.

Der Aufgabenkreis eines Betreuers kann jedoch nicht die Eheschließung oder die Errichtung eines Testamentes umfassen. In diesen höchstpersönlichen Bereichen sind eine gesetzliche Vertretung und damit auch eine Betreuung generell ausgeschlossen. Der Betreute ist entweder ehefähig oder nicht ehefähig, testierfähig oder nicht testierfähig.

II. Betreuung in Vermögensangelegenheiten

Im Bereich der Vermögenssorge hat der Betreuer die Aufgabe, das Vermögen des Betreuten wirtschaftlich zu verwalten.

Bei Amtsantritt hat der Betreuer zunächst ein Vermögensverzeichnis zum Zeitpunkt der Betreuerbestellung anzufertigen.

Grundsätzlich besteht für den Betreuer die Pflicht zur Rechnungslegung durch eine Auflistung aller Ausgaben und Einnahmen sowie die Zusammenstellung der entsprechenden Belege.

Keine Rechnungslegung wird gefordert, wenn Ehegatte, Großeltern, Vater, Mutter, Kinder oder Enkelkinder die Betreuer sind. Jedoch ist jedes Jahr eine Bestandsübersicht über das vorhandene Vermögen vorzulegen. Hierfür schickt das Betreuungsgericht jährlich einen entsprechenden Vordruck.

Der Betreuer ist verpflichtet, das Vermögen, das nicht zur Bestreitung der laufenden Kosten benötigt wird, verzinslich und mündelsicher anzulegen (§ 1807 BGB). Geldmittel sind grundsätzlich mit der Bestimmung anzulegen, dass zu Verfügungen die Genehmigung des Betreuungsgerichts erforderlich ist (§ 1809 BGB). Ein solcher Sperrvermerk kann entfallen, wenn für den Betreuer keine Pflicht zur Rechnungslegung besteht.

Sämtliche Grundstücksgeschäfte (Kauf, Verkauf, Erbauseinandersetzung, Bestellung einer Grundschuld oder Hypothek) benötigen zur Wirksamkeit der Genehmigung des Betreuungsgerichts (§§ 1908i, 1821 BGB). Weitere Genehmigungserfordernisse sind z. B. zu beachten bei Erbauseinandersetzungen, Erbausschlagungen, Kreditaufnahmen (dazu gehört auch die Überziehung eines Girokontos), Arbeitsverträgen und Wohnungsauflösungen (§§ 1908i, 1822 BGB).

Soll ein Vertrag abgeschlossen werden, an dem neben dem Betreuten auch der Betreuer, dessen Ehegatte oder ein naher Verwandter beteiligt ist, z. B. bei der Abwicklung einer Erbsache, so ist eine Vertretung des Betreuten durch den Betreuer ausgeschlossen. In diesen

Fällen muss vom Betreuungsgericht für den Abschluss des Vertrages ein Ergänzungsbetreuer bestellt werden.

III. Haftung und Absicherung des Betreuers

Der Betreuer hat gegenüber dem Betreuten die Verpflichtung, dessen Angelegenheiten ordnungsgemäß und sorgfältig zu besorgen. Demzufolge haftet er dem Betreuten gegenüber für schuldhafte Pflichtverletzungen oder Unterlassen und hat gegebenenfalls Schadensersatz zu leisten. Auch eine Genehmigung des Betreuungsgerichtes ist grundsätzlich keine Befreiung von der Schadensersatzpflicht. Der Betreuer ist trotzdem für die Rechtmäßigkeit seiner Handlungen verantwortlich.

Für ehrenamtliche Betreuer haben die Bundesländer eine Sammelversicherung abgeschlossen. In allen Ländern sind Personen- und Sachschäden bis mindestens 2 Mio. € versichert. Vermögensschäden sind regelmäßig in Höhe von 50.000 € bis 250.000 € versichert.

Das Bayerische Staatsministerium der Justiz hat bei der Versicherungskammer Bayern und bei der ERGO Versicherung AG (Vertragsbetreuung durch den Ecclesia Versicherungsdienst GmbH) solche Sammelversicherungen für ehrenamtliche Betreuer abgeschlossen. Der Versicherungsschutz umfasst Schadensersatzansprüche gegen den Betreuer aufgrund seines Handelns in den ihm zugewiesenen Aufgabenkreisen. Die Versicherungssummen betragen 2.000.000 € für Personen- und Sachschäden und 250.000 € für Vermögensschäden. Eine Selbstbeteiligung wird nicht erhoben. Wird der Betreuer auf Schadensersatz wegen der Führung der Betreuung in Anspruch genommen, entweder vom Betreuten oder von einem Dritten, muss dies der Betreuer innerhalb einer Woche der Versicherungskammer Bayern bzw. dem Ecclesia Versicherungsdienst GmbH anzeigen.

Sollte der Betreuer in Ausübung seines Amtes bei einem Unfall einen Personenschaden erleiden, ist er in der gesetzlichen Unfallversicherung beitragsfrei versichert. Unfallmeldungen müssen unverzüglich beim Betreuungsgericht eingereicht werden.

IV. Aufsichtspflicht des Betreuers für Menschen mit geistiger Behinderung

Grundsätzlich kommt eine Haftung des Betreuers als Aufsichtsperson des Betreuten für Schäden, die der Betreute verursachte, in Betracht (§ 832 Abs. 1 BGB).

Eine Verpflichtung des Betreuers zur Aufsicht über den Betreuten besteht jedoch nur dann, wenn sie vom Gericht ausdrücklich angeordnet worden ist oder wenn sich die Betreuung auf die gesamte Personensorge erstreckt (LG Bielefeld, Urteil vom 26.5.1998, Az. 20 S 48/1998, NJW 1998, 2682). Das Landgericht Bielefeld hatte mit dieser Begründung eine Schadensersatzklage gegen einen Vater abgewiesen, dessen geistig behinderter und unter seiner Betreuung stehender Sohn einen Verkehrsunfall verursacht hatte. Der Vater war nur für den Aufgabenkreis der Gesundheitsfürsorge, Aufenthaltsbestimmung, für Vermögens- und Behördenangelegenheiten als Betreuer für seinen Sohn eingesetzt.

V. Vergütung des Betreuers, Aufwendungsersatz

Betreuungen werden grundsätzlich ehrenamtlich und damit unentgeltlich geführt. Sie werden nur dann entgeltlich geführt, wenn das Gericht bei der Bestellung des Betreuers festgestellt hat, dass der Betreuer die Betreuung berufsmäßig führt.

Durch die Betreuung entstehen dem Betreuer in der Regel verschiedene Kosten wie Fahrtkosten, Telefonkosten und Portogebühren, die er jedoch ersetzt bekommt. Der Betreuer kann zur Abgeltung seines Anspruches auf Aufwendungsersatz beim Betreuungsgericht eine pauschale Aufwandsentschädigung in Höhe von derzeit 399 € pro Jahr verlangen, unabhängig davon, in welcher Höhe tatsächlich Aufwendungen angefallen sind.

Der Betreuer kann den Kostenersatz unmittelbar aus dem Vermögen des Betreuten entnehmen, falls dem Betreuer die Vermögenssorge übertragen und der Betreute nicht mittellos ist. Der Betreute gilt als mittellos, wenn er nicht Vermögen von mehr als 5.000 € besitzt. Ist der Betreute mittellos, hat die Staatskasse den Aufwendungsersatz zu bezahlen. Die Auszahlung der pauschalen Aufwandsentschädigung ist bis spätestens zum 31.3. jeden Jahres für das vergangene Jahr beim Betreuungsgericht zu beantragen. Ist der tatsächliche Aufwand höher als die Pauschale, kann der Ersatz der entstandenen Aufwendungen mit Einzelabrechnung beantragt werden.

Sind mehrere Personen, z. B. beide Elternteile, gleichberechtigt als Betreuer eingesetzt, können nach der Rechtsprechung (vgl. hierzu OLG Hamm, 17.2.2005, Az. 15 W 465/04, BayObLG, 16.10.2002, Az. 3 Z BR 188/02) beide Personen die pauschale Aufwandsentschädigung gegenüber der Staatskasse geltend machen.

F. Wechsel des Betreuers

Ein Betreuer, der seine Aufgabe nicht ordnungsgemäß und sachgerecht erfüllt, kann vom Betreuungsgericht entlassen werden.

Der Betreuer kann seine Entlassung verlangen, wenn ihm die Betreuung aufgrund neu eingetretener Umstände nicht mehr zugemutet werden kann.

Schlägt der Betreute jemand anderen vor, der gleich gut geeignet und zur Übernahme der Betreuung bereit ist, so wird das Betreuungsgericht diesem Wunsch erfahrungsgemäß folgen, wenn es dem Wohl des Betroffenen dient.

4. Kapitel

Erbrecht für Familien mit behinderten Kindern

In diesem Kapitel werden die erbrechtlichen Möglichkeiten dargestellt und erläutert, die Eltern zur Verfügung stehen, um nach ihrem Versterben die Versorgung und Absicherung ihrer behinderten Kinder langfristig sicherzustellen. Dabei werden insbesondere die notwendigen Regelungen des sog. „Behindertentestamentes“ detailliert beschrieben, um den Zugriff des Sozialhilfeträgers auf das Erbe der Kinder zu verhindern.

Um den Einstieg in diese komplizierte erbrechtliche Materie zu erleichtern und um eine Grundlage für das Verständnis der Regelungen des Behindertentestamentes zu schaffen, werden zunächst in nachstehender Ziffer A wichtige Grundbegriffe und Grundlagen des Erbrechts in Deutschland nach dem Bürgerlichen Gesetzbuch (BGB), wie z. B. die gesetzliche und die gewillkürte (testamentarische) Erbfolge, das Vermächtnis, das Pflichtteilsrecht und die Testamentsvollstreckung erläutert. Anschließend werden die Funktionsweise und die wichtigsten Regelungen eines Behindertentestamentes dargestellt und dessen Sinn und Zweck erläutert (vgl. Ziffer B).

Da bei der Gestaltung eines Testamentes, insbesondere beim Vorliegen größerer Vermögenswerte, auch eine eventuelle Belastung der Erben durch die Erbschaftsteuer berücksichtigt werden muss, werden in Ziffer C die Grundzüge des Erbschaftsteuerrechts beschrieben.

In Ziffer D schließlich wird eine Hilfestellung gegeben, um welche konkreten Angelegenheiten sich die Angehörigen des Verstorbenen zu kümmern haben, welche Schriftstücke benötigt werden und welche Behördengänge erforderlich sind.

A. Grundlagen des deutschen Erbrechts

Die Einzelheiten des deutschen Erbrechts sind umfassend im Bürgerlichen Gesetzbuch (BGB) geregelt.

I. Wichtige Begriffe des Erbrechts

Beim Erbfall, also mit dem Tod eines Menschen, geht das Vermögen des Verstorbenen im Ganzen auf eine oder mehrere Personen (Erben) über. Dies kann zum einen durch Testament oder Erbvertrag des Verstorbenen (Verfügung von Todes wegen) oder kraft Gesetzes (gesetzliche Erbfolge) erfolgen. Der Übergang des Vermögens ist ein automatischer Vorgang. Man kann somit Erbe sein, ohne es zu wissen.

Für die verstorbene Person, die beerbt wird, verwendet das Gesetz den Begriff „Erblasser“.

Der Nachlass (Erbschaft) besteht aus dem gesamten Vermögen, das sich zum Zeitpunkt des Todesfalls im Eigentum des Erblassers befindet. Zum Nachlass gehören zum einen geldwerte Güter, wie z. B. Immobilien, Bankguthaben, Bargeld, Wertpapiere, Betriebsvermögen oder Firmenanteile und zum anderen die Schulden des Erblassers (sog. Nachlassverbindlichkeiten). Nicht Bestandteil des Vermögens sind dagegen höchstpersönliche Rechte, die nicht vererbbar sind. Hierunter fallen z. B. ein für den Erblasser eingetragenes Nießbrauchs- oder Wohnungsrecht, ein Altenteilsrecht oder eine Leibrente.

Erbe kann jede natürliche Person sein, die zur Zeit des Erbfalls lebt oder eine rechtsfähige juristische Person des privaten oder öffentlichen Rechts, die zum Zeitpunkt des Erbfalls besteht.

II. Erbengemeinschaft und Gesamtrechtsnachfolge

Erben mehrere Personen (gleichzeitig) den Nachlass, bezeichnet man diese als Miterben. Die Miterben sind zu bestimmten Erbquoten (Bruchteilen) am gesamten Nachlass beteiligt und bilden zusammen eine Erbengemeinschaft.

Der Nachlass wird immer im Ganzen an die Erben vererbt. Diesen Vorgang nennt man Gesamtrechtsnachfolge. Den Mitgliedern einer Erbengemeinschaft stehen daher zunächst nicht einzelne Vermögensgegenstände zu, sondern nur der gesamte Nachlass gemeinschaftlich entsprechend ihrer jeweiligen Erbquoten. Kein Miterbe kann daher allein über einzelne Nachlassgegenstände oder auch nur Anteile daran verfügen.

Eine Ausnahme zum Grundsatz der Gesamtrechtsnachfolge stellt die sog. Sonderrechtsnachfolge dar, bei der eine Rechtsnachfolge in einzelne Vermögensgegenstände stattfindet. Eine Sonderrechtsnachfolge findet z. B. statt beim Vererben eines Anerbenrechts bei bäuerlichen Anwesen und bei der Übertragung des Gesellschaftsanteils eines persönlich haftenden Gesellschafters einer OHG oder KG auf einen Erben. In ein Mietverhältnis des Erblassers über Mietwohnraum treten unabhängig von der Erbfolge sein Ehegatte, Lebenspartner bzw. ein Familienangehöriger ein, damit deren Lebensmittelpunkt erhalten bleiben kann. Für Ansprüche auf Sozialleistungen regeln §§ 56 bis 59 SGB I, ob diese beim Tod des Berechtigten erlöschen oder auf seine Erben übergehen können.

III. Annahme oder Ausschlagung der Erbschaft

Wenn jemand erfährt, dass er Erbe geworden sein könnte, muss er sich schnell darüber klar werden, ob er die Erbschaft annehmen oder ausschlagen möchte.

Möchte der Erbe die Erbschaft nicht annehmen, z. B. weil er festgestellt hat, dass der Nachlass überschuldet ist, so muss er innerhalb einer Frist von sechs Wochen gegenüber dem Nachlassgericht die Ausschlagung der Erbschaft erklären. Die Frist beginnt ab dem Zeitpunkt zu laufen, zu dem der Erbe Kenntnis davon erhalten hat, dass er als Erbe eingesetzt ist. Der Erbe kann die Erbschaft nur im Ganzen und nicht nur hinsichtlich einzelner Gegenstände annehmen oder ausschlagen.

IV. Gesetzliche Erbfolge: Was passiert im Todesfall, wenn ich keine letztwillige Verfügung getroffen habe?

Das Bürgerliche Gesetzbuch (BGB) enthält in den §§ 1924 ff. BGB die Regelungen zur gesetzlichen Erbfolge. Die gesetzliche Erbfolge bestimmt, wer den Erblasser beerbt, wenn dieser kein Testament oder keinen Erbvertrag errichtet hat. Somit stirbt niemand ohne Erben.

Das Bürgerliche Gesetzbuch geht davon aus, dass das Vermögen in der Familie verbleiben soll, wenn der Erblasser keine anderweitige Regelung getroffen hat. Gesetzliche Erben sind daher zum einen die Verwandten des Erblassers in einer vom Gesetz vorgegebenen Reihenfolge. Dazu werden die Verwandten in sog. Ordnungen eingeteilt. Zum anderen besitzt auch der Ehegatte ein gesetzliches Erbrecht (vgl. Ziffer 2) ebenso ein eingetragener (gleichgeschlecht licher) Lebenspartner.

Das Erbrecht des Ehegatten erlischt zu dem Zeitpunkt, zu dem die Voraussetzungen für die Scheidung der Ehe vorliegen und der Erblasser die Scheidung beantragt hat oder vor seinem Tod einer Scheidung gegenüber dem Gericht zugestimmt hatte (§ 1933 BGB).

Kein gesetzliches Erbrecht hat im Gegensatz zum Partner einer eingetragenen Lebenspartnerschaft der Partner aus einer nichtehelichen Lebensgemeinschaft, da diese eine Gemeinschaft ohne rechtliche Grundlage darstellt.

Kein gesetzliches Erbrecht haben auch Stiefkinder oder Pflegekinder, die nicht adoptiert wurden. Dabei ist unerheblich, wie lange sie im Haushalt des Erblassers gelebt haben. Ohne eine Verfügung von Todes wegen erben diese Kinder nichts.

1. Gesetzliche Erbfolge bei Verwandten (§§ 1924 ff. BGB)

Sind beim Erbfall unterschiedliche Verwandte vorhanden, bestimmt sich durch die Zugehörigkeit zu einer der im Folgenden aufgeführten gesetzlichen Ordnungen, wer von den Verwandten zum Zuge kommt. Grundsätzlich gilt, dass die Erben einer vorherigen Ordnung die übrigen Verwandten einer nachfolgenden Ordnung von der Erbfolge ausschließen, also Erben der ersten Ordnung schließen Erben der zweiten Ordnung und weiterer Ordnungen von der Erbfolge aus (§ 1930 BGB).

Es gelten die folgenden Grundregeln:

- Erben derselben Ordnung erben untereinander zu gleichen (Stamm-)Anteilen.

> **Beispiel:** Der Vater ist bereits vorverstorben. Jetzt stirbt die Mutter. Sie hinterlässt zwei Kinder, Maria und Alexander. Maria ist verheiratet und hat zwei Kinder, Julia und Katrin. Alexander hat ein Kind, Robert. Erbfolge: Die zwei Kinder Maria und Alexander erben zu gleichen Teilen. Jeder erbt also einen Erbteil von 1/2.

- Linearsystem, § 1924 Abs. 2 BGB: Innerhalb einer Ordnung schließt ein Abkömmling als sog. „Repräsentant seiner Linie" alle seine Abkömmlinge von der Erbfolge aus, die nur durch ihn mit dem Erblasser verwandt sind.

> **Beispiel:** Der Vater ist bereits vorverstorben. Jetzt stirbt die Mutter. Sie hinterlässt zwei Kinder, Maria und Alexander. Maria ist verheiratet und hat zwei Kinder, Julia und Katrin. Alexander hat ein Kind, Robert. Erbfolge: Es erben die zwei Kinder Maria und Alexander als Abkömmlinge des Erblassers jeweils zu 1/2 Anteil (Erben der ersten Ordnung). Beide sind Repräsentant einer Linie. Sowohl Maria als auch Alexander schließen somit ihre eigenen Kinder, also die Enkel des Erblassers, von der Erbfolge aus.

- Erbfolge nach Stämmen: § 1924 Abs. 3 BGB: An die Stelle eines Abkömmlings, der zum Zeitpunkt des Erbfalles nicht mehr lebt oder als Erbe aus anderem Grund wegfällt, treten seine Abkömmlinge und nicht etwa der Ehegatte des weggefallenen Abkömmlings. Der bereits verstorbene Abkömmling wird also durch seine Nachkommen ersetzt. Dies gilt auch, wenn der Repräsentant einer Linie nicht durch eigenen Tod wegfällt, sondern weil er die Erbschaft ausschlägt, enterbt wurde, einen Erbverzicht für sich erklärt hat oder seine Erbunwürdigkeit festgestellt wurde.

Beispiel: Der Vater ist bereits vorverstorben. Jetzt stirbt die Mutter. Sie hatte zwei Kinder, Maria und Alexander. Maria ist bereits vorher verstorben. Sie war verheiratet und hat zwei Kinder, Julia und Katrin. Alexander hat ein Kind, Robert. Erbfolge: Es würden zunächst die Tochter und der Sohn des Erblassers, also Maria und Alexander als Erben der ersten Ordnung erben. Maria ist jedoch bereits verstorben. Daher erben nun im Sinne der Erbfolge nach Stämmen ihre Kinder Julia und Katrin als Enkel des Erblassers den 1/2 Anteil ihrer Mutter Maria. Alexander erbt seinen Anteil von 1/2 und schließt sein eigenes Kind Robert als Repräsentant seiner Linie von der Erbfolge aus.

Welchen Anteil der Erbschaft (Erbquote) die Verwandten erben, hängt immer davon ab, ob ein überlebender Ehepartner vorhanden ist und in welchem Güterstand dieser mit dem Erblasser gelebt hat.

Ein überlebender Ehegatte verdrängt die Verwandten bei der gesetzlichen Erbfolge insofern, da für die Verwandten nur der nicht dem Ehegatten zufallende Nachlassanteil verbleibt. Hintergrund hierfür ist das Teilungsprinzip. Der Gesetzgeber will weder den Abkömmlingen zum Erhalt des Vermögens in der Familie noch dem Ehegatten zu dessen wirtschaftlichen Absicherung einen Vorrang einräumen. Der Erbanteil des überlebenden Ehegatten ist gesetzlich festgelegt und orientiert sich ausschließlich daran, ob die Ehe zum Todeszeitpunkt noch bestand, in welchem Güterstand die Eheleute gelebt haben und an der Nähe des Verwandtschaftsgrades der konkurrierenden Verwandten zum Erblasser (§§ 1371, 1931 ff. BGB).

Einen Überblick über die jeweiligen Erbquoten bei den häufigsten Erbkonstellationen, unterschieden nach den jeweiligen Güterständen, geben die Tabellen unter Ziffer 2 a (gesetzlicher Güterstand der Zugewinngemeinschaft), Ziffer 2 b (Güterstand der Gütertrennung) und Ziffer 2 c (Güterstand der Gütergemeinschaft).

Alleinerbe ist der überlebende Ehegatte, wenn es weder Verwandte der ersten, der zweiten noch der dritten Ordnung (Großeltern) gibt (§ 1931 Abs. 2 BGB).

a) Erben erster Ordnung (§ 1924 BGB). Erben der ersten Ordnung sind die Abkömmlinge des Erblassers, d. h. also seine Kinder (auch die unehelichen), Enkel und Urenkel. Diese schließen alle Verwandten aus den übrigen Ordnungen von der Erbschaft aus. Sind mehrere Abkömmlinge vorhanden, so schließen diese als Repräsentanten ihrer Linie alle Abkömmlinge von der Erbfolge aus, die nur durch sie mit dem Erblasser verwandt sind (sog. Linearsystem).

Existiert jedoch ein überlebender Ehegatte, so steht diesem neben den Erben der ersten Ordnung ein Viertel der Erbschaft zu (§ 1931 Abs. 1 BGB). Die restlichen drei Viertel würden dann entsprechend unter den Abkömmlingen aufgeteilt.

Es ist ferner zu beachten, dass sich der gesetzliche Erbteil des überlebenden Ehegatten grundsätzlich pauschal um ein Viertel erhöht, wenn er mit dem Erblasser im gesetzlichen Güterstand der Zugewinngemeinschaft gelebt hat (§ 1371 Abs. 1 BGB). Der überlebende Ehegatte erbt demnach beim Güterstand der Zugewinngemeinschaft die Hälfte der Erbschaft.

Lebten die Eheleute im Güterstand der Gütertrennung und sind neben dem überlebenden Ehegatten ein oder zwei Kinder des Erblassers als gesetzliche Erben berufen, so erben der überlebende Ehegatte und jedes Kind zu gleichen Teilen (§ 1931 Abs. 4 BGB). Damit ist sichergestellt, dass der Erbteil des Ehegatten nicht geringer ist als der eines Kindes. Hatte der Erblasser mehr als zwei Kinder, so erbt der Ehegatte immer ein Viertel der Erbschaft.

Nur beim Güterstand der Gütergemeinschaft erbt der Ehegatte neben Verwandten der ersten Ordnung immer nur ein Viertel (§ 1931 Abs. 1 und 2 BGB).

b) Erben zweiter Ordnung (§ 1925 BGB). Hinterlässt der Erblasser keine Abkömmlinge, so kommen die Erben zweiter Ordnung zum Zuge, d. h. die Eltern des Verstorbenen sowie deren Abkömmlinge, somit die Geschwister des Erblassers.

Leben beide Elternteile noch, so erben sie allein. Lebt nur ein Elternteil, so erbt dieser die Hälfte des Nachlass. An die Stelle des verstorbenen Elternteiles treten dann die Geschwister des Erblassers und wiederum deren Abkömmlinge, also die Nichten und Neffen des Erblassers.

Existiert jedoch ein überlebender Ehegatte, so steht diesem neben den Erben der zweiten Ordnung die Hälfte der Erbschaft zu (§ 1931 Abs. 1 BGB). Die andere Hälfte würde dann entsprechend unter den Elternteilen bzw. dem überlebenden Elternteil und den Geschwistern des Erblassers aufgeteilt. Sollte ein Geschwisterteil des Erblassers als Erbe weggefallen sein, so erben dessen Anteil am Nachlass nach dem Prinzip der Erbfolge nach Stämmen seine Abkömmlinge, also die Nichten und Neffen des Erblassers zu unter sich gleichen Anteilen.

Wieder zu beachten ist, dass sich der gesetzliche Erbteil des überlebenden Ehegatten pauschal um ein Viertel erhöht für den Fall, dass er mit dem Erblasser im gesetzlichen Güterstand der Zugewinngemeinschaft gelebt hat. Der überlebende Ehegatte würde demnach in diesem Fall drei Viertel der Erbschaft erben.

c) Erben dritter Ordnung (§ 1926 BGB). Sollten auch keine Erben der zweiten Ordnung vorhanden sein, so geht der Nachlass an die Erben dritter Ordnung, d. h. die Großeltern des Verstorbenen und deren Abkömmlinge, also die Tanten und Onkel des Erblassers.

Leben beide Großelternpaare noch, so erben sie allein und zu gleichen Teilen.

Jedes Großelternpaar wird als Einheit angesehen. Daher wird bei Erben der dritten Ordnung die Zugehörigkeit zur väterlichen oder mütterlichen Linie bedeutsam. Nur wenn auf einer Seite weder das Großelternpaar noch Abkömmlinge von ihnen vorhanden sind, kann das andere Großelternpaar bzw. ihre Linie allein erben. Lebt zumindest ein Großelternteil einer jeden Linie noch, so wird der Nachlass zu gleichen Teilen zwischen der mütterlichen und väterlichen Linie aufgeteilt.

Innerhalb der jeweiligen Linie erbt der überlebende Großelternteil zusammen mit den Abkömmlingen des verstorbenen Großelternteiles, also den Tanten und Onkeln des jeweiligen Stammes. Sollten auch keine Tanten oder Onkel des Erblassers mehr vorhanden sein, so steht dem überlebenden Großelternteil der Anteil des verstorbenen Großelternteiles zu. Ist ein Großelternpaar einer Linie nicht mehr vorhanden, so erben dessen Abkömmlinge zu gleichen Teilen allein, also die Tanten und Onkel des Erblassers, ersatzweise dessen Cousinen und Cousins.

Existiert jedoch ein überlebender Ehegatte, so steht diesem neben den Großeltern die Hälfte der Erbschaft zu. Die andere Hälfte würde dann entsprechend unter den vorhandenen Großelternteilen aufgeteilt.

Wieder ist zu beachten, dass sich der gesetzliche Erbteil des überlebenden Ehegatten pauschal um ein Viertel für den Fall erhöht, dass er mit dem Erblasser im gesetzlichen Güterstand der Zugewinngemeinschaft gelebt hat. Der überlebende Ehegatte würde demnach in diesem Fall drei Viertel der Erbschaft erben, das restliche Viertel erhielten die vorhandenen Großelternteile.

Der überlebende Ehegatte erbt allein, wenn keine Großeltern mehr vorhanden sind, da er das Erbrecht der Abkömmlinge der Großeltern an dem Nachlass ausschaltet und sich sein Anteil dadurch erhöht (§ 1931 Abs. 1 BGB). In diesem Fall erben die Tanten, Onkel, Cousinen und Cousins des Erblassers nichts.

d) Erben vierter Ordnung (§ 1928 BGB). Soweit es keine Erben der dritten Ordnung gibt, so geht der Nachlass an die Erben der vierten Ordnung, d. h. die Urgroßeltern und deren Abkömmlinge.

Existiert jedoch ein überlebender Ehegatte, so schließt dieser alle Verwandten der vierten, fünften und fernerer Ordnungen als Erben aus (§ 1931 Abs. 2 BGB).

e) Erben fünfter und fernerer Ordnung (§ 1929 BGB). Zu den Erben fünfter und fernerer Ordnungen gehören alle entfernteren Voreltern des Erblassers und deren Abkömmlinge. In der Praxis kommen die häufige Unkenntnis oder Nachweisschwierigkeiten dieser Kategorie dem Staat zugute, weil dieser erbt, wenn keine anderen Erben ermittelt werden können.

f) Erbrecht des Fiskus. Gemäß § 1936 BGB ist letztlich der Fiskus des Landes, dem der Erblasser zum Zeitpunkt des Todes angehört hat, gesetzlicher Erbe, wenn sich kein Verwandter, eingetragener Lebenspartner oder Ehegatte zum Zeitpunkt des Todes ermitteln lässt.

g) Mehrere Erbteile bei mehrfacher Verwandtschaft (§ 1927 BGB). Für den seltenen Fall, dass eine Person mit dem Erblasser mehrere Verwandtschaftsverhältnisse gleichzeitig hat (§ 1589 BGB) und in der ersten, zweiten oder dritten Ordnung verschiedenen Stämmen angehört, kann diese Person mehrere Erbteile aus diesen Stämmen erhalten. Zu mehreren Stämmen gehört beispielsweise, wer von einem Verwandten als Kind angenommen wurde, sofern das ursprüngliche Verwandtschaftsverhältnis bestehen bleibt. Dies ist der Fall bei der Adoption eines Volljährigen (§ 1770 Abs. 2 BGB) sowie eines Verwandten 2. oder 3. Grades (§§ 1589, 1756 Abs. 1 BGB), also beispielsweise bei einer Adoption des Enkels durch die Großeltern.

2. Gesetzliche Erbfolge bei Ehegatten (§ 1931 ff. BGB)

Das Gesetz sieht vor, dass der Ehegatte (bzw. der eingetragene Lebenspartner entsprechend) den Erblasser beerbt, wenn dieser keine erbrechtlichen Regelungen in einer Verfügung von Todes wegen getroffen hat.

Wie viel der Ehegatte erbt, wie hoch also seine sog. Erbquote ist, hängt zum einen davon ab, ob es noch weitere Verwandte gibt, die den Erblasser beerben und zu welcher Ordnung diese gehören. Zum anderen ist entscheidend, welcher Güterstand in der Ehe vereinbart war.

Nachfolgend werden daher die verschiedenen in Frage kommenden ehelichen Güterstände beschrieben.

a) Gesetzlicher Güterstand/Zugewinngemeinschaft (§§ 1363 ff. BGB). Der gesetzliche Güterstand, die sog. Zugewinngemeinschaft, gilt immer dann, wenn nicht durch einen notariellen Erbvertrag ausdrücklich Gütertrennung oder Gütergemeinschaft vereinbart wurde.

Die Zugewinngemeinschaft lässt sich inhaltlich am besten als „Gütertrennung mit Ausgleich des Zugewinns" im Scheidungs- oder Todesfall definieren.

Die Verwendung der Bezeichnung „Zugewinngemeinschaft" ist insoweit irreführend. Denn die Vermögen der Ehepartner bleiben während der Ehe getrennt. Jeder Ehegatte bleibt Alleineigentümer seiner Vermögensgegenstände, die er selbständig verwaltet und nutzt. Jeder Ehegatte haftet nur für seine eigenen Schulden und nur für sein Vermögen.

Die während der Ehe gemeinsam angeschafften Vermögensgegenstände gehören den Ehepartnern je zur Hälfte; es entsteht jedoch grundsätzlich keine gemeinsame Vermögensmasse.

Im Unterschied zum Güterstand der Gütertrennung unterliegt jeder Ehegatte beim gesetzlichen Güterstand bei der Verwaltung seiner Vermögensgegenstände gewissen Verfügungsbeschränkungen. So kann er nur mit Zustimmung des anderen Ehepartners Geschäfte tätigen, die sein gesamtes Vermögen betreffen (§ 1365 BGB), beispielsweise ein Geschäft oder ein Grundstück verkaufen, wenn dies sein gesamtes Vermögen darstellt. Ferner benötigt er die Zustimmung des anderen Ehepartners, wenn er über ihm allein gehörende Gegenstände verfügen will, die aber zum ehelichen Haushalt gehören. Zum ehelichen Haushalt zählt alles, was der Hauswirtschaft und dem ehelichen Zusammenleben dient wie beispielsweise Möbel, Elektrogeräte aber auch Luxusgegenstände wie z. B. eine Yacht.

Endet die Zugewinngemeinschaft, wird das während der Ehe hinzugewonnene Vermögen der Ehegatten ausgeglichen. Im Falle einer Scheidung durch den sog. Zugewinnausgleich. Hierbei wird der jeweilige Vermögenszugewinn eines Ehepartners während der Ehezeit bestimmt. Erhaltene Erbschaften oder Schenkungen der Ehegatten während der Ehe zählen wie das mit in die Ehe gebrachte Vermögen bei der Bestimmung des Zugewinns nicht mit.

Im Todesfall wird der Ausgleich des Zugewinns dadurch berücksichtigt, dass sich der gesetzliche Erbteil des überlebenden Ehegatten pauschal um ein Viertel erhöht. Sein gesetzliches Erbe beträgt daher neben Erben erster Ordnung die Hälfte, neben Erben der zweiten und dritten Ordnung drei Viertel des Nachlasses.

aa) Überblick über die Erbanteile bei Erben der ersten Ordnung

Beispiel 1: Der Erblasser war verheiratet im Güterstand der Zugewinngemeinschaft und hat drei Kinder A, B und C; es gibt einen Enkel von A und B sowie zwei Enkel von C; keine Urenkel:

	Erbquoten							
	Ehegatte	Kind A	Kind B	Kind C	Enkel A	Enkel B	Enkel C1	Enkel C2
Ehegatte	allein	–	–	–	–	–	–	–
Ehegatte, Kinder A, B, C, vier Enkel	1/2	1/6	1/6	1/6	–	–	–	–
Ehegatte, Kinder B, C, vier Enkel	1/2	–	1/6	1/6	1/6	–	–	–
Ehegatte, Kinder A, C, vier Enkel	1/2	1/6	–	1/6	–	1/6	–	–
Ehegatte, Kinder A, B, vier Enkel	1/2	1/6	1/6	–	–	–	1/12	1/12
Ehegatte, Kinder A, B, drei Enkel A, B, C1	1/2	1/6	1/6	–	–	–	1/6	–
Ehegatte, Kind C, vier Enkel	1/2	–	–	1/6	1/6	1/6	–	–
Ehegatte, Kind B, drei Enkel A, B, C1	1/2	–	1/6	–	1/6	–	1/6	–

Beispiel 2: Der Erblasser war verheiratet im Güterstand der Zugewinngemeinschaft, sein Ehegatte ist vorverstorben; der Erblasser hat drei Kinder A, B und C; es gibt einen Enkel von A und B sowie zwei Enkel von C; keine Urenkel:

	Erbquoten							
	Ehegatte	Kind A	Kind B	Kind C	Enkel A	Enkel B	Enkel C1	Enkel C2
Kinder A, B, C, vier Enkel	–	1/3	1/3	1/3	–	–	–	–
Kinder B, C, vier Enkel	–	–	1/3	1/3	1/3	–	–	–
Kinder A, C, vier Enkel	–	1/3	–	1/3	–	1/3	–	–

	Erbquoten							
	Ehegatte	Kind A	Kind B	Kind C	Enkel A	Enkel B	Enkel C1	Enkel C2
Kinder A, B, vier Enkel	–	1/3	1/3	–	–	–	1/6	1/6
Kinder A, B, drei Enkel A, B, C1	–	1/3	1/3	–	–	–	1/3	–
Kind C, vier Enkel	–	–	–	1/3	1/3	1/3	–	–
Kind B, drei Enkel A, B, C1	–	–	1/3	–	1/3	–	1/3	–

bb) Überblick über die Erbanteile bei Erben der zweiten Ordnung

Beispiel 3: Der Erblasser war verheiratet im Güterstand der Zugewinngemeinschaft; alle seine Erben erster Ordnung wie z. B. Kinder, Enkelkinder, Urenkel sind nicht mehr vorhanden; allerdings gibt es noch die Eltern und zwei Geschwister A und B sowie zwei Nichten A und einen Neffen B:

	Erbquoten							
	Ehegatte	Mutter	Vater	Bruder A	Bruder B	Nichte A1	Nichte A2	Neffe B
Ehegatte	allein	–	–	–	–	–	–	–
Ehegatte, Eltern, Brüder, Nichten, Neffe B	3/4	1/8	1/8	–	–	–	–	–
Ehegatte, Mutter, Brüder, Nichten, Neffe B	3/4	1/4	–	–	–	–	–	–
Ehegatte, Brüder, Nichten, Neffe B	3/4	–	–	1/8	1/8	–	–	–
Ehegatte, Bruder A, Nichten, Neffe B	3/4	–	–	1/8	–	–	–	1/8
Ehegatte, Bruder B, Nichten, Neffe B	3/4	–	–	–	1/8	1/16	1/16	–
Ehegatte, Bruder B, Nichte A1, Neffe B	3/4	–	–	–	1/8	1/8	–	–
Ehegatte, Nichte A1, Neffe B	3/4	–	–	–	–	1/8	–	1/8
Ehegatte, Nichten, Neffe B	3/4	–	–	–	–	1/16	1/16	1/8
Ehegatte, Neffe B	3/4	–	–	–	–	–	–	1/4

b) Gütertrennung (§ 1414 BGB). Die Gütertrennung ist eine Form des ehelichen Güterstandes, der notariell beurkundet und durch einen Ehevertrag vereinbart werden muss. Gütertrennung liegt vor, wenn der Ehevertrag dies ausdrücklich vorsieht oder im Ehevertrag der gesetzliche Güterstand aufgehoben wird und sich gleichzeitig kein anderer Güterstand aus diesem ergibt.

Bei der Gütertrennung bleiben die Vermögen der Ehepartner während der Ehe und im Falle einer Scheidung getrennt. Jeder Ehepartner verwaltet sein Vermögen allein und ist unbeschränkt verfügungsbefugt.

Ein Ausgleichanspruch zwischen den Eheleuten, z. B. in Form eines Rückforderungsanspruches, kann nur ausnahmsweise bestehen. Voraussetzung hierfür ist, dass ein Ehegatte eine gesetzlich nicht geregelte Leistung an den anderen Ehegatten im Vertrauen auf den Fortbestand der Ehe erbrachte, die der Verwirklichung der ehelichen Lebensgemeinschaft dienen sollte (sog. unbenannte Zuwendung).

Im Todesfall erbt der überlebende Ehegatte neben Erben der ersten Ordnung ein Viertel, neben Verwandten der zweiten Ordnung und der dritten Ordnung die Hälfte des Nachlasses (§ 1931 Abs. 1 BGB).

Wenn neben dem überlebenden Ehegatten ein oder zwei Kinder des Erblassers als gesetzliche Erben berufen sind, so erben der überlebende Ehegatte und jedes Kind zu gleichen Teilen (§ 1931 Abs. 4 BGB). Damit ist sichergestellt, dass der Erbteil des Ehegatten bei dem Güterstand der Gütertrennung nicht geringer ist als der eines Kindes. Hatte der Erblasser mehr als zwei Kinder, so erbt der Ehegatte immer ein Viertel der Erbschaft.

Der überlebende Ehegatte erbt allein, wenn weder Verwandte der ersten, der zweiten oder dritten Ordnung vorhanden sind (§ 1931 Abs. 2 BGB). Alle übrigen Verwandten schließt er von der Erbfolge aus.

Beispiel 1: Der Erblasser war verheiratet im Güterstand der Gütertrennung und hat drei Kinder A, B und C; es gibt einen Enkel von A und B sowie zwei Enkel von C; keine Urenkel:

	Erbquoten							
	Ehegatte	Kind A	Kind B	Kind C	Enkel A	Enkel B	Enkel C1	Enkel C2
Ehegatte	allein	–	–	–	–	–	–	–
Ehegatte, Kinder A, B, C, vier Enkel	1/4	1/4	1/4	1/4	–	–	–	–
Ehegatte, Kinder B, C, vier Enkel	1/4	–	1/4	1/4	1/4	–	–	–
Ehegatte, Kinder A, C, vier Enkel	1/4	1/4	–	1/4	–	1/4	–	–
Ehegatte, Kinder A, B, vier Enkel	1/4	1/4	1/4	–	–	–	1/8	1/8
Ehegatte, Kinder A, B, drei Enkel A, B, C1	1/4	1/4	1/4	–	–	–	1/4	–
Ehegatte, Kind C, vier Enkel	1/4	–	–	1/4	1/4	1/4	–	–
Ehegatte, Kind B, drei Enkel A, B, C1	1/4	–	1/4	–	1/4	–	1/4	–

Beispiel 2: Der Erblasser war verheiratet im Güterstand der Gütertrennung und hat zwei Kinder A und B; es gibt einen Enkel von A und zwei Enkel von B; keine Urenkel:

	Erbquoten					
	Ehegatte	Kind A	Kind B	Enkel A	Enkel B1	Enkel B2
Ehegatte	allein	–	–	–	–	–
Ehegatte, Kinder A, B, drei Enkel	1/3	1/3	1/3	–	–	–
Ehegatte, Kind B, drei Enkel	1/3	–	1/3	1/3	–	–
Ehegatte, Kind A, drei Enkel	1/3	1/3	–	–	1/6	1/6
Ehegatte, drei Enkel	1/3	–	–	1/3	1/6	1/6
Ehegatte, zwei Enkel A, B1	1/3	–	–	1/3	1/3	–

Beispiel 3: Der Erblasser war verheiratet im Güterstand der Gütertrennung und hat ein Kind A; es gibt zwei Enkel von A; keine Urenkel:

	Erbquoten			
	Ehegatte	Kind A	Enkel A1	Enkel A2
Ehegatte	allein	–	–	–
Ehegatte, Kind A, zwei Enkel	1/2	1/2	–	–
Ehegatte, zwei Enkel	1/2	–	1/4	1/4
Ehegatte, ein Enkel A 1	1/2	–	1/2	–

c) Gütergemeinschaft (§§ 1415 ff. BGB). Die Gütergemeinschaft muss wie die Gütertrennung in einem notariellen Ehevertrag vereinbart werden. Bei der Gütergemeinschaft werden die in die Ehe eingebrachten und später erworbenen Vermögensgegenstände beider Ehepartner gemeinschaftliches Vermögen, das sog. Gesamtgut. Ausgenommen hiervon sind Gegenstände, die im Ehevertrag oder bei Vermögensübertragungen ausdrücklich als „Vorbehaltsgut" eines der Ehegatten vereinbart bzw. bezeichnet werden und nur von diesem allein verwaltet werden. Ferner werden Gegenstände eines Ehegatten, die nicht durch Rechtsgeschäft übertragen werden können, als sog. „Sondergut" von diesem selbständig verwaltet. Zum Sondergut zählen z. B. unpfändbare Unterhaltsansprüche.

Im Todesfall erbt der überlebende Ehegatte neben Erben der ersten Ordnung ein Viertel, d. h. also neben Abkömmlingen des Erblassers wie z. B. seinen eigenen Kindern oder Enkelkindern. Neben Verwandten der zweiten Ordnung, also z. B. neben den Eltern und Geschwistern des Erblassers, und neben den Großeltern des Erblassers erbt der überlebende Ehegatte die Hälfte des Nachlasses (§ 1931 Abs. 1 BGB).

Der überlebende Ehegatte erbt allein, wenn weder Verwandte der ersten, der zweiten noch der dritten Ordnung vorhanden sind (§ 1931 Abs. 2 BGB). Alle übrigen Verwandten schließt er von der Erbfolge aus.

Beispiel 1: Der Erblasser war verheiratet im Güterstand der Gütergemeinschaft und hat drei Kinder A, B und C; es gibt einen Enkel von A und B sowie zwei Enkel von C; keine Urenkel:

	Erbquoten							
	Ehegatte	Kind A	Kind B	Kind C	Enkel A	Enkel B	Enkel C1	Enkel C2
Ehegatte	allein	–	–	–	–	–	–	–
Ehegatte, Kinder A, B, C, vier Enkel	1/4	1/4	1/4	1/4	–	–	–	–
Ehegatte, Kinder B, C, vier Enkel	1/4	–	1/4	1/4	1/4	–	–	–
Ehegatte, Kinder A, C, vier Enkel	1/4	1/4	–	1/4	–	1/4	–	–
Ehegatte, Kinder A, B, vier Enkel	1/4	1/4	1/4	–	–	–	1/8	1/8
Ehegatte, Kinder A, B, drei Enkel A, B, C1	1/4	1/4	1/4	–	–	–	1/4	–
Ehegatte, Kind C, vier Enkel	1/4	–	–	1/4	1/4	1/4	–	–
Ehegatte, Kind B, drei Enkel A, B, C1	1/4	–	1/4	–	1/4	–	1/4	–

Beispiel 2: Der Erblasser war verheiratet im Güterstand der Gütergemeinschaft und hat zwei Kinder A und B; es gibt einen Enkel von A und zwei Enkel von B; keine Urenkel:

	Erbquoten					
	Ehegatte	Kind A	Kind B	Enkel A	Enkel B1	Enkel B2
Ehegatte	allein	–	–	–	–	–
Ehegatte, Kinder A, B, drei Enkel	1/4	3/8	3/8	–	–	–
Ehegatte, Kind B, drei Enkel	1/4	–	3/8	3/8	–	–
Ehegatte, Kind A, drei Enkel	1/4	3/8	–	–	3/16	3/16
Ehegatte, drei Enkel	1/4	–	–	3/8	3/16	3/16
Ehegatte, zwei Enkel A, B1	1/4	–	–	3/8	3/8	–

Beispiel 3: Der Erblasser war verheiratet im Güterstand der Gütergemeinschaft und hat ein Kind A; es gibt zwei Enkel von A; keine Urenkel:

Beim Todesfall vorhanden	Erbquoten			
	Ehegatte	Kind A	Enkel A1	Enkel A2
Ehegatte	allein	–	–	–
Ehegatte, Kind A, zwei Enkel	1/2	1/2	–	–
Ehegatte, zwei Enkel	1/2	–	1/4	1/4
Ehegatte, ein Enkel A 1	1/2	–	1/2	–

V. Errichtung von Testamenten und Erbverträgen (sog. gewillkürte Erbfolge; §§ 1937 ff. sowie §§ 2229 ff. BGB)

Grundsätzlich kann jede Person mit Vollendung des 16. Lebensjahres ganz nach ihren Vorstellungen, somit „willkürlich", ihre Vermögensaufteilung für den Fall ihres Ablebens regeln. Hierzu muss der künftige Erblasser seinen letzten Willen durch ein Testament oder durch einen Erbvertrag festlegen. Testament und Erbvertrag werden jeweils als „Verfügung von Todes wegen" bezeichnet.

Sobald der zukünftige Erblasser durch eine solche Verfügung von Todes wegen geregelt hat, was mit seinem Vermögen im Todesfall geschehen soll, greift die gesetzliche Erbfolge nicht mehr. Es besteht nur die gesetzliche Besonderheit, dass bestimmte Personen, die an sich zum Kreis der gesetzlichen Erben gehören, nicht völlig leer ausgehen dürfen, auch wenn sie im Testament bzw. Erbvertrag übergangen werden. Dieser Personenkreis erhält den sog. „Pflichtteil" (vgl. unten Ziffer 7).

Bei Familien mit behinderten Angehörigen besteht immer das Bedürfnis, das erarbeitete und ersparte Vermögen so weiterzuvererben, dass es der individuellen Versorgung und Absicherung des behinderten Familienangehörigen optimal dient und gleichzeitig die Substanz des Vermögens vor dem eventuellen Zugriff des Sozialhilfeträgers geschützt bleibt. Daher ist gerade hier darauf zu achten, dass ein Testament so gestaltet wird, dass der Behinderte nur solche Zuwendungen erhält, auf die der Sozialhilfeträger keinen Zugriff hat und die die Sozialhilfeleistungen des Menschen mit Behinderung nicht schmälern. Die gesetzliche Erbfolge kann dies nicht gewährleisten. Daher müssen die Eltern in diesen Fällen zwingend ein Testament, das sog. „Behindertentestament“ errichten (vgl. unten Ziffer B).

1. Wer kann ein Testament errichten? (§§ 2229 ff. BGB)

Voraussetzung für das Errichten eines wirksamen Testamentes ist die Fähigkeit einer Person, ihren letzten Willen zu erklären. Diese sog. „Testierfähigkeit“ besitzt grundsätzlich jede Person mit Vollendung des 16. Lebensjahres, die selbst bestimmt handeln und eigenverantwortlich Entscheidungen treffen kann. Der künftige Erblasser muss in der Lage sein, sich ein klares Urteil über die Tragweite seiner Anordnungen zu bilden, insbesondere über die Auswirkungen auf die persönlichen und wirtschaftlichen Verhältnisse der Betroffenen, und nach diesem Urteil frei von Einflüssen anderer handeln können.

2. Persönliche Errichtung eines Testamentes

Ein Testament kann nur höchstpersönlich errichtet werden (§§ 2064, 2065 BGB). Eine Stellvertretung ist deshalb unzulässig. Der Erblasser darf sich bei der Testamentserrichtung allerdings beraten und helfen lassen, aber nur, sofern sein Wille dadurch nicht beeinträchtigt oder ersetzt wird.

Der Erblasser muss ferner in seiner Verfügung von Todes wegen selber bestimmen, wer seine Erben sein sollen und welche Vermögensgegenstände er wem zuwenden möchte. Das Testament ist daher nichtig, wenn anstelle des Erblassers eine andere Person nachträglich die Personen bestimmen soll, die Erben werden, oder eine Wahl- oder Ermessensentscheidung treffen soll, z. B. wenn eine Verfügung an die Zustimmung eines anderen geknüpft ist oder eine andere Person ermächtigt wird, diese zu widerrufen.

3. Die erforderliche Form eines Testamentes

Es gibt zwei Möglichkeiten ein ordentliches Testament formgerecht zu errichten, das eigenhändige (privatschriftliche) Testament (§ 2247 BGB) und das öffentliche (notarielle) Testament (§ 2232 BGB). Erbrechtlich sind diese Testamentsformen gleichwertig und der Erblasser kann grundsätzlich frei zwischen diesen wählen.

Ferner sieht das Gesetz außerordentliche Testamente vor, sog. „Nottestamente", die unter engen Voraussetzungen unter Verzicht auf einen Notar errichtet werden können und dann allerdings zeitlich befristet einem öffentlichen Testament gleichstehen.

Grundsätzlich testierfähige Erblasser mit einer körperlichen Behinderung können teilweise in ihrer Testiermöglichkeit eingeschränkt sein. Je nach Art der Behinderung schreibt das Gesetz Erblassern vor, die nicht Lesen, Schreiben oder Sprechen können, in welcher Form sie ihren letzten Willen erklären müssen. Die Besonderheiten bei der Testamentserrichtung durch Menschen mit Behinderung sind unten in einem eigenen Abschnitt ausführlich erläutert (vgl. unten Ziffer d).

a) Eigenhändiges (privatschriftliches) Testament. Der künftige Erblasser kann durch eine eigenhändig geschriebene und unterschriebene Erklärung sein Testament errichten (§ 2247 BGB). Zwingend erforderlich ist dabei, dass der Text des Testamentes von Anfang bis Ende handschriftlich geschrieben und unterschrieben ist. Ebenfalls handschriftlich geschrieben müssen der Ort und das Datum der Testamentserrichtung nach dem Fließtext vermerkt werden. Die Verwendung eines Computers oder einer Schreibmaschine ist nicht erlaubt.

Am Ende aller Erklärungen muss das Testament mit Vorname und Familienname eigenhändig unterschrieben werden. Sind nach der Unterschrift noch Erklärungen hinzugefügt, so müssen diese ebenfalls nochmals unterzeichnet werden, sonst sind diese ungültig.

Ehegatten und eingetragene gleichgeschlechtliche Lebenspartner können ein solches „eigenhändiges Testament" auch errichten, indem zunächst ein Ehegatte das Testament von Anfang bis Ende eigenhändig schreibt und unterschreibt (§ 2267 BGB). Der andere Ehegatte oder Lebenspartner unterzeichnet dann die gemeinschaftliche Erklärung ebenfalls eigenhändig und vermerkt dabei Ort und Datum seiner Unterzeichnung. Empfehlenswert ist das zusätzliche Voranstellen eines den Willen bekundenden Satzes, wie z. B. „Vorstehendes ist auch mein letzter Wille“, dem dann Ort, Datum und Unterschrift folgen.

Der Vorteil des eigenhändigen Testamentes ist, dass es einfacher, bequemer und ohne die bei einem notariellen Testament anfallenden Notarkosten errichtet werden kann. Durch ein eigenhändiges Testament kann auch ein notarielles Testament geändert, ergänzt oder widerrufen werden. Allerdings ist die Gefahr des Verlustes, der Unterdruckung oder der Fälschung größer.

Ein handschriftliches Testament kann in die besondere amtliche Verwahrung bei einem Amtsgericht/Nachlassgericht gegeben werden (§§ 346 ff. FamFG). Für die Aufnahme in die amtliche Verwahrung entstehen einmalige Kosten in Höhe von insgesamt ca. 100 €. Der Erblasser erhält einen Hinterlegungsschein über die Verwahrung. Wird ein Testament in die besondere amtliche Verwahrung genommen, übermittelt das Nachlassgericht die Verwahrangaben an die das Zentrale Testamentsregister führende Registerbehörde, die Bundesnotarkammer. Die besondere amtliche Verwahrung sichert die Testamente vor Verlust und Verfälschung und gewährleistet, dass diese im Erbfall durch das Nachlassgericht eröffnet werden.

b) Öffentliche (notarielle) Testamente. Der künftige Erblasser kann ein öffentliches (notarielles) Testament zur Niederschrift eines Notars errichten (§§ 2231 Nr. 1, 2232 BGB).

Dabei hat er nach dem Beurkundungsgesetz (BeurkG) folgende zwei Möglichkeiten:

Entweder er erklärt gegenüber dem Notar seinen letzten Willen, der dann vom Notar schriftlich festgehalten wird, oder er übergibt dem Notar ein schriftliches Dokument und erklärt gegenüber dem Notar, dass dieses Schriftstück seinen letzten Willen enthält.

Die Testamentserrichtung besteht aus der vom Notar selbst zu führenden:

- Verhandlung (= Besprechung),
- der Niederschrift (grundsätzlich in deutscher Sprache),

- der Verlesung bzw. dem Vorlesen der Niederschrift,
- dem Genehmigen und Unterschreiben der Niederschrift durch den Erblasser,
- der Unterschrift evtl. sonst mitwirkender Personen (Zeuge, zweiter Notar, Vertrauensperson oder Dolmetscher) und
- der Unterschrift des Notars als Abschluss.

Der Notar muss vor der Testamentserrichtung die Identität und die Testierfähigkeit des Erblassers prüfen. Bei sprach-, hör- oder sehbehinderten Erblassern hat der Notar bei der Besprechung, der dazugehörigen Niederschrift und bei deren anschließender Genehmigung besondere Vorschriften des Beurkundungsgesetzes (§§ 22 ff. BeurkG) zu beachten.

Das notarielle Testament hat gegenüber dem handschriftlichen Testament den Vorteil, dass das notarielle Testament regelmäßig den sonst, insbesondere im Grundbuchverkehr, notwendigen Erbschein (§ 35 GBO) ersetzt und damit später im Erbfall Kosten gespart werden können. Enthält das Testament besonders komplizierte Regelungen, begnügen sich jedoch Banken und Versicherungen bei der Abwicklung der Erbschaft unter Umständen nicht mit einem notariellen Testament, sondern verlangen zusätzlich die Vorlage eines Erbscheines.

aa) Einzelheiten der Testamentserrichtung durch eine Erklärung gegenüber dem Notar: Der Erblasser wird bei der ersten Variante (Erklärung gegenüber dem Notar) seinen letzten Willen in der Regel mündlich erklären, also mit verständlich gesprochenen Worten. Möglich ist dies in jeder Sprache, die auch der Notar versteht. Erforderlich ist nur, dass die Äußerung den letzten Willen erkennen lässt.

Da eine mündliche Äußerung nicht erforderlich ist, reicht auch jede nonverbale Verständigung aus, um ein notarielles Testament zu errichten. Als Grundlage wird somit auch eine stillschweigende, schlüssige und sich aus den Gegebenheiten ergebende (konkludente) Willenserklärung anerkannt, die durch Gebärden, Zeichen, allgemein nicht verständliche Laute und Kommunikationshilfen wie Gebärdendolmetscher, Blindenschrift etc. vermittelt wird.

Die Erklärung des Erblassers muss an den Notar gerichtet sein. Eine unmittelbare Kommunikation ist daher unerlässlich, so dass ein Telefonat ausscheidet. Es kommt nur darauf an, was der Notar akustisch und inhaltlich versteht. Daher reicht ein Gespräch über eine Sprechanlage mit Sichtkontakt, wie sie beispielsweise auf der Intensiv- oder Isolierstation eines Krankenhauses existiert, nur dann aus, wenn der Notar eine Verfälschung der Erklärung hierdurch mit Sicherheit ausschließen kann.

Es besteht sogar die Möglichkeit, dem Notar einen vorbereiteten Text zu übergeben (§ 30 BeurkG), den der Notar dem Erblasser dann vorliest und ihn bei jedem Punkt abschließend fragt, ob das Gelesene seinem letzten Willen entspricht; wobei es bei der Antwort dann stets ausreicht, wenn der Erblasser jede Frage mit Ja oder Nein oder auf andere Weise beantwortet. In der Niederschrift muss zwingend auf dieses Schriftstück verwiesen werden.

Die vom Notar errichtete Niederschrift muss die Erklärung des Erblassers enthalten, in Gegenwart des Notars vorgelesen werden, genehmigt und eigenhändig unterschrieben werden. Für die Genehmigung der Niederschrift genügt es, wenn der Erblasser nach vollständiger Verlesung auf die Frage nach der Richtigkeit des Vorgelesenen sein Einverständnis mit Worten zu erkennen gibt.

bb) Einzelheiten der Testamentserrichtung durch die Übergabe einer Schrift und Erklärung, dass darin der letzte Wille enthalten ist: Der Erblasser kann bei der zweiten Variante (Übergabe einer Schrift und Erklärung, dass darin sein letzter Wille enthalten ist) das Dokument offen oder geschlossen übergeben; mit Ausnahme eines minderjährigen Erblassers, der die Schrift offen übergeben muss (§ 2233 Abs. 1 BGB).

Das übergebene Dokument muss nicht vom Erblasser selbst geschrieben sein, sondern kann auch von jemand anderem entworfen worden sein, der sogar grundsätzlich im Testament auch selber bedacht sein darf. Allerdings sind im Beurkundungsgesetz Ausnahmen vorgesehen, wann eine Beurkundung eventuell unwirksam ist, weil Bedenken gegen die Mitwirkung eines an der Beurkundung Beteiligten bestehen; beispielsweise, wenn der Notar selbst im Testament bedacht ist, das er beurkundet hat (§§ 27 bis 35 BeurkG).

Die Schrift kann in jeder Form gefertigt sein, d. h. eigenhändig, mit der Schreibmaschine oder dem Computer geschrieben, in Blindenschrift, Kurzschrift, sogar in fremden Schriftzeichen und fremder Sprache. Datum, Ort und Unterschrift sind anders als bei einem eigenhändigen Testament entbehrlich.

Daher ist diese Möglichkeit auch für Hör- und Sprachbehinderte sowie für Blinde und Sehbehinderte geeignet. Im Vorfeld sollte allerdings beim Notar geklärt werden, ob dieser einen Beurkundungszeugen oder einen Dolmetscher für die Gebärdensprache für erforderlich hält bzw. ob Blindenschrift im Notariat gelesen werden kann.

Bei einer offen übergebenen Schrift soll der Notar möglichst Kenntnis vom Inhalt nehmen, wenn er die Sprache, in der die Schrift verfasst ist, hinreichend versteht. Dann unterliegt auch der Inhalt der Prüfungs- und Belehrungspflicht des Notars.

Bei einer verschlossen übergebenen Schrift kann der Notar Fragen zum Inhalt stellen und auf mögliche Bedenken hinweisen, aber geöffnet wird das Dokument erst bei der Testamentseröffnung (§ 2260 Abs. 2 BGB)

Die übergebene Schrift soll der Niederschrift beigefügt werden, wobei sie so zu kennzeichnen ist, dass eine spätere Verwechslung ausgeschlossen ist. Eine Verlesung der übergebenen Schrift ist nicht erforderlich. Allerdings ist zwingend erforderlich, dass die Niederschrift die Feststellung enthält, dass die Schrift übergeben wurde und ob sie offen oder verschlossen war. Das übergebene Dokument gilt als Bestandteil des öffentlichen Testamentes.

c) Nottestamente (§§ 2249 ff. BGB). Ausnahmsweise kann der Bürgermeister als Urkundsperson an die Stelle des Notars treten, wenn eine von zwei gesetzlich festgeschriebenen Notlagen gegeben ist; allerdings müssen dann zwei Zeugen hinzugezogen werden.

Eine gesetzliche Notlage ist gegeben, wenn zu befürchten ist, dass der Erblasser sterben wird, bevor ihm die Errichtung eines Testamentes vor dem Notar möglich ist. Dem ist gleichzusetzen, wenn zu befürchten ist, dass eine bis zum Tod fortdauernde Testierunfähigkeit eintreten wird. Ferner ist eine Notlage gegeben, die ein Nottestament rechtfertigt, wenn der Erblasser durch außerordentliche Umstände wie Hochwasser oder Verschüttung (sog. Absperrung) bei gleichzeitig drohender Lebensgefahr nicht vor einem Notar ein öffentliches Testament errichten kann. Wenn der Erblasser, egal aus welchen Gründen und egal wo, in so naher Todesgefahr schwebt, dass selbst ein Nottestament vor dem Bürgermeister nicht mehr möglich ist, kann ein Nottestament ausnahmsweise in Form einer mündlichen Erklärung vor drei Zeugen errichtet werden. Alle Nottestamente verlieren ihre Gültigkeit jedoch mit Ablauf von drei Monaten nach ihrer Errichtung, wenn der Erblasser noch lebt.

d) Besonderheiten beim Errichten von Testamenten durch Menschen mit Behinderung. Menschen mit Behinderung können ihren letzten Willen regeln, sofern sie testierfähig sind. Sie können jedoch teilweise in ihrer Möglichkeit, ihr Testament zu errichten, eingeschränkt sein. Je nach Art der Behinderung schreibt das Beurkundungsgesetz (BeurkG) Personen vor, die nicht Lesen, Schreiben oder Sprechen können, in welcher Form sie ihren Letzten Willen erklären müssen.

Regelmäßig ist die Errichtung eines öffentlichen (notariellen) Testamentes vorgeschrieben. Wer nicht lesen oder nicht schreiben kann, darf sein Testament nur durch mündliche Erklärung vor einem Notar errichten. Diese Personen dürfen kein eigenhändiges Testament errichten. Eine sprachunfähige Person, die schreiben kann, darf allerdings ein eigenhändiges (privatschriftliches) Testament errichten.

Es werden auch stillschweigende, schlüssige und sich aus den Gegebenheiten ergebende (konkludente) Willenserklärungen anerkannt, die dem Notar durch Gebärden, Zeichen, allgemein nicht verständliche Laute und Kommunikationshilfen wie Gebärdendolmetscher, Blindenschrift etc. vermittelt werden.

Mit einem hör- oder sprachbehinderten Erblasser verständigt sich der Notar schriftlich oder durch Zeichensprache. Kann ein hör- oder sprachbehinderter Erblasser sich nicht schriftlich verständigen, z. B. weil er nicht lesen kann oder zugleich sehbehindert ist, so muss eine Vertrauensperson hinzugezogen werden, die sich mit dem Behinderten verständigen kann.

Bei sprach-, hör- oder sehbehinderten Erblassern soll der Notar bei der Besprechung, der dazugehörigen Niederschrift und bei deren anschließender Genehmigung einen Zeugen oder einen zweiten Notar hinzuziehen und dies in der Niederschrift festhalten (§ 22 BeurkG). Allerdings kann der Erblasser hierauf verzichten.

Jeder, auch der behinderte, Erblasser, der schreiben kann, muss die Niederschrift eigenhändig zumindest mit Familiennamen unterschreiben. Dies gilt auch für Blinde. Kann der Erblasser seinen Namen nicht schreiben (Schreibunfähigkeit) ist ein Schreibzeuge oder zweiter Notar hinzuzuziehen und dies in der Niederschrift zu vermerken (§ 25 BeurkG). Der Schreibzeuge muss die Niederschrift unterzeichnen.

Wenn eine Person sich allerdings auf keinerlei Weise, also weder mit dem Notar noch mit der hinzugezogenen Vertrauensperson, verständigen kann, ist sie vom Testieren ausgeschlossen, sie kann kein Testament errichten. Eine blinde und sprachunfähige Person, die keine Blindenschrift lesen kann, ist daher nicht in der Lage zu testieren. Dies gilt auch für eine sprachunfähige Person, die sich auch nicht mittels Gebärdensprache verständigen kann, wenn sie zusätzlich auch nicht lesen kann.

4. Ausgewählte letztwillige Verfügungen bzw. Regelungen eines Testamentes

Im Folgenden wird ein Überblick über ausgewählte und für das Behindertentestament wichtige letztwillige Verfügungen gegeben.

a) Erbeinsetzung. Vor allen Dingen wird der Erblasser im Testament Erbeinsetzungen vornehmen. Er kann natürliche Personen oder juristische Personen (wie einen Verein oder eine Behinderteneinrichtung) als Erben bestimmen. Erbt nur eine einzige Person, wird diese Alleinerbe. Erben verschiedene Personen, auch zu unterschiedlichen Anteilen (Erbquoten), werden diese Miterben.

b) Vermächtnis. Der Erblasser kann aber auch Personen einzelne Gegenstände aus seinem Nachlass oder auch einen aus dem Nachlass zu zahlenden Geldbetrag zuwenden. Hierbei handelt es sich dann um sog. Vermächtnisse. Der Vermächtnisbegünstigte (Vermächtnisnehmer) erwirbt dann aber nur einen schuldrechtlichen Anspruch gegen die Erben bzw. die Erbengemeinschaft auf Überlassung der Gegenstände oder Zahlung der Geldsumme.

c) Teilungsanordnung zur Aufteilung der Erbmasse. Als „Teilungsanordnung“ werden testamentarische Regelungen zur Verteilung der Erbmasse zwischen den Miterben bezeichnet.

Sind mehrere Personen als Miterben eingesetzt, entsteht mit dem Erbfall zwischen ihnen erst einmal eine Erbengemeinschaft. Einzelne Miterben können anschließend das Alleineigentum an bestimmten Nachlassgegenständen nur erlangen, wenn die Erbengemeinschaft aufgelöst wird. Die Auflösung der Erbengemeinschaft kann nur durch einverständliche Verteilung des Vermögens auf die Miterben oder durch die Zerschlagung der Nachlassmasse, beispielsweise durch Verkauf bzw. Versteigerung des ganzen Vermögens und anschließender Erlösverteilung, erfolgen.

Teilungsanordnungen dienen dazu, Streitigkeiten über die Verteilung des Nachlasses oder eine Zerschlagung des Vermögens zu vermeiden. In einem Behindertentestament empfiehlt sich dringend eine solche Teilungsanordnung um festzulegen, welche Vermögensgegenstände das behinderte Kind erben soll. So könnte z. B. vorgesehen werden, dass das behinderte Kind das Barvermögen des Erblassers erben und nicht Miteigentümer eventuell im Nachlass befindlicher Immobilien werden soll.

d) Bestimmung von Ersatzerben. Der Erblasser kann neben den eigentlichen Erben auch Ersatzerben für den Fall bestimmen, dass eine Person, die er als Erbe benannt hat, bei seinem Tod bereits vorverstorben ist oder aus anderem Grund als Erbe wegfällt, z. B. durch Ausschlagung der Erbschaft.

e) Enterbung. Die Enterbung einer Person, die gesetzlicher Erbe wäre, ist durch Ausschluss von der Erbfolge möglich. Allerdings erhalten bestimmte nahe Verwandte zumindest ihren Pflichtteil (vgl. unten Ziffer 7).

f) Bestimmung eines Vorerben und eines Nacherben. Der Erblasser kann festlegen, dass eine oder mehrere Personen die Erbschaft nicht endgültig als Erben zur freien Verfügung erhalten, sondern nur vorübergehend als Vorerben bis zum Eintritt eines bestimmten Zeitpunktes oder Ereignisses (wie z. B. die Geburt oder den Tod einer

Person). Erst dann fällt der Nachlass des ursprünglichen Erblassers an eine oder mehrere andere Personen als Nacherben. Dabei ist der Vorerbe verschiedenen Verfügungsbeschränkungen unterworfen, damit die Nacherben den Nachlass einmal in seiner Substanz ungeschmälert und unverändert erhalten.

Bei dem sog. „Behindertentestament“ zur Absicherung eines Menschen mit Behinderung ist die Regelung, den Behinderten als Vorerben und eine andere Person als Nacherben einzusetzen, besonders wichtig, um den Zugriff des Staates zu verhindern.

g) Anordnung einer Testamentsvollstreckung. Der Erblasser kann im Testament eine Testamentsvollstreckung anordnen und einen Testamentsvollstrecker benennen. Der Testamentsvollstrecker verwaltet den Nachlass oder Teile des Nachlasses für die Erben. Inhalt und Umfang der Tätigkeit des Testamentsvollstreckers lassen sich im Testament detailliert anordnen. Durch die Anordnung der Testamentsvollstreckung kann dem Erben das Verfügungsrecht über seine geerbten Vermögensgegenstände dauerhaft entzogen werden. Eventuelle Gläubiger des Erben, z. B. bei einer Privatinsolvenz, können nicht auf das Erbe zugreifen bzw. in das Erbe vollstrecken, solange Testamentsvollstreckung angeordnet ist.

Bei einem Behindertentestament ist die Anordnung einer umfassenden Testamentsvollstreckung für den Erbteil des Behinderten zwingend erforderlich. Da der Behinderte aufgrund der Testamentsvollstreckung dann nicht über sein Vorerbenvermögen verfügen darf, kann auch der Sozialhilfeträger nicht die Verwertung des Vorerbenvermögens verlangen.

h) Rechtswahl. Für die Wirksamkeit eines „Behindertentestamentes“ ist es zwingend notwendig, dass das deutsche (Erb-)Recht Anwendung findet. Für deutsche Staatsangehörige galt bis 2015 häufig deutsches Recht, auch wenn der Erblasser beim Versterben seinen Wohnsitz nicht in Deutschland hatte. Die Rechtslage hat sich aufgrund der EU-Erbrechtsverordnung, die im August 2015 in Kraft getreten ist, jedoch verändert. Danach unterliegt die gesamte Rechtsnachfolge von Todes wegen dem Recht des Staates der Europäischen Union, in dem der Erblasser im Zeitpunkt seines Todes seinen gewöhnlichen Aufenthalt hatte. Dies bedeutet, dass jetzt nur solange deutsches Recht gilt, solange der Erblasser mit deutscher Staatsangehörigkeit seinen gewöhnlichen Aufenthalt in Deutschland hat. Würde der Erblasser bei seinem Tod z. B. in Österreich seinen gewöhnlichen Aufenthalt haben, würde somit österreichisches Erbrecht gelten.

Diese Folge kann jedoch durch eine ausdrückliche Rechtswahl des deutschen Rechts verhindert werden, wenn nicht ausgeschlossen werden kann, dass der Erblasser einmal seinen gewöhnlichen Aufenthalt außerhalb von Deutschland haben wird. Damit wird verhindert, dass ausländisches Recht gilt, wenn der Erblasser seinen gewöhnlichen Aufenthalt bei seinem Tod in einem Land haben sollte, in dem die EU-Erbrechtsverordnung Anwendung findet. Die EU-Erbrechtsverordnung gilt für Mitgliedsstaaten der Europäischen Union, mit Ausnahme von Dänemark, Irland und Großbritannien.

5. Gründung einer gemeinnützigen Stiftung und deren Erbeinsetzung

Als Erben werden häufig (gemeinnützige) Stiftungen eingesetzt, besonders wenn keine Kinder oder sonstige nahe Verwandte vorhanden sind. Neben bereits bestehenden Stiftungen kann auch eine erst im Todesfall noch zu gründende Stiftung als Erbe eingesetzt werden.

Die Gründung einer eigenen Stiftung kann für einen Erblasser einen besonderen Charme haben. Denn mit einer Stiftung kann etwas Dauerhaftes geschaffen werden, das über die eigene Lebensspanne hinaus fortbesteht und im Namen und im Willen des Stiftungsgründers fortwirkt. Darüber hinaus kann eine gemeinnützige Stiftung erhebliche Steuervorteile bieten.

Für die Errichtung einer Stiftung müssen jedoch umfangreiche Voraussetzungen erfüllt werden:

So ist für die Gründung einer selbständigen Stiftung des bürgerlichen Rechts regelmäßig ein Mindestkapital von 50.000 € erforderlich. Erst ab diesem Vermögen kann mit einer Genehmigung durch die Stiftungsbehörde gerechnet werden.

Wird eine Stiftung nicht bereits zu Lebzeiten, sondern erst durch Verfügung von Todes wegen (also durch ein Testament) gegründet und zum Erben bestimmt, so gilt die erst nach dem Tod als rechtsfähig anerkannte Stiftung bereits als vor dem Erbfall entstanden. Damit kann eine solche Stiftung auch wirksam als Erbe eingesetzt werden. Allerdings müssen für eine erst im Todesfall zu gründende Stiftung das Stiftungsgeschäft und die Stiftungsverfassung festgelegt werden. Nach § 81 Abs. 1 BGB werden Regelungen zum Namen der Stiftung, dem Sitz der Stiftung, dem Zweck der Stiftung, dem Vermögen der Stiftung und der Bildung des Vorstandes der Stiftung gefordert. Im Übrigen ist der Stifter in der Gestaltung der Satzung frei. Vor allem bei nicht ausformulierten Stiftungssatzungen ist es empfehlenswert, zur Umsetzung eine Testamentsvollstreckung anzuordnen.

Sofern das Stiftungsgeschäft bei der Errichtung des Testamentes noch nicht im Einzelnen festgelegt werden kann, würde es sich als Alternative anbieten, dem Erben bzw. dem Nacherben zur Auflage zu machen, eine Stiftung zu errichten. Dabei sollte aber zumindest auch der Stiftungszweck vorgegeben und das Vermögen aus dem Nachlass bestimmt werden, das in die Stiftung eingebracht werden soll.

Aufgrund der zahlreichen und schwierigen Voraussetzungen für eine erfolgreiche Stiftungsgründung sollte eine rechtliche Beratung in Anspruch genommen werden.

6. Testierfreiheit und deren Einschränkung

Grundsätzlich kann der zukünftige Erblasser in seiner Verfügung von Todes wegen seinen Nachlass nach freiem Belieben verteilen und seine Erben bestimmen, muss seine Abkömmlinge nicht gleichbehandeln und muss keine achtbaren Motive bei der rechtlichen und wirtschaftlichen Aufteilung seines Vermögens zugrunde legen.

Allerdings hat der Gesetzgeber zwei gesetzliche Schranken geschaffen. Zum einen das Verbot sittenwidriger Verfügungen (§ 138 BGB) und das Pflichtteilsrecht (§§ 2203 ff. BGB), vgl. nachstehend Ziffer 7.

Nur in ganz besonders schwerwiegenden Ausnahmefällen wird eine sittenwidrige Verfügung angenommen. Regelmäßig reicht hierfür nicht aus, dass der Erblasser seine Geliebte als Alleinerbin einsetzt oder seinem Kind vorschreibt, wen oder wann es heiraten muss, um zu erben. Keine Sittenwidrigkeit liegt nach der Rechtsprechung des Bundesgerichtshofes grundsätzlich auch bei Verfügungen im Zusammenhang mit dem sog. Behindertentestament vor (vgl. nachstehend Ziffer B XIII).

7. Pflichtteil

Das Pflichtteilsrecht sieht vor, dass bestimmte Personen, die an sich zum Kreis der gesetzlichen Erben gehören, nicht völlig leer ausgehen dürfen, auch, wenn sie im Testament bzw. Erbvertrag übergangen werden. Dieser pflichtteilsberechtigte Personenkreis erhält einen sog. Pflichtteil. Der Pflichtteil entspricht der Hälfte des jeweiligen gesetzlichen Erbteils.

Ein Pflichtteil steht den Abkömmlingen des Erblassers, also Kindern und Enkelkindern, sowie den Eltern und dem Ehegatten bzw. dem eingetragenen Lebenspartner des Erblassers zu, wenn sie als gesetzliche Erben zur Erbfolge berufen gewesen wären. Geschwister gehören nicht zum Kreis der Pflichtteilsberechtigten.

Der Pflichtteil ist kein Anteil am Nachlass, sondern nur ein Geldanspruch. Eine Person, der nur der Pflichtteil zusteht, hat daher einen Anspruch auf Auskunft gegen den oder die Erben, was zum Nachlass gehört und welchen Wert dieser hat, um ihre Zahlungsforderung gegebenenfalls beziffern zu können. Der Auskunftsanspruch erstreckt sich auch darauf, ob der Erblasser in den letzten zehn Jahren vor seinem Tod Schenkungen an Erben oder an Dritte bzw. während der gesamten Ehe an seinen Ehegatten gemacht hat. Solche Schenkungen können zu sog. Pflichtteilsergänzungsansprüchen führen, durch die der Pflichtteil erhöht würde. Verstirbt der Schenker innerhalb von 10 Jahren nach dem Schenkungszeitpunkt, entsteht noch ein Pflichtteilsergänzungsanspruch aus dem Schenkungswert abgestuft nach der Zeitdauer; pro vergangenem Jahr reduziert sich der Wert der anzurechnenden Schenkung um 10%. Im Einzelfall können Schenkungen, die der Pflichtteilsberechtigte selber vom Erblasser erhalten hat, auf den Pflichtteil angerechnet werden.

Soweit der Pflichtteilsberechtigte Sozialhilfeleistungen erhält, wäre ein Pflichtteilsanspruch nicht geschützt und könnte vom Sozialhilfeträger übergeleitet werden (§ 93 Abs. 1 SGB XII). Um den Zugriff des Sozialhilfeträgers auf den Pflichtteil zu verhindern, darf der Mensch mit Behinderung in einem Behindertentestament daher nicht enterbt werden, damit der Pflichtteil gar nicht erst entsteht.

Aufgrund der Entscheidung des BGH vom 19.1.2011, Az. IV ZR 7/10, hat sich jedoch die (theoretische) Möglichkeit ergeben, den Zugriff des Sozialhilfeträgers auf den Pflichtteil noch nachträglich durch einen Pflichtteilsverzicht abzuwenden. Der BGH entschied nämlich, dass ein solcher Pflichtteilsverzicht nicht sittenwidrig, sondern wirksam sei, auch wenn er zu Lasten des Sozialhilfeträgers ginge. Zur Begründung verwies der BGH auf seine bisherige Rechtsprechung zur Wirksamkeit eines „Behindertentestamentes“. Wenn das behinderte Kind jedoch nicht geschäftsfähig sein sollte, wäre für einen solchen Pflichtteilsverzicht zwingend die Zustimmung des Betreuungsgerichtes erforderlich. Daher dürfte die Möglichkeit eines Pflichtteilsverzichtes praktisch nur für geschäftsfähige Menschen mit Behinderung in Betracht kommen.

8. Besondere Testamente

a) Gemeinschaftliches Testament („Ehegattentestament“). Ehegatten sowie gleichgeschlechtliche Lebenspartner bei eingetragener Lebensgemeinschaft haben die Möglichkeit, ein gemeinschaftliches Testament (§§ 2265 ff. BGB) zu errichten. Sie können hierfür zwischen einem eigenhändigen oder einem öffentlichen Testament frei wählen.

Ein „eigenhändiges Testament“ wird formgerecht errichtet, indem zunächst ein Ehegatte das Testament von Anfang bis Ende eigenhändig schreibt und unterschreibt. Der andere Ehegatte oder Lebenspartner unterzeichnet dann die gemeinschaftliche Erklärung ebenfalls eigenhändig und vermerkt dabei Ort und Datum seiner Unterzeichnung. Empfehlenswert ist das zusätzliche Voranstellen eines den Willen bekundenden Satzes, wie z. B. „Vorstehendes ist auch mein letzter Wille“, dem dann Ort, Datum und Unterschrift folgen.

Die Besonderheit bei einem gemeinschaftlichen Testament besteht darin, dass nur eine beschränkte Änderungsmöglichkeit für darin enthaltene sog. „wechselbezügliche Verfügungen“ besteht. Diese können nicht einseitig von einem der Ehegatten aufgehoben werden, sofern nicht ausdrücklich im Testament geregelt wird, dass und inwieweit einseitige Änderungen zugelassen werden. Eine wechselbezügliche Verfügung liegt stets vor, wenn die Verfügung eines Ehegatten nicht ohne die Verfügung des anderen getroffen worden wäre; wie z. B. bei der gegenseitigen Einsetzung als Erbe.

b) „Berliner Testament". Von einem „Berliner Testament" spricht man, wenn Ehegatten sich in ihrem gemeinschaftlichen Testament gegenseitig als Alleinerben einsetzen und weiter bestimmen, dass nach dem Tod des Letztversterbenden der beiderseitige Nachlass an die gemeinschaftlichen Kinder fallen soll. Dies bedeutet, dass der überlebende Ehegatte zu seinen Lebzeiten über den Nachlass des verstorbenen Ehegatten ohne Beschränkungen verfügen kann. Die gemeinschaftlichen Kinder erben zunächst nichts, haben jedoch Anspruch auf ihren Pflichtteil. Sie werden erst Schlusserben, wenn der zweite Ehegatte verstirbt, und können dann nur erben, was sich noch im Nachlass des zuletzt Verstorbenen befindet.

Um die Kinder von der Geltendmachung des Pflichtteiles beim Tod des Erstversterbenden abzuhalten, ist es möglich, eine sog. „Pflichtteilsstrafklausel" in das Testament aufzunehmen, z. B. könnte geregelt werden, dass ein Kind, das seinen Pflichtteil beim Tod des Erstversterbenden verlangt, beim Tod des längerlebenden Elternteils ebenfalls nur den Pflichtteil und nicht seinen vollen Erbteil erhält.

Für Eltern, die ein behindertes Kind haben, ist das Berliner Testament ungeeignet. Das behinderte Kind erhält nämlich bei Tod des ersten Elternteils seinen Pflichtteil bzw. wird (Mit-)Erbe beim Versterben beider Elternteile. Es würde damit Vermögen erben, auf das der Sozialhilfeträger Zugriff nehmen könnte.

Zu beachten ist weiter, dass nach dem Tod des erstversterbenden Ehegatten der überlebende Ehegatte die gemeinsam getroffenen Regelungen nicht mehr abändern darf. Dies kann die schmerzhafte Folge haben, dass das behinderte Kind beim ersten Erbfall seinen Pflichtteil erhält (auf den das Sozialamt zugreift) und der überlebende Ehegatte das vorhandene Berliner Testament nicht mehr durch die Errichtung eines (neuen) Behindertentestaments abändern könnte, um zu verhindern, dass bei seinem Versterben erneut der

Pflichtteil des behinderten Kindes an das Sozialamt fällt. Daher sollte immer daran gedacht werden, auch in einem Berliner Testament dem überlebenden Ehegatten ein Abänderungsrecht einzuräumen.

c) „Geschiedenen-Testament". Wenn ein Ehegatte nach einer Ehescheidung ein Testament errichtet, so möchte er meist verhindern, dass der geschiedene Ehegatte über den Umweg der gemeinsamen Kinder wieder einen Teil des eigenen Vermögens erbt. Stirbt nämlich ein Ehegatte und erben die gemeinsamen Kinder, wäre im Falle des anschließenden Versterbens der gemeinsamen Kinder der geschiedene Ehegatte deren gesetzlicher Erbe.

Um dies zu verhindern, werden in einem solchen „Geschiedenen-Testament" die gemeinsamen Kinder in der Regel nur als Vorerben eingesetzt. Im Falle des Todes der Kinder werden Nacherben deren Abkömmlinge oder sonstige nahe stehende Personen. Es wird damit ausgeschlossen, dass der geschiedene Ehegatte und dessen Verwandte wie z. B. die Schwiegereltern über diesen „Umweg" erben können.

d) Erbvertrag. Einen Erbvertrag können zwei oder mehrere Personen, auch Ehegatten schließen. Ein Erbvertrag kann nur zur Niederschrift eines Notars bei gleichzeitiger Anwesenheit aller Vertragspartner geschlossen werden. In einem Erbvertrag kann jeder Vertragschließende Verfügungen von Todes wegen treffen. Inhaltlich kann dabei alles, was in einem Testament verfügt werden kann, geregelt werden. Die geschlossenen Vereinbarungen unterliegen jedoch der vertraglichen Bindung, und können einseitig nur in Ausnahmefällen oder bei Vorbehalt eines entsprechenden Abänderungsrechtes abgeändert werden.

9. Welche Möglichkeiten bestehen, ein Einzeltestament, ein Ehegattentestament oder einen Erbvertrag nachträglich wieder abzuändern?

Der Erblasser kann ein Testament jederzeit ändern oder aufheben. Er kann hierfür eine neue Verfügung von Todes wegen (Testament oder Erbvertrag) errichten, in der das frühere Testament ausdrücklich aufgehoben wird. Gleiches gilt, wenn die neue Verfügung von Todes wegen inhaltlich dem früheren Testament widerspricht. Der

Erblasser kann das alte Testament auch einfach vernichten. Veränderungen an einem alten Testament, die die Aufhebungsabsicht erkennen lassen wie Durchstreichen oder Zerreißen bergen immer die Gefahr, dass möglicherweise nicht zweifelsfrei erwiesen ist, ob der Erblasser selbst die Veränderung vorgenommen hat. Wurde ein öffentliches Testament errichtet, so kann der Erblasser dieses aus der amtlichen Verwahrung zurücknehmen und damit aufheben.

Eine beschränkte Änderungsmöglichkeit besteht lediglich für Verfügungen von Todes wegen, die nicht einseitig aufgehoben werden können, also bei gemeinschaftlichen Testamenten und Erbverträgen, sofern in diesen nicht ausdrücklich nachträgliche Abänderungen zugelassen werden.

B. Behindertentestament zur Absicherung und Versorgung des behinderten Familienangehörigen

Nachfolgend werden der Sinn und Zweck sowie die Vorteile eines sog. „Behindertentestamentes“ erläutert. Die erforderlichen Regelungen werden im Detail dargestellt.

I. Typische Fragestellung zum Behindertentestament

Wir sind Eltern von zwei Kindern, von denen eines körperlich und geistig behindert ist. Wir machen uns große Sorgen darüber, wie wir unsere behinderte Tochter nach unserem Tod finanziell absichern können. Wir denken daran, unserem nichtbehinderten Kind unser Vermögen zu verschenken. Wir besitzen ein Haus und einige Ersparnisse. So hoffen wir zu vermeiden, dass das Sozialamt das Erbe unserer Tochter z. B. für Heimkosten beansprucht. Halten Sie diese Idee für sinnvoll? Könnten wir unsere Tochter über ein sog. „Behindertentestament“ nach unserem Tod langfristig absichern? Was genau ist ein solches „Behindertentestament“ und wie sicher ist es?

II. Einführung

Viele Menschen mit Behinderung sind nicht in der Lage, die Kosten ihrer Betreuung und Pflege selbst zu bezahlen. Trotz der Pflegeversicherung sind sie auf zusätzliche staatliche Hilfen wie z. B. Leistungen der Grundsicherung, der Eingliederungshilfe und der Hilfe zur Pflege angewiesen.

Die Sozialhilfe geht jedoch von dem Grundsatz aus, dass nur die Menschen Anspruch auf Sozialhilfeleistungen haben, die nicht in der Lage sind, sich aus eigenen Kräften selbst zu helfen. Eigene Einkünfte und ein etwa im Wege des Erbfalles erlangtes Vermögen sind vorrangig einzusetzen bzw. zu verbrauchen. Es gelten nur geringe Freibeträge. Werden Leistungen für den Lebensunterhalt wie Grundsicherung nach dem SGB XII bezogen, gilt ein Vermögensfreibetrag von 5.000 €, bei Bezug von Leistungen der Eingliederungshilfe gilt aktuell ein Vermögensfreibetrag von 30.000 € (ab 2020 von ca. 54.800 €) (vgl. hierzu 2. Kapitel B II 4, S. 92 ff.). Das die jeweils geltenden Vermögensfreibeträge übersteigende Vermögen ist damit vorrangig aufzubrauchen.

Viele Eltern von behinderten Kindern haben daher die große Sorge, dass ihr mühsam angespartes Vermögen im Erbfall innerhalb kürzester Zeit für die Pflege- und Betreuungskosten des Kindes, die monatlich Beträge bis zu 10.000 € umfassen können, weitgehend aufgebraucht wird, ohne dass ihr Kind Vorteile aus seinem Erbe hat.

Einige Eltern überlegen daher, ihrem behinderten Kind nichts oder nur wenig zu vererben. In diesen Fällen entsteht jedoch zumindest auch der Pflichtteilsanspruch des Kindes, der dann wiederum vom Sozialhilfeträger eingefordert werden kann. Darüber hinaus soll dem behinderten Kind ja eigentlich gerade etwas zugewendet werden, um seine Lebenssituation zu verbessern.

Die finanzielle Absicherung des behinderten Kindes und der Schutz des Vermögens vor dem Zugriff des Sozialamtes lassen sich sehr gut durch die Errichtung eines sog. Behindertentestaments erreichen.

Ziel des Behindertentestamentes ist es kurz gesagt, die Zugriffsmöglichkeiten der Sozialhilfeträger auf das Erbe des Kindes zu vermeiden, damit dem Kind, besonders nach dem Tod beider Eltern, eine über das sozialhilferechtlich gesicherte reine Existenzminimum hinausgehende Lebensqualität langfristig gesichert werden kann. Die übrigen Fragen sollen im Einzelnen nachfolgend beantwortet werden.

III. Schenkungen zu Lebzeiten

Durch Schenkungen an die nicht behinderten Kinder könnte unter Umständen der Erbteil bzw. der Pflichtteil des behinderten Kindes verringert werden. Dies ist zwar im Hinblick auf evtl. Forderungen des Sozialhilfeträgers sinnvoll, trotzdem ist davon abzuraten. Denn auf diese Weise wird das behinderte Kind ja gerade nicht finanziell abgesichert. Und es werden hierbei noch erhebliche Risiken eingegangen:

Versterben die Eltern innerhalb von zehn Jahren nach dem Schenkungszeitpunkt, erhält das behinderte Kind über seinen Pflichtteilsergänzungsanspruch nachträglich noch einen Anteil an den Schenkungen (abgestuft nach der Zeitdauer; pro vergangenem Jahr reduziert sich der Wert der anzurechnenden Schenkung um 10%, vgl. § 2325 BGB). Bei zwei Kindern wäre dies beim Versterben beider Elternteile ein Anteil von 1/4, auf den dann das Sozialamt zugreifen könnte. Ein weiterer gravierender Nachteil wäre, dass die Eltern für ihren Lebensunterhalt und ihre Altersversorgung nicht mehr genug Vermögen besitzen und sie auf das Wohlwollen der von ihnen beschenkten Kinder angewiesen wären.

Zur eigenen Absicherung könnten sich die Eltern zwar ein Nießbrauchsrecht oder Wohnungsrecht an den verschenkten Vermögenswerten vorbehalten, in diesem Fall würde jedoch nach der Rechtsprechung die Zehn-Jahres-Frist nicht ablaufen. Das hätte zur Folge, dass dem behinderten Kind auch dann noch sein Pflichtteilsergänzungsanspruch hinsichtlich der Schenkungen zustehen würde, wenn seine Eltern erst nach mehr als zehn Jahre versterben.

IV. Vorteile des Behindertentestaments

Durch das Behindertentestament können Eltern dem behinderten Kind eine über die normale Sozialhilfe hinausgehende Lebensqualität sichern.

Denn zusätzlich zu den Leistungen der Sozialhilfe erhält das behinderte Kind lebenslang die Erträge aus seinem Erbe, die es ausschließlich für seine persönlichen Bedürfnisse, wie Hobbys und Urlaubsreisen oder nicht erstattungsfähige ärztliche Therapien, Hilfsmittel und Zahnersatz verwenden kann.

Das geerbte Vermögen wird darüber hinaus erhalten und die Zugriffsmöglichkeiten des Sozialhilfeträgers auf dieses Vermögen und dessen Erträge weitgehend ausgeschlossen.

Das Behindertentestament bringt die folgenden konkreten Vorteile:

- Die Zukunft des behinderten Kindes wird für die Zeit nach dem Versterben der Eltern geregelt und abgesichert,
- Der gewünschte Lebensstandard des Kindes wird sichergestellt. Leistungseinschränkungen durch die voraussichtlich weiter sinkenden Sozialleistungen können ausgeglichen werden,
- Finanzielle Belastungen des überlebenden Ehegatten werden verringert,
- Zahlungen aus dem Erb- oder Pflichtteil an den Sozialhilfeträger werden vermieden,
- Der Verlust von erheblichen Teilen des Familienvermögens wird vermieden,
- Keine Auseinandersetzungen mit dem Sozialhilfeträger um den Pflichtteil des Kindes.

V. Erbeinsetzung als Vorerbe

1. Einsetzung als Erbe und keine Enterbung des Kindes

Anders als z. B. beim sog. „Berliner Testament“, bei welchem sich typischerweise die Ehegatten zunächst als alleinige Erben gegenseitig einsetzen und die Kinder folglich enterbt werden, wird im klassischen Behindertentestament eine Erbeinsetzung des behinderten Kindes verfügt, und zwar bereits beim Versterben des ersten Elternteils. Beim Tod des überlebenden Elternteils erfolgt eine entsprechende weitere Erbeinsetzung des behinderten Kindes.

Das Kind wird jeweils in der Höhe eines Erbteils, der deutlich über dem gesetzlichen Pflichtteil liegen muss, als Erbe eingesetzt.

Beträgt z. B. der Pflichtteil 1/8, sollte das Kind einen Erbteil von 1/7 oder auch 1/6 erhalten. Bei einem Pflichtteil von 1/4 sollte ein Erbteil von 1/3 für das Kind vorgesehen werden.

Eine Erbeinsetzung des Kindes ist erforderlich, da ansonsten der Sozialhilfeträger den Pflichtteilsanspruch des Kindes geltend machen könnte. Der Pflichtteilsanspruch entsteht mit dem Erbfall, wenn das behinderte Kind enterbt wird. Die Höhe des Pflichtteils beträgt die Hälfte des gesetzlichen Erbteils. Der Pflichtteil kann nicht vor dem Zugriff des Sozialhilfeträgers geschützt werden. Pflichtteilsansprüche müssen z. B. für die Heimkosten des Kindes aufgebraucht werden, soweit diese die Vermögensfreibeträge übersteigen.

Der Erbteil des behinderten Kindes kann im Gegensatz zum Pflichtteil durch die Anordnung von bestimmten Bedingungen, nämlich Vorerbschaft und Testamentsvollstreckung, „geschützt“ werden.

2. Einsetzung als Vorerbe und die Bestimmung eines Nacherben

Das Kind wird bei einem Behindertentestament jedoch nicht „unbeschränkter“ Erbe, sondern Vorerbe.

Als **Vorerbe** erbt es nur für eine begrenzte Zeit, nämlich auf seine Lebenszeit. Im Falle seines **Versterbens** fällt sein Erbe, **ohne** dass eine Zugriffsmöglichkeit des Sozialhilfeträgers über die Regelungen des Kostenersatzes durch die Erben nach § 102 SGB XII besteht, direkt an die im Testament bestimmten Nacherben. Die folgenden Personen kommen vorrangig als Nacherben des behinderten Kindes in Betracht:

- Für den Fall, dass das Kind vor dem überlebenden Elternteil versterben sollte, könnte dieser Elternteil als Nacherbe eingesetzt werden,

- Als weitere Nacherben beim Tod des behinderten Kindes werden in der Regel seine Abkömmlinge, seine Geschwister oder andere Verwandte eingesetzt,
- Daneben könnte aber auch eine gemeinnützige Behindertenorganisation oder eine gemeinnützige Stiftung als Nacherbe eingesetzt werden, insbesondere, wenn es nur ein (behindertes) Kind und keine nahen Verwandten gibt. Wenn eine Behinderteneinrichtung als Nacherbe bzw. Ersatznacherbe eingesetzt werden soll, ist jedoch das Verbot des ehemaligen § 14 HeimG (in Bayern jetzt übernommen in Art. 8 PfleWoqG) zu beachten. Danach sind Zuwendungen an die Einrichtung, in der das Kind wohnt oder einmal wohnen wird, verboten. Jegliche faktische Verbindung des Bedachten (z. B. Förderverein, Stiftung) mit dem Heimträger kann dabei nach dem aktuellen, noch uneinheitlichen Stand der Rechtsprechung gefährlich sein. Nur wenn die Behinderteneinrichtung von ihrer Einsetzung zum Nacherben erst nach dem Tod des Verstorbenen erfährt, gilt das Verbot nicht. Es ist daher unbedingt darauf zu achten, dass eine begünstigte Einrichtung keine Kenntnis davon erhält.

Zur besseren Absicherung empfiehlt es sich, das Kind als Vorerben einzusetzen, der zusätzlich zu den Erträgen zumindest auch teilweise die Erbsubstanz bei Bedarf verbrauchen kann.

Nachfolgend wird die Erbfolge eines Behindertentestaments am Beispiel einer Familie mit zwei Kindern, ein Kind ist behindert, dargestellt.

a) Erster Erbfall – der Vater verstirbt

- Die überlebende Mutter wird Miterbe zu einem Anteil von 5/6.
- Das behinderte Kind wird Miterbe zu einem Anteil von 1/6 und Vorerbe. Als Nacherbe wird die Mutter, als Ersatznacherbe das nicht behinderte Geschwisterkind eingesetzt.
- Das nicht behinderte Geschwisterkind erbt nichts. Allerdings könnte es seinen Pflichtteil fordern.

b) Zweiter Erbfall – auch die Mutter verstirbt (beide Eltern sind verstorben)

- Das behinderte Kind wird Miterbe zu einem Anteil von 1/3 und Vorerbe. Als Nacherbe wird das nichtbehinderte Geschwisterkind eingesetzt.
- Das nicht behinderte Geschwisterkind wird Miterbe zu einem Anteil von 2/3.

VI. Anordnung einer Dauertestamentsvollstreckung

Für den Schutz seines Erbteiles vor dem Zugriff des Sozialhilfeträgers **zu Lebzeiten** des Kindes muss zusätzlich zur Einsetzung als Vorerben eine (Dauer-)**Testamentsvollstreckung** bis zum Tod des behinderten Kindes angeordnet werden.

1. Aufgaben des Testamentsvollstreckers

Der Testamentsvollstrecker wacht als Verwalter des Erbes des behinderten Kindes darüber, dass das Testament entsprechend dem Willen der verstorbenen Eltern ausgeführt wird und das Erbe dem Kind zugute kommt.

Der Testamentsvollstrecker ist der alleinige und ausschließliche Vermögensverwalter des geerbten Vermögens. Nur er ist befugt, über das Vermögen zu verfügen. Dabei hat er die testamentarischen Anordnungen der verstorbenen Eltern zu beachten. Das Kind selbst, ein eventueller Betreuer oder auch der Sozialhilfeträger haben keine Zugriffsmöglichkeiten auf das Erbe.

Besonders wichtig ist die genaue Regelung der Aufgaben des Testamentsvollstreckers, damit dem Kind auch die Erträge seines Erbes zukommen und diese nicht dem Sozialhilferegress ausgesetzt sind.

Hierzu wird der Testamentsvollstrecker verpflichtet, die Erträge aus der Erbschaft bzw. die Substanz der Erbschaft ausschließlich für (persönliche) Zwecke des behinderten Kindes, die unter die Regelungen des sozialhilferechtlich geschützten Vermögens fallen, zu verwenden.

Häufig wird vorgesehen, dass der Testamentsvollstrecker nur die Erträge aus dem Erbe wie Zins- oder Mieteinnahmen, nicht aber die Substanz des geerbten Vermögens verbrauchen darf. Zur besseren Absicherung des Kindes – auch in Anbetracht der derzeitigen sehr geringen Verzinsung von Geldanlagen – sollte jedoch unbedingt eine Regelung in das Testament aufgenommen werden, dass erforderlichenfalls auch die Erbsubstanz selbst für den Behinderten zweckgebunden verwendet werden darf.

2. Empfehlenswerte Anordnungen an den Testamentsvollstrecker hinsichtlich der Verwendung der Erträge bzw. der Substanz des Erbes

Die Anordnungen an den Testamentsvollstrecker sind immer im Einzelfall unter Berücksichtigung der gesamten familiären Verhältnisse und der konkreten Bedürfnisse des behinderten Kindes zu gestalten. Die bereits über Sozialhilfeleistungen, z. B. Grundsicherung, abgedeckten Kosten des allgemeinen Lebensunterhaltes und die Pflege- und Betreuungskosten des Kindes darf er nicht finanzieren, da andernfalls Leistungen des Testamentsvollstreckers auf Sozialhilfeleistungen angerechnet werden könnten.

Es muss möglichst gewährleistet sein, dass der Sozialhilfeträger nicht unter Hinweis auf die mögliche Verwendung der Erträge bzw. der Substanz des Erbes bestimmte Sozialhilfeleistungen einstellt oder reduziert. Unter diesem Aspekt könnte es z. B. bedenklich sein festzulegen, dass das Erbe des Kindes für den Kauf von Bekleidung ausgegeben werden darf. Dies könnte der Anlass für den Sozialhilfeträger sein, einen eventuellen Bekleidungszuschuss einzustellen.

Der Testamentsvollstrecker muss beachten, dass der von ihm verwaltete Erbteil und die Erträge hieraus nur solange vor dem Zugriff des Sozialhilfeträgers geschützt sind, solange sie sich in der Verwaltung des Testamentsvollstreckers befinden. Der Testamentsvollstrecker darf daher keine Geldbeträge an das Kind mit Behinderung oder dessen Betreuer weitergeben. Damit würde er diese Gelder freigeben und das Recht des Testamentsvollstreckers zur Verwaltung würde enden, so dass der Sozialhilfeträger zugreifen könnte. Nur bei einer ausdrücklichen Zweckbindung und rechtlichen Bindung eines eventuellen Betreuers könnte ein Zugriff ausgeschlossen sein. Solange diesbezüglich jedoch noch keine höchstrichterliche Entscheidung vorliegt, sollte der Testamentsvollstrecker sicherheitshalber keine Gelder ausbezahlen, sondern nur Sachzuwendungen machen.

Nachfolgend sind einige empfehlenswerte Regelungen zur Verwendung der Erträge aufgeführt:

- Finanzierung von Freizeiten und Urlaubsaufenthalten,
- Zuwendungen zur Befriedigung geistiger, sportlicher und künstlerischer Bedürfnisse,
- Aufwendungen für ärztliche Behandlungen, Heilbehandlungen, Therapien, Hilfsmittel und Medikamente, die von der Krankenkasse nicht gezahlt werden, z. B. Brille , Zahnersatz usw.

Der BGH hat mit Beschluss vom 27.3.2013, Az. XII ZB 679/11, entschieden, das aus dem Erbe eventuelle Kosten eines für die Erbauseinandersetzung bestellten Ergänzungsbetreuers zu bezahlen seien. Sicherheitshalber sollte daher bestimmt werden, dass aus dem Erbe solche Kosten nicht bezahlt werden dürfen.

3. Wer kann Testamentsvollstrecker sein?

Zum Testamentsvollstrecker sollte von den Eltern eine vertrauenswürdige, dem Kind besonders verbundene Person bestellt werden.

Als Testamentsvollstrecker kommen daher vorrangig die folgenden Personen in Betracht:

- der überlebende Elternteil,
- Geschwisterkinder,
- Geschwister der Eltern und sonstige Verwandte,
- gute Freunde der Familie.

Der Testamentsvollstrecker ist beim Erbfall nicht verpflichtet, sein Amt anzunehmen. Er kann es auch jederzeit wieder abgeben. Daher sollte unbedingt mit den als Testamentsvollstrecker vorgesehenen Personen gesprochen und abgeklärt werden, ob diese Personen das Amt überhaupt übernehmen würden und zu welchen Bedingungen. Soweit möglich sollte diese Auswahl auch mit dem Kind abgesprochen werden. Möglich ist auch, dass dem Kind gestattet wird (vorausgesetzt es ist geschäftsfähig), selbst eine Person seines Vertrauens als Testamentsvollstrecker nach dem Tod der Eltern zu benennen.

Für den Fall der Verhinderung oder Ablehnung des Amtes als Testamentsvollstrecker sollten vorsorglich weitere Personen als Ersatztestamentsvollstrecker benannt werden, damit auf Lebenszeit des Kindes die Testamentsvollstreckung sichergestellt ist.

Der Testamentsvollstrecker nimmt beim Erbfall sein Amt durch eine ausdrückliche Erklärung gegenüber dem Nachlassgericht an. Der Testamentsvollstrecker erhält anschließend auf Antrag ein Testamentsvollstreckerzeugnis, damit er sich gegenüber Dritten, z. B. Banken, ausweisen kann. Bei schuldhafter Verletzung seiner Pflichten als Testamentsvollstrecker, z. B. der Pflicht zur ordnungsgemäßen Vermögensverwaltung, haftet er und kann schadensersatzpflichtig werden. Der Testamentsvollstrecker hat auch Anspruch auf eine angemessene Vergütung. Als angemessen für professionelle Testamentsvollstrecker gilt für die Auseinandersetzung je nach Höhe des Vermögens zwischen 2% und 5% des Nachlasswertes. Bei einer dauerhaften Verwaltungstestamentsvollstreckung sollte die Vergütung nicht zu gering bemessen werden, um dem Testamentsvollstrecker einen Anreiz für seine Amtsführung zu geben.

VII. Vergleich der finanziellen Auswirkungen des Versterbens der Eltern ohne bzw. mit einem Behindertentestament

An dem nachfolgenden Beispiel werden die finanziellen Auswirkungen des Versterbens der Eltern eines behinderten Kindes anhand verschiedener Testamentsgestaltungen ohne bzw. mit einem Behindertentestament aufgezeigt.

Beispiel: Zwei gemeinsame Kinder, davon ein Kind behindert.
Eltern leben im gesetzlichen Güterstand der Zugewinngemeinschaft; gemeinsames Vermögen der Eltern:
Immobilie, Wert 300.000 €; Barvermögen 20.000 €.

1. Kein Testament: Gesetzliche Erbfolge

Ein Testament existiert nicht. Daher gilt die gesetzliche Erbfolge. Dies führt zu der folgenden Aufteilung der Erbschaft:

a) Erster Erbfall: Der Wert des Vermögens des erstversterbenden Ehegatten beträgt 160.000 €. Es ergeben sich die folgenden Erbteile:

Erbteil des überlebenden Ehegatten:	1/2	=	80.000 €
Erbteil des nicht behinderten Kindes:	1/4	=	40.000 €
Erbteil des behinderten Kindes:	1/4	=	40.000 €

Der Sozialhilfeträger könnte das Erbe des behinderten Kindes im Wert von 40.000 € für Sozialhilfeleistungen einfordern, sofern die anrechnungsfreien Vermögensgrenzen überschritten sind.

b) Zweiter Erbfall (beide Eltern sind verstorben): Der Wert des Vermögens des letztversterbenden Ehegatten beträgt

160.000 € + (geerbte) 80.000 € = insgesamt 240.000 €.

Es ergeben sich die folgenden Erbteile:

Erbteil des nicht behinderten Kindes:	1/2	=	120.000 €
Erbteil des behinderten Kindes:	1/2	=	120.000 €

Der Sozialhilfeträger könnte auch diesen Erbteil des behinderten Kindes im Wert von 120.000 € beim zuletzt versterbenden Elternteil einfordern. Damit wäre das gesamte Erbe des behinderten Kindes im Wert von **160.000 €** für Sozialhilfeleistungen einzusetzen, sofern die anrechnungsfreien Vermögensgrenzen überschritten sind.

2. „Berliner Testament"

Beispiel: Alleinerbe des erstversterbenden Ehegatten wird der überlebende Ehegatte. Alleinerbe nach dem letztversterbenden Elternteil wird das nichtbehinderte Kind. Das behinderte Kind wird jeweils enterbt bzw. auf den Pflichtteil gesetzt.

a) Erster Erbfall. Der Wert des Vermögens des erstversterbenden Ehegatten beträgt 160.000 €. Es ergeben sich die folgenden Erbteile:

Erbteil des überlebenden Ehegatten:	100%	= 160.000 €
Pflichtteil des nichtbehinderten Kindes:	1/8	= 20.000 €
Pflichtteil des behinderten Kindes:	1/8	= 20.000 €

Der Sozialhilfeträger könnte den Pflichtteil des behinderten Kindes von 20.000 € für Sozialhilfeleistungen einfordern, sofern die anrechnungsfreien Vermögensgrenzen überschritten sind.

b) Zweiter Erbfall (beide Eltern sind verstorben). Der Wert des Vermögens des letztversterbenden Elternteils errechnet sich wie folgt:

160.000 € + (geerbte) 160.000 € = insgesamt 320.000 €

Abzüglich des Pflichtteils des behinderten Kindes von 20.000 € und unter der Annahme, dass das nichtbehinderte Kind seinen Pflichtteil nicht gelten gemacht hat (was in der Praxis häufig zutrifft), beträgt der Wert des Nachlasses des letztversterbenden Elternteils damit 300.000 €.

Es ergeben sich die folgenden Erbteile:

Erbteil des nichtbehinderten Kindes:	100%	= 300.000 €
Pflichtteil des behinderten Kindes:	1/4	= 75.000 €

Der Sozialhilfeträger könnte auch diesen Pflichtteil des behinderten Kindes beim zuletzt versterbenden Elternteil in Höhe von 75.000 € einfordern. Damit wären beide Pflichtteile des behinderten Kindes mit einem Wert von insgesamt **95.000 €** für Sozialhilfeleistungen einzusetzen, sofern die anrechnungsfreien Vermögensgrenzen überschritten sind.

3. Auswirkungen des Behindertentestaments

Beispiel: Beim ersten Erbfall wird der überlebende Ehegatte Miterbe zu einem Anteil von 5/6. Das behinderte Kind wird Miterbe zu einem Anteil von 1/6. Erben nach dem letztversterbenden Elternteil werden das nichtbehinderte Kind zu einem Anteil von 2/3 und das behinderte Kind zu einem Anteil von 1/3. Das behinderte Kind wird nur Vorerbe. Testamentsvollstreckung ist für die Erbteile des behinderten Kindes angeordnet.

a) Erster Erbfall. Der Wert des Vermögens des erstversterbenden Ehegatten beträgt 160.000 €. Es ergeben sich die folgenden Erbteile:

Erbteil des überlebenden Ehegatten:	5/6	= 135.000 €
Erbteil (Vorerbe) des behinderten Kindes:	1/6	= 25.000 €
Pflichtteil des nichtbehinderten Kindes:	1/8	= 20.000 €

Der Erbteil des behinderten Kindes im Wert von 25.000 € wäre in diesem Fall vor dem Zugriff des Sozialhilfeträgers geschützt.

b) Zweiter Erbfall (beide Eltern sind verstorben). Unter der Annahme, dass das nichtbehinderte Kind seinen Pflichtteil nicht geltend gemacht hat, errechnet sich der Wert des Nachlasses des letztversterbenden Elternteils wie folgt:

160.000 € + (geerbte) 135.000 € = insgesamt 295.000 €.

Es ergeben sich die folgenden Erbteile:

Erbteil (Vorerbe) des behinderten Kindes:	1/3	= 99.000 €
Erbteil des nichtbehinderten Kindes:	2/3	= 196.000 €

Der Erbteil des behinderten Kindes im Wert von 99.000 € wäre wiederum vor dem Zugriff des Sozialhilfeträgers geschützt.

Dem behinderten Kind stehen lebenslang die Erträge aus seinen Erbteilen von insgesamt 124.000 € (25.000 € + 99.000 €) für die angeordneten Zwecke zu. Bei einer Rendite von 2% ergibt sich ein Betrag in Höhe von monatlich 207 € (2.480 € / zwölf Monate), der dem Kind ohne Anrechnung auf seine Sozialhilfeleistungen zusteht. Darüber hinaus könnte zur besseren Versorgung des Kindes im Testament vorgesehen werden, dass soweit erforderlich auch die Substanz des Erbes des Kindes zweckgebunden verbraucht werden darf.

Beim Versterben des behinderten Kindes könnte das nichtbehinderte Geschwisterkind als Nacherbe diesen Erbteil von 124.000 € erben, ebenfalls ohne Zugriff des Sozialhilfeträgers.

4. Ergebnis der Gegenüberstellung der Auswirkungen der verschiedenen Testamentsvarianten

Ohne ein Behindertentestament wären zumindest die Pflichtteilsansprüche des behinderten Kindes in Höhe von 95.000 € dem Zugriff des Sozialhilfeträgers ausgesetzt.

Voraussetzung wäre jedoch, dass die Eltern ihr behindertes Kind zumindest in einem Testament enterbt und auf den Pflichtteil gesetzt hätten. Andernfalls, also wenn gesetzliche Erbfolge eingetreten wäre, wäre sogar das gesamte Erbe des Kindes in Höhe von 160.000 € dem Zugriff des Sozialhilfeträgers ausgesetzt.

Im Falle des Heimaufenthaltes wäre der Pflichtteil innerhalb von wenigen Jahren für die Heimkosten des behinderten Kindes aufgebraucht.

- Ergebnis ohne Behindertentestament: **95.000 € bzw. 160.000 € sind dem Zugriff des Sozialhilfeträgers ausgesetzt**.
- Ergebnis mit Behindertentestament: Monatliche Erträge von 207 € (bei angenommener Verzinsung von 2% jährlich) für das behinderte Kind und gegebenenfalls die Möglichkeit zum Verbrauch seiner Erbteile; die **Erbteile im Wert von 124.000 € bleiben lebenslang geschützt** bis diese schließlich an die Nacherben weitervererbt werden.

VIII. Betreuervorschlag

Als weitere Regelung können die Eltern in dem Testament eine geeignete Person ihres Vertrauens als Betreuer für ihr Kind vorschlagen, die sich nach dem Tod der Eltern um den behinderten Familienangehörigen kümmern soll.

Diese Person sollte möglichst nicht mit der als Testamentsvollstrecker vorgeschlagenen Person identisch sein. In Einzelfällen haben Betreuungsgerichte nämlich wegen eines vermuteten Interessenkonfliktes bereits Personen nicht als Betreuer eingesetzt, die gleichzeitig auch als Testamentsvollstrecker vorgesehen waren.

Günstig wäre es, im Testament zu erläutern, aus welchen Gründen die vorgeschlagene Person besonders als Betreuer für das Kind geeignet ist.

IX. Berücksichtigung von Schenkungen und sonstigen unentgeltlichen Vermögensübertragungen der Eltern

In einem Behindertentestament muss der Behinderte deutlich mehr erben, als seine Pflichtteilsansprüche wert sind. Schenkungen oder sonstige unentgeltliche Vermögensübertragungen der Eltern zu Lebzeiten an nichtbehinderte Kinder oder dritte Personen oder auch Lebensversicherungen können für das Behindertentestament wegen evtl. Pflichtteilsergänzungsansprüche gefährlich werden. Denn aufgrund von Pflichtteilsergänzungsansprüchen könnten unter Umständen die Pflichtteilsansprüche des Behinderten den Wert seiner im Testament festgelegten Erbteile übersteigen. Hierdurch wäre die Wirksamkeit des Behindertentestaments in Frage gestellt. Besonders problematisch sind sogenannte Ausstattungen gemäß § 1624 Abs. 1 BGB an die Kinder (Mitgift) oder sonstige ausgleichspflichtige Zuwendungen, da deren Wert in jedem Fall bei der Bestimmung des Wertes des Pflichtteils des behinderten Geschwisterkindes aufgrund eines Ausgleichspflichtteilsanspruchs zu einer Werterhöhung des eigentlichen Pflichtteils führt. Die 10-Jahres-Frist, nach deren Ablauf eine Schenkung zu keinen Pflichtteilsergänzungsansprüchen mehr führt, gilt in diesen Fällen nicht. Um eine Ausstattung handelt es sich dann, wenn Eltern ihren Kindern mit Rücksicht auf ihre Verheiratung oder auf die Erlangung einer selbständigen Lebensstellung zur Begründung oder zur Erhaltung der Wirtschaft oder der Lebensstellung Vermögenswerte zuwenden.

Schenkungen und Zuwendungen der Eltern müssen daher bei der Abfassung eines Testamentes besonders berücksichtigt werden. Es empfiehlt sich daher die Aufnahme einer entsprechenden „Sicherheitsklausel" in das Testament, um auszuschließen, dass der Wert des Erbteiles unter dem Wert der Pflichtteilsansprüche liegt. Denn in einem solchen Fall könnte der Sozialhilfeträger zumindest noch auf einen Restpflichtteil zugreifen. Die Möglichkeiten einer solchen Klausel sollten mit dem Notar oder Rechtsanwalt, der mit der Erstellung des Behindertentestaments beauftragt wird, ausführlich besprochen werden.

X. Testamentsform

Das Testament muss die gesetzlichen Formvorschriften erfüllen. Es muss daher vollständig mit der Hand geschrieben und unterschrieben werden. Das Verwenden einer Schreibmaschine oder eines Computers genügt nicht. Der Testamentstext ist mit der Nennung des Ortes, des Datums und der eigenen Unterschrift abzuschließen. Beim gemeinschaftlichen Testament ist es ausreichend, wenn ein Ehegatte das Testament abschreibt und beide Ehegatten mit Ort, Datum und ihrer eigenhändigen Unterschrift unterschreiben. Möglich ist jedoch auch die Errichtung eines öffentlichen Testaments vor einem Notar. Das Testament kann zu Hause aufgehoben oder beim Amtsgericht bzw. Nachlassgericht in die amtliche Verwahrung gegeben werden.

XI. Überblick über die praktische Abwicklung eines Behindertentestamentes beim Versterben des ersten Elternteils

Im Todesfall ist Folgendes zu tun:

- Das Originaltestament muss beim zuständigen Amtsgericht (Nachlassgericht) abgegeben werden, damit es eröffnet werden kann.
- Anschließend wird das Testament vom Nachlassgericht eröffnet. Sämtliche von den Verfügungen und Regelungen des Testamentes betroffene Personen sowie eventuelle pflichtteilsberechtigte Personen werden ermittelt und über den Testamentsinhalt informiert.
- In einem nächsten Schritt haben die Erben zu prüfen, ob sie die Erbschaft annehmen oder ausschlagen, weil der Nachlass z. B. überschuldet ist. Wenn die als Erben bestimmten Personen die

Annahme der Erbschaft erklären oder nicht innerhalb der sechswöchigen Frist das Erbe ausdrücklich ausschlagen, werden diese Erben. Für nicht geschäftsfähige Menschen mit Behinderung wird die Annahme der Erbschaft von deren gesetzlichen Betreuern erklärt.

- Im Rahmen der Testamentseröffnung beantragt der Testamentsvollstrecker beim Nachlassgericht seine Ernennung als Testamentsvollstrecker. Er erhält als Nachweis ein Testamentsvollstreckerzeugnis ausgehändigt.

- Für die weitere Nachlassabwicklung ergeben sich jetzt grundsätzlich zwei Möglichkeiten: Es kann eine Auseinandersetzung der Erbengemeinschaft durchgeführt werden (1) oder die Erbengemeinschaft bleibt zumindest hinsichtlich des im Nachlass befindlichen Immobilienvermögens weiter bestehen (2).
  Die Erbengemeinschaft besteht aus den Miterben, also dem überlebenden Elternteil und dem Kind mit Behinderung.
  (1) Nach der Bestimmung des Nachlasswertes, regelmäßig durch ein Sachverständigenwertgutachten zu den Verkehrswerten der im Nachlass befindlichen Immobilien, erfolgt die Aufteilung der Vermögenswerte, die sich im Nachlass befinden, entsprechend der Erbquoten auf die Miterben. Wenn sich im Nachlass Immobilienvermögen befindet, ist ein notarieller Erbauseinandersetzungsvertrag zwischen den Miterben abzuschließen. Die Erbauseinandersetzung wird erheblich erleichtert, wenn im Testament eine Teilungsanordnung enthalten ist, in der bereits genau festlegt wurde, wie die Nachlassgegenstände auf die Erben aufzuteilen sind. Um zu verhindern, dass das Kind mit Behinderung als Eigentümer der Immobilien im Grundbuch eingetragen wird, könnte der überlebende Elternteil dem Kind seinen Erbteil in bar ausbezahlen. Für einen unter Betreuung stehenden Erben wird in der Regel vom Betreuungsgericht ein Ergänzungsbetreuer, meistens ein Rechtsanwalt, zur Überwachung der ordnungsgemäßen Erbauseinandersetzung eingesetzt.
  (2) Wenn die Erbengemeinschaft bestehen bleibt, also insbesondere hinsichtlich der Nachlassimmobilien nicht auseinandergesetzt wird, kann eine Wertermittlung der Nachlassimmobilien

unterbleiben. Denn sämtliche Erben werden im Grundbuch als Mitglieder der Erbengemeinschaft an jeder Nachlassimmobilie entsprechend ihren jeweiligen Erbquoten als (Mit-)Eigentümer eingetragen. Das vorhandene Barvermögen könnte daneben ohne weiteres entsprechend den Erbquoten auf die Miterben aufgeteilt und an diese ausbezahlt werden. Allerdings würde in diesem Fall auch das Kind mit Behinderung als (Mit-)Eigentümer der Immobilien im Grundbuch miteingetragen, was einen späteren Verkauf der Immobilien erschweren könnte. Wenn der überlebende Elternteil jedoch nicht beabsichtigt, die Immobilien zu verkaufen, könnte die Eintragung des Kindes als Miteigentümer der Immobilien im Grundbuch sinnvoll sein. Denn damit würde vermieden, dass der überlebende Elternteil das vorhandene Barvermögen zur Auszahlung des Erbteils des Kindes mit Behinderung verwenden müsste.

- Erhält das Kind seinen Erbteil ganz oder teilweise in bar, eröffnet zweckmäßigerweise der Testamentsvollstrecker für das behinderte Kind ein eigenes Bankkonto mit der ausdrücklichen Anordnung, dass dieses Konto unter Testamentsvollstreckung steht und ausschließlich der Testamentsvollstrecker verfügungsbefugt ist. Das Kind oder dessen Betreuer dürfen keine Verfügungsbefugnis über das Bankkonto haben, damit ein Zugriff des Sozialhilfeträgers ausgeschlossen ist. Auf dieses Konto wird ein evtl. geerbter Barbetrag überwiesen und vom Testamentsvollstrecker verwaltet. Erbt das Kind (auch) einen Immobilienanteil, wird es im Grundbuch als Eigentümer des Grundstücksanteils mit einem sog. „Nacherbenvermerk“ und dem Vermerk, dass eine Testamentsvollstreckung angeordnet ist, eingetragen.
- Anschließend verwaltet der Testamentsvollstrecker das geerbte Vermögen des behinderten Kindes auf Lebenszeit. Die Erträge aus dem Erbe und soweit zugelassen auch Teile der Erbsubstanz stellt der Testamentsvollstrecker dem Kind zur Verfügung, jedoch ausschließlich zweckgebunden für die im Testament verbindlich vorgeschriebenen Zwecke. Am sichersten ist es, wenn das Kind oder dessen Betreuer dem Testamentsvollstrecker die Rechnungen vorlegen, die dieser dann direkt beim Verkäufer oder Leis-

tungsanbieter bezahlt. Der Testamentsvollstrecker sollte dem behinderten Kind jedenfalls kein Geld bzw. Taschengeld zur freien Verfügung ausbezahlen, da der Sozialhilfeträger dann wegen der fehlenden Zweckbindung darauf zugreifen könnte.

- Beim Versterben des zweiten Elternteils ist der Ablauf entsprechend.

XII. Wie und bei wem können Eltern ein Behindertentestament errichten?

Die Erstellung eines Behindertentestamentes gehört zu den schwierigsten und komplexesten Gestaltungen in der Erbrechtsberatung. Ein „Standard-Behindertentestament" gibt es nicht. Erforderlich sind in jedem Einzelfall individuelle, an die konkreten Vermögensverhältnisse, die familiären Umstände und vor allem den Wünschen der Beteiligten angepasste Regelungen.

Für nicht juristisch vorgebildete Eltern ist es nahezu unmöglich, ein wirksames und vom Sozialhilfeträger nicht angreifbares Behindertentestament zu entwerfen. Die insbesondere im Internet kursierenden Vorlagen und Anleitungen sind häufig unvollständig oder fehlerhaft.

Interessierte Eltern sollten sich daher unbedingt von einem sowohl im Behinderten- und Sozialhilferecht, als auch im Erbrecht einschlägig fachkundigen und erfahrenen Rechtsanwalt oder Notar beraten lassen. Ansonsten besteht die Gefahr, dass die gewünschten Regelungen einer gerichtlichen Überprüfung nicht standhalten und der Sozialhilfeträger auf das Erbe zugreifen kann.

Wichtig ist ein auf die familiären Verhältnisse und auf die speziellen Bedürfnisse des jeweiligen behinderten Kindes abgestimmtes Behindertentestament. In einem Behindertentestament sollte zudem auf die Bedürfnisse und Wünsche von Geschwistern des behinderten Kindes und von sonstigen nahen Angehörigen eingegangen werden, um den Zusammenhalt der verbleibenden Familienmitglieder nach dem Tod der Eltern zum Wohle des behinderten Familienmitgliedes zu sichern. Daher sollen Eltern besonders darauf achten, dass der von ihnen ausgewählte Rechtsanwalt oder Notar Erfahrungen im

Hinblick auf die besondere Lebenssituation von Familien mit behinderten Angehörigen besitzt.

Günstig wäre es auch, wenn die Eltern sich auch noch nach der Fertigstellung des Testamentes später bei dem mit der Testamentserstellung beauftragten Rechtsanwalt oder Notar über eventuelle Änderungen der Rechts- oder Gesetzeslage und deren Auswirkungen auf das Behindertentestament informieren könnten.

Die Kosten für die Erstellung eines Behindertentestaments richten sich im Allgemeinen nach dem Wert des zu vererbenden Vermögens und teilweise nach dem konkreten Aufwand. Vor der Beauftragung eines Rechtsanwalts oder Notars sollten sich Eltern einen verbindlichen Kostenvoranschlag geben lassen, um keine Überraschungen bei der späteren Abrechnung zu erleben.

XIII. Ergebnis

Das Behindertentestament ist die wirksamste und aufgrund höchstrichterlicher Rechtsprechung sicherste Möglichkeit zur Versorgung und Absicherung von behinderten Familienangehörigen.

In seinem Urteil vom 19.1.2011, Az. IV ZR 7/10, hat der Bundesgerichtshof seine bisherige Rechtsprechung zur Wirksamkeit des sog. „Behindertentestamentes" noch einmal ausdrücklich bekräftigt. Den in der Vergangenheit immer wieder erhobenen Vorwurf der angeblichen Sittenwidrigkeit eines solchen Testamentes weist der BGH in dieser Entscheidung erneut zurück. Damit hat der BGH für Eltern, die ihr behindertes Kind über ein solches „Behindertentestament" absichern möchten, Rechtssicherheit geschaffen und die Rechte der Eltern weiter gestärkt.

Wie bereits in seiner Grundsatzentscheidung aus dem Jahre 1993 zum „Behindertentestament" (BGH, 20.10.1993, Az. IV ZR 231/92, NJW 1994, 248 ff.) stellt der BGH in seinem Urteil vom 19.1.2011 noch einmal ausdrücklich fest:

Die Eltern eines behinderten Kindes können in ihrem Testament eine Vor- und Nacherbschaft sowie eine mit konkreten Verwaltungsanweisungen versehene Dauertestamentsvollstreckung anordnen, um ihrem Kind eine über das sozialhilferechtlich gesicherte reine Existenzminimum hinausgehende Lebensqualität zu sichern. Dies sei grundsätzlich nicht sittenwidrig, auch wenn damit der Zugriff der Sozialhilfeträger auf dieses Erbe ausgeschlossen wird. Vielmehr sei dies, so der BGH,

> „Ausdruck der sittlich anzuerkennenden Sorge für das Wohl des Kindes über den Tod der Eltern hinaus."

In seiner rechtlich überzeugenden Entscheidung stützt sich der BGH auf den im Grundgesetz (GG) verankerten besonderen Schutz der Familie (Art. 6 GG) und der Eigentums- und Erbrechtsgarantie (Art. 14 GG). Nach Auffassung des BGH geht auch der Gesetzgeber im Bereich der Sozialhilfeleistungen selbst davon aus, dass „die mit der Versorgung, Erziehung und Betreuung von Kindern verbundenen wirtschaftlichen Lasten, die im Falle behinderter Kinder besonders groß ausfallen, zu einem gewissen Teil endgültig von der Allgemeinheit getragen werden sollen, da nur Kinder die weitere Existenz der Gesellschaft sichern".

Der Vorwurf der Sittenwidrigkeit und der Unwirksamkeit eines Behindertentestaments wird somit von der höchstrichterlichen Rechtsprechung in Deutschland seit über 25 Jahren eindeutig zurückgewiesen. Eine Einschränkung machte der BGH noch in seiner Grundsatzentscheidung vom 20.10.1993: Wenn die Eltern ein beträchtliches Vermögen hinterlassen und der Pflichtteil des behinderten Kindes so hoch wäre, dass es daraus – oder sogar nur aus den Erträgen – seine Versorgung sicherstellen könnte, könnte ein Behindertentestament sittenwidrig werden. Da der BGH diese Einschränkung in seiner letzten Entscheidung vom 19.1.2011 nicht noch einmal erwähnte, dürfte sich jedoch selbst in einem solchen Fall nicht mehr das Problem einer Sittenwidrigkeit stellen. Von diesem Sonderfall einmal abgesehen, kann Eltern die Errichtung eines Behindertentestamentes zur Versorgung ihres behinderten Kindes jedenfalls uneingeschränkt empfohlen werden.

Hinweis:

- Handeln Sie rechtzeitig!
- Jetzt sind Sie noch in der Lage, die entscheidenden Weichen für die Absicherung und Versorgung Ihres behinderten Kindes zu stellen!

XIV. Checkliste zur Überprüfung des eigenen Behindertentestaments

Die nachfolgenden Anhaltspunkte sollen es Eltern erleichtern, ein bereits vorliegendes „Behindertentestament" selbst dahingehend durchzusehen, ob es zumindest die wesentlichen Regelungen enthält. Wenn einige Punkte nicht oder nur ungenau geregelt sind, sollte das Testament sicherheitshalber überprüft und gegebenenfalls überarbeitet werden. Für eine vollständige und verbindliche Überprüfung und Überarbeitung des Testamentes empfiehlt sich dringend die Beauftragung eines fachkundigen Rechtsanwalts oder Notars.

(1) Wurde das behinderte Kind sowohl für den Erbfall nach dem erstversterbenden Elternteil als auch für den Schlusserbfall (Versterben des zweiten Elternteils oder auch gleichzeitiges Versterben) als Erbe eingesetzt? Fehlt dies beispielsweise für den ersten Erbfall, könnte der Sozialhilfeträger den Pflichtteil des Kindes einfordern.

(2) Ist der Erbteil bzw. die Erbquote des behinderten Kindes deutlich höher als sein Pflichtteil? Wurde der Güterstand der Eltern dabei richtig berücksichtigt? Sind eventuelle lebzeitige Zuwendungen oder Schenkungen der Eltern bei der Bestimmung der erforderlichen Höhe der Erbquote des behinderten Kindes berücksichtigt? Zuwendungen zu Lebzeiten können den Wert der Pflichtteilsansprüche des behinderten Kindes so erhöhen, dass diese möglicherweise den Wert der Erbquote übersteigen und der Sozialhilfeträger zumindest einen Restpflichtteil oder Pflichtteilsergänzungsansprüche einfordern könnte.

(3) Wurde Immobilienvermögen im Ausland oder eine ausländische Staatsangehörigkeit der Eltern bei der Testamentserstellung berücksichtigt?

(4) Ist das behinderte Kind als Vorerbe eingesetzt? Wurden Nacherben und ausreichend Ersatznacherben benannt, so dass sichergestellt ist, dass jedenfalls ein Nacherbe das behinderte Kind überlebt?

(5) Wurde eine Regelung getroffen für den Fall, dass das behinderte Kind vorverstirbt?

(6) Wurde geregelt, ob und inwieweit der überlebende Ehegatte nach dem Versterben des ersten Ehegatten das Testament noch abändern darf?

(7) Ist eine auf die konkreten familiären und finanziellen Verhältnisse abgestimmte Teilungsanordnung enthalten? Ist geregelt, in welcher Form das behinderte Kind seinen Erbteil erhält (z. B. in bar oder als Immobilienanteil)? Ansonsten droht u. U. eine langwierige und schwierige Auseinandersetzung der Erbengemeinschaft.

(8) Wird sowohl für den Erbfall nach dem Erstversterbenden als auch für den Schlusserbfall für den Erbteil des behinderten Kindes Dauertestamentsvollstreckung auf Lebenszeit angeordnet?

(9) Ist konkret festgelegt, für welche (sozialhilferechtlich nicht angreifbare) Zwecke und nach welchen Modalitäten der Testamentsvollstrecker die Erträgnisse des behinderten Kindes zu verwenden hat? Sonst droht der Zugriff des Sozialhilfeträgers.

(10) Wurde an eine Regelung gedacht, die es dem behinderten Kind bzw. dem Testamentsvollstrecker ermöglicht, zusätzlich zu den Erträgen des Vorerbes erforderlichenfalls auch auf den Stamm seiner Erbschaft zuzugreifen?

(11) Sind ausreichend Testamentsvollstrecker und Ersatztestamentsvollstrecker benannt und eine Vergütung für diese festgelegt?

(12) Wurden Vorschläge für den Fall gemacht, dass eine Betreuung für das Kind erforderlich ist oder wird? Ist für ein minderjähri-

ges Kind ein Vormund gemäß § 1776 Abs. 1 BGB benannt? Sind als Testamentsvollstrecker und als Betreuer bzw. Vormund unterschiedliche Personen vorgesehen?

(13) Besteht rein vorsorglich für den Fall, dass die Erbeinsetzung des behinderten Kindes als Vorerbe (evtl. aufgrund Sittenwidrigkeit) unwirksam sein sollte, eine Ersatzerbeneinsetzung, wonach das behinderte Kind nur seinen Pflichtteil erhält?

(14) Wenn eine Behinderteneinrichtung als Nacherbe eingesetzt ist, wurde das Verbot des (ehemaligen) § 14 HeimG beachtet?

XV. Was ist bei Lebensversicherungen zu beachten?

Eltern müssen überprüfen, wer Begünstigter ihrer Lebensversicherungen ist. In der Regel wird der überlebende Ehegatte als Begünstigter eingesetzt sein. Sollte dieser jedoch vorher versterben, stellt sich die Frage, wer dann (Ersatz-)Begünstigter ist. Wenn neben dem Ehegatten keine weiteren Begünstigten oder Ersatzbegünstigten eingesetzt sind, fallen die Lebensversicherungsleistungen in den Nachlass und würden über das Behindertentestament (geschützt) vererbt. Dieser Fall ist unproblematisch.

Wenn jedoch als „Begünstigter" oder „Ersatzbegünstigter" ausdrücklich das behinderte Kind oder ganz allgemein die Kinder oder die Erben – und damit auch das behinderte Kind – eingesetzt sind, sollte dies abgeändert werden. Denn eine direkte Auszahlung aus einer Lebensversicherung an ein als Begünstigen eingesetztes behindertes Kind würde unabhängig von den Bestimmungen des Behindertentestamentes erfolgen. Die Auszahlung wäre daher nicht vor dem Zugriff des Sozialhilfeträgers geschützt.

C. Praktisches Vorgehen im Todesfall

Im Todesfall ist es Recht und Pflicht der nächsten geschäftsfähigen Angehörigen, alle durch den Todesfall ausgelösten Verpflichtungen zu erfüllen. Grundsätzlich sind das Ehegatten, Eltern, Kinder, Geschwister, weitere Verwandte oder sonstige Sorgeberechtigte.

Im Folgenden wird im Überblick dargestellt, welche Formalitäten bei einem Todesfall in der Familie zu beachten sind, und welche Unterlagen und Urkunden für die Abwicklung des Todesfalls und der Beerdigung erforderlich sind und besorgt werden müssen.

I. Welche Formalitäten sind zu beachten?

1. Unmittelbar nach dem Todesfall

- Benachrichtigung eines Arztes zur Ausstellung des Totenscheines,
- Benachrichtigung eines Beerdigungsinstitutes,
- Anzeige des Todes beim Standesamt: spätestens bis zum zweiten Werktag nach dem Todestag,
- unverzügliche Ablieferung aller aufbewahrten bzw. in den Unterlagen gefundenen privatschriftlichen Testamente beim Nachlassgericht (= Abteilung des Amtsgericht; in Baden-Württemberg: Notariat) des letzten Wohnsitzes des Erblassers,
- Beschaffung der für die Abwicklung des Todesfalles erforderlichen Urkunden,
- Überprüfung, ob Vollmachten vorhanden sind.

2. Nach dem Erhalt der Sterbeurkunde

- aller Unternehmen und Kassen, bei denen Versicherungen bestehen, unverzüglich in Kenntnis setzen, da Pflicht zur Prämienzahlung mit dem Tod des Versicherten endet,
- gegebenenfalls Rentenanträge stellen,
- falls Erblasser Mieter war und das Mietverhältnis nicht fortgesetzt werden soll, binnen einer Frist von einem Monat nach Kenntnis vom Todesfall des Mieters dem Vermieter die Kündigung mitteilen.

II. Totenschein

Der Totenschein muss bei der Beantragung der Sterbeurkunde vorgelegt werden.

Wenn der Erblasser zu Hause verstirbt, ist der Tod durch einen Arzt schriftlich zu bestätigen. Daher ist zunächst ein Arzt zu benachrichtigen, am besten der Hausarzt des Verstorbenen. In der Todesbescheinigung (auch Totenschein oder Leichenschauschein) vermerkt der Arzt (Hausarzt, ggf. Notarzt) den amtlichen Todestag, die Uhrzeit des Todeseintrittes und die medizinische Todesursache. Bestehen Zweifel an einer natürlichen Todesursache oder ist die Ursache nicht erkennbar, insbesondere, wenn Fremdeinwirkung oder Fremdverursachung, auch unterlassene Hilfeleistung zu vermuten ist, muss die Polizei benachrichtigt werden. Diese beteiligt dann die Staatsanwaltschaft, damit die Todesursache eventuell durch ein gerichtsmedizinisches Gutachten geklärt wird. Dies gilt auch, wenn jemand seinem Leben selbst ein Ende setzt.

Wenn der Erblasser im Krankenhaus, Altersheim oder einer Behinderteneinrichtung verstirbt, regelt die Verwaltung vor Ort meistens alle Formalitäten zur Ausstellung des Totenscheines.

III. Sterbeurkunde

Im Todesfall muss eine Sterbeurkunde beantragt werden. Dies geschieht beim Standesamt in dessen Bezirk sich der Todesfall ereignet hat. Das Standesamt trägt den Sterbefall in das Sterbebuch ein und händigt dem Berechtigten im Anschluss die Sterbeurkunde aus. Grundlage für die Ausstellung einer Sterbeurkunde ist die Vorlage des Totenscheines. Die Urkunde weist Geburts- und Sterbedatum, -zeit und -ort sowie den Namen des möglicherweise vorhandenen oder vorverstorbenen Ehepartners aus.

Bei Todesfällen in Krankenhäusern oder anderen Einrichtungen erledigt die Verwaltung die Anzeige des Todesfalles beim Standesamt. Ansonsten übernimmt das Bestattungsunternehmen, das mit der Abwicklung der Bestattung beauftragt wird, in der Regel die Anzeige des Sterbefalles und übermittelt dann nach Abschluss der Beurkundung die bestellten Sterbeurkunden. Das bedeutet, die Angehörigen müssen sich in diesem Fall nicht selbst um die Ausstellung der Sterbeurkunden bemühen.

Die Sterbeurkunde ist zur Abwicklung des Nachlasses unerlässlich, da insbesondere Finanzinstitute und Behörden diese als Nachweis des Todesfalles verlangen. Dies gilt auch bei Inanspruchnahme von gesetzlichen oder privaten Versicherungsleistungen, wie z. B. Rentenanträgen.

Amtlich beglaubigte Abschriften der Sterbeurkunden werden regelmäßig auch für das Nachlassgericht für den Antrag auf Erteilung eines Erbscheins benötigt. Ferner wird sie für alle mit der Bestattung zusammenhängenden Fragen (Einsargung, Überführung, Krematorium, Beerdigung) benötigt; gelegentlich kann hierfür auch der Totenschein ausreichend sein. Nichtbeglaubigte Kopien der Sterbeurkunde reichen für sonstige Zwecke aus, wie z. B. die Kündigung von Verträgen des Verstorbenen (Zeitungsabonnement, Vereine etc.).

IV. Erbschein

Der Erbschein ist beim Amtsgericht (Nachlassgericht) am letzten Wohnsitz bzw. Aufenthaltsort des Erblassers zu beantragen.

Zunächst ist der Erbfall regelmäßig durch eine beglaubigte Abschrift der Sterbeurkunde nachzuweisen. Zum Nachweis der Erbenstellung sind die im jeweiligen Einzelfall erforderlichen Urkunden vorzulegen, insbesondere Geburtsurkunden, Scheidungsurteile, Eheurkunden etc. Dies gilt insbesondere, wenn kein Testament vorliegt, da dann das Nachlassgericht klärt, ob der Antragsteller nach der gesetzlichen Erbfolge Erbe geworden ist.

Der Erbschein dient ausschließlich dazu, die betreffende Person im Rechtsverkehr (beispielsweise gegenüber dem Grundbuchamt oder Banken) als Erben auszuweisen. Eine endgültige und rechtsverbindliche Feststellung darüber, wer tatsächlich Erbe geworden ist, kann nur im Wege des Erbenfeststellungsstreits vor einem ordentlichen Gericht getroffen werden.

Bei Immobilieneigentum und Gesellschaftsanteilen ist für die Umschreibung im Grundbuch der Erbschein unerlässlich, außer es liegt ein öffentliches Testament (= notarielles Testament oder Erbvertrag) vor mitsamt der dazugehörigen Eröffnungsniederschrift des zuständigen Nachlassgerichts.

Der Erbschein ist auch – soweit keine Bankvollmachten bestehen – für den Zugriff auf die Konten des Verstorbenen erforderlich. Im Normalfall sollte für den Nachweis der Erbenstellung bei Banken und Versicherungen jedoch die Vorlage des öffentlichen Testamentes mit Eröffnungsvermerk ausreichen.

V. Geburtsurkunde

Die Geburtsurkunde kann, falls sie nicht unter den persönlichen Papieren des Verstorbenen zu finden ist, beim Einwohnermeldeamt des Ortes, in dem dieser geboren wurde, angefordert werden. In der Regel ist die Geburtsurkunde nur bei der Anzeige des Todesfalles beim Standesamt und somit zum Erhalt der Sterbeurkunde erforderlich, wenn der Verstorbene ledig war.

VI. Heiratsurkunde

Die Heiratsurkunde bzw. ein eventuelles Scheidungsurteil sowie die Sterbeurkunde des zuerst verstorbenen Ehegatten können, falls sie nicht unter den persönlichen Papieren des Verstorbenen zu finden sind, beim zuständigen Standesamt angefordert werden. Die Heiratsurkunde beweist bei Ehen, die nach dem 31.12.1957 geschlossen wurden, nur die Tatsache der Eheschließung, nicht jedoch, ob die Ehe noch besteht und welche Familiennamen die Ehegatten führen. Den aktuellen Personenstand geben nur beglaubigte Abschriften aus dem Familienbuch wieder.

Bei einem registrierten Lebenspartner werden Lebenspartnerschaftsurkunden von den Standesämtern erteilt.

Diese Dokumente sind zum einen bei der Anzeige des Todesfalles beim Standesamt und somit zum Erhalt der Sterbeurkunde erforderlich. Ferner dienen sie zum Nachweis der Erbfolge und damit der Erbberechtigung. Bei Beantragung eines Erbscheines sind diese Dokumente vorzulegen.

VII. Personalausweis

Zur eigenen Legitimation ist ein amtlicher Lichtbildausweis erforderlich, d. h. der Personalausweis bzw. Reisepass.

VIII. Vollmachten

Beim Todesfall ist zu prüfen, ob und welche Vollmachten der Verstorbene zu Lebzeiten ausgestellt hat. Es könnten beispielsweise Bankvollmachten existieren, die den Zugriff auf die Konten oder Sparguthaben des Erblassers auch ohne Vorlage eines Erbscheines ermöglichen, wie z. B. eine Vollmacht auf den Todesfall oder eine Vollmacht über den Todesfall hinaus. Andernfalls verlangen die Kreditinstitute, ebenso wie Versicherungen oder das Grundbuchamt bei der Umschreibung von Immobilien- oder Gesellschaftsanteilen, grundsätzlich die Vorlage eines Erbscheins.

IX. Was ist bei Vorliegen eines Testamentes zu beachten?

Zur Ermittlung der Erbberechtigten und der Ansprüche von Bedachten müssen beim Nachlassgericht möglicherweise vorhandene privatschriftliche Testamente unverzüglich abgeliefert werden. Wer dies nicht beachtet, kann sich strafbar und schadensersatzpflichtig machen, wenn er dadurch Ansprüche von Bedachten unterdrückt.

Liegt ein notarielles Testament vor, erfährt das Nachlassgericht, bei dem das Testament verwahrt wird, in der Regel automatisch von dem Todesfall, da es von den zuständigen Standesämtern davon unterrichtet wird. In diesem Fall wird das Nachlassgericht von sich aus einige Wochen nach dem Todesfall auf die nächsten Familienangehörigen zukommen und einen Termin für die Testamentseröffnung festlegen. Die Angehörigen können aber auch schon vorher beim Nachlassgericht die Testamentseröffnung anregen.

X. Wer ist für die Bestattung zuständig?

Die nächsten geschäftsfähigen Angehörigen müssen auch für eine angemessene Bestattung des Leichnams sorgen und die Kosten hierfür tragen. Hat der Verstorbenen zu Lebzeiten keine Beerdigungsverfügung erstellt oder sonstige Wünsche zu seiner Beerdigung geäußert, z. B. in seinem Testament, so entscheiden die Angehörigen über die Art und den Ablauf der Bestattung. Sind keine Angehörigen vorhanden oder auffindbar, so veranlasst das Sozialamt des Sterbeortes das Begräbnis. Das Bestattungsunternehmen, das mit der Abwicklung der Bestattung beauftragt wird, übernimmt in der Regel die Anzeige des Sterbefalles und übermittelt dann nach Abschluss der Beurkundung die bestellten Sterbeurkunden. Das bedeutet, die Angehörigen müssen sich in diesem Fall nicht selbst um die Ausstellung der Sterbeurkunden bemühen. Für Fragen, die den Friedhof betreffen, z. B. zur Grablage (z. B. auf welchem Friedhof ist ein Verstorbener beerdigt etc.), ist die Friedhofsverwaltung zuständig.

D. Hinweise zum Erbschaft- und Schenkungsteuerrecht

Im Folgenden wird ein Überblick über das zum 1.1.2009 reformierte Erbschaft- und Schenkungssteuerrecht gegeben:

I. Freibeträge

Der Erbschaftsteuer bzw. Schenkungsteuer unterliegen der Erwerb von Vermögen von Todes wegen, z. B. Erbschaften, Vermächtnisse und Pflichtteile, sowie der Vermögenserwerb durch Schenkungen unter Lebenden.

Bis zu der Höhe des jeweils geltenden Steuerfreibetrages bleibt der Erwerb des Vermögens steuerfrei. Die dem Einzelnen zugestandenen Freibeträge sind umso höher, je näher die betreffende Person mit dem Erblasser verwandt ist.

Der Freibetrag nach § 16 ErbStG (Erbschaftsteuer- und Schenkungssteuergesetz) beträgt

- 500.000 € für Eheleute und den eingetragenen Lebenspartner,
- 400.000 € für Kinder und Stiefkinder und für die Abkömmlinge von verstorbenen Kindern und Stiefkindern,
- 200.000 € für die Enkel und die Kinder von Stiefkindern,
- 100.000 € für Eltern und Voreltern (Groß- und Urgroßeltern),
- 20.000 € für Geschwister, Kinder von Geschwistern, Stiefeltern, Schwiegerkinder, Schwiegereltern und der geschiedene Ehegatte,
- 20.000 € für alle anderen Erwerber.

Die vorstehenden Freibeträge können alle zehn Jahre aufs Neue und in voller Höhe geltend gemacht werden. Zusätzlich zu persönlichen Freibeträgen steht dem Ehegatten oder eingetragenen Lebenspartner und den Kindern des Erblassers bis zur Vollendung des 27. Lebensjahres ein sog. Versorgungsfreibetrag zu. Der Versorgungsfreibetrag beträgt nach § 17 ErbStG beim überlebenden Ehegatten und eingetragenen Lebenspartner 256.000 €.

Dieser Versorgungsfreibetrag wird allerdings um den sog. Kapitalwert derjenigen Versorgungsbezüge gekürzt, die nicht der Erbschaftsteuer unterliegen, also Rentenleistungen, die an den Überlebenden aus Anlass des Todes gezahlt werden (z. B. Hinterbliebenenbezüge, Witwenrenten aus der gesetzlichen Rentenversicherung oder Beamtenversorgung).

Kindern des Erblassers wird gemäß § 17 ErbStG ein Versorgungsfreibetrag gestaffelt nach ihrem Alter gewährt. So beträgt der Versorgungsfreibetrag für Kinder zwischen 15 und 20 Jahren 20.500 € und für Kinder zwischen 20 und 25 Jahren 10.300 €. Auch dieser Versorgungsfreibetrag wird gegebenenfalls um den sog. Kapitalwert derjenigen Versorgungsbezüge gekürzt, die nicht der Erbschaftsteuer unterliegen.

Hinzu kommt für Personen der Steuerklasse I ein weiterer Freibetrag für Hausrat von 41.000 € und 12.000 € für andere bewegliche körperliche Gegenstände (§ 13 Abs. 1 ErbStG).

II. Steuersätze und Steuerklassen

Der jeweilige Steuersatz (§ 19 ErbStG) richtet sich nach dem Wert des steuerpflichtigen Erwerbs (§ 10 ErbStG) und nach der geltenden Steuerklasse (§ 15 ErbStG), die abhängig vom Verwandtschaftsverhältnis ist.

Es gelten folgende Steuersätze:

bis einschließlich Euro	Prozentsatz in der Steuerklasse:		
	I	II	III
75.000	7	15	30
300.000	11	20	30
600.000	15	25	30
6.000.000	19	30	30
13.000.000	23	35	50
26.000.000	27	40	50
über 26.000.000	30	43	50

Folgende drei Steuerklassen werden unterschieden:

- Steuerklasse I:
  - Ehegatte, Lebenspartner
  - Kinder und Stiefkinder und deren Abkömmlinge
  - Eltern und Voreltern (das sind Großeltern, Urgroßeltern usw.) bei Erwerb von Todes wegen
- Steuerklasse II:
  - Eltern, Voreltern (soweit nicht in Steuerklasse I)
  - Geschwister und Abkömmlinge ersten Grades von Geschwistern
  - Schwiegerkinder, Stief- und Schwiegereltern
  - geschiedene Ehepartner und auch Lebenspartner einer aufgehobenen Lebenspartnerschaft
- Steuerklasse III:
  - alle übrigen Personen (etwa Lebensgefährten, Freunde)

III. Besteuerung von Immobilien

Ein selbst bewohntes Haus oder eine selbst bewohnte Wohnung bleiben im Erbfall unabhängig von ihrem Wert steuerfrei, d. h. werden auf die Freibeträge nicht angerechnet, wenn sie an den Ehegatten oder eingetragenen Lebenspartner vererbt und von diesem anschließend noch mindestens zehn Jahre bewohnt werden (§ 13 Abs. 1 Nr. 4b ErbStG). Das Gleiche gilt für Kinder, hier allerdings beschränkt auf eine Höchstgrenze von 200 qm Wohnfläche (§ 13 Abs. 1 Nr. 4c ErbStG).

Immobilienvermögen wird annähernd mit dem tatsächlichen Verkehrswert bewertet. Nach altem Recht errechnete sich durch die Anwendung eines vereinfachten Ertragswertverfahrens vor allem bei bebauten Grundstücken ein Bemessungswert von regelmäßig nur 60% bis 70% des tatsächlichen Verkehrswertes. Für Immobilien, die zu Wohnzwecken vermietet sind, ist ein Abschlag von 10% der Bemessungsgrundlage vorgesehen, so dass diese steuerlich nur mit 90% ihres Verkehrswertes angesetzt werden (§ 13c ErbStG).

Fragen der Besteuerung von Gesellschafts- und Firmenvermögen sollten mit Experten im Erbschaftssteuerrecht geklärt werden. Es gelten komplizierte Sonder- und Befreiungsregelungen.

Sachverzeichnis

A

B

C

D

E

F

G

H

I

J

K

S

T

W

Z

Theisen
ABC des wissenschaftlichen Arbeitens
Erfolgreich in Schule, Studium und Beruf.
Beck im dtv
1. Aufl. 2006. 263 S.
€ 9,50. dtv 50897

Gramm/Wolff
Jura – erfolgreich studieren
Für Schüler und Studenten.
Rechtsberater Toptitel
7. Aufl. 2015. 277 S.
€ 14,90. dtv 50770
Auch als ebook erhältlich.

Das Buch liefert detaillierte Informationen und Tipps zum Jurastudium. Ein Eignungstest für junge Juristen am Ende des Bandes bietet eine wichtige Entscheidungshilfe.

Ehe, Familie und Partnerschaft

FamR · Familienrecht
Zu Ehe, Scheidung, Unterhalt, Versorgungsausgleich, Lebenspartnerschaft und internationalem Recht.
Textausgabe Toptitel
18. Aufl. 2017. 950 S.
€ 14,90. dtv 5577

Die 18. Auflage der Textausgabe ist mit Stand 1. Juli 2017 umfassend aktualisiert und bietet ein ausführliches Sachverzeichnis für den schnellen, gezielten Zugriff sowie eine aktualisierte Einführung von Universitätsprofessorin Dr. Dagmar Coester-Waltjen.

von Münch/Backhaus
Ehe- und Familienrecht von A–Z
Über 500 Stichwörter zur aktuellen Rechtslage.
Rechtsberater
16. Aufl. 2010. 510 S.
€ 19,90. dtv 5042
Auch als ebook erhältlich.

Annahme als Kind, Betreuung, Ehe, elterliche Sorge, Güterstand, Kindschaftssachen, Nichtehelichkeit, Scheidung, Unterhalt, Zugewinn, Lebenspartnerschaft.

Klein
Eheverträge
Sicherheit für die Zukunft.
Rechtsberater Toptitel
5. Aufl. 2015. 260 S.
€ 15,90. dtv 50793
Auch als ebook erhältlich.

Kompakter Ratgeber für die Regelungen in Ihrem Ehevertrag – vor Schließung der Ehe, während der Ehe und im Fall von Trennung und Scheidung.

Dahmen-Lösche
Ehevertrag – Vorteil oder Falle?
So finden Sie Ihre perfekte Regelung.
Rechtsberater Toptitel
3. Aufl. 2017. 164 S.
€ 13,90. dtv 51216
Auch als ebook erhältlich.

Welche Klauseln vorteilhaft sind und wo die Fallen liegen erläutert ausführlich und mit zahlreichen Mustern und Beispielen versehen dieses Buch.

12. Auflage
RATGEBER
Ehevertrag
Gerrit Langenfeld
Ehevertrag
und Scheidungsvereinbarung
Vertragsmuster mit Erläuterungen
Beck-Rechtsberater im dtv

RATGEBER
Isabell Lütkehaus · Thomas Matthäus
Guter Umgang
für Eltern und Kinder
Ein Ratgeber bei Trennung und Scheidung
Beck-Rechtsberater im dtv

9. Auflage
RATGEBER
Dieter Schwab · Monika Görtz-Leible
Meine Rechte bei
Trennung und Scheidung
Unterhalt · Ehewohnung · Sorge
Zugewinn- und Versorgungsausgleich
Beck-Rechtsberater im dtv

9. Auflage
RATGEBER
Herbert Grziwotz · Susanne Kappler
Tobias Kappler
Trennung und Scheidung
richtig gestalten
Getrenntleben · Scheidung
Lebenspartnerschaftsaufhebung
Vermögensauseinandersetzung
und Unterhalt
Beck-Rechtsberater im dtv

Heiß/Heiß
Die Höhe des Unterhalts von A–Z
Mehr als 400 Stichwörter zum aktuellen Unterhaltsrecht.
Rechtsberater Toptitel
12. Aufl. 2018. 536 S.
€ 21,90. dtv 51217
Auch als **ebook** erhältlich.

Dieser Rechtsberater bietet als umfassendes Lexikon Antwort auf alle Unterhaltsfragen.

Lindemann-Hinz
Elternunterhalt
Das müssen Kinder für ihre Eltern zahlen.
Rechtsberater
3. Aufl. 2016. 181 S.
€ 13,90. dtv 50780

Alles Wichtige zum Unterhalt für Eltern: Ansprüche, Höhe, Vermögen, Überleitung, Verfahren u.v.m.

Schulte/Heider
Eltern und Kinder
Elterliche Sorge · Umgang · Unterhalt.
Rechtsberater
3. Aufl. 2011. 255 S.
€ 15,90. dtv 5648

Rechte und Pflichten gegenüber Partnern und Kindern sowie alles zu Jugendamt, Familiengericht, Unterhaltsvorschuss und Sozialhilfe, Namensrecht sowie Erbrecht.

Wernitznig
Meine Rechte und Pflichten als Vater
Vaterschaft, Sorgerecht, Umgang, Namensrecht, Unterhaltsfragen, erbrechtliche und steuerrechtliche Fragen.
Rechtsberater
2. Aufl. 2014. 148 S.
€ 11,90. dtv 50756
Auch als **ebook** erhältlich.

Das Werk behandelt das Thema leicht und verständlich und erklärt es anhand von vielen Beispielen.

Behinderung

SGB IX · Rehabilitation und Teilhabe behinderter Menschen
Textausgabe
9. Aufl. 2018. 954 S.
€ 18,90. dtv 5755

SGB IX mit allen Schwerbehindertenverordnungen, Behindertengleichstellungsgesetz, Leitfaden zur Selbsthilfeförderung, Schwerbehinderten-Ausgleichsabgabeverordnung, Werkstättenverordnung, Versorgungsmedizinverordnung, Handlungsempfehlung 'Persönliches Budget', Kinderhilfebehandlung- und Chroniker- Richtlinie, Bundesversorgungsgesetz und weiteren wichtigen Vorschriften.

Greß
Recht und Förderung für mein behindertes Kind
Elternratgeber für alle Lebensphasen – Sozialleistungen, Betreuung und Behindertentestament.
Rechtsberater
3. Aufl. 2018. 328 S. **Neu**
€ 19,90. dtv 51232
Neu im Oktober 2018
Auch als ebook erhältlich.

Dieser Rechtsberater informiert über Sozialleistungen und Rechte, die Eltern mit behinderten Kindern zustehen.

Majerski-Pahlen/Pahlen
Mein Recht als Schwerbehinderter
Erwerbstätigkeit · Sozialleistungen · Steuern · Nachteilsausgleiche.
Rechtsberater
8. Aufl. 2010. 293 S.
€ 12,90. dtv 5252

Alles Wissenswerte für Betroffene, Angehörige und Betreuer. Mit den Neuerungen durch Hartz IV.

Betreuung und Alter

BtR · Betreuungsrecht
BetreuungsG, BetreuungsbehördenG, Vormünder- und BetreuervergütungsG.
Textausgabe **Toptitel**
14. Aufl. 2018. 170 S.
€ 6,90. dtv 5570

Zimmermann
Ratgeber Betreuungsrecht
Hilfe für Betreute und Betreuer.
Rechtsberater
10. Aufl. 2014. 317 S.
€ 18,90. dtv 50743
Auch als ebook erhältlich.

Der Ratgeber informiert umfassend und in verständlicher Sprache über alle Rechte und Pflichten der Beteiligten bei einer Betreuung. Alles Wissenswerte zur »Patientenverfügung« wird dargestellt.

Dankelmann
Mehr Geld für Rentner
So erhalten Sie alle Leistungen, die Ihnen zustehen.
Rechtsberater
1. Aufl. 2014. 239 S.
€ 11,90. dtv 50722
Auch als ebook erhältlich.

Der neue Band ist eine wertvolle Orientierungshilfe für Rentner, um alle Leistungen und Ansprüche durchzusetzen – ob Grundsicherung, Arbeitslosen-, Kranken-, Pflege-, Unfall- und Rentenversicherung oder Riester- und Rürup-Verträge.

Zimmermann
Betreuungsrecht von A–Z
Rund 470 Stichwörter zum aktuellen Recht.
Rechtsberater
5. Aufl. 2014. 389 S.
€ 19,90. dtv 50757
Auch als ebook erhältlich.

Der Ratgeber informiert lexikalisch umfassend und leicht verständlich über alle wesentlichen Fragen der Betreuung.

Winkler
Betreuung in Frage und Antwort
Alle wichtigen rechtlichen Aspekte für Betreute und Betreuer
Rechtsberater Toptitel
2. Aufl. 2017. 250 S.
€ 15,90. dtv 51203
Auch als ebook erhältlich.

Mit zahlreichen Beispielen und Checklisten.

Kempchen
Der neue Wohn- und Betreuungsvertrag
Was Betroffene und Angehörige beim Vertragsabschluss beachten sollten.
Rechtsberater
1. Aufl. 2013. 258 S.
€ 14,90. dtv 50724
Auch als ebook erhältlich.

Kompakt und verständlich erläutert das Werk alles Wichtige zum Wohn- und Betreuungsvertrag. Praktische Tipps, Hinweise, Vertragsmuster und praktische Beispiele runden die Darstellung ab.

Kempchen/Krahmer
Mein Recht bei Pflegebedürftigkeit
Leitfaden zu Leistungen der Pflegeversicherung.
Rechtsberater Toptitel
4. Aufl. 2018. 296 S.
€ 18,90. dtv 50775
Auch als ebook erhältlich.

Behandelt das Thema leicht verständlich und erklärt es anhand von vielen Beispielen.

Lenz/Roglmeier
Vorsorgeregelungen
Patientenverfügung, Vorsorgevollmacht, Betreuungsverfügung.
Rechtsberater
1. Aufl. 2010. 167 S.
€ 13,90. dtv 50708

Putz/Steldinger
Patientenrechte am Ende des Lebens
Vorsorgevollmacht · Patientenverfügung · Selbstbestimmtes Sterben.
Rechtsberater Toptitel
6. Aufl. 2016. 347 S.
€ 16,90. dtv 50796
Auch als ebook erhältlich.

Beantwortet die wichtigen Fragen rund um das »Selbstbestimmte Sterben«. Für Betroffene, Angehörige, Betreuer, Ärzte, Pflegepersonal, Anwälte, Rechtspfleger und Richter.

Erben und Vererben

ErbR · Erbrecht
Bürgerliches Gesetzbuch, Europäische ErbrechtsVO, Zivilprozessordnung, Familienverfahrensgesetz, Beurkundungsgesetz, Höfeordnung, Erbschaftsteuer- und Schenkungsteuergesetz, Einkommensteuergesetz, Bewertungsgesetz, Sozialrecht und aktuelle Sterbetafeln.
Textausgabe Toptitel
4. Aufl. 2017. 676 S.
€ 23,90. dtv 5779

Ubert/Hochmuth/Kaspar
Guter Rat zu Testament und Erbfall
Was Erblasser und Erben wissen und beachten sollten.
Rechtsberater Toptitel
7. Aufl. 2017. 428 S.
€ 17,90. dtv 51207
Auch als ebook erhältlich.

Ratgeber zu allen Rechtsfragen rund um Testament und Erbfall. Eine umfassende und allgemein verständliche Darstellung des Erbrechts und der steuerrechtlichen Fragen. Mit vielen Beispielen, Tipps und Mustern.

Klinger
Erbrecht in Frage und Antwort
Vorsorge zu Lebzeiten, Erbfall, Testament, Erbvertrag, Vollmachten, Steuern, Kosten.
Rechtsberater Toptitel
6. Aufl. 2017. 386 S.
€ 17,90. dtv 51206
Auch als ebook erhältlich.

Der Ratgeber erklärt leicht verständlich alle Fragen zu Testament, Erbvertrag, Widerruf und Anfechtung letztwilliger Verfügungen. Das neue Erbschaftsteuerrecht wird überall berücksichtigt. Zahlreiche Tipps zur Formulierung machen die Umsetzung einfach.

Winkler
Erbrecht von A–Z
Über 240 Stichwörter zum aktuellen Recht.
Rechtsberater
14. Aufl. 2015. 379 S.
€ 19,90. dtv 50783

Übersichtlich, klar und verständlich erfahren Sie alles zu Testament und Erbvertrag, Erbfolge und Pflichtteilsrecht, Erbenhaftung, Erbengemeinschaft, Erbschein und Erbschaftsteuer. Mit zahlreichen Formulierungsbeispielen.

Ritter
Ratgeber Erbrecht
Erben und vererben.
Rechtsberater Toptitel
3. Aufl. 2017. 207 S.
€ 15,90. dtv 50795
Auch als ebook erhältlich.

Ein umfassender Überblick über das deutsche Erbrecht. Von der richtigen Vorsorge zu Lebzeiten (wie z.B. Testament, Erbvertrag, Schenkung) bis hin zu den Besonderheiten bei Ehepaaren (mit oder ohne Kinder), Alleinstehenden, Lebensgemeinschaften oder Geschiedenen.

Horn
Ratgeber für Erben
Recht bekommen bei der Abwicklung des Erbes, in der Erbengemeinschaft und beim Pflichtteil.
Rechtsberater Toptitel
3. Aufl. 2017. 278 S.
€ 16,90. dtv 50787
Auch als ebook erhältlich.

Rechte und Pflichten des Erben: Sicherung des Nachlasses, Haftungsvermeidung, Erbengemeinschaft, Auseinandersetzung u.v.m.

Zimmermann
Rechtsfragen bei einem Todesfall
Erbrecht · Testament · Steuern · Versorgung · Bestattung.
Rechtsberater
7. Aufl. 2015. 278 S.
€ 15,90. dtv 50779
Auch als ebook erhältlich.

Klärt eine Fülle von Rechtsfragen umfassend und praxisbezogen.

Klinger/Schulte
Immobilien schenken und vererben
Ein Ratgeber für Eigentümer und ihre Erben.
Rechtsberater Toptitel
4. Aufl. 2016. 265 S.
€ 15,90. dtv 50798
Auch als ebook erhältlich.

Mit praxiserprobten Musterformulierungen für Übergabeverträge und Testamente.

Klinger/Roth
Testamentsvollstreckung
Richtig anordnen, durchführen und kontrollieren.
Rechtsberater Toptitel
3. Aufl. 2018. 223 S. Neu
€ 15,90. dtv 51224
Neu im Juli 2018
Auch als ebook erhältlich.

Ermöglicht dem Erblasser, seinen letzten Willen richtig umzusetzen, und dem Erben, sich in der Testamentsvollstreckung zurechtzufinden.

Meine Führerscheinprüfung
Prüfungsrichtlinie mit allen Prüfungsfragen nebst richtigen Antworten für die Fahrerlaubnisprüfung (Klassen A, A1, A2, AM, B) und die Prüfung zum Führen von Mofas.
Beck im dtv Toptitel
35. Aufl. 2018. 494 S. Neu
€ 12,90. dtv 51234
Neu im September 2018

Mit allen Änderungen der Prüfungsfragen ab 1.10.2018. Alle Videofragen sind online abrufbar.
Integriert sind über 100 Videofragen, die online abrufbar sind.

Krumm
Führerschein weg – was nun?
Strafverfahren, Bußgeldverfahren, Entzug der Fahrerlaubnis, Fahrverbot, Wiedererteilung.
Rechtsberater
2. Aufl. 2010. 261 S.
€ 16,90. dtv 50698
Auch als ebook erhältlich.

Kompetente »Erste Hilfe« und schnelle Information bei Fragen zum Führerscheinentzug. Alle Informationen zu Strafverfahren, Bußgeldverfahren, Punktesystem.

Informationsrecht und Datenschutz

CompR · IT- und Computerrecht
Elektronischer Geschäftsverkehr, Zivilrecht, Strafrecht, Urheberrecht und gewerblicher Rechtsschutz, Datenschutz und Arbeitsschutz, IT-Beschaffung.
Textausgabe Toptitel
13. Aufl. 2018. 1007 S.
€ 18,90. dtv 5562

Mit einem ausführlichen Überblick zur Entwicklung des Computerrechts.

TeleMediaR · Telekommunikations- und Multimediarecht
Telemediengesetz, eIDAS-VO, Rundfunkstaatsvertrag, Jugendmedienschutz-Staatsvertrag, Netzwerkdurchsetzungsgesetz u.a.m.
Textausgabe Toptitel
11. Aufl. 2017. 970 S.
€ 24,90. dtv 5598

DatSchR · Datenschutzrecht
Datenschutz-Grundverordnung, Datenschutzrichtlinie für Strafjustiz, Bundesdatenschutzgesetz Fluggastdatengesetz, Telemediengesetz, Telekommunikationsgesetz (Auszug).
Textausgabe Toptitel
10. Aufl. 2018. 841 S. Neu
€ 20,90. dtv 5772
Neu im Juli 2018

Schröder
Datenschutzrecht für die Praxis
Grundlagen, Datenschutzbeauftragte, Audit, Handbuch, Haftung.
Beck im dtv **Toptitel**
3. Aufl. 2018. Rd. 250 S. **Neu**
ca. € 19,90. dtv 51231
Auch als **ebook** erhältlich.
Neu im November 2018

Jetzt neu: EU-Datenschutz-Grundverordnung und BDSG 2018!

Freizeit und Gesundheit

GOÄ · Gebührenordnungen für Ärzte und Zahnärzte
Mit Gebührenverzeichnissen für ärztliche und zahnärztliche Leistungen.
Textausgabe
12. Aufl. 2014. 402 S.
€ 11,90. dtv 5551

LMR · Lebensmittelrecht
EG-Lebensmittel-BasisVO, Lebensmittel- und Futtermittelgesetzbuch, EU-Verbraucherinformation, Los-Kennzeichnungs-VO, Health-Claim-VO.
Textausgabe **Toptitel**
7. Aufl. 2018. 270 S. **Neu**
€ 15,90. dtv 5766
Neu im Juli 2018

Natur und Umwelt

NatSchR · Naturschutzrecht
BundesnaturschutzG, FFH-RL, VogelschutzRL, EG-ArtenschutzVO, BundesartenschutzVO, BundesjagdG, UmweltschadensG, NaturschutzG der Länder.
Textausgabe
13. Aufl. 2018. 594 S. **Neu**
€ 16,90. dtv 5528
Neu im Juli 2018

TierSchR - Tierschutzrecht
Tierhaltung, Tiertransport, Schlachttiere, Versuchstiere.
Textausgabe
3. Aufl. 2014. 412 S.
€ 14,90. dtv 5576

UmwR · Umweltrecht
Wichtige Gesetze und Verordnungen zum Schutz der Umwelt.
Textausgabe **Toptitel**
28. Aufl. 2018. 1617 S.
€ 18,90. dtv 5533

AgrarR · Agrarrecht
mit Futter- und Lebensmittelrecht und dem Landwirschaftlichen Boden- und Grundstücksrecht, Bau- und Umweltrecht, Subventionsrecht, Schadensrecht, Erbrecht und Verfahrensrecht.
Textausgabe
1. Aufl. 2011. 1031 S.
€ 27,90. dtv 5780

WasserR · Wasserrecht
Wasserhaushaltsgesetz mit den wichtigsten wasserwirtschaftsrechtlichen Vorschriften.
Textausgabe
2. Aufl. 2016. 572 S.
€ 21,90. dtv 5781